北京市电力公司年鉴

2012年

《北京市电力公司年鉴》编委会

中国电力出版社
CHINA ELECTRIC POWER PRESS

图书在版编目（CIP）数据

北京市电力公司年鉴．2012 年/《北京市电力公司年鉴》编委会编．—北京：中国电力出版社，2013．2
ISBN 978－7－5123－4036－7

Ⅰ．①北…　Ⅱ．①北…　Ⅲ．①电力工业－工业企业－北京市－2012－年鉴　Ⅳ．①F426．61－54

中国版本图书馆 CIP 数据核字（2013）第 023300 号

中国电力出版社出版、发行
（北京市东城区北京站西街 19 号　100005　http://www.cepp.sgcc.com.cn）
北京盛通印刷股份有限公司印刷
各地新华书店经售
*
2013 年 6 月第一版　2013 年 6 月北京第一次印刷
889 毫米×1194 毫米　16 开本　18．5 印张　527 千字
印数 0001—2000 册　　定价 **158．00** 元

敬 告 读 者
本书封底贴有防伪标签，刮开涂层可查询真伪
本书如有印装质量问题，我社发行部负责退换
版 权 专 有　翻 印 必 究

编 委 会

主　任	朱长林	尹昌新				
副主任	常世平	郑林(常务)	李百顺	蒋　斌	刘润生	
	安建强	李　路	杜小波	王少毅	李国华	董春江
委　员	杨　超	董凤宇	干银辉	李　滨	邹伟平	牛进苍
	贾海生	乔　海	何家建	金建民	王常平	贺建平
	张铁恒	马林峰	唐如海	邵晓明	张　钺	陈守军
	陈　平	李　臻	史景坚	王　鹏	朴天高	佟　欣
	胡新参	吕　彬	张　洁	屈宪军	赵　云	李顺平
	李继东	郑广君	谢　迎	史宝钢	唐娅静	杨云峰
	王　眐	孙兴泉	周　彤	邱建军	王春燕	阎　澥
	刘德坤	杨文生	郭建府	李　铮	李殿军	李晓辉
	金　学	邓　华	徐　驰	谢连富	李　蕴	孙永鑫
	李长海	付军美	冯海泉	梁红强	越海军	黄　磊
	金江远	梁和平	代玉坤			

编 辑 部

主　任	越海军					
副主任	孙怡璞	姜丽敏	张辛荣	吴国健		
编　辑	宗晓茜	陈利民	王惠娟	邵智慧	陈淑芳	刘丽平
	易　攀	鲁　爽	肖　敏			

编　辑　说　明

1 《北京市电力公司年鉴》是北京市电力公司的企业年鉴，是一部集史实性和资料性为一体的综合性工具书。本年鉴每年一期，按年度记载公司的重大事项。本期是第八期，记载年度为2011年度。

2 本年鉴的编纂宗旨是：全面、系统、真实地反映公司在北京地区电网规划与建设中取得的成绩，总结公司生产经营工作的经验，弘扬公司干部职工的奉献精神，展示公司服务首都经济社会发展的企业风采。

3 本年鉴采用文章和条目两种载体，以条目体为主，用规范的记述文体，直陈其事，文字力求言简意赅。同时，文中选配具有一定史料价值的图片，力求做到图文并茂。

4 本年鉴的框架结构由篇目、栏目、条目3个层次组成。设有20个篇目：特载，大事记，公司概况，电网发展，经营管理，安全监督，生产管理，电网运行，电力市场，农电工作，科技与信息化，人力资源，党群工作，后勤和保卫，协、学会工作，供电公司，其他单位，人物及先进集体，重要讲话和重要文件，统计资料。

5 本年鉴的编辑工作是在公司直接领导下进行的。稿件由公司各部门、各单位确定的专人负责撰写，经部门、单位领导审核后，由年鉴编辑部编辑，并由年鉴编辑专家组审核定稿。

6 本年鉴的编辑工作，得到了公司各部门、各单位的高度重视和大力支持，在此谨致谢意，并欢迎提出改进意见。

篇　　目

目　　录

安全监督

生产管理

电网运行

电力市场

农电工作

其他单位

人物及先进集体

重要讲话和重要文件

统计资料

特　　载

TE ZAI

刘淇、郭金龙考察航天桥电动汽车充换电站

■ 1月24日，中央政治局委员、北京市委书记刘淇，市长郭金龙一行，到航天桥电动汽车充换电站考察电动汽车充换电站建设及运行工作。

1月24日，中央政治局委员、北京市委书记刘淇，市长郭金龙一行来到航天桥电动汽车充换电站现场，考察指导电动汽车充换电站建设及运行工作。

刘淇、郭金龙等北京市领导在电动汽车充换电站现场详细了解北京市电动汽车充换电工作的总体规划和建设情况，并实地观看了电动汽车充电过程和电动环卫车更换电池演示。北京市领导在听取公司总经理朱长林有关电动汽车充换电站建设及运行情况的汇报后，对电动汽车充换电站建设工作给予了充分肯定。公司总经理朱长林、党委书记郭要斌，副总经理郑林、李百顺陪同考察。

刘淇、郭金龙到公司职工创新工作室调研

4月29日，中央政治局委员、北京市委书记刘淇，市长郭金龙一行，到公司张文新创新工作室和肖永立创新工作室调研，并向公司职工致以节日的问候。

刘淇一行考察了张文新和肖永立两位同志的创新成果，了解了张文新、肖永立创新工作室的工作开展情况。刘淇强调，劳动模范以自己的示范带动作用，推动了生产一线大量技术创新，是企业创新发展不可或缺的有生力量，要进一步发挥创新工作室在职工技术创新中的带头作用，引领更多职工投身到技术创新中来。

■ 4月29日，中央政治局委员、北京市委书记刘淇，市长郭金龙一行调研公司职工创新工作室。

刘淇、郭金龙考察延庆电动出租汽车充电站

8月18日，中央政治局委员、北京市委书记刘淇，市长郭金龙一行到延庆电动出租汽车充电站，调研电动出租汽车分布式充电站建设和电动出租汽车区域性示范运营情况。

刘淇、郭金龙一行听取了延庆县城电动出租汽车分布式充电站投资建设及运营情况的汇报，了解了充电站建设投资、电动出租汽车运营费用等情况。刘淇表示，电动汽车符合低碳环保理念，对于保护首都生态环境具有重要意义，要加大电动汽车充换电设施建设力度，支持绿色北京建设。

■ 8月18日，中央政治局委员、北京市委书记刘淇，市长郭金龙一行到延庆电动出租汽车充电站，调研电动出租汽车分布式充电站建设和电动出租汽车区域性示范运营情况。

吴新雄考察公司国庆保电工作

9月29日，国家电监会主席吴新雄、国家电监会副主席史玉波，国家电网公司副总经理帅军庆一行，到前门110kV变电站、调度通信中心、应急指挥中心、人民大会堂北配电室，慰问公司一线干部员工，考察供电保障工作。

吴新雄一行听取了公司关于国庆节期间和十七届六中全会供电保障的工作汇报，了解了政治保电、电网调度、电网运行、应急保障等情况，对公司各项准备工作表示满意。吴新雄提出，要严格落实政治保电的各项措施，全面排查政治保电各类安全隐患，做好各类应急预案，加强应急管理，要加强政治保电工作领导，确保政治供电万无一失。

刘振亚考察公司春节供电保障工作

■ 2月1日，国家电网公司总经理、党组书记刘振亚一行，到公司调度通信中心和客户服务中心考察春节供电保障工作并慰问一线干部员工。

2月1日，国家电网公司总经理、党组书记刘振亚一行，到公司调度通信中心和客户服务中心考察春节供电保障工作并慰问一线干部员工。

刘振亚一行听取了北京电网春节期间运行保障安排，对公司节日期间的供电保障工作安排表示满意。刘振亚强调，北京市电力公司有着良好的传统和过硬的工作作风，供电保障工作开展得扎实有效，要通过我们的供电保障和优质服务工作，提升人民群众的过节质量。

创先争优活动再上新台阶

2011年，公司党委按照国家电网公司党组《关于深入开展创先争优活动的实施意见》和《北京市国资委系统深入推进创先争优活动实施方案》要求，认真落实领航工程、聚力工程和先锋工程，全面实施公司党委加强党的建设三年（2010～2012年）规划），深入开展“学党史、强信念，明形势、做贡献”主题教育活动。创先争优活动以“深入学习实践科学发展观、加快推进公司发展方式和电网发展方式转变”为主题，以创建电网先锋为载体，努力做到“规定动作必落实，自选动作有特色”，活动中坚持“四个明确”，开展公开承诺。2011年，公司两级党委共制定并完成公开承诺196项，提出511项具体落实措施，基层党支部和党员均作出公开承诺并认真落实；坚持逐级督导，开展领导点评，公司两级领导班子成员通过多种方式开展创先争优督导点评累计达979次；坚持广泛深入开展评议工作。各级党组织、全体党员100%参与每年度评议活动，群众满意率达100%。

一、突出保障首都电网安全可靠，推进“为民服务创先争优”活动

2011年，国家电网公司党组《关于在供电企业深入开展“为民服务创先争优”活动的实施意见》下发后，公司立即制定活动方案，分解细化任务31项，不断提升供电优质服务水平。一是以规划为引领，围绕北京建设世界城市的战略目标，完善北京电网发展规划，加快建设北京电网。二是以促进节能减排、发展低碳经济为重点，推进坚强智能电网建设和电动汽车应用服务网络建设，首个智能用电小区（左安门公寓）、土沟110kV、左安门220kV智能变电站相继建成，并充分利用电力展示厅、智能公寓等资源，启动智能用电客户体验行动。三是以安全生产为核心，确保电网持续平稳运行。加强过程管控，提高应急能力，完成全国“两会”、建党90周年、党的十七届六中全会、天宫一号、神舟八号发射等政治保电任务。

二、提高电力优质服务水平，履行企业社会责任

践行“四个服务”宗旨，坚持“你用电、我用心”，打造“95598光明服务”工程，充分运用供电服务论坛等形式，开展客户服务需求调查，成立重要客户服务中心，开展差异化服务，落实晚间及节日24小时送电服务，向特殊群体发放爱心卡，共建立营业服务网点9000余个。同时以“电靓京城　温暖民心”为主题，推出轨道交通电力配套、老旧小区配电设施改造、“煤改电”、架空线入地四大服务民生工程；认真组织开展“营销服务无违章”活动，贯彻国家电网公司新“三个十条”，开展“三指定”专项治理工作，行风建设取得实效。公司连续三年在北京市行风、政风测评中位列第一名，2011年又首批获得免评资格。

三、加强党的先进性建设，发挥党组织和党员的示范引领作用

一是加强对领导干部进行党的群众路线、群众作风教育，按照“四好”标准，建设各级领导班子。二是开展“三亮三比三评”（亮身份、亮职责、亮承诺；比技能、比作风、比业绩；党员互评、领导点评、群众评议）活动，推进营业窗口标准化建设，在窗口单位的党员责任区、党员示范岗、党员服务窗口，亮出党员身份，接受群众监督。三是加强党建品牌建设，公司党委建立18支“国家电网首都电力共产党员服务队”，开展进社区、进校园、进孤老院等活动，重点为社区孤寡老人、困难家庭、打工子弟学校等特殊群体提供公益性、延伸性服务。“七一”前夕，公司广大党员自发捐款32万余元，设立“国家电网首都电力共产党员爱心基金”，专项用于困难对象的电力设施帮扶。2011年，服务队在全市范围内累计开展便民服务活动639次，惠及133个挂牌社区的25万余户居民，受到了百姓与政府的广泛肯定和好评。四是开展纪念建党90周年系列活动，组织“我身边的共产党员”演讲比赛21场。

四、提升员工队伍素质，展示良好作风形象

认真贯彻落实国家电网公司党组1号文件精神，开展“塑文化、强队伍、铸品质”服务提升工程，提升队伍的政治素质、专业素质和文明素质。一是强化思想教育工作。加强社会主义核心价值体系建设，开展“忠诚企业、服务首都”主题教育活动，弘扬“诚信　责任　创新　奉献”的企业核心价值观，提升全员优质服务意识。二是加大典型宣传力度。连续8年开展“平凡孕育伟大　劳动奉献光荣”先进典型学习宣传工作，参加北京市“百姓爱心故事”评选展播和“党在百姓心中”宣讲活动。组织学习吕清森、江小金等先进典型。每年开展“十大首都电力之星”和“十大优秀团队”评选活动，推出“双十百星”。三是全面营造创先争优氛围。加强对群众组织的领导，发挥工会和共青团的作用，开展建功立业劳动竞赛和技术创新活动，完善“号、手、岗、队”创建工作，以党组织、党员的创先争优，带动全员创先争优。

■ 6月29日，公司召开北京市电力公司党委庆祝建党90周年暨深入推进创先争优活动大会。

2011年，公司蝉联全国文明单位荣誉。北京市、中央宣传部、国务院、国资委、中央巡视组、中央企业为民服务创先争优检查组等上级单位领导率队来公司调研、检查、指导工作时，对公司思想政治工作及创先争优活动的总体情况给予了高度评价。公司在“全国国有企业推进社会主义核心价值体系建设座谈会”上代表国家电网公司进行创先争优工作经验的交流，得到与会代表的肯定。

大 事 记

DA SHI JI

1月

6日　公司党委召开2010年度精神文明建设创新成果表彰暨创先争优活动推进会，总结公司一年来精神文明建设及其创新工作取得的经验和成效，部署2011年创先争优活动工作，表彰2010年度精神文明建设创新获奖成果及单位。

7日　公司在电力行业信用企业评价成果发布会上，获得“AAA级信用企业”奖牌和证书。

18～19日　公司召开二届一次职工代表大会暨2011年工作会、政工会，总结公司2010年及“十一五”发展情况，确立公司“十二五”发展目标、工作思路和重点工作，审议通过公司2011年工作报告、综合计划和预算执行情况等5项决议。

20日　中国电机工程学会理事长陆延昌、常务副理事长陈峰、秘书长李若梅一行，到农村电气化分会考察工作。

24日　北京市委书记刘淇，市长郭金龙，市委常委、市委秘书长李士祥，市委常委、教育工委书记赵凤桐，副市长苟仲文一行，到位于航天桥的电动汽车充换电站现场，考察并指导北京市电动汽车充换电站建设及运行工作。

2月

1日　国家电网公司总经理、党组书记刘振亚到公司调度通信中心和客户服务中心考察春节供电保障工作并慰问一线干部员工。

3月

1日　公司承建的北京市延庆县电动汽车充电站正式启动，并开始接待电动出租汽车充电。

9日　全国人大代表、国网电力科学研究院名誉院长薛禹胜院士，中国华能集团黑龙江分公司总经理张延启一行，到左安门智能公寓考察智能公寓示范项目。

16日　国家电网公司副总经理杨庆到公司考察北京市电动汽车智能充换电服务网络建设运营情况，并到航天桥电动汽车充电站进行实地考察。

4月

29日　中央政治局委员、北京市委书记刘淇，市委副书记、市长郭金龙，市委常委、市总工会主席梁伟一行，到公司张文新创新工作室和肖永立创新工作室调研。

5月

5日　公司共青团第二次代表大会在培训中心召开，参会团员代表133人。北京市团委副书记杨立宪、企业部部长李伟，国家电网公司团委副书记丁莉列席。

10日　北京市副市长洪峰一行到调度指挥中心、应急指挥中心及95598客户服务大厅，了解北京电网总体情况及迎峰度夏工作情况，对各项工作给予肯定。

17日　公司举行应急基干救援队伍成立大会。

18～22日　公司自主研发的电动汽车充换电设施，在第十四届中国北京国际科技产业博览会上荣获“最佳展示奖”。

31日　公司召开国家电网品牌塑造年暨北京市电力公司“电靓京城”品牌塑造活动启动会。

6月

13日　公司举行“国家电网首都电力共产党员服务队”进社区活动启动仪式。

29日　公司召开2011年物资工作会议，启动公司物流体系改革工作。

29 日　公司召开庆祝建党 90 周年暨深入推进创先争优活动大会，为获得 2010～2011 年度创先争优活动先进集体和优秀个人进行颁奖。

8 月

17～18 日　公司召开 2011 年年中工作会。大会听取了公司总经理朱长林做的《全面加强基础工作　努力完成全年任务》工作报告。该报告明确了下半年的工作思路和工作重点，提出下半年重点做好六方面的工作要求。

18 日　中央政治局委员刘淇，北京市委书记郭金龙，市领导李士祥、牛有成、赵凤桐、鲁炜、陈平一行，到延庆电动出租汽车充电站，调研北京市电动出租汽车分布式充电站建设，以及电动出租汽车区域性示范运营情况。

9 月

5 日　公司召开干部任免宣布大会。国家电网公司人事董事部主任刘广迎宣布国家电网公司党组关于公司领导班子调整的决定：经国家电网公司党组研究并征得北京市国资委同意，决定田博任公司党委书记、副总经理。

26 日　北京市副市长洪峰一行，到公司检查国庆节供电保障工作。

29 日　国家电监会主席吴新雄、国家电监会副主席史玉波一行，到公司考察国庆节保电工作。

10 月

14 日　公司举办应急抢险技能大赛，29 个代表队共 266 名选手参赛。

28 日　公安部副部长黄明一行，到公司调研警务工作。黄明一行检阅了北京市公安局内保局在公司设立警务工作室的民警队伍，了解了驻警人员的工作开展情况。

30 日　北京市首座智能变电站——左安门 220kV 智能变电站 3 号主变压器完成送电工作，标志着该变电站智能化改造的主体工程已经完成。

11 月

7 日　公司与中国银行北京分行签署了上门服务综合协议，公司 22 家供电所将享受中国银行提供的银行上门收款和现金管理综合服务。

8 日　中宣部副部长申维辰，国资委副主任黄丹华，国家电网公司副总经理曹志安，副总经理、工会主席王敏，副总政工师王颖杰一行，到城区供电公司、左安门智能公寓调研公司思想政治工作开展情况。

29 日　公司召开 2011 年党支部创新实践活动成果评审发布会。

12 月

1 日　公司配电自动化系统通过国家电网公司实用化验收。

14 日　公司供应商服务大厅揭牌，实现对供应商业务办理的一站式服务。

15 日　第五届“北京影响力”评选活动揭晓，公司荣居“影响百姓经济生活的十大企业”榜首。

15 日　17 时 23 分，北京电网负荷达到 1387.5 万 kW，创冬季负荷历史新高，最高增幅达 1.34%。

28 日　公司承建的高安屯循环产业园充换电站竣工。该充换电站是目前国内规模最大、充换电能力最强、最具示范效果的充换电站。

公司概况

GONG SI GAI KUANG

【公司简介】北京市电力公司是国家电网公司所属省级电力公司，负责北京地区1.64万km^2范围内的电网规划建设、运行管理、电力销售和630万客户的供电服务工作，肩负着为国家党政军机关、重大政治活动和城市运行安全供电的政治责任。截至2011年底，公司本部设置21个职能部门和公司工会、5个二级机构；下设16个区县供电公司、10个专业化生产单位、9个其他单位。

截至2011年底，公司拥有35kV及以上变电站437座，10kV开闭站、配电室共5990座，架空线路9408km，电缆1453km，电缆隧道630km。完成售电量741.16亿kWh，同比增长3.54%；完成固定资产投资72.45亿元，资产总额达到683.73亿元，同比增长0.89%；当年电费回收率达到100%。

【公司领导班子】

总经理、党委副书记	朱长林
党委书记、副总经理	田博（2011年8月任）
副总经理、总会计师、党委常委	常世平
副总经理、党委常委	郑林
副总经理、党委常委	李百顺
副总经理、党委常委	刘润生
副总经理、党委常委	安建强
党委常委、工会主席	李国华
党委常委、纪委书记	柏磊
党委书记、副总经理	郭要斌（2011年8月离任）

【电网发展】按照国家电网公司“十二五”规划总体部署，结合首都“世界城市”建设需求，编制完成北京电网“十二五”发展规划，并与市区两级政府对接，提升电网与城市发展规划的契合度。明确北京电网规划原则，主网、配网、农网协调发展理念更加清晰。落实国家电网公司《关于进一步提高工程建设安全质量和工艺水平的决定》，推广通用设计和标准工艺，完善质量评价反馈机制，3项工程荣获国家电网公司优质工程奖，基建工程造价研究获北京市创新成果一等奖。推进重点工程建设，海淀500kV输变电工程项目核准获批，莱市口电力科技馆等工程前期工作取得重大突破。团河220kV变电站、魏善庄牵引站等外电源工程按期投产，为轨道交通、保障性住房等民生工程提供能源支撑。推进智能电网实践，建成土沟110kV、左安门220kV智能变电站；左安门智能公寓项目起到良好的宣传示范效果，建设方案及关键技术研究获得国家电网公司科技进步一等奖。推动电动汽车充换电站建设，智能充换电服务网络发展规划纳入北京市“十二五”电动汽车发展整体规划，代表国内最高水平、具有示范效应的高安屯充换电站顺利竣工。

【安全生产】坚持“安全第一、预防为主、综合治理”方针，从基础、基层、基本功抓起，多措并举提升安全生产水平。落实《电力安全事故应急处置和调查处理条例》，开展“抓执行、抓过程、建机制”安全风险管控活动，深化安全监督审计工作，强化作业现场三级安全监督检查，保证安全生产责任制的逐级落实。夯实生产管理基础，推进“五统一”技术标准应用，推广状态检测技术，开展状态评价，深化状态检修，设备健康水平不断提升，故障及危重缺陷率同比降低12%。推进调控一体化建设，110kV及以上变电站调控一体化覆盖率达到95.6%。城区配网自动化通过国家电网公司验收，金融街地区成为全国高可靠性供电示范区域。成立专业护线队伍，建立线下隐患联防联控机制，反外力破坏工作成效显著。梳理应急工作体系，组建基干救援队伍，建成应急装备库，修订完善应急预案，组织多层面应急演练，应急处置和风险化解能力不断增强。推进政治供电常态化，完成建党90周年庆典、“天宫一号”发射等重大保电任务202项。2011年，一般电网和设备事故同比下降85.71%，户均停电时间同比下降16.11%，实现政治供电“零闪动”、安全生产“零死亡”的目标。

【经营管理】开展经济活动分析，科学制定公司经营策略。加强综合计划和全面预算管理，预算精细化水平明显提升。财务集约化深化应用工作成效显著，财务资源管控能力全面加强。优化融资结构，保障资金供给，财务费用同比压降0.89亿元。规范用户资产接收工作，落实免税政策，合法合规确认历年接收用户资产117亿元。完成物流体系改革，整合仓库资源，开展清仓利库工作，规范招投标管理。深入内部挖潜，开展“保热点、压结存”工作，完成报装接电819.8万kVA，同比增长48.44%。采取依法催费手段，主动起诉30起，胜诉率100%。严查电量跑冒滴漏，查处窃电及违章用电2326起。

加强同业对标监控分析，实施主要指标预控跟踪，《企地联合电网建设》入选国家电网公司典型经验库，人力资源、营销服务两个专业进入国家电网公司专业标杆行列，公司成为国家电网公司2011年同业对标综合管理标杆单位。

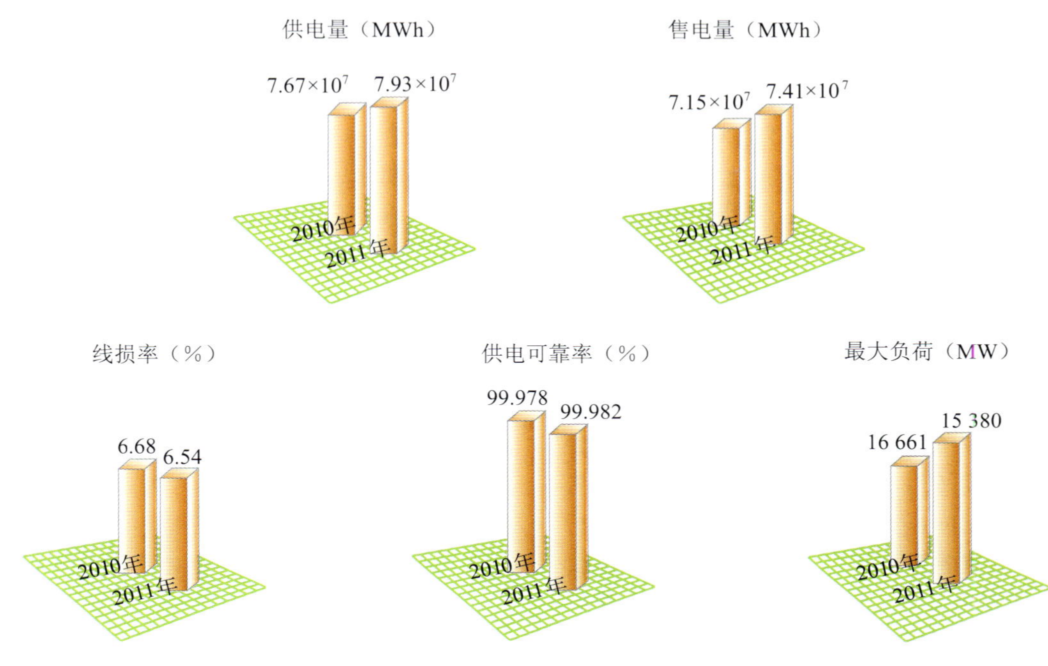

公司主要经营指标

注：图中供电量、售电量、线损率为500kV及以下的统计数据。

【优质服务】贯彻“四个服务”宗旨，落实新“三个十条”要求，全力提升服务品质。组建18支“国家电网首都电力共产党员服务队”，主动进社区、进机关、进企业、进校园、进医院、进乡村，开展服务639次。建立重要客户用电健康档案，推行安全用电评估，满足个性化服务需求，服务重要客户更加专业和规范，与重要客户的沟通交流更加顺畅，关系更加融洽。启动74个老旧小区改造工作，惠及居民9万户。完成79个项目、10万套保障性住房报装接电工作，确保项目用电需求。加快服务网点建设，新增售电点6671个，北京地区售电点达到15 956个。加强95598热线建设，开通远端坐席，实现调度、电网、营销和客户信息共享，提升热线服务能力。完成201个营业厅等级评定，继续实行第三方服务满意度测评。坚持开展24小时售电、应急送电卡等便民服务工作。持续推进“电靓京城”品牌塑造及传播活动，企业品牌价值和社会形象进一步提升。公司继连续三年名列北京市政风、行风评比第一名后，2011年又首批获得免评资格，并再次入选“北京影响力”十大企业，位居榜首。

【依法治企】适应市场化运营要求，完善依法治企长效机制。开展审计、财务联合检查，加大对“小金库”、供电所管理、公务用车、房屋土地、工程建设等问题的检查和责任追究力度，推动问题的整改落实。优化业扩报装流程，加强关键环节管控，有效防止“三指定”行为的发生。发动基层，集思广益，认真查找和集中解决一批制约公司发展的突出问题，对公司面临的潜在风险有了更为清晰的把握。开展“法治电网”专项行动，法律风险防范体系建设稳步推进，“六五”普法活动取得明显成效。清理公司规章制度，建立制度全过程规范化管理程序，废除不适用的旧制度48项，制定和修订制度139项，有效减少制度缺失和自相矛盾的问题。开展规范劳务用工管理试点工作，实施“五统一”集约化管理模式，初步建立与技能和业绩挂钩的薪酬激励机制。加强集体企业管控，完善法人治理结构，强化监督审计，保证集体企业依法合规经营。建立舆情风险监测、预警分析和联动机制，成功化解多起舆论风险。

【人力资源】加强干部管理，制定下发《后备干部管理办法》等3项管理制度。开展全员培训，印发《生产员工安全技能等级评价工作管理办法（试行）》，完成7个单位1430名生产员工的安全技能等级评价工作。推广员工学分制管理，开展新能源、状态检测、带电作业等专项技术培训。

调整公司本部人力资源、财务、物资管理部门内设机构、职责及岗位编制，明确公司应急管理、标准化管理、电力管沟管理等职责。成立带电作业中心。制定《劳务用工管理办法》等5个劳务用工管理的办法和意见，建立统一规范的劳务派遣主要岗位序列、技能水平评价机制和薪酬标准体系。完成3个试点单位的岗位归级与薪酬套改。

加大人才交流力度，组织6批次共65人进行挂职锻炼，开展本部和基层的双向交流，形成跨单位、跨部门、跨专业的人才培养机制。搭建专业技术职级体系，专业人才职业发展通道更加通畅。深化“本部建设年”活动，机关作风建设和“四个中心”的作用得到加强。重视新入企员工培养，使新员工经受较艰苦环境和实际工作责任的考验，提供多岗位锻炼机会，并推行学分制、“师带徒”等模式。全年开展各专业、各层级的培训5万余人次，拓展员工知识面，提高员工履职能力。落实全员绩效考核“三个百分之百”要求，绩效管理科学化、实用化水平不断提升。

截至2011年底，公司共有职工8787人，平均年龄43岁。其中，大学专科及以上人员6201人，占比72.9%；副高及以上专业技术资格人员643人，占比7.6%；中级专业技术资格人员1412人，占比16.6%；高级工及以上人员6034人，占比70.9%。国家电网公司级专家28名。人才当量密度97.95%。公司党委管理的现职领导干部391人。

【营销工作】2011年，完成报装接电819.8万kVA，同比增长48.44%，累计消化热点用电需求248.19万kVA。推广电能替代项目，全年建成蓄冷空调、地源热泵项目121项，累计增加电量约1.34亿kWh。推广应用75.2万具智能电能表。实施“反窃电、促降损、强管理”专项行动，全年累计查处违约用电、窃电2326起，追补电量2954.37万kWh。运用法律手段，回收欠费275.22万元。

制定并完善北京公司《业扩报装管理办法》《电能计量库存管理办法》《智能电能表安装调试工作规范》《用电信息采集运行维护管理办法》《机电式预付费电能表“机电不符”故障处理办法》《电能计量现场检验管理办法》等11项管理制度。公司营销服务专业同业对标各项指标整体排序处于国家电网系统A段水平。

加快新能源用电需求，推动电动汽车充换电建设。全年建成12座充换电站、274个充电桩，其中高安屯示范充换电站集充电、换电和电池配送三大功能为一体，满足北京市示范车型的需求。争取政府资金支持，完成1万余户电力光纤到户改造任务，配套开展智能小区和电力光纤入户商业运行模式的课题研究。

营销信息化稳步提升，完成公司营销稽查监控大厅建设及营销稽查监控系统上线工作，完成稽查业务培训并同期开展稽查工作，实现对营销关键指标、工作质量和服务质量的实时在线监控。

【农电工作】编制完成“十二五”农村电网改造升级规划，编写《农网示范村建设标准》，指导“十二五”期间农村电网建设。以大兴、密云、顺义、延庆、海淀5个地区为试点，实施配电网分倒路、加装配电变压器等工程。加快农网升级改造，累计投资2亿元。在通州水务村、昌平长陵村、平谷祖务村、延庆玉皇庙村启动农网示范村建设工程。

加强农村供电所管理。对供电所的定位、组织机构、岗位设置、成本标准、人员聘用等问题进行研究，出台《农村供电所规范管理工作方案》《劳务用工管理办法》《劳务用工薪酬管理办法》《技能评价管理办法》和《岗位设置及人员聘用指导意见》。结合北京农村供电所机构设置的实际情况，开展供电所作业组织专业化试点工作。开展以“夯实农村用电安全基础，构建安全可靠农村电网，创建和谐的农村供用电环境，提高农村用电安全水平”的强基固本专项工程，提升农村地区安全用电水平。完成40个农村供电所标准化建设，农村标准化供电所建设完成率达到100%。西集、十三陵、周口店、采育、金海湖5个供电所先后被国家电网公司评为标准化示范供电所。

【科技环保与信息化】加强科技创新体系建设，整合公司科技人才、设备资源，形成以“两院一中心”为枢纽的研究体系。编制完成“十二五”科技发展规划，确定配网可靠性供电、状态监测、电网安全与控制等重点方向。重点项目立项取得突破，公司有两项课题分别列入国家“863”计划和国家科技部“十二五”科技支撑计划，获得797万元专项研究资金。开展科技攻关和群众创新活动，提升自主创新能力，获得国家电网公司科技进步一等奖1项、二等奖1项、三等奖4项。不断完善十大业务应用体系建设，信息系统和专业工作进一步融合，促进了核心业务管理水平的提高。建立信息系统运行评价体系，ERP 系统通过国家电网公司信息系统实用化评价。保持信息系统安全运行“零事故”纪录，公司被评为国家电网公司 2011 年度信息安全技术督查优秀单位。

【党的建设和精神文明建设】 全面加强“三个建设”，保障了企业健康发展。以迎接建党 90 周年为契机，落实“为民服务创先争优”要求，深化学习型党组织建设，扎实推进党务公开，开展“三亮三比三评”活动，高质量完成公开承诺、领导点评、群众评议工作。公司创先争优活动得到中央巡视组、中宣部、国资委领导及中央企业为民服务创先争优活动检查组的好评。加强廉政风险防控工作，建立协同监督机制，坚持纪委书记报告制度，开展“反思教训、完善监控”主题教育实践活动，“三化三有”惩治和预防腐败体系不断健全完善。

深入开展“忠诚企业、服务首都”主题教育活动，积极推动实施企业文化传播工程、落地工程、评价工程，加强工会和团的组织建设、制度建设，顺利完成公司两级工会、团委换届选举工作。推进职工素质提升工程，开展“创建学习型班组，争当工人先锋号”劳动竞赛活动，职工创新工作室成果得到国家电网公司和北京市委市政府的高度肯定。深化企业民主管理，加强信访工作，开展帮扶送温暖活动，促进企业的和谐稳定。公司蝉联全国文明单位荣誉，连续 4 年被评为全国“安康杯”优胜企业，城区供电公司天安门地区供电中心荣获“全国工人先锋号”称号。

（李兴华）

【组织机构】

北京市电力公司

总经理1人，党委书记1人，副总经理5人，工会主席1人，纪委书记1人

本部职能部门

- 办公室
- 发展策划部
- 人力资源部
- 财务资产部
- 安全监察部
- 生产技术部（政治供电办公室）
- 基建部
- 营销部
- 科技信息部
- 物资部（招投标管理中心）
- 审计部
- 监察部
- 思想政治工作部（党委办公室）
- 离退休工作部

本部职能部门

- 北京电力调度通信中心
- 北京电网电力交易中心
- 政策研究及法律事务部
- 对外联络部
- 机关工作部（机关党委）
- 电力公安保卫部
- 产业管理部
- 公司工会

集体企业

- 北京华商伟业资产管理有限公司
- 北京华商电力管道有限公司
- 北京华商远大电力建设有限公司
- 北京华商三优新能源科技有限公司
- 北京华商能源管理有限公司
- 北京华商绘都建筑有限责任公司
- 北京吉北电力工程咨询有限公司
- 北京市华龙电力物资公司
- 北京京供塔园电力工程设计事务所有限公司
- 北京中电联汽车服务有限责任公司

二级机构

- 人才交流服务中心（社会保险中心）
- 超高压工程建设管理中心（定额站）
- 新闻中心（报社）
- 行政管理中心
- 电费管理中心

电力供应

- 城区供电公司
- 朝阳供电公司
- 海淀供电公司
- 丰台供电公司
- 石景山供电公司
- 亦庄供电公司
- 通州供电公司
- 昌平供电公司
- 门头沟供电公司
- 房山供电公司
- 大兴供电公司
- 平谷供电公司
- 怀柔供电公司
- 密云供电公司
- 顺义供电公司
- 延庆供电公司

专业化公司

- 输电公司
- 变电公司
- 通信自动化公司
- 电缆公司
- 电能计量中心
- 客户服务中心
- 重要客户服务中心
- 带电作业中心
- 信息中心
- 北京电力工程公司

其他单位

- 北京电力科学研究院
- 北京华商电动车动力科技有限公司
- 北京电力经济技术研究院
- 培训中心（实训基地）
- 物流服务中心
- 物业管理公司
- 北京电力实业开发总公司
- 北京市路灯管理中心
- 国网企协北京分会

另有人才交流中心、业务发展中心两个虚拟单位，共37个。

北京市电力公司2011年组织机构图

电 网 发 展

DIAN WANG FA ZHAN

规划与发展

【北京电网“十二五”发展规划】完善北京电网“十二五”发展规划。结合首都“世界城市”建设和新能源、智能电网发展趋势，解决电网运行中存在的问题，依托经济增长热点和设备重载情况，以“安全、全面、经济、主动和可实施”为指导原则，进一步完善北京电网“十二五”发展规划。其中主网规划重点依托“世界城市”发展定位，打造坚强网架结构；配网规划注重各地区发展需求，统筹兼顾多方利益；农网规划以北京市重点镇发展建设为重点，服务农村产业发展。逐步实现城市核心区满足 $N-2$ 运行标准，远郊区县满足 $N-1$ 运行标准，全面提升电网供电能力和供电可靠性。

电网规划落实工作。组织成立各区县电网规划工作委员会，制定输变电工程前期及可研工作里程碑计划，提前确定度夏及2012年工程项目，明确责任单位并量化考核节点。依托空间布局规划，初步确定中心城区2030年以前的输变电工程站址和路由资源，完成35kV及以上输变电工程可行性研究80项，取得项目核准、规划意见书、环评等前期要件126项。

深化主网、配网、农网协调发展战略。完成《北京电网规划设计技术原则》修编，根据北京不同区域的发展特点，明确电网的差异化规划原则，重新核定输变电工程的建设标准，充分体现主网、配网、农网协调发展的理念，全面满足北京世界城市的建设需求。推动北京CBD、丽泽商务区和山后500kV变电站选址纳入城市发展空间布局规划。海淀500kV变电站项目核准获批，团河、高丽营扩建、回龙观增容等7项220kV输变电工程顺利投产。明确各区域配网发展目标，通过153km 10kV架空线入地工作打通管沟断点180处，落实土地一级开发配套规划92项，新增配网联络处70个，金融街地区实现双环网供电。编制“十二五”农村电网改造升级规划。

【“十二五”公司发展规划】编制完成“十二五”公司发展规划，明确“基本建成‘一强三优’现代公司、全面保障并促进首都经济发展”的公司发展总体目标，确定全面落实“三集五大”管理体系建设要求、深化公司和电网发展方式转变、建立高效的公司运营体系和人才队伍、构建并高效运行符合首都定位的高可靠性城市智能电网、力争在主网架构和新能源领域实现国际领先的发展举措。

【规划前期工作】建立全口径项目储备库，作为编制公司年度投资计划、资金预算的基础。将“十二五”规划项目全部纳入储备，其中普通储备项目759项，占91.9%；深度储备项目67项，占8.1%。针对储备项目，结合地方经济发展热点和电网需求，确定投资项目时序，及时开展项目前期工作，加快项目落实。

以“四大热电中心”为代表的电源接入工作有序推进，按照强化引导、有序接入的原则，东南热电中心顺利并网发电，东北和西北热电中心选址及接入方案初步明确；鲁家山、南宫等重点垃圾电厂接入系统方案通过评审；延庆、平谷新能源示范工程纳入财政部金太阳工程。2011年，公司共受理电厂接入申请44项，批复16项，装机容量281万kW，网内电源支撑能力和主网稳定性得到增强。

围绕北京世界城市建设，充分利用内外部资源，深化区域配套规划研究与实践，不断提升电网发展与城市发展的契合度。未来科技城部分建成投运；雁栖湖示范区完成配套项目可研；通州核心区落实选址及投资意向，可研工作全面展开；丽泽商务区和CBD核心区落实站址规划，选址选线和管线综合工作有序推进；首钢高端产业区和环渤海总部基地落实选址工作，高可靠性规划研究稳步实施。

（张　晶）

工程建设与管理

【综述】2011年，基建重点工程取得突破性进展和阶段性成果。海淀500kV送电工程开工建设、菜市口220kV输变电及附属设施（电力科技馆）工程完成所有开工手续，具备开工条件；桃园220kV变电站及附属设施工程复工；22项度夏工程、京沪高铁配套团河220kV输变电工程等按期投产；完成轨道交通、保障性住房等市重点工程配套变电站及迁改工程的建设任务；完成科学城（土沟）110kV 智能变电站 EPC（工程总承包）建设模式试点工程；高安屯循环产业园示范充电站工程按期竣工；完成八里庄变电检修车间等附属设施工程建设，草桥 220kV 变电站综合楼等附属设施工程进展顺利。

公司基建安全管理态势继续保持平稳，全年未发生安全、质量事故。工程建设质量稳步提高，全部达到国家电网公司优质工程标准。

【基建工程完成情况】2011 年，共开工 24 项输变电工程，新建 110kV 及以上变电容量 364 万 kVA，线路 164.92km；共投产 25 项输变电工程，投产 110kV 及以上变电容量 329.3 万 kVA，线路 194.51km；完成 22 项 35kV 及以上电力设施迁改工程，改造送电线路 88.23km；完成 8 座充（换）电站建设任务；完成 3 项公司重点附属设施工程；启动 2012 年 1 万户“煤改电”工程的建设协调工作。

2011 年竣工投产工程统计表

建设单位	工程名称	新增线路（km）	新增主变压器（万 kVA）	投产日期
基建部	东坝东 220kV 输变电工程*		36	4 月 26 日
	大兴 220kV 扩建*		18	6 月 20 日
	高丽营 220kV 扩建*		18	6 月 20 日
	黄寺—奥运村 220kV 送电工程	17.5		7 月 28 日
	回龙观 220kV 扩建		50	11 月 28 日
	李营 220kV 牵引站外电源工程	8.51		12 月 31 日
	草桥 220kV 扩建		25	11 月 28 日
	团河 220kV 输变电工程	4	36	12 月 29 日
	魏善庄 220kV 牵引站外电源工程	22.6		12 月 31 日
城区	南站 110kV 切改工程	6		12 月 29 日
朝阳	马泉营 110kV 输变电工程*	2	10	3 月 30 日
	国贸三期 110kV 输变电工程*	8.9	20	3 月 25 日
	望京东 110kV 输变电工程	4.17	20	12 月 28 日
	三元二期扩建工程		10	12 月 31 日
海淀	上地三电源工程	1.5		12 月 28 日
	东小营 110kV 输变电工程	13.51	10	12 月 24 日
丰台	高立庄 110kV 输变电工程	8.88	10	12 月 28 日
亦庄	堰上 220kV 站 110kV 切改工程	4.6		12 月 29 日
昌平	土沟 110kV 输变电工程	14	10	12 月 30 日
	松兰堡 110kV 输变电工程	5.04	10	12 月 27 日
大兴	忠兴庄 110kV 输变电工程*	7.6	10	6 月 15 日
	永和庄 35kV 变电站升压改造工程*	19.4	10	6 月 20 日
	九龙 110kV 输变电工程	1.8	10	7 月 20 日
平谷	金海湖 110kV 输变电工程*	40	6.3	4 月 12 日
怀柔	庙城 110kV 输变电工程*	4.5	10	2 月 25 日
合计		194.51	329.3	

* 为度夏输变电工程。

【重点工程建设】

1. 菜市口 220kV 输变电及附属设施（电力科技馆）工程

菜市口 220kV 变电站是北京市“煤改电”重点工程，位于西城区菜市口大街东侧、南横东街南侧。工程占地面积 7503m^2，总建筑面积 47 846m^2（地上建筑面积 25 385m^2，地下建筑面积 22 461m^2），建设变电容量 3×18 万 kVA。该变电站采用地下变电站与地上电力科技馆合建的方式，是目前世界上首座220kV开放式全地下智能变电站。

电力科技馆工程前期工作通过办理规划、土地、环境、核准、交通、文物、绿化、消防、人防、市政设施、建筑基础、功能布局等十多项前置条件后，截止到2011年12月底，工程施工许可前置条件的所有手续均已办理完毕，并取得建筑工程施工许可证，具备开工条件。

2. 海淀500kV输变电工程

海淀500kV输变电工程是公司"十二五"规划中的重点输变电工程，变电站位于海淀区四季青乡，总用地面积11 615m^2，站址用地面积10 530m^2，总建筑面积8353m^2，安装2台1200MVA的主变压器，为全户内变电站。电源为门头沟至昌平500kV线路开断，Π接入海淀500kV变电站，途经北京市门头沟区和石景山区，共敷设17.6km架空线路。工程在石景山模式口地区入地，隧道长度为6420m，其中，电缆终端站至三府路、巨山东路至海淀站共730m段为浅埋暗挖双孔隧道，其余5690m为盾构隧道。

工程前期手续在2011年度取得进展，工程隧道方案获得北京市水务局的同意，工程取得环评批复和国家发改委的立项核准。在工程建设方面，变电站完成土建施工和绝大部分的电气安装工作，线路工程开始基础施工，隧道工程完成工程招标工作。

3. 配合市政府做好京沪高铁、轨道交通等重点工程配套输变电建设项目

（1）魏善庄牵引站外电源工程。魏善庄牵引站终期两个方向电源分别来自青云店220kV变电站和团河220kV变电站。为满足京沪高铁全线联调联试需要，公司实施大兴至魏善庄牵引站临时电源工程。大兴至魏善庄牵引站临时电源工程为扩建大兴变电站220kV出线间隔，新建220kV外电源长约1.8km，该工程于2月竣工投产；青云店至魏善庄牵引站工程为扩建青云店变电站220kV出线间隔，新建220kV架空线路13km、电缆0.43km，电缆小间一座，该工程于5月竣工投产。团河至魏善庄牵引站工程为团河变电站出线间隔保护改造，新建220kV架空线路9.6km，该工程正在实施中。

（2）李营牵引站外电源工程。李营牵引站共两个方向电源，分别来自南苑220kV变电站和陈留庄220kV变电站。陈留庄至李营牵引站工程为扩建陈留庄变电站出线间隔，新建220kV电缆隧道4km，敷设电缆3.4km，该工程于5月竣工投产，为京沪高铁调试提供必要的电源保障；南苑至李营牵引站工程为南苑变电站出线间隔保护改造，新建220kV电缆隧道2950.48m，敷设电缆4.05km，该工程于2011年底竣工投产。

4. 科技城（土沟）110kV智能变电站

科技城（土沟）110kV变电站位于昌平未来科技城园区，是未来科技城智能电网综合示范工程子项目之一，是公司第一座采取EPC及分系统调试总承包模式建设的智能变电站。工程于2011年5月20日开工建设，2011年12月30日竣工投运。

■ 5月20日，公司举行科技城110kV变电站开工仪式。

5. 高安屯循环产业园示范充换电站工程

高安屯循环产业园示范充换电站工程位于北京市朝阳区高安屯循环经济产业园高安屯北街与金榆路交叉口西北角。站区长115m、宽85m，站区总用地面积9749m^2，总建筑面积为8189m^2，主体结构采用重钢结构。充换电站采用电池更换为主、电池配送为补充的运营模式，每天可满足200辆8/16t电动环卫车、100辆2t环卫车、100辆乘用车的换电需求，并可为周边乘用车电池更换站提供电池配送服务。

高安屯循环产业园示范充换电站为北京市、国家电网公司2011年重点工程。工程于2011年9月21日正式进场施工，11月10日开始进行电气安装，12月25日具备充电条件。

■ 高安屯循环产业园示范充电现场。

【基建工程管理】在项目管理方面，梳理基建工程建设流程，加强项目开工、竣工管理，明确各参建单位责任，完成输变电工程标准工期指导意见。完善制度，颁布前期建场工作管理规定，充分发挥属地供电公司优势，提高工程前期工作效率；加强对设计、施工、监理等非物资类招标工作的管控力度，出台相关激励实施细则，构建参建单位的评价体系。整合公司资源，改善内外部建设环境。加大重点工程协调力度，建立与规划、物资、生技、调度等部门的联动机制，确保工程科学策划、有序推进；通过与环保、消防、铁路、水务等委办局的密切沟通，取得跨越铁路优先办理、消防方案提前审批等相关支持，加快电力重点工程的建设步伐；通过标准化业主、监理、施工三个项目部的建设，发挥项目部在工程管理中的作用，公司在施110kV输变电工程的27个项目通过达标验收。继续推广基建管理信息系统的应用，在国家电网公司系统中率先实现基建管理信息系统在16个在建工程现场的就地部署。

在安全质量管理方面，着力提升全员安全质量意识，克服基建管理界面不断扩大，安全质量管理“点多面广”等困难，全年基建安全形势保持稳定。开展“三抓一巩固”、“三强化三提升”两项主题活动[1]。对策划方案组织交叉互评，加强检查监督，通过开展培训、普考、知识竞赛、现场会、通病专项排查治理等多种活动，确保两项活动达到目标、取得实效。完善巡检机制，24个建设单位均成立二级巡检组，及时发现工程组织的问题。年度两级巡检累计检查基建工地991次，发现并消除问题共计1095项，有效提升基建安全风险预控和应急工作水平。开展110kV及以上输变电工程“流动红旗”评比活动，及时进行安全管理先进经验的总结交流。2011年度共有32个工地获得“无违章工地”流动红旗。创新安全管理手段，开展安全防护设施研制、推广及应用，研制开发可调式孔洞盖板等安全防护设施。

深化标准工艺的应用，完成标准工艺施工图册编制工作。团河220kV变电站工程作为标准工艺示范工地进行建设，完成GIS典型工法的编制。军都、南站、通惠3项220kV输变电工程通过了国家电网公司优质工程复评，创优率100%。

在综合管理方面，明确同业对标指标责任，建立专业管理、专项管理、责任管理三个管理层级的精益化指标体系。开展参建单位综合评价，为基建系统的专业管理和绩效考核提供量化的依据。开展基建专业人才培训工作，为各参建单位的管理人才搭建学习交流的平台。全年共组织各类培训2633人次，开展培训、知识竞赛、普考等专项培训活动，不断提升各单位的综合管理水平。完成《菜市口220kV变电站绿色设计分析》《变电站土建工程深基坑支护方案比选分析》《城区内地下变电站施工组织重点工作分析》《关于输变电工程标准工艺应用示范工地建设的建议》《电力盾构工法施工、监理关键环节的管控要点分析》5项课题的研究工作。

【基建技术管理】推广先进技术的应用，开展智能化变电站建设，完成科学城智能变电站的建设任务；菜市口220kV输变电及附属设施（电力科技馆）工程智能化方案通过国家电网公司审核；编制完成公司智能变电站设计实施细则。完成通用设计修编，其中220－A2－4、220－A3－4、220－A3－5、110－A2－4、110－A2－5变电站设计方案纳入国家电网公司通用设计，补充了地下变电站和线路金具等国家电网公司通用设计。通惠220kV变电工程设计和通惠220kV送电工程设计获国家电网公司优秀设计奖。开展高土壤电阻率接地系统、节能型线路工程应用技术研究成果、注塑尼龙放线滑轮的研究与应用成果、城市中心区高层建筑与变电站联合建设研究成果、导线外层铝股自动剥切器研制成果、同杆多回输电线路、输电铁塔的高强钢技术、钢管塔技术的应用工作；依托基建工程，组织完成“OPPC实现架空线路测温及通信技术研究”、“明开预制电力管沟设计开发利用”2项新技术研究工作。

【技经管理】深化技经体系建设。开展结算监督检查，对14项工程开展结算监督检查，完成多年遗留的47项220kV工程的竣工结算工作。针对开工建设的17项110kV输变电工程开展执行概算编制，为进一步降低工程造价进行有益尝试。深化工程造价管理系统的应用，实现所有基建工程造价管理信息化。依托高安屯充换电站工程，研究制定充换电站相关定额，完善电力定额体系。参加国家电网公司技经专业各类竞赛评比，有7篇论文获得国家电网公司奖励。《全过程造价管控体系研究》获北京市第26届企业管理创新成果一等奖。基建部获得2011年度国家电网公司定额站电力工程造价管理先进集体称号。

（苏　丽）

[1] “三抓一巩固”即抓制度执行、抓措施落实、抓监护到位，巩固基建安全基础。“三强化三提升”即强化规程规范执行、强化通用条件落实、强化工艺标准应用，提升设计质量、提升设备质量、提升施工质量。

智 能 电 网

【建立智能电网体系】 成立以公司总经理为组长的智能电网建设领导小组，在生产技术部成立智能电网专职处室，负责智能电网的归口管理，各职能部门对口开展具体工作。各部门和单位明确分管领导和项目负责人，项目试点建设单位分别建立了各自的工作体系。电力经济技术研究院、电力试验研究院承担智能电网发展战略、规划、科技、标准、重大课题研究、信息收集等工作。发布《智能电网工作管理办法》，建立例会制度和汇报制度。

【北京电网“十二五”电网智能化规划】 按照《关于开展智能电网全面建设行动计划编制工作的通知》（国家电网智能〔2011〕523号）要求，完成智能电网全面建设行动计划编制工作。“十二五”期间，北京电网智能化投资约351.48亿元，规划包含发电、输电、变电、配电、用电、调度、通信信息七个环节，其中变电环节占49.94%，用电环节占37.95%。北京电网“十二五”智能化的主要目标是：在跟踪发展需要、技术进步和试点评估的基础上，滚动修订完善电网智能化规划和建设标准，推进坚强智能电网建设，实现电网各环节智能化建设的协调有序快速推进；关键技术和设备得到广泛应用，电网运行和管理持续优化，“十二五”末北京电网智能化达到较高水平。

【智能电网专项课题研究】 完成智能电网对经济社会影响战略研究项目，研究报告结合北京电网的实际情况，阐述了北京坚强智能电网建设的7个重点领域。通过分析北京经济、社会发展特征，提出常规电网发展的不足，从能源安全、环境保护、产业发展、新能源接入等方面，研究报告还重点阐述了北京坚强智能电网建设将对经济社会发展产生的积极影响：一是助推“三个北京”和“世界城市”“智慧城市”建设；二是保障城市供电安全；三是促进经济发展，并基于研究结论提出了相关政策建议。

围绕未来科技城智能电网示范工程方案编写工作，组织编写《智能电网用户侧建设技术导则》。导则根据国家电网公司建设坚强智能电网的发展规划，参照公司已进行的智能用电类的研究和示范工程建设经验，按照可操作、方案经济合理的原则进行编写。导则包括智能楼宇、智能用电小区配电自动化、分布式电源、电力光纤入户、用电信息采集、智能公共照明、双向互动服务系统、电能汽车充电、能效管理系统九部分内容。

配合国网电科院开展总部下达的《智能电网综合建设项目功能定位研究》专项课题研究工作。随着智能电网全面建设工作的推进，智能电网综合项目将在较大范围内开展实施，迫切需要制定一套行之有效的综合项目实施方略，以规范、指导智能电网综合项目建设。课题在充分调研总结现有示范项目经验和不足的基础上，提出科学、规范、合理的智能电网综合项目功能定位指导意见，为综合项目选址、目标定位、方案设计、项目审批、管理等提供作业指导，减少项目实施的盲目性和避免投资浪费，实现综合项目的整体效能的最大化和最优化，服务于区域战略目标，服务于经济和社会发展，促进电网与社会的和谐发展。

【智能电网试点工程】 2011年，公司承担的智能电网推广项目有7项，分别是科技城（土沟）110kV智能变电站EPC项目、用电信息采集、电动汽车充换电站设施建设、信息平台及安全、输变电设备状态监测系统、智能楼宇、电力光纤到户（10 000户）。前4项于12月竣工，后3项按照国家电网公司管理部门的新计划完成阶段性任务。公司承担的智能电网新增试点项目有2项，分别是未来科技城智能电网综合示范工程和电网移动作业系统，电网移动作业系统项目于12月竣工。

未来科技城智能电网综合示范工程方案于9月通过国家电网公司审核，实施周期计划为2011～2015年。根据未来科技城智能电网方案的总体建构，未来科技城智能电网将包括6大类17个子项，分两期实施。一期（2011～2013年）12个子项：智能变电站、智能超导输电、物联信息通信网、智能电网可视化平台、配电自动化、分布式能源接入及储能系统、营业厅互动化、智能小区/楼宇、电动汽车充电设施、智能需求侧管理、智能路灯及监控系统、用电信息采集；二期（2013～2015年）5个子项：信息交互总线建设/数据中心建设/信息安全平台、智能网控一体化系统、智能运检一体化系统（输变配电状态监测/移动作业）、电能质量监测与控制、智能营销一体化系统。其中，子项目之一的科技城（土沟）110kV变电站已于12月底竣工投产，其他子项目正按计划顺利推进。

（刘庆时）

经营管理

JING YING GUAN LI

计划与投资管理

【计划管理】固定资产投资完成72.45亿元。新开工110kV及以上线路165km，110kV及以上变电容量364万kVA。售电量完成741.16亿kWh，线损率累计完成6.54%。

建立“对上纵向汇报、横向统筹平衡、对下全面覆盖”的综合计划管理新模式，调整和下达2011年综合计划、投资计划、生产经营计划，编制2012年综合计划、投资计划、生产经营计划。建立经济活动分析对基层单位指导考评机制、任务落实机制和信息支撑机制，研究分析经营工作中存在的问题和应对措施，推动各项计划指标顺利执行。合理安排北京地区电厂年度发电量计划，优化购电结构，压降购电成本。

（艾　亮　佘　妍）

【投资管理】合理编制投资计划，提升公司投资效益。以促进电网协调发展、保证度夏安全需求、满足智能电网及北京市重大项目需求为原则，结合电量规模增长情况，利用土地稀缺资源，综合考虑地区经济发展及公司发展需要，编制下达固定资产投资计划，为各项工程按时开工、投产、决算提供及时的资金保障。

加强投资过程管控，提升投资管理水平。加强投资计划制度管理，强化投资计划执行过程的可控性，每月对投资完成情况进行分析，做好定期通报和评价工作。按月度掌握自有资金、银行贷款、政府及用户出资、垫资情况，加强资本性收支分析，全年完成固定资产投资72.45亿元。

深化固定资产投资项目储备库建设工作。在前期储备库建设基础上，召开公司本部和各基层单位的项目储备库建设工作会，进一步开展储备库建设工作。对于重点项目编制项目前期工作计划，及时开展项目前期工作，使项目储备库落到实处。

强化里程碑计划管控。按照公司“确保规划有效落地”的要求，提前谋划，落实站址和线路路径等电网战略资源，达到“储备一批、建设一批”的工作目标，开展“十二五”电网项目深度储备工作，下达项目前期工作里程碑计划，并进一步健全里程碑计划管理的激励和约束机制，项目投资计划根据里程碑计划节点确定。

深化系统应用。根据国家电网公司统一项目分类与项目编码的要求，对投资计划系统调整完毕并正式上线运行，预控计划中所有项目的建项源头和编码原则均依据新要求开始应用。采取相关人员集中培训以及系统管理员现场指导等方式，使投资计划管理人员尽快熟悉新系统操作流程。同时，为加强投资过程管控，启动投资计划分析系统开发工作。

（邱吉多　杨琳琳）

【统计管理】依据国家电网公司统计管理办法和报表制度，修订并印发公司统计报表制度，内容包括公司安全生产、财务经营、营销指标等。编制2011年《北京市电力数据手册》及《公司年度统计资料汇编》，完成月度、季度、年度统计报表、报告共1768项，及时为公司生产经营提供数据和分析支持。

（林立新）

财　务　管　理

【财务集约化管理】完成标准固化模板的系统配置，使用会计政策监控功能，实施定期跟踪和动态监控，确保会计政策发布或变更后各单位应用及时、执行到位。深化应用协同平台，同步生成核算凭证和抵消凭证。完善财务管控系统集团报表功能，提高“一键式”报表生成的准确性和及时性，“一键式”报表准确率达到100%。在主数据管理应用平台上实现内部客户、税码、组织机构、会计政策主数据的集中管理。强化对所属单位预算工作的全面考核，优化预算指标体系，加大预算执行偏差考核力度。充分利用信息化手段，按照月度现金流量预算维度将各项支出细化到旬、日。完善银行账户动态监控机制，加大资金支付管控力度，实行大额逐笔审查、小额不定期抽查方式，防范资金支付风险。全面完成110kV及以下电网资产及其他资产的清查。优化和调整工程财务管理流程，将工程财务管理要求融合到工程业务管理全过程。应用财务管控模块的综合管理功能实现财务规章制度和资产经营管理对标典型经验库的发布。

（杨 柳）

【预算管理】推广应用标准成本体系，以标准成本作为编制预算的重要依据，根据成本标准和业务参数自动生成成本预算，并依托预算编制平台分解下达。推动业务部门完善项目储备库管理制度和项目评级管理制度，开发完善信息化系统，促进项目储备库管理工作常态化、流程化、规范化。加强专项成本预算安排、执行控制全过程管理，提升资金投入效果，利用信息手段严格项目执行控制。强化预算执行分析，完善分析考核内容，将关注重点由预算执行结果逐步过渡到预算执行过程；强化对所属单位预算工作的全面考核，加大预算执行偏差考核力度，推动指标责任关口前移；加强预算指标和经营状况分析，动态掌握公司经营状况，持续优化完善各项考核指标。研究制定“内部模拟利润”绩效考核方案，强化供电公司“投入产出”意识，引导供电公司综合管控各项直接或间接影响内部利润的经营要素，有效调动各供电公司经营管理工作的积极性和主动性。

（杨 柳）

【资产及产权管理】完成本年度固定资产清查、卡片信息规范和重要设备价值拆分工作，共清查和规范资产卡片547 181张。股权清理处置取得突破，处置完毕对华润置地、国利能源及东纶科技的投资。规范低值易耗品采购、调拨等业务流程，确定138项重点低值易耗品及926项与物料对应的低值易耗品。修订公司接收用户资产管理办法及协议文本，完成国家电网公司接收用户资产专项审计。在全公司范围内开展财产保险工作，保险效益逐步体现。加强基建财务过程管理，以年度项目里程碑节点计划为基础，分解细化考核指标，前移管理关口。支持电动汽车、新能源等业务的开展，研究电动汽车公司资产管理模式，测算营业价格，研究梳理管道公司业务流程。

（李 静）

【电价工作】完成年内两次电价调整工作。全程参与峰谷时段调整方案测算研究，推出北京市尖峰电价时段调整政策。完善电价与交易、营销系统的集成，推进电价集约化深化应用工作。制定居民阶梯电价方案，组织研讨，防范操作风险。深化输配电价研究测算工作，按成本加收益的思路，分析公司成本、参数及各项因素对核价的影响。开展电动汽车充电站服务价格测算，为电动汽车业务发展提供理论研究支持。配合出台电气化铁路还贷标杆电价，形成一种新的电价机制，保证了投资的回收。清理电价矛盾和历史遗留问题。

（张 磊）

【资金管理】实现经费资金一级管理。撤销所有基层单位的经费账户，资金归集率100%，账户总量下降20%；建立银行账户动态监控机制，银行账户监控率100%。完善全额集中支付功能，实现一级账户电费电子退费和开发供应商合并付款。加大大额资金支付审核力度，推行营业网点银行上门服务，有效降低资金风险。深化、细化现金流量预算控制。运用信息手段跟踪预算执行，强化现金预算执行刚性。2011年共借入资金69.7亿元，保障公司资金供给。通过提前还贷、协定存款利率、集中支付等资金集中管理手段创造资金效益。

（朱 华）

【会计信息管理】全面加强依法治企专项工作，推动公司依法治企活动纵深发展。优化财务信息化平台体系，持续深化系统功能应用。以信息化手段为依托，加强会计核算管理，账务处理规范程度显著提升。调整优化公司资产经营同业对标指标体系，制订2011年同业对标指标提升计划和同业对标“十二五”发展规划。

（李克强）

审计管理

【综述】公司审计把握公司重点工作，完成审计财务联合检查任务；抓住主业和产业两条主线，完成对领导干部、工程管理、营销管理及其他专项等审计任务；逐步完善审计管理机制及审计成果运用机制；以审计创新为手段，加强审计标准化、信息化、集约化建设，提升审计效能。2011年，公司审计工作获得多项荣誉：公司及所属昌平供电公司被国家电网公司授予“2009～2011年度审计工作先进单位”荣誉称号，2名审计人员被国家电网公司评为“审计先进工作者”；2011年开展的“供电所管理专项审计调查”等3个审计项目获得国家电网公司优秀审计项目；《以建设单位为审计对象，开展工程项目审计》入围国家电网公司典型经验；论文《经济责任审计闭环管理体系模型设计》荣获中国内审协会内部审计理论与实务研究一等奖；ERP 审计业务系统建设被评为国家电网公司信息化建设实施优质项目；公司审计部被评为北京市电力公司 2011 年度本部先进部室。

【审计财务联合检查】结合公司依法从严治企重点工作，审计部对公司所属 47 个单位、16 大类 190 项检查内容开展审计财务联合检查工作。在前期准备阶段，公司成立党政主要负责人任组长的检查工作领导小组和由 10 个职能部门组成的工作小组。审计部与财务部制订联合检查工作方案，将检查工作分为自查自纠、全面检查、国家电网公司迎审和整改落实四个阶段，并于 6 月 22 日召开专项检查启动会议。

7 月，由审计部、财务资产部牵头，监察部、人力资源部、基建部、物资部、营销部、产业管理部、电费管理中心、行政管理中心 8 个部门参加，对公司所属 47 个单位进行细致的实地检查工作。在检查过程中，查阅会议记录 338 本，抽查业务资料 11.6 万余件，延伸检查供电所 24 个、关联企业 115 个，编制检查工作记录 457 份，撰写检查工作报告 46 份。

在整改过程中，公司分别组织召开职能部门和所属单位整改工作部署会议，约谈 23 家单位，明确整改任务、责任和时限，制订职能管理改进建议，采取专业职能部门"一问题一验收"的方法推进各项具体问题整改落实，并通过多种渠道推进深层次问题的解决。截至 2011 年 12 月底，已纠正问题 880 个，整改完成率 85.85%。

【领导干部任期经济责任审计】开展对计量中心、怀柔供电公司、原综产中心领导干部任期经济责任审计，在项目中加强经济责任审计信息化与标准化管理，推进 ERP 审计信息系统实战应用，修编经济责任审计工作指南。

按照国家有关经济责任审计政策和国家电网公司制度要求，完善经济责任审计管理机制，加强横向联系，与人力资源部、监察部共同完成公司党委管理的 15 家单位（部门）30 人次党政正职离任交接工作。

拓展和完善二级单位任期经济责任审计，指导二级审计开展供电所所长与集体企业经理离任审计，强化对公司二级单位中层领导干部审计监督力度。大兴、平谷供电公司等二级单位探索性开展 7 个供电所所长任期经济责任审计，亦庄供电公司试点开展所属产业单位负责人经济责任审计。

【工程项目管理审计】结合工程领域突出问题专项治理要求，共完成 20 个单位 2008 年、2009 年度竣工决算项目审计工作，涉及 150 个项目，项目类型涵盖基建、大型技改、营销等投资领域。对基建工程开办费、前期赔偿费用、转分包管理、物资管理、煤改电工程、计量消隐改造工程等方面实施重点审计，核实工程实施情况。

为探索工程审计关口前移，研究制定在建工程过程跟踪审计实施方案，开展西马、团河、菜市口输变电工程过程跟踪审计。丰台、房山供电公司等单位自主开展在建大楼工程和输变电工程跟踪审计。

按照国家电网公司下达的 2011 年科技项目验收计划要求，公司审计部完成 9 项科技项目签证审计工作，以防范科技项目资金风险。

【营销管理审计】结合公司全面加强农电管理工作的要求，开展供电所审计调查，完成 15 家供电公司审前调查和 10 家供电公司 42 个供电所现场审计工作。通过统一制订审计方案，优化审计流程，完善业务规范，运用信息化审计手段，对供电所的基础设施和基础管理、营销管理、资金管理、物资管理等方面实施审计，深入生产一线开展调查，并突出"小金库"、电费资金安全性的审查和风险防控，全面了解供电所管理基本情况和各单位存在的问题和困难。

针对近年公司存在的各类业扩报装问题，结合电监会加大"三指定"检查力度的要求，公司审计部组织实施业扩报装管理专项审计调查，完成 16 家供电公司自查与审前调查。通过自查扩大审计覆盖面，节省现场审计时间，促进各单位主动整改。创新审计工作方法，采取多种审计方式，高效完成 5 家供电公司现场审计调查工作。现场审计中突出对"三指定"行为的检查，加强对业扩报装管理中内部控制制度建设和执行情况的审计监督，促进供电公司建立健全业扩报装管理的长效机制建设。

【其他专项审计】按照公司层面集体企业重组整合工作协调会议布置，公司审计参与研究编制集体企业重组整合审计实施方案等工作，并按照《北京市电力公司深入开展主多分开工作实施方案》要求，配合产业管理部完成 31 个所属单位集体企业规范管理和主多分开方案审核及职工股权清退资金来源和金额的测算工作，牵头组织完成华龙电力物资公司等 8 个单位的重组整合审计。

【规章制度管理】修订规章制度管理办法，制定规章制度编制规范，形成规章制度管理的制度体系。强化对规章制度的法律审核，全年审核印发公司规章制度153件，统一废止制度48件，规章制度法律审核率实现100%。按照各单位提出的150余条修订建议，对现有制度进行修订完善。开展规章制度执行情况检查，对部分单位贯彻基建管理制度情况进行检查，开展公司生产系统管理人员制度调考，探索加强制度执行力建设的新途径、新方法。

（赵荣生）

【值班室工作】在体系建设方面，完成两级值班机构建设，公司所属16个供电公司、8个专业公司均设置值班室机构，形成以总值班室为枢纽、各基层值班室为节点的值班管理架构。印发《北京市电力公司值班工作评价管理办法（试行）》和《北京市电力公司值班工作管理规定（试行）》等值班管理制度；完善重大事项请示报告、来文来电办理、公司月度值班安排等6项核心业务流程；制定资料管理、短信平台管理、值班刊物管理等9项业务规范。

在值班运行方面，完成迎峰度夏、重要节假日以及全国两会、中央经济工作会、“十一”敬献花篮、重要航天活动等重大政治保电活动期间的值班值守工作。2011年，总值班室共协调和处置各类突发事件95起，处理来文来电1439件，受理外出请假手续214件。深化公司协同办公系统应用管理，推动公司协同办公系统应用水平由C级跨升至A级。

在应急管理方面，实施“762”应急能力提升工程，组建13个专业应急工作组，完成1项总体预案和25项专项应急预案的编制；建立涉及4个应急领域、涵盖33个应急子专业、共计100余人的电力应急专家队伍；在网省公司层面率先成立应急救援基干队伍；建成通州实训基地，面向公司应急队伍开展道路通行、隧道救援、配电网组建、火险逃生、应急组塔、飞行侦查等应急实训项目，补充各类应急装备和物资百余种。

（崔　征）

【外事管理】以实际需求为导向，公司组团赴法国、意大利开展配电网及新能源并网管理考察，组团赴法国、德国进行国网科技馆建设工作调研，派论文作者赴法国参加第八届国际电力电缆会议，并开展老旧电缆及隧道大修技改策略培训。修订《北京市电力公司因公出国（境）管理办法》，编制《外事工作标准化手册》和《行政办公常见问题100例（外事部分）》，推动外事标准化、规范化管理。优化外事接待工作，全年接待来自美国、法国、新加坡、日本等各国电力同行及有关代表团来访参观，共计12个团组90人次。组织参与北京市民讲外语网络评选活动，公司95598客户服务热线在75个入围团队中脱颖而出，以全市第二的好成绩荣获“北京市民讲外语优秀团体”称号。

（王　茜）

【档案管理】公司档案馆全年接收人事档案材料3583件，工程档案审核预验收1831卷，接收竣工档案1194卷，会计档案705卷。本年立卷整理工程档案145项，2025卷，授权委托合同570件，会计档案705卷，人事档案整理7018卷，退休职工档案整理装盒4200个，内动1833卷，历年档案转出回执整理入机4061张。全年提供档案利用3266卷，出具人事档案证明材料165件，共接待763人次。

参与10项110kV输变电工程达标投产档案检查工作；参与军都、北京南站、通惠3项220kV变电站工程创国家电网公司优质工程档案检查工作，通过了国家电网公司专家组验收，并获得国家电网公司优质工程称号。起草并下发《北京市电力公司电网建设项目档案管理细则》（京电办〔2011〕36号）、《北京市电力公司电网建设项目档案案卷质量标准》（京电办〔2011〕33号），并根据《国家电网公司纸制档案数字化技术规范》（国家电网科〔2006〕214号），编写公司基建工程档案电子化进程规范要求。根据文件要求，组织3次大规模基建工程档案专题培训；针对参建单位的“档案管理系统客户离线端”上机培训，以及日常例行的档案工作专题培训。

建立并启动集中归档工作机制，完成公司考核导向性指标，首次获得档案评比加分，为推进归档工作创造平台。

（王玉珍）

【信访工作】公司全年共接待处置来信来访189件。公司高度重视信访工作，切实落实信访责任制，积极采取有效措施，深入排查化解矛盾，确保了公司职工队伍总体稳定，为公司发展创造了良好环境。全年未发生到政府及有关部门的集体访，未发生到国家电网公司及重点区域的非正常上访，荣获“2011年度国家电网公司信访稳定工作优秀单位”称号。

（崔　征）

离退休工作

【落实老干部政治待遇】以组织开展庆祝中国共产党诞生90周年系列活动为载体，落实好离退休老干部的政治待遇，加强离退休党支部建设和思想政治建设。1月7日，公司离休老干部代表参加国家电网公司职代会暨工作会。1月18日，公司职代会离退休代表参加公司职代会、工作会、政工会。组织举办建制调整后担任正职退休干部迎新春联谊会，20余位老干部参加了活动。

6月，公司按照《关于在离退休职工中开展庆祝建党90周年主题活动的通知》（京电离退休〔2011〕2号）要求，组织离退休人员开展相关活动。7月26日，组织公司部分离退休老干部到中华世纪坛参加“一切为了人民”中国共产党成立90周年展览。12月15日，组织7位离退休老干部参观延庆城南电动汽车充电站、鹿鸣山风力发电厂等绿色能源基地，让老干部及时了解到国家电网公司绿色能源建设新成果。

春节、重阳节期间，公司各级领导和离退休工作部负责人分别以慰问和座谈会等形式看望离退休老干部和退休职工，向他们表示节日的祝福，通报一年来公司的发展建设情况，并认真听取老同志们的建议。

■ 7月26日，公司部分离退休老干部到中华世纪坛参观“一切为了人民”主题展览。

【落实离退休职工生活待遇】根据公司第14次党政联席会要求，按照合法合规、操作规范、切实保障离退休人员利益的原则，制定离退休人员有关费用发放标准和管理制度。

1月13～14日，公司在梅兰芳大剧院举办春节慰问离退休职工京剧专场演出，共有2000余位离退休职工观看演出。4月初，公司组织部分单位的30名退休职工，到平谷金海湖退休人员活动站，参加北京市社保系统举办的为期4天的退休人员休养活动。为丰富公司退休职工文化生活，先后组织了3期退休职工北戴河休养活动，共有近300名退休职工参加。10月14日，公司在右安门活动站举办老年乒乓球邀请赛，公司球队与国家电网公司总部球队进行切磋交流。10月下旬，公司组队参加国家电网公司在京部分单位退休职工卡拉OK邀请赛并取得良好成绩。

“五一”劳动节和“八一”建军节期间，公司各级领导和离退休工作部负责人慰问离退休老劳模和老军人。为退休职工发放了春节、“五一”、“十一”、“重阳”节日补贴和月度生活补贴。重阳节前夕，公司首次为80岁及以上离退休职工发放高龄补贴。

【离退休管理和服务】截至年底，公司在册离休干部为60人，退休职工为4528人，离退休职工共计4583人。

2月23日，公司召开2011年离退休工作会议，传达公司年初重要会议和文件精神，总结2010年离退休工作，全面部署本年度离退休各项工作。为贯彻落实公司职代会精神，公司在本年度适当增加了离退休补贴并设立80周岁以上老职工高龄补贴。7月14日，公司召开规范离退休职工福利费工作会议，印发《北京市电力公司离退休工作资金管理办法》（电离退休〔2011〕3号）、《离退休工作会会议纪要》（退纪要〔2011〕1号），对公司离退休工作所涉及的各项资金费用、补贴发放标准进行系统的梳理和规范。

10月初，完成北京老科学技术工作者总会北京市电力公司协会的入会登记工作；12月16日，公司召开北京老科学技术工作者总会北京市电力公司协会成立大会，为公司离退休职工搭建老有所为的工作平台。

11月上旬，组织调研小组到江苏省电力公司对离退休工作进行对口学习调研。坚持做好为公司离退休职工办理医药费报销，慰问重病、住院离退休职工，接待并处理老职工来信来访，为去世老职工办理丧事处理等帮扶送温暖工作。定期组织离退休工作研讨会及离退休职工座谈会，了解离退休职工的所思、所想和所需，努力把问题解决在个体和基层。全年举办两期离退休工作人员培训班，对公司所属各单位离退休工作专责人员进行管理知识和服务技能的集中培训。

（张文旭）

机关管理

【本部建设】明确“基础扎实、管理科学、运转高效，改革创新”的一流网省公司本部建设目标，建立基础建设、能力建设和作风建设3项长效机制和强化风险管理、深化创先争优、强化激励机制3项保障措施，全年共策划实施基础建设、能力建设、作风建设3个主题、26项措施，组织开展62项专业特色活动。公司获得国家电网公司文明单位（本部）荣誉称号。

加强基础建设。理清职能管理界面，通过对公司各部门走访，共发现3类22项职责界面不清问题，对人力资源部、对外联络部、行政管理中心和机关工作部等部门职责进行调整。规范员工行为，印发《本部入职指南》，制定《北京市电力公司本部员工文明行为管理规定》，每季度开展检查、考核工作。持续创先争优，在2010~2011年度创先争优活动中，共有23人、3个党支部获公司级先进表彰，18人和5个党支部获机关级先进荣誉。组织召开机关工会换届选举会，进一步加强工会、共青团工作。实施本部全员绩效考核，对本部25个部门、346名员工实施两级绩效考核，参评范围涵盖公司领导、43个二级单位及本部全体员工，初步建立以业绩为导向的考核激励机制，构建“考核、薪酬、培训、培养”四位一体的激励约束机制。

加强能力建设。提高学习能力，各部门共组织学习日近400次；完成本部2011年度全员培训共4期，包括主任级培训2期、处长级培训2期；举办8次大型报告会及中心组学习扩大会，认真领会公司重要方针和部署，研究落实措施，提高能力素质。提高创新能力，围绕具有战略性、可操作性和长远价值的项目，市政府政策、法律支持的项目，破解企业发展难题的项目开展管理创新。共申报企业管理创新成果32项，其中17项获得优秀成果。提高执行能力，初步建立问责制度，各部门围绕公司战略部署，抓落实、抓考核，实现了政令畅通。

加强作风建设。增强大局意识，建立牵头部门责任制，分解落实国家电网公司考核业绩指标48项、折子工程14项及重点工作523项。增强服务意识，在公司领导带队集中调研的基础上，各部门均利用不同时机开展基层调研服务活动。增强廉洁意识，本部组织开展党委、支部、员工三级“精神文明与党风廉政建设绩效考核责任书”签订工作，各部门制定了风险防控措施并得到了有效落实。

（李顺平　赵先阳　魏宽民　李咏新　谷媛媛）

【党务工作】统一部署本部创先争优活动，结合公司二届一次职工代表大会暨2011年工作会、政工会精神，落实党委、支部、党员三级公开承诺。庆祝建党90周年，弘扬机关优秀文化，树立本部先进典型，组织开展“我身边的共产党员”事迹演讲活动。组织各党支部围绕公司中心工作、加强党支部自身建设开展创新工作，举办机关党支部创新实践成果发布会，22项成果受到表彰，其中2项成果获公司级二等奖、1项成果获公司级三等奖。参与公司“双十”评选活动，公司总值班室、审计部佟欣分别入选公司“十大优秀团队”和“十大首都电力之星”。印发《本部先进评选管理办法》，创建以业绩为导向的本部创先争优机制。对“本部建设”网站进行改版，将其打造成机关党务服务的平台和党员论坛。印发《机关党委2010~2011年度创先争优先进事迹回顾专辑》，广泛宣传机关的创先争优活动。全年发展新党员7名，预备党员转正13名。

■ 9月27日，公司召开“本部建设年”活动表彰大会暨深入推进本部建设工作会议。（金建　摄）

贯彻落实公司工会的工作要求，打造具有机关特色的创新型工会。举办

“机关风采秀”系列活动，通过“生活秀、美景秀、风采秀”活动展示机关风采；开展职工文体活动，举办“健康长走”等大型活动，组织羽毛球协会、乒乓球协会等员工社团开展文体活动；组织分会主席参与机关食堂、物业考评，建立对公司本部物业管理的互动、监督机制；组织召开机关工会第二届会员代表大会，完成换届选举工作。

■ 10月27日，机关工会在奥林匹克森林公园举办“健康长走”活动。

机关团委围绕公司中心工作，创新形式和载体，实现本部团组织的建设新提升。发布《践行“八字方针”，投身“两个转变”，以优异的成绩迎接建党90周年》倡议书；创建北京电力机关团委微博，实施“上微博　学党史”活动，发布微博80余条、文字16 000多字；承接公司团委“e点通讲师团”试点工作，约请有关专家进行生产、经营和管理等专题讲座；开展向团员青年每月赠送一本好书的活动，累计送书630余本。

（李顺平　赵先阳　谷媛媛）

【综合管理】建立本部人员调动工作标准化，实现薪酬管理、组织关系、门禁授权、办公设备配置等人员调动相关工作标准化。梳理年度物业管理合同和费用，细化物业管理服务标准和流程，采取与物业公司双重管控受托方工作、本部工程引入专业监理、日常维保细化标准和考核等措施，提升本部物业服务水平。优化包括二级机构在内的本部办公用房资源，改善本部办公条件；启动机关食堂改造工程，改善本部员工就餐环境；加强本部安防评估和体系建设，对配电系统、安防系统、消防系统设备健康状况进行综合评价和系统改进，提升本部安全水平；组织完成消防年度检测工作，摸清本部消防设施的实际状态，组织开展本部逃生疏散演习，强化消防安全管理；确保保安中队保障有力，确保安防设施可控在控，完成公司各项接待任务的安保工作。

（魏宽民　李咏新　谷媛媛）

产　业　管　理

【主多分开工作】2011年是公司地（市）县层面主多分开工作启动之年，公司成立主多分开领导小组和专业工作组，加强政策的学习和研究，制定规范集体企业和主多分开实施方案；成立3个主多分开审核工作组，召开组长培训会议，针对主多分开业务展开专题培训；组织召开为期3周、45名专业骨干参加的方案审核会，现场审定实施方案共计32份，出具工作日志45份，提出审核意见374条，汇总有待公司层面解决的相关问题16项。针对各单位暴露的问题予以指导和答疑，组织方案的修改完善，完成35个单位的方案审核。通过招标平台，确定主多分开财务审计、资产评估机构，为资产处置及股权清退定价工作打好基础。研究制定《北京市电力公司地（市）县层面主多分开实施方案》和《北京市电力公司地（市）县层面主多分开多经资产处置整合工作方案》，并获得国家电网公司批复。

【规范集体企业管理】根据企业内部控制基本规范，编制完成法人治理类、财务管理类、人力资源管理类、业务管理类4类规章制度39项，并绘制流程图，下发公司所属各单位及各产业单位；组织建立华商伟业等5家集体企业的法人治理结构，规范议事程序；组织华商伟业资产管理有限公司增资扩股工作，推进其与有关集体企业建立资本纽带关系。

建立集体企业经营管理考核体系，明确各企业领导班子分工，层层落实管理责任。组织制订设备制造、设计咨询、招投标、汽车、建筑等行业整合工作方案，有针对性地开展重组整合专项审计工作，推动公司层面行业整合。组织开展产业管理信息平台建设及开发工作，加强产业单位人、财、物的信息化、一体化、集约化管理。组织完成公司所属21家厂办大集体企业年度决算工作，出具决算分析，并通过国家电网公司财务部审核。

生 产 管 理

SHENG CHAN GUAN LI

【规章制度建设】 梳理生产管理现行有效制度和标准178项，其中管理制度103项、技术标准75项；新编《北京市电力公司生产业务外包实施细则》等11项管理制度、《北京市电力公司配网设备状态评价导则》等19项技术标准；精编《北京中低压配电网“五统一”技术标准》，更加突出简捷性和实用性，满足北京配网技术和管理需求，形成北京配网典型设计和典型设备技术条件。

（江　阳）

【设备管理】 建立健全事故隐患排查治理的长效机制，推进事故隐患排查治理的制度化、规范化和常态化。组织各单位对《国家电网公司十八项电网重大反事故措施》（修订版）和《北京市电力公司安全事故隐患排查治理实施细则》进行宣贯，结合运行检修过程中出现的设备问题，进行分类筛查和设备评估，提出针对性措施，安排专项治理工作。

加强输变电设备投运前生产准备验收管理。修订输变电设备投产验收规范和管理要求，组织运维单位深度参与工程设计、设备采购和建设施工全过程，提前进行隐蔽工程随班验收，严格执行电气设备交接试验规程和验收规范，实现输变电设备“零缺陷”投运。

加强设备缺陷管理。开展输变电设备缺陷管控和月度分析工作，综合安排设备检修维护，全年累计消除输变电设备缺陷4940件，其中危急缺陷394件、严重缺陷1086件、一般缺陷3460件，确保设备健康稳定运行。

加强配电物资抽检工作。为切实做好设备资产全寿命周期管理，公司生技部会同物资部强化配电物资抽检，依据《北京市电力公司物资抽检实施细则》（京电物资〔2011〕38号），修订抽检目录，完善管理制度。对配电物资进行全口径、全范围抽检，对初次中标的供应商或产品实行100%抽检，对配电变压器或站用变压器、架空绝缘线、10kV及以下电缆实行100%抽检。

（马　锋　袁　昕　江　阳）

【状态检修工作】 推进设备状态检修工作。完善状态检修技术标准体系，修订发布《电力设备交接试验规程》、《电力设备状态检修试验规程》、《输变电设备状态评价工作实施细则》、《输变电检修工作管理规定》等规章制度和21类输变电设备状态评价导则；完成北京电力科学研究院状态检测实验室建设，对专业公司和供电公司补充了超声、地电波、振荡波和红外测温仪等状态检测仪器，完成了专业人员的技术培训，并组织开展21类输变电设备共计99 416台（条）的全面状态评价，初步形成以供电设施运维单位为主体的“三级评价”工作流程；根据输变电设备状态评价结果，有针对性地完成公司输变电设备检修任务的编制和修订，全年输变电设备停电工作安排同比降低28%，输变电设备状态检修工作模式初具雏形。

加强设备监测。充分利用先进技术，开展输变配电设备状态检测，全年共完成输变配电设备检测15 365件，涵盖426座变电站、315座开闭站/配电室和796条电缆线路；共检测108例疑似设备隐患，确认缺陷42例。持续推广现场标准化作业，提升现场安全管理和检修质量管控水平。

推进配网状态检测工作。在配网设备评估的基础上，实施配网设备状态检修管理，总结公司配电网状态检修实践经验，按照设备在配网中的重要程度和对供电可靠性的影响程度，制定配网设备状态评估技术、管理、工作标准，有重点、分层次推进配网设备状态检修工作；推进红外、超声波、局部放电等成熟带电检测技术在配网设备故障诊断和电缆设备故障定位中的深化应用，提高设备状态管理水平和故障诊断能力。

（马　锋　袁　昕　江　阳）

■ 工作人员在进行超声波监测。

【生产运行管理】 落实安全生产技术管理措施，确保“三个不发生”。① 确保不发生电网大面积停电事故。针对公司2011年方式报告中提出的薄弱环节和不满足$N-1$要求的输变电设备，强化设备、环境、人员状态管控措施，开展设备隐患排查治理，及时消除缺陷隐患；结合季度特点，提前应对负荷变化，6月30日前全面落实输变配电设施防雷、防汛、防鸟害、解决树线矛盾等综合改造工作，10月30日前全面完成防污闪、防冰冻和防舞动治理工作。② 确保不发生误操作事故。落实各级安全生产责任制，规范现场的标准化作业流程和组织保障措施，严格执行两票三制、解锁审批制度和标准作业工序流程，将一线人员的工作状态和作业环境全部纳入风险评估，严肃查纠违章，实现安全关口前移。③ 确保不发生重特大设备损坏事故。强化设备全过程管理和技术监督，严把设备交接验收关；加强输变电设备检测与分析评估，确保设备状态可控、能控、在控。

落实生产环节资产全寿命周期管理的有效措施，提高资产管理水平。加强组织领导，强化责任落实，完善制度标准，加强监督考核，确保设备投运前技术监督、交接验收、运行维护、技改大修、设备退役等环节管理规范，建立职责清晰、运作顺畅、规范高效的工作流程。

关口前移，严把输变电设备交接验收关。修订完善输变电设备投产验收规范和交接试验规程，明确工作职责、流程、标准和要求。各级生产技术部门深度参与工程设计、设备采购和建设施工全过程；选派专业经验丰富的专家团队参加设备主要材料、组部件、关键工艺和重要试验的监造和监督，确保满足合同规定要求；在设备安装调试和验收阶段，各运维单位提前进行隐蔽工程随班验收，严格执行电气设备交接试验规程和验收规范；新设备投产后一个月内组织开展一次全面的设备状态检测与评价，确保新设备运行状态可控、在控。全面深化设备状态检修，持续提升资产管理精益化水平。完善状态检修技术标准和工作流程，明确输变电设备状态检修信息收集、设备状态评价、检修策略制定等各个环节的技术标准。完善设备评价导则、检修导则等技术标准；对各单位状态检测仪器进行补充配置。加强设备全过程技术监督，最大限度发挥资产效益。修订技术监督管理办法和输变电设备订货技术条件，通过对入网设备的质量检测、在运设备的运行状况分析，加强输变电设备供应商的评价；对退运设备进行评价，提出再使用或报废的研究报告；全面清理、修订、完善相关技术政策和标准规定，适应资产全寿命周期管理要求。

加强现场风险管控，提高运行管理水平。针对停电工作中输变电设备可能存在的风险实施安全生产风险防控，从风险辨识、定级、防控等方面制定标准化工作要求；针对政治供电和运行管理中的重点站线，制定差异化运行管理措施；结合调控一体化运行管理模式推广，修订《变电站运行管理规程》，明确变电站运行管理新要求；加强防误闭锁装置的管理，严格执行解锁规定，杜绝恶性电气误操作；开展输电线路无人机巡线应用研究，有效提升运行效率；每周组织对变电站、输电线路巡视情况的现场监督检查，巡视到位率、巡视质量、文明生产情况及 PMS 系统录入及时率大幅提高。

依托信息系统，夯实基础管理。完善配电网管理制度规定，强化配网“五统一”技术标准在配网规划、设计、建设、运行等环节的落实，明晰管理界面和工作职责；推进 GIS、PMS 等生产管理系统的深化应用，规范各级配网生产管理流程，强化配网图纸、台账等基础资料管理，加强配网基础信息录入进度、质量和应用情况考核；分阶段完善低压线路设备基础资料。

强化计划执行刚性，提升精益管理水平。停电计划的制订做到统筹安排输变电一、二次设备，统筹考虑基建、生产、客户等工作以及市政、高铁等社会停电项目。对计划及施工方案的制定、执行情况进行全年跟踪、月度分析，做到严审批、严执行、严考核。切实提高设备检修质量，严格控制非计划停电工作和重复停电工作。加强可靠性指标预测与分解工作，先算后用，做到全年可靠性指标稳步提升。制定典型作业工时定额，明确停电、复役的工作时限。

应急管理实现新突破。修订并完善《北京市电力公司总体应急预案》和 21 类专项应急预案，在国家电网公司的统一组织下，完成地震抗灾救援演习；完成重要客户和“煤改电”用户、输电“生命线路”覆冰、电缆隧道火灾等专项应急演练。在成立公司应急基干队伍的基础上，在各供电公司和专业公司组建应急基干队伍，总人数达到 1048 人。细化应急装备配置，制定 908 万元的应急装备零购计划。推进公司应急指挥中心的系统升级改造。结合北京城市运行的特点，制定重点防汛客户的外电源可靠性提升方案，部分项目已纳入防汛重要客户的投资改造计划。

做好“大检修”体系建设各项准备工作。关注试点单位“大检修”体系建设的推进情况。学习借鉴其建设经验，结合公司实际，做好“大检修”体系建设的准备工作。

推广应用实用新技术。研究和应用架空线路带电迁改措施，有效提升架空线路可靠性指标；做好输电平台、变电平台和国家电网公司输变电设备状态监测系统的深化应用工作；采用绝缘导线防雷击断线技术、分界负荷开关技术、全封闭熔断器等，降低配电线路故障率；按照配网“五统一”技术标准，建设示范性开闭站、架空线路和电缆线路；加快推进 PMS 与 GIS 建设和应用工作，强化数据维护，推进生产信息规范、整合与应用，确保生产信息的唯一性和及时性，切实提升生产管理信息化实用化水平。

加强技能培训。针对当前生产一线结构性缺员和生产技术快速发展的要求，组织不同层次人员的培训与竞赛，通过专业培训和实战演练培养专业基础扎实、实践经验丰富的生产队伍；开展多种形式的经验交流，总结推广行之有效的典型经验。

推进智能电网建设。落实“十二五”智能化规划项目，拟定2011年智能电网项目计划及实施方案，编制里程碑计划；督导智能电网续建项目、推广建设项目和新增试点项目建设，重点推进未来科技城智能电网综合示范工程各子项目的实施，做好试点项目验收和评价工作；梳理智能电网标准，组织编制智能电网用户智能化标准；加强智能电网宣传、对外交流和学习工作。

（马　锋　江　阳　袁　昕　刘庆时）

【可靠性管理】城网供电可靠性指标完成情况。2011年，城网用户平均停电次数为0.673次/户，同比降低0.066 2次/户；供电可靠率RS－1为99.982%，同比增长0.0035个百分点；用户平均停电时间为97.2分钟/户，同比减少18.672分钟/户。

主要输变电设施可靠性指标完成情况。架空线路：220kV架空线路可用系数99.976%，同比提高0.328个百分点；停运率0.502次/(百km·年)，同比降低2.003次/(百km·年)。110（66）kV架空线路可用系数99.959%，同比提高0.184个百分点；停运率1.413次/(百km·年)，同比降低1.465次/(百km·年)。

变压器：220kV及以上变压器可用系数为99.998%，同比提高0.009个百分点；停运率4.198次/(百台·年)，同比降低9.782次/(百台·年)。110（66）kV及以上变压器可用系数为99.997%，同比提高0.008个百分点；停运率7.687次/(百台·年)，同比降低6.389次/(百台·年)。

断路器：220kV及以上断路器可用系数为100%，同比提升了0.012个百分点；停运率1.613次/(百台·年)，同比降低9.4次/百台·年。110（66）kV断路器可用系数99.999%，同比提高0.003个百分点；停运率2.71次/(百台·年)，同比降低7.262次/(百台·年)。

隔离开关：220kV及以上隔离开关可用系数为100%，同比提升0.004个百分点；停运率0.311次/(百台·年)，同比降低2.295次/(百台·年)。110（66）kV隔离开关可用系数100%，同比持平；停运率0.226次/(百台·年)，同比降低0.595次/(百台·年)。

完善可靠性基础管理体系。强化可靠性管理工作对提升电网安全水平和服务水平的基础地位，完善可靠性管理的组织体系和工作机制，形成覆盖归口管理部门、相关部门及班组的可靠性管理网络，从组织机构和人员上保障全方位可靠性管理工作格局的形成。

开展可靠性指标分析应用工作。加强配电网计划管理，减少配电设备重复停电次数；结合年度绩效考核工作，逐级分解、下达考核指标，将可靠性指标落实到岗位及班组成员，各专业从检修、改造等工作计划入手，早期参与可靠性的指标预测、停电检修计划制定、指标计划分解，后期建立指标完成情况分析和设备指标评估，实现指标的生产过程管理；以可靠性指标发布和分析为依据，有针对性地进行专题分析，提出管理和设备存在的问题，并制订有效的改进措施，监督管理各项措施的落实情况，形成数据发布、问题分析、措施制定、措施落实、效果反馈的闭环分析管理；依据可靠性管理办法，协同相关专业做好供电可靠性管理的监督、检查和考核工作，建立健全可靠性指标专项考核制度，进一步规范可靠性指标的填报工作。

（吴　彬　江　阳）

【技术改造与大修管理】2011年，公司下达并完成电网检修运维项目1782项。下达生产大型技改项目216项，其中新开工项目163项、续建项目53项；累计竣工完成85项，包括新开工项目完成41项、续建项目完成44项，其中110kV及以上项目完成220kV聂各庄站和220kV门聂线改造工程，更换44路69组G&W隐患电缆接头更换。

完成生产专项技术改造项目361项。改造35kV及以上输电线路（含电缆）19km、变压器5万kVA、断路器（含GIS间隔）17台、塔基45基、四小器（含互感器、避雷器等）160台；完成改造10（20）kV及以下线路（含电缆）39km、断路器（含开关柜、柱上开关、环网柜等断路器设备）72台。

（赵进科）

【配网管理】加强运行管理，落实安全责任。明确责任，加强运行巡视质量管理，落实重要客户供电设施差异化运维措施，加大设备隐患排查和治理力度，及时消除设备缺陷和隐患；各级生产职能部门深度参与工程设计、设备采购和建设施工全过程管理，提出符合实际的差异化工程设计和设备选型要求，同时严格执行电气设备交接验收规范，在发电前运行单位必须在收到有关试验、验收报告、状态检测报告，GIS数据维护到位的情况下方可送电，确保新设备“零缺陷移交”投产；按照季度和负荷特点定期开展设备分析，执行设备质量通报和责任追究制度。

规范配电现场作业。按照“简单、实用、可靠”

的原则，在生产管理系统现场标准化应用模块中补充配网现场作业指导书（卡），强化现场作业工序和工艺质量管理，实现对作业风险的有效控制，确保作业人员的安全和工作质量。

推进配电自动化建设。总结第一批配电自动化试点工程建设经验，制定完善相关技术标准。上半年城区配电自动化试点项目通过实用化验收后，继续扩大东、西城区配电自动化覆盖面，同时结合自动化主站升级工作，全面启动各供电公司配电自动化工程的实施工作。

加强10kV电缆接头管理。建立10kV电缆接头管理制度，贯彻“全寿命周期管理”理念，强化故障分析与管控，建立接头质量管控和责任追溯机制；将电缆接头纳入设备管理，补充完善基础数据，开展日常运维管理。推进电缆接头安装工入网作业管理，重点抓好电缆接头工和电缆施工单位的质量追溯、责任追究工作；组织10kV电缆接头入网抽测工作，依托OWTS检测试验，加强在运电缆接头监测。

推进带电作业工作。组建带电作业中心，编制、修订《10kV带电作业装备选用规定》、《带电作业工作管理规定》、《带电作业统计工作规定》、《带电作业操作规程》、《带电作业标准化作业指导书》等规章制度，完成南苑实训基地建设，实现公司带电作业集约化、专业化发展。开展技术创新，研发新型柱上负荷开关等旁路作业设备，用于简单旁路作业，满足公司不停电作业需求，公司带电作业化率同比提高20%。

■ 8月，公司开展10kV配网架空线路带电作业技能竞赛现场。（刘晨 摄）

加强电缆管道运维管理。修订完善电缆管理规范和运行规程，落实沟道防火、排水、通风、防外力破坏及防非法侵入等安全防护措施，依托电缆网监控平台技术、故障定位技术和带电检测技术，对重载、重要及老旧油纸电缆运行状态开展动态评估，及时消除缺陷和隐患，推进电缆管道状态评估工作。

加大配网设备改造力度。针对夏季、冬季大负荷暴露出的配网问题，加大配网技术改造与大修维护投入，重点对纸绝缘电缆线路和配电站室设备进行更新改造，切实提升供电可靠性。

（袁昕 江阳）

【防汛工作】公司按照“早动手、早准备、早部署、早落实”的工作原则，完善“无缝隙、无死角”的防汛责任制，层层签订责任书，充分发挥两级防汛指挥部的指挥、调度、预警、抢险和监督检查的职能，确保各项准备工作不漏项、不缺项、不留死角；建立“针对性强、措施具体”的防汛专项预案，公司两级指挥机构针对可能出现的灾害天气，结合各自保障重点，制定指挥流程清晰、处置及时有序的专项应急预案；开展防汛专项检查，重点排查山区输配电线路防汛保障措施、地下变电站室等处于低洼地带的站室和管道等设施，复查整改部位，共安排防汛专项大修项目43项、总修缮面积21 727.88m^2；组织抢险物资和备品备件的清查、补充和储备工作，结合公司特点，对防汛重点站线的备品备件储备类型、数量和地点进行梳理核查，补充防汛物资26项、资金222.7万元。根据重点站线的运行位置和抢险需要，对变电站、配电室、电缆隧道等关键部位的防汛物资储备情况进行全面核查，并提前储备了适于山区线路抢险的木杆、砂袋和高扬程大功率水泵等应急物资；做好防汛重点客户安全用电服务工作，会同市防汛办、市发改委、市排水集团公司，推进城市环路和主干线排水泵站电源改造工作，配合市防汛办开展市政排水电网设施隐患排查整改，确保汛期城市排水设施外电源可靠供电。

（江阳）

【政治供电】深入研究和推动政治供电常态化措施，实现政治供电任务“零闪动”。建立常态机制，加强重要客户日常运行方式的管控，加强供电设施状态检测与评价工作，坚持重要客户内部评估工作常态化，降低保电前期突击性工作。密切和市委市政府的联系，深入了解重点活动的安排，增强对各基层单位生产计划的指导性。组织相关单位开展重要客户用电设备特性研究，将定制电力技术、电网新技术应用到政治供电活动及重要客户供电的日常保障工作中。

2011年，公司共计下达并完成政治供电任务202项，完成全国“两会”、建党90周年庆祝活动、天宫一号和神州八号发射任务以及党中央、国务院重要会议等政治供电任务，实现“零闪动”的工作目标。

（李戎）

电 网 运 行

DIAN WANG YUN XING

电力供需形势

【2011年电力供需形势分析】电力需求情况。2011年全社会用电量821.71亿kWh，比2010年增长1.46%。其中，第一产业用电量为17.04亿kWh，同比增长0.81%；第二产业用电量为310.92亿kWh，同比降低5.17%；第三产业用电量为349.01亿kWh，同比增长7.13%；居民生活用电量为144.74亿kWh，同比增长3.88%。

2011年8月9日11时41分，北京电网最大瞬时负荷达15 544MW，比2010年最大负荷16 661MW降低6.70%。高峰负荷期间，北京地区电厂发电出力约4439.8MW，全网净受电力11 104.2MW，外网受电比例71.43%。总体上讲，2011年度夏期间北京电网保证了电力平衡，负荷分配较为合理，电力下送顺畅，没有出现拉路限电的情况。地区电厂、对外联络线、自备电厂出力基本合理，保证了北京地区各行业及人民生活用电的可靠、充足供应。

电力供应情况。北京地区期末发电设备容量633.85万kW，供热设备容量为416.8万kW，发电量累计265.70亿kWh，设备平均利用小时4144小时。

2011年，北京电网外受电量比例为69.77%，但由于北京电网是华北电网重要的组成部分之一，有着来自华北电网的能源支持，因此在2011年未出现拉限电情况和电力电量损失情况。

（高爱强）

【2012年电力供需形势预测】全社会用电量预测。2012年，北京地区经济将在调结构、稳增长的前提下保持平稳增长，经济结构日趋合理，但存在众多不确定因素，同时考虑用户自发自用电量的影响，预测全年全社会用电量为870亿kWh，同比增长5.88%。

电力负荷预测。2012年，北京电网的电力平衡仍在京津唐电网内统一安排，北京500kV电网依然保持10个通道20回线路与外网联络，受电能力较强，网内机组按照月度电量计划及京津唐电网平衡情况统一安排发电、停备及检修。预计2012年最大负荷时期，北京电网全口径发电出力约530万kW，联络线净受电力最小为913万kW，最大为1247万kW，外网送入电力比例最高可达78.86%，供需能够达到平衡，但由于北京地区电厂装机容量较小，负荷大部分依靠外送电源，受端电网特性非常明显。

供需形势。2012年北京电网外受电比例仍然维持在70%以上，夏季高峰负荷期间可达到79%左右，受电比例较高；全年外受电量比例在68%以上，2/3以上的电量需要由京津唐电网输送。由于有着来自华北电网的电力支撑，北京电网的电力电量平衡由华北电网有限公司在京津唐地区统一考虑，但受电比例较高给地区电网的安全稳定运行带来一定的隐患。

（高爱强）

电网调度运行

【电网概况】北京电网是高受电比例的大型城市电网，是京津唐电网的负荷中心。截至2011年底，北京地区共有发电厂22座，发电机组140台，总装机容量6845.9MW，其中：火电厂11（含燃气）座，发电机组39台，装机容量5658.9MW；水电厂（含抽水蓄能）6座，发电机组18台，装机容量1013MW；风电厂1座，发电机组100台，装机容量150MW；垃圾、沼气及核电厂4座，发电机组7台，装机容量60MW。110kV及以上变电站397座，变压器970台，变电容量90 245MVA。110kV及以上架空线路456条，共6203.55km；110kV及以上电缆线路732条，共1257.85km。

2011年，华北500kV主网七横三纵通道中，西电东送七横中的四个通道、三纵中的一纵为北京电网外受电通道；北京电网500kV层面由9座变电站组成扩大双环网结构，西北部和南部分别外扩至张家口和河北地区，通过500kV 10个通道20回线路与外网联络，为北京电网3/4的负荷提供外送电源支撑；220kV层面由7座500kV变电站的220kV母联断路器作为分区点，形成昌城、城顺朝、朝顺通、通安兴、兴房门、门昌6个相对独立的供电分区，各分区之间通过联络线互为备用；110kV及以下电网除并网线路外，全部开环运行，形成辐射状电网覆盖全市。按照电网规划，未来北京电网将形成9个独立的供电分区，在多分区供电格局下，区域电网短路容量超标问题得到缓解，重要联络线及下送通道潮流趋于合理，发生大面积停电事故的几率降低，电网抵御风险的能力显著增强。

（王　卫）

【电网运行安全风险管控】5月30日，北京电网运行指挥系统（IOSS）正式投入运行，公司安全风险管控的管理职能由调通中心移交至安监部门。自IOSS系统在全公司正式上线运行后，北京电网10kV及以上设备停电计划全部通过IOSS系统分析发布后，才能开展停电工作。全年共分析停电及带电作业风险工作7321项，其中，涉及电网三级以上风险工作1092项，根据风险分析结果拟定及执行风险控制措施18 452条。2011年，北京电网未发生人为责任的电网或人员事故，未对重要客户造成故障停电影响。

停电计划管理。全年北京电网110kV及以上设备停电计划共计执行1649项。调控中心编制下发《北京电网输变电设备改造标准工时》。制定北京电网日停电计划流程管理规定及安全内控工作标准，完善日停电计划闭环管理流程，完善以标准间隔为基础的停电计划模块功能并投入运行。在调度管理系统中实现了月度检修计划完成率、月度检修计划执行率、月度临时检修率及检修单按时完成率的自动统计功能。

发电计划管理。2011年，北京电网统调电厂完成发电量235.8088亿kWh，地方电厂完成发电量18.4544亿kWh，合计完成发电量254.2632亿kWh。北京电网燃煤发电占总发电量的64.5%，燃气发电占总发电量的33.2%，风力发电占总发电量的1.2%，水力发电仅占总发电量的0.1%，以垃圾焚烧为主的生物质能发电占总发电量的1.0%。11月29日，华能电厂燃气机组首次并网调试，总装机容量为923.4MW；12月26日24时，整套机组168小时试运行结束。2011年完成发电量2.2497亿kWh。发改委下发年度计划的各发电厂，除并网调试的华能电厂燃气机组外，其他电厂年度电量与计划的偏差率均在3%以内，完成率最高的为北京市第一热电厂的102.84%，完成率最低的为协鑫庄电厂的99.5%，平均值为101.1%。

电网负荷情况。2011年，北京地区最大负荷为15 544MW，发生在8月9日11时41分，比2010年同期最大负荷16 661MW降低6.70%。当日整点最大负荷发生于18时，最大负荷为15 384MW。北京区内电厂出力4440MW，联络线净受电10 944MW，区内电厂出力占总电力需求的比例为28.86%，外网受电占电力需求比例为71.74%，全网近72%的电力负荷需要外网送入电力予以平衡。在高峰负荷水平下，北京电网参与京津唐电网电力平衡，大部分设备的负载水平保持在合理范围内。

（张　迪）

【电网调控运行】发电厂运行管理。北京电网各发电厂整体运行平稳，能够按照调度指令开展电力平衡工作。华能电厂“二拖一”燃气蒸汽联合循环机组完成了并网调试，6号燃气机组于2011年11月29日22时22分并网，7号燃气机组于12月1日17时48分并网，8号汽轮机组于12月10日21时04分并网。鹿鸣山电厂实现终期设计，总容量达到150MW；12月31日，二期加密24台风机成功并网，单机容量1.5MW，合计容量36MW。

发布新修订的《北京电网发电厂燃料预警管理规定》，全年发电厂未发生因燃料紧张导致的机组降出力、临时停机情况。印发《关于举办2011年下半年发电厂调度管理培训的通知》（调通函〔2011〕18号），于12月14～15日举办发电厂调度管理培训班。

按照国家电力监管委员会《关于做好火电机组烟气自动在线监测系统联网工作的通知》要求，完成北京电网火电厂烟气监测系统的需求设计、结构开发和硬件搭设等前期准备工作。

电网调度运行管理。在2011年春检预试期间，市调将16个地调划分为5个责任区，安排市调人员按照责任区每周开展调控运行安全专项检查，重点对调度操作、信息报送、故障处置、记录填写进行检查。对于暴露出的故障简报填写错误、信息上报延迟、故障处置不果断、不及时的现象，利用季度会进行通报；每月对各地调调度录音进行检查；推广调度操作等安全内控流程，实现全过程安全管控，操作票正确率均为100%，与2010年同期相比增加7.4%。

调度应急管理。针对迎峰度夏、拉路限电、两会保电、电网一级风险等编制调度预案，组织各地调、专业公司开展预案推演，特别针对影响较大、工作较长、操作较为复杂的停电检修或基（改）建工程统一组织相关厂站、调度、专业公司、供电公司开展联合预案编制和演练。

完成《北京电网调度管理规程》修编工作。新版调度规程结合近年来电网调度运行工作的变化，着重从调控运行管理、停电计划管理、发电厂运行管理等方面对现有电网调控运行管理工作进行规范。组织3期集中脱产的调控运行人员技术培训班。

调度生产运行。2011 年，北京电网负荷整体呈现增长趋势，但由于夏季未出现持续高温天气，北京地区最大负荷未创历史新高。高峰负荷水平下，大部分设备的负载水平保持在合理范围内，没有因大负荷造成拉路限电。市调共执行停电计划 1649 项，执行电网操作任务 1057 项，下达操作指令 8841 步，执行 110kV 及以上基（改）建工程 57 项，应对主网及电厂故障及异常 81 起，完成政治保电任务 104 项，保电天数累计 272 天。

调控一体化工作。截至年底，北京电网控制中心接入变电站 52 座，其中 500kV 变电站 3 座，220kV 变电站 49 座，监控范围遍及北京市城区及郊区，总监控容量达 25 056MVA。4 月，市调与变电公司应急指挥中心根据《北京市电力公司调控一体化管理规定》进行信息监视分工，完成市调监控系统功能开发及信息分流等工作，实现双方分别按照各自职责开展监控运行工作。完成市调和丰台、石景山、顺义地调调控智能操作票及遥控“五防”系统的试点建设工作。

截至年底，公司两级调控中心组织机构已全面成立。朝阳、怀柔、延庆调控中心经检查验收合格后，已批准投入正式运行；海淀供电公司调控中心投入试运行。

（刘　辉　王兴存　张印宝）

【应急体系建设】调度通信中心根据电网建设情况，完成《大面积停电事件处置预案》《备用调度启动应急预案》《通信系统应急处置预案》《自动化系统应急处置预案》《北京电力调度通信中心突发事件应急组织工作预案》《北京电网严重故障预案》《北京电网变电站预控预案》《北京电网重要客户全停恢复预案》《北京电网变电站常规预案》的编制和修订工作。

6月9日，公司举行备用调度应急演习。

根据年度演练计划分别开展全国两会、迎峰度夏备用调度应急演习。针对北京地区“6·23”暴雨，启动应急响应流程，安排通信、自动化专业应急抢修力量，提前开启公司应急指挥中心。

（樊　萱）

【继电保护工作】截至年底，公司继电保护及安全自动装置共 28 123 套（不包含故障录波器），同比增长 4.45%，其中数字式保护装置 27 393 套，数字化率 97.40%，同比增加 0.27%。继电保护及安全自动装置共计动作 12 487 次，正确动作 12 485 次，正确动作率达 99.98%，其中：220kV 及以上系统继电保护及安全自动装置按照功能统计共动作 307 次，正确动作率 100%，连续 6 年保持 100%；110kV 及以上系统继电保护装置按照功能统计共动作 704 次，正确动作率 100%。故障录波完好率 100%，故障快速切除率 100%。

推进北京电网一体化整定计算系统的实用化应用，建立“全局一张网”的管理模式，统一工作平台，实现市调、地调整定计算工作同质化管理。结合一体化整定计算系统的建设，修订并完善了《北京市电力公司继电保护整定计算管理规定（修订）》。两级整定计算人员对 51 类 110kV 及以下装置编制了《北京电网典型继电保护装置整定计算作业指导书》。制定《北京电网 0.4kV 设备保护定值整定指导原则》，组织各供电公司开展 0.4kV 配电网及重要客户低压侧保护配置及定值整定情况梳理工作，实现重要客户保护信息常态化管理。

完成公司第一座 220kV 变电站站内继电保护、自动化设备及二次回路的智能化改造工作，印发《北京市电力公司智能化变电站继电保护自动化技术规范》。建成故障录波器联网系统，实现故障性质、故障电流、故障电压及故障测距等信息的自动分析和展示。

（孙伯龙　杨明华）

【电网自动化工作】电网自动化视频系统建设、配电自动化试点等基（改）建工程全面竣工，自动化系统及设备在线数量达到 22 594 套（台），较 2010 年增加 2892 套（台），同比增长 14.68%，其中：各类自动化系统 792 套、自动化设备 21 802 台，较 2010 年分别增长 4.21% 和 15.10%。两级调度机构在线运行的调度自动化主站系统共计 94 套，主要包括能量管理系统（EMS）、备调系统、广域相量测量系统（WAMS）、调度员培训仿真系统（DTS）、电能量计量系统（TMR）、调度管理系统（OMS）、变电站视频监控系统、配网自动化系统、综合数据平台、雷电定位系统和自动化值班报警系统等；北京电网厂站自动化系统整体数量共计698套，主要包括自动化监控系统、集控站监控系统和变电站视频监控等系统。

公司调度系统开展“安全内控年”活动，自动化专业部门组织相关单位完成自动化设备检修、新设备启动等7个核心内控流程和内控综合展示平台的开发，实现各流程的综合分析和在线监控功能。5月中旬，公司建成电网运行指挥系统，自动化部门组织相关部门建立各项风险管控工作流程，在电网运行指挥系统中实现电网、设备、人员、用户、环境五个维度的安全风险分析和管控功能。

自动化基改建工程。完成城区调度技术支持系统升级改造，朝阳、海淀、丰台、亦庄、昌平供电公司配电自动化应用推广，城区配电自动化试点工程验收，地区电网备用调度系统建设前期工作，左安门变电站智能化改造，220kV、110kV变电站视频系统改造等工程任务。制定公司调控一体化技术支持系统技术标准，组织城区、丰台、海淀、朝阳供电公司完成57座110kV变电站的调控一体化传动工作。

开展电力二次系统安全防护自查和互查工作，完成北京市调和16个区调，玉泉营、知春里等变电站二次系统安全等级保护自测评工作，并实施配电无线通信安全防护技术方案和整改措施。

开展两级调度自动化系统数据与图形综合整治，同时开展二次设备评价工作。编制21类二次设备状态评价导则，并在宝山、前门等变电站进行试点评价工作。完成雷电定位系统和视频监视系统界面优化和功能完善工作，完成北京电网雷害分布图的绘制工作。

（董　宁　许章波）

【重要客户外电源管理】截至年底，北京电网共有二级以上重要客户1010户，其中特级户38户、一级户383户、二级户589户。重要客户大多数分布在城近郊区，其中城区、朝阳、海淀、丰台4个供电公司的重要客户数量占全部重要客户数量的85.5%。修订《北京电网重要客户外电源运行安全管理办法》，新的管理办法明确公司各部门、单位在重要客户外电源运行安全管理工作中的职责分工，对重要客户接入风险评估、日常运行安全分析、隐患整改计划制定、整改措施落实的全过程进行规范；重新定义了在客户供电方式、继电保护定值配合、外电源设备运行年限等七个方面的风险指标。

开展重要客户外电源隐患评估工作。公司相关职能部门和各供电公司相关专业人员依据一星至七星的风险定级标准，对外电源存在三星以上风险的重要客户进行重点分析，制定针对性的整改计划并予以实施。

完善调度管理系统（OMS）信息平台。解决了OMS运行不稳定、外电源隐患信息共享范围小、两级调度维护数据不同步等问题，实现相关单位资源共享，实时掌握重要客户外电源风险异动情况。

（王　卫）

通信系统建设与管理

【电力通信网概况】2011年，北京电力通信网基础承载网络形成骨干通信网、地区通信网分层、分区的网络架构，建成数据通信网、调度数据网、调度程控交换网、行政程控交换网、会议电视系统等业务网络；承载了调度电话、继电保护、调度自动化、保护故障信息远传、电量采集、变电站视频监视、雷电定位监测、输电线路状态监测、电缆网监测等电网运行类业务，行政电话、办公自动化、会议电视等企业管理类业务，以及通信网管、动力环境监测等支撑业务。公司的业务网络同时与国家电网、华北网专网，与移动、电信等公网运营商通过光传输系统进行传输互联，形成了以光缆为主，微波、电力载波、卫星、公网为辅的通信专网。

【通信网运行管理】截至2011年底，北京电力通信网已覆盖3座500kV变电站、63座220kV变电站、271座110kV变电站、97座35kV变电站、16个供电公司、22个直属单位、17座电厂、116个营业网点和500个配网站点，站点总计1106个，光缆总计8513km，传输设备2409套、综合数据网设备474套、配网交换机设备345套、电源设备583套及其他通信设备。35kV及以上站点光缆覆盖率100%，公司各类型生产办公地点网络覆盖率100%。

公司通信网运行稳定，未发生八级及以上安全事件。共修编发布通信管理制度8项，加强职能管理与开展专项工作，全面提高设备运行可靠性与业务保障率，通信系统处缺率100%。

【应急通信体系建设】 截至2011年底，公司建成以电视电话会议系统、应急卫星通信系统、短波（超短波）通信系统、3G单兵音视频信号传输系统、北斗短报文收发系统、海事卫星电话和800M集群终端系统为主的全天候、全方位的应急通信体系。电视电话会议系统由50套标清制式的会议电视系统和主备用2套电话会议系统组成；应急卫星通信系统由主站、沃尔沃卫星指挥车、道奇卫星通信车和2套便携式卫星站组成；3G单兵音视频信号传输系统由主站和2套单兵装备组成；海事卫星电话系统由16部海事卫星电话组成；800M集群终端系统由698部摩托罗拉终端设备组成，是公司应急通信体系的常态化支撑系统。

（王　磊）

电力市场

DIAN LI SHI CHANG

电力市场交易

【电力市场建设】2011 年，公司与华北电网有限公司签订 1 份《2011 年度北京市电力公司购华北电网有限公司电能交易合同》。公司分别与北京地区大唐国际发电股份有限公司、北京京能热电股份有限公司、神华国华国际电力股份有限公司北京热电分公司、华能北京热电有限责任公司、北京京丰燃气发电有限责任公司、华电（北京）热电有限公司、北京太阳宫燃气热电有限公司签订了 8 份商业运行期《购售电合同》，与新并入北京电网的华能北京热电有限责任公司燃气机组和北京京能清洁能源电力股份有限公司二期加密机组签订了调试运行期《购售电合同》。公司签订了 1 份发电权交易替代协议，即岱海电厂替代京丰燃煤电厂。合同、协议全部送交电力监管机构备案，合同签订率 100%，合同备案率 100%。

完成了购电量电费结算工作，全年累计购电量 787.56 亿 kWh，同比增长 3.37%，其中购华北电网电量 549.45 亿 kWh，占总购电量的 69.77%；购区内电厂电量 238.11 亿 kWh（含发电权交易电量 5.45 亿 kWh），占总购电量的 30.23%。2011 年购统调电厂电量电费情况见下表。

公司 2011 年购统调电厂电量电费情况统计表

电厂名称	购电量（万 kWh）	购电费（万元）
购电厂电量合计	2 381 063.14	1 155 127.74
其中：火电	2 325 705.65	1 114 043.45
水电	4283.98	6091.31
风电	29 930.56	22 447.92
生物质能	21 142.95	12 545.06
大唐国际发电股份有限公司北京高井热电厂	306 232.90	131 228.89
北京京能热电股份有限公司石景山热电厂	481 282.72	199 615.60
神华国华国际电力股份有限公司北京热电分公司	211 901.49	101 412.32
华能北京热电有限责任公司（1～4 号机组）	402 703.17	198 906.72
华能北京热电有限责任公司（后置机组）	27 689.87	9691.45
北京京丰燃气发电有限责任公司	164 255.41	88 556.57
华电（北京）热电有限公司	191 558.95	103 446.27
北京太阳宫燃气热电有限公司	341 379.50	184 016.63
华能北京热电有限责任公司（6～8 号机组）	22 024.69	7050.68
北京京丰热电有限责任公司	54 457.80	24 424.32
北京科利源热电有限公司	685.43	254.96
华润协鑫（北京）热电有限公司	66 498.96	35 782.39
北京正东电子动力集团有限公司	55 034.76	29 656.63
北京华电水电有限公司	1039.08	2655.82
北京京西发电有限责任公司	1359.60	2869.89
地方小水电	1885.30	565.59
北京京能清洁能源电力股份有限公司	29 930.56	22 447.92
威立雅资源利用（北京）有限公司	1749.49	1005.96
北京高安屯垃圾焚烧有限公司	18 544.68	11 034.08
北京德青源农业科技股份有限公司	848.78	505.02

【电力市场研究】购电结构优化的创新与实践研究。研究报告以 2010 年实际购电结算数据为基础，分析公司的购电结构，运用数据挖掘和对比手段，以探寻购电成本的关键影响因素为宗旨，提出控制购电预算、明确购电成本最优努力方向、控制高价格区域购电量的措施；针对燃气电厂并网运行刚性需求，提出了应加快局部电网建设的措施。该项目被评为公司管理创新二等奖。

热电联产机组交易情况的调研。报告在调查北京电网热电联产机组基本情况、运行情况的基础上，详细介绍了北京热电联产机组合同签订、发电计划的编制、电力交易、运行安排及计划执行情况、电量结算等情况，并针对目前机组运行和管理情况提出了两点工作建议，即：供热期，发电机组承担的供热量难以预测，增加了“三公”调度的工作难度，建议供热机组的年度发电计划执行偏差率按5%考虑；现在使用的《购售电合同》文本对于热电联产机组没有明确的条文规定，应在《购售电合同》文本中增加相应的条款。

【电力市场服务】健全规章制度，规范交易管理。2011年，公司电力交易工作围绕计划编制、合同管理、交易结算、信息发布等关键环节进行逐项规范，编写并印发《北京电网电能交易计划管理办法（试行）》《北京市电力公司电力市场交易信息发布管理实施细则》《北京市电力公司购电量电费结算管理办法（试行）》《北京电网公用发电机组购售电合同签订工作管理办法（试行）》。

提高电力市场交易运营系统应用水平。完善电力市场交易运营系统建设，通过系统开展计划编制、电量结算、合同管理和统计分析等工作，并于10月12日举办发电企业电力市场交易运营系统客户端使用培训，7家统调电厂、9家地方电厂、公司相关职能部门及6家供电公司共计37人参加了培训。

落实调度交易服务“十项措施”。按照《关于发布国家电网公司新“三个十条”的通知》（国家电网办〔2011〕1493号）要求，认真贯彻落实调度交易服务“十项措施”，从发电企业聘请8位“三公”调度交易监督员，并设立和公布投诉电话、投诉电子信箱。

配电变压器提前更换CDM项目实施工作。9月16～17日公司主管领导带队，发策部、生技部、物资部、电力交易中心负责人参加在辽宁沈阳召开的国家电网公司配电变压器提前更换CDM项目实施现场会。会后，公司召开专题会议，明确工作要求，成立配电变压器提前更换CDM项目领导小组，制定《北京市电力公司配电变压器提前更换CDM项目实施管理办法》。

（李冬梅）

电力市场营销

【综述】2011年，公司完成全口径售电量741.16亿kWh，同比增长3.54%，公司电力销售情况见表1。实现当年电费回收率100%。应收电费余额完成4519.81万元，同比增长4481.21万元。新增客户342 958户。截至年底，公司客户总数达到6 585 970户，同比增长5.49%，公司客户发展情况见表2。共受理客户申请报装容量1126.4万kVA，同比减少23.36%；共完成接电容量819.8万kVA，同比增加48.44%，公司市场发展情况见表3。

表1　2011年公司电力销售情况统计表

单　位	售电量（万kWh）	增长率（%）
城区供电公司	917 769.51	2.87
朝阳供电公司	1 397 032.68	4.95
海淀供电公司	1 110 199.39	4.67
丰台供电公司	640 545.15	3.49
石景山供电公司	158 418.21	-40.89
亦庄供电公司	287 113.68	26.83
通州供电公司	429 421.56	6.69
昌平供电公司	480 914.68	7.30
门头沟供电公司	83 502.48	-3.10
房山供电公司	511 910.07	1.79

续表

单　位	售电量（万kWh）	增长率（%）
大兴供电公司	392 052.21	6.50
平谷供电公司	113 076.72	0.15
怀柔供电公司	142 264.17	6.10
密云供电公司	128 345.14	7.12
顺义供电公司	493 545.34	7.00
延庆供电公司	69 814.13	0.59
十三陵	55 671.00	-0.17
合计	7 411 596.13	3.54

表2　2011年公司客户发展情况统计表

单位	2011年营业户数	2010年营业户数	2011年新增户数	增长率（%）
城区供电公司	861 067	847 501	13 566	1.60
朝阳供电公司	1 354 232	1 260 322	93 910	7.45
海淀供电公司	695 759	670 429	25 330	3.78
丰台供电公司	713 090	676 860	36 230	5.35
石景山供电公司	164 487	156 140	8347	5.35
亦庄供电公司	47 598	34 857	12 741	36.55

续表

单位	2011 年营业户数	2010 年营业户数	2011 年新增户数	增长率（%）
通州供电公司	477 032	429 069	47 963	11.18
昌平供电公司	448 798	426 178	22 620	5.31
门头沟供电公司	109 041	108 628	413	0.38
房山供电公司	337 850	311 696	26 154	8.39
大兴供电公司	366 996	360 576	6420	1.78
平谷供电公司	180 757	173 873	6884	3.96
怀柔供电公司	142 621	138 416	4205	3.04
密云供电公司	218 910	203 568	15 342	7.54
顺义供电公司	334 641	315 228	19 413	6.16
延庆供电公司	133 091	129 671	3420	2.64
合计	6 585 970	6 243 012	342 958	5.49

表 3　2011 年公司市场发展情况统计表

单位	申请报装		完成接电	
	容量（kVA）	比例（%）	容量（kVA）	比例（%）
城区供电公司	1 007 790	8.95	544 224	6.64
朝阳供电公司	1 818 133	16.14	1 474 039	17.98
海淀供电公司	1 302 341	11.56	830 063	10.13
丰台供电公司	1 426 064	12.66	1 185 555	14.46
石景山供电公司	174 759	1.55	131 099	1.60
亦庄供电公司	974 483	8.65	770 831	9.40
通州供电公司	834 803	7.41	623 490	7.61
昌平供电公司	1 075 654	9.55	603 475	7.36
门头沟供电公司	123 408	1.10	110 774	1.35
房山供电公司	706 146	6.27	479 397	5.85
大兴供电公司	571 122	5.07	513 995	6.27
平谷供电公司	156 225	1.39	122 385	1.49
怀柔供电公司	191 922	1.70	176 670	2.16
密云供电公司	261 783	2.32	223 577	2.73
顺义供电公司	580 503	5.15	362 539	4.42
延庆供电公司	59 272	0.53	45 845	0.56
合计	11 264 408	100.00	8 197 958	100.00

（黄　宁　蒋　旭　林　华　郑月阳）

【市场拓展】以“保热点、压结存”为内容，深化服务举措。截至年底，北京地区客户接入需求热点区域总用电需求容量为 462.43 万 kVA、热点区域 54 个。对热点区域进行专项分析，分析热点区域内行业、产业的用电特点，制定 2012 年具有针对性电力营销服务策略，适时做出最佳服务举措，提前规划电网建设，满足行业、产业客户的用电需求。截至年底，公司用电报装高压结存共计 4646 户，结存容量 678.17 万 kVA。

新能源在北京地区的推广应用。电动汽车智能充换电服务网络，共建设完成 12 座电动汽车充换电站、274 个充电桩，能够满足 1140 辆电动公交、环卫、乘用车的充换电需求，累计提供充电服务电量约 245.08 万 kWh，服务车次 36 368 次。经过 79 天、24 小时不间断施工，完成“国内规模最大、服务能力最强”的高安屯充换电站。在电动汽车充电设施领域开创了规模化应用先河，为北京地区“以电代油”开拓了广阔市场。

扎实推进需求侧管理项目应用．全年建成蓄冷空调项目 20 项，用电设备容量 6.42 万 kW，转移高峰负荷约 4 万 kW；热泵项目 108 项，用电设备容量 19.46 万 kW，项目应用面积 239 万 m^2。推广蓄冷空调、热泵、电采暖等电能替代项目应用，增加公司售电量约 1.35 亿 kWh，约占新增客户售电量的 4.5%。全年通过电能替代、加快报装接电和带电作业等措施累计增加销售电量约 10.17 亿 kWh，约占新增客户用电量的 33.7%。

（郑月阳　梁　劲　陈海洋）

【电动汽车充换电网络】公司建立科研支撑平台，开展设备技术研发，电池换装系统及换装方法、电池箱锁止机构及机械手三项技术获得专利。电动汽车充换电设施最新发展成果获得第十四届科技博览会“最佳展示奖”。加快高安屯充换电站建设，打造技术先进、系统完善、造价节约、创新环保的示范精品工程。组织编制完成《“十二五”北京市电动汽车智能充换电服务网络发展规划》，并纳入北京市“十二五”电动汽车发展整体规划，为电动汽车充换电服务网络建设打下了坚实的基础。

（梁　劲）

【电价管理】组织编制《电价文件汇编（2006 年～2010 年）》，依据发改委的相关电价政策要求，组织开展电能计量装置换装工作，确保新夏季尖峰时段负荷及时调整；调整营销业务应用系统相关功能，确保年底销售电价调整到位，开展居民生活用电数据测算及执行风险分析工作。在全公司范围内定期开展电价大检查及电价政策宣贯培训工作，提高一线人员的电价执行水平。通过SG186营销信息系统对用电变更用户的电价执行情况进行监控，降低了电价执行错误的几率。

（黄　宁）

【电费回收】推进收费电子化工作，确保“当年电费回收率”“应收用户电费余额占当年月均应收用户电费比例”等同业对标指标继续保持在国家电网公司A段水平。广泛拓展电费缴费渠道，开通恒信通缴费等代收和售电服务，将自助缴费终端、银行POS终端引入公司营业网点，促进非现金交费比重由年初的36%提升至43.2%。建立电费回收风险法律防范与救济体系，运用律师函、诉讼等法律手段成功回收欠费，赢得债券支持；主动起诉30起，胜诉率100%。

（蒋　旭）

【电能计量管理】加强用电信息采集系统建设管理。在确保采集主站系统稳定运行的前提下，开展“采集数据监控一体化平台”建设工作，建立智能电能表运维统计考核指标体系，每月对相关单位进行采集抄通率、购电下发成功率、采集覆盖率、月均监控数据报警率、运行故障率、电价执行错误率、电能计量设备配送完成率进行统计考核，督促各供电公司开展智能电能表现场运行工作。在智能电能表检定检测方面，完成自动检定流水线的工厂验收、现场验收和试运行，完成自动提升机和机械手的安装和调试。在智能电能表安装调试方面，编制《智能表安装调试技术标准》，确保智能电能表应用推进“统一规划、统一标准、统一建设”。在智能电能表运行维护管理方面，公司本地费控智能电能表全部实现“网络下发购电费”的技术标准。自主研发“智能电能表应急服务终端”，在采集设备出现通信故障时，可代替采集设备实现应急购电下发服务，保持服务标准的可持续性。在采集终端建设方面，修订专用变压器采集终端、微功率无线集中器等相关技术标准。在通信信道建设方面，远程信道采用GPRS无线公网方式，本地信道采用微功率无线通信技术标准，整体采集通信成功率可达96%，购电下发成功率达到99%。

加强计量工程管理，编制智能电能表、微功率无线通信设备安装调试和验收工作标准，以及采集系统功能升级工作方案。加强现场运行管理，提高计量准确性、可靠性。根据国家电网公司《智能电能表质量监督管理办法》的要求，定期组织开展智能电能表故障统计分析和异常表计技术分析，制定智能电能表运行维护管理实施细则和智能电能表运行质量监督工作方案，借助信息采集系统实现现场计量在线监测功能，建立故障处理、应急服务工作流程和快速反应机制，保障智能电能表运行的可靠性和故障处理的及时性。截至年底，公司共安装智能电能表约75.2万具，总体安装智能电能表约79.5万具，已全部接入采集系统实现电量采集，采集覆盖率达到14%，整体采集通信成功率达到96%，购电下发成功率达到99%。

（董　宇）

【线损管理】推进线损分区域、分压、分线路、分台区“四分”管理，开展生产GIS系统与营销SG186系统的接口工作，基本做到生产系统与营销系统中相关电源数据同步联动。完成综合线损管理系统上线运行，指导各供电公司开展线损供售同期计算分析。加快台区考核电能表及采集设备安装速度，完善线损小指标对标，落实线损分级考核，实现线损压力逐层传递。根据线损分析和理论计算结果，有针对性地发布各供电公司应重点关注的用户情况，提高公司反窃电工作的指向性。公司线损率完成6.54%，同比下降0.12个百分点，其中10kV及以下线损率同比下降0.39个百分点，下降幅度位居国家电网公司系统第二。

（丁　冬）

【营业普查】开展营业普查工作，全年共追补电量2954.37万kWh，追补电费1201.37万元，收取违约使用电费3523.35万元。制定专项行动普查方案，开展警企联合打击窃电的专项行动，在查处一大批窃电、违约用电的同时，宣传和贯彻《电力法》《北京市预防和查处窃电行为条例》《供电营业规则》等法律法规，完善与电力管理部门、公安机关的联查联防机制。

（李立刚）

【营销信息化建设】公司作为国家电网公司营销稽查监控系统第三批推广单位之一，于5月正式启动系统建设工作。营销稽查监控系统包括营销运营动态、供电质量与应急处置、经营成果、工作质量、数据质量、服务资源、主题分析7个稽查监控业务类，48个业务项，232个业务子项，186个监控指标，涵盖主题管理、稽查监控、稽查评价等业务内容。系统于9月完成稽查监控系统过渡环境的搭建和调试工作，正式上线运行。完成稽查监控中心整体装修和设备调试工作，同步开展供电公司稽查监控人员培训工作。

（姚　斌）

优质服务

【"三指定"专项治理】按照国家电网公司总体工作部署，开展客户受电工程"三指定"专项治理活动。贯彻执行国家电监会和国家电网公司的各项决策部署，建立健全业扩报装和招投标管理的机制和体系。通过专项治理活动，公司共梳理58个相关规章制度，先后制定印发《客户用电报装受理管理办法》《客户供电方案管理办法》等11项制度和标准。完成14类客户档案资料的清查，完成营业场所33个服务功能及服务设施配置的检查。规范多经企业的工程管理流程，规范健全法人治理结构。

（王艳松）

【供电服务提升工程】开展"塑文化、强队伍、铸品质"供电服务提升工程，明确8个方面29项具体内容的服务提升计划，全面打造"以市场为导向、以客户为中心"的利益共同体服务文化。①进一步集约10kV重要客户和重大项目业扩报装业务。将城区、朝阳、海淀、丰台供电公司等范围内的63户特级客户、一级重要客户以及关系民生、社会关注的保障性住房、轨道交通、南水北调等164个重点项目，统一集中到供电服务中心协调办理，推行"五优先"措施，确保快速接电。②为重要客户提供差异化服务。在供电服务中心专门设立重要客户服务部，在城区供电公司成立政治供电核心区运管中心，建立多层次、一对一的常态化沟通协调服务机制，为党政机关、城市运行等重要客户提供常态化专业服务。③创新服务举措，提升服务品质。成立18支"国家电网首都电力共产党员服务队"和12支"农村供电所共产党员服务队"，开展"六进三送"（进社区、进机关、进企业、进学校、进医院、进乡村，送亲情服务、送阳光服务、送增值服务）特色服务。截至年底，公司共产党员服务队注册队员已达996名，开展帮扶活动1668次，在210个社区和单位设立共产党员服务站，惠及居民客户32万户。

（李立刚）

【重要客户服务】按照公司关于新中国成立62周年庆典、天宫一号航天发射等重要活动安全用电保障工作的整体部署，开展重要客户安全用电服务和保障工作。研究制定《北京市电力重要客户服务管理办法》，明确相关部门、重要客户服务中心及各供电公司的职责和重要客户需求响应方式及服务流程。组织开展电采暖重要客户和煤改电用户外电源及内部故障应急演练工作，提高应对极端恶劣天气情况下的供电保障能力和客户服务水平。配合华北电监局开展用户电工进网作业证持证情况大普查，累计发放进网作业证管理通知56 000余份。

（李立刚）

【95598热线】开通95598远端坐席，组织开展应急演练，完成95598常见问题应答指南、典型案例分析教材的编写工作和95598话务员业务技能提升培训工作。全面分析95598服务方式、服务内容、业务流程、服务效果等，修改完善绩效考核、培训管理、薪酬管理等制度，编制服务手册、知识题库等培训教材，提升服务规范性，健全95598服务管理机制。在全面调研95598服务平台服务功能需求及辅助支撑功能需求的基础上，对营销业务应用系统、自动语音应答系统、计算机电话集成系统等软硬件功能进行优化完善，精简整合业务流程，提高话务系统响应速度，完善公司95598服务平台功能和相关流程。

（李立刚）

【营业窗口服务】组织开展营业窗口等级评定工作，对公司所属202个营业窗口从软硬件标准、运营管理、行风建设等多方面进行现场考评，共评选出A级营业厅15个、B级营业厅16个、C级营业厅140个、D级营业厅31个。

在公司人员定期自查基础上，委托第三方咨询机构开展供电服务质量明察暗访活动。每月随机抽取供电营业窗口进行服务监测，分析营业窗口运行状况、客户满意度、客户流量，形成有针对性的服务监测报告，推进营业窗口标准化建设各项要求有效落实。全年对供电营业窗口进行服务监测工作186次，开展客户服务满意度调查工作720人次。

（李立刚）

【便民服务】开展"国家电网首都电力共产党员服务队进社区"活动，全年共有55个社区完成挂牌启动仪式，18支共产党员服务队累计开展互动活动150余次，爱心卡累计发放756张，应急送卡1200余次。不断拓展缴费渠道，完善缴费网络建设，推广网上自助等缴费方式，研究充值卡缴费的应用，使服务居民客户的方式更加方便快捷，打造城区范围内“十五分钟缴费圈”。

（李立刚）

【积极履行社会责任】保障房用电报装服务。组织落实北京地区重点民生项目用电报装工程，实现全部保障性住房建设项目的按期送电。全年共受理79个项目，报装容量20万kVA，安装表计10万余户，实现不因供电原因导致老百姓无法按时入住的承诺。

老旧小区改造。按照北京市政府制定的2010～2012年三年改造计划，2011年投资9.7亿元，启动74个小区的改造任务，惠及约9万户居民，目前改造工作已经全面展开。

持续拓展缴费渠道及缴费方式。在已实现公司自有网点、银行机构缴费方式的基础上，积极与第三方机构公共缴费联盟合作，拓展多渠道的电费代收业务，并推行网上购电等方式，满足更多客户缴费需求。全年，公司新增售电网点6671个，全市售电网点达到15 956个。

（王洪彪　蒋　旭）

农电工作

NONG DIAN GONG ZUO

【概况】北京地区农电涉及10个远郊区（县）及4个近郊区的部分农村地区，截至年底，公司有农村供电所132个，其中10个远郊区（县）有120个农村供电所，朝阳、海淀、丰台有涉农业务的供电所12个。另外，23个山区或偏远地区的供电所为缩小服务半径，下设30个供电分所。在供电所设置上，基本实现一镇（乡）一所（含分所）。

农村供电所在编人员共计3048人（其中电管员1738人、农电工1310人），负责188个乡镇、3783个行政村、273.5万农村用户的供电服务工作，以及1.72万km 10kV线路、4.48万台10kV配电变压器、2.05万km农村低压线路的运行维护、事故抢修等工作，负责农村安全用电管理及农村电气化建设工作。全年，132个农村供电所售电量约为220亿kWh，占全北京地区售电量的29%。北京10个远郊区（县）110kV及以下综合线损率累计完成6.33%，累计电费回收率100%。

根据国家电网公司下达的2011年农电工作目标及农电评价考核标准，制定北京农电工作评价分工表，对农电常规工作、重点工作、综合工作实行1000分考核。

2011年，公司农电系统未发生电网事故，未发生农村地区村民人身触电伤亡事故。农网供电可靠率达到99.883%，同比增长0.005个百分点；农网综合供电电压合格率累计完成99.396%，同比增长0.005个百分点。

【农电管理】开展农电工管理研究工作，完成并出台《农村供电所规范管理工作方案》《劳务用工管理办法》《劳务用工薪酬管理办法》《技能评价管理办法》和《岗位设置及人员聘用指导意见》等管理办法。举办北京市农电工岗位知识和技能竞赛。强化农电工优秀人才管理和考核工作，宣传先进典型事迹，加强农电工优秀人才技术交流、技艺传授和管理创新活动。

【农电标准化建设】继续开展农村供电所标准化建设工作，完成40个农村供电所标准化建设，使北京标准化供电所建设完成率达到100%。房山周口店、大兴采育、平谷金海湖3个农村供电所被评为2011年度国家电网公司标准化示范供电所。

开展创一流县供电企业建设工作。密云供电公司连续两年获得一流县供电企业称号。

【农网升级改造工程】启动农网升级改造工程。为提高农网10kV电网的供电可靠性及供电能力，组织开展农网升级改造工程，确定5个地区作为试点，进行10kV及以下农村中低压配电网改造。同时在4个地区各选择一个自然村，进行电力示范村建设。

（张建国）

科技与信息化

KE JI YU XIN XI HUA

科 技 工 作

【科技项目管理】全年承担国家“863”课题1项、国家科技部“十二五”科技支撑计划课题1项、北京市科技项目6项、国家电网公司总部管理项目7项；公司立项科技项目25项、群众性技术创新项目82项。获得国家电网公司科学技术进步奖6项，其中一等奖和二等奖各1项，三等奖4项。全年申请国家专利229项，其中发明专利60项、授权专利103项。

科学分析优势技术领域，采用自上而下顶层设计和自下而上自主申报相结合的双通道产出机制，推行高效的科技项目立项模式。依托“两院一中心”开展重点科技方向培育和重大项目攻关，依托专业公司和属地公司开展新技术应用推广和群众性创新工作；对重大项目的技术路线、关键节点等实施督导；切实开展项目过程管理的定期汇报、进度管控工作。

【调控一体化技术支持系统的研究与建设】该项目对调控一体化技术支持系统进行深入研究，形成完整的技术方案，在国内率先建成具有“信息优化、资源融合、业务互动、风险预控”特征的省级电网调控一体化技术支持系统。

项目成果获国家电网公司科学技术进步奖三等奖。主要创新点如下：应用多前置并行处理技术，验证了数十万级大规模数据采集的可靠性；实现海量实时数据的并行处理；基于在线模型合并和图形转换技术，首次实现10～500kV主、配网信息一体化集成；对电网基础数据的采集、命名、描述和展示等环节实施规范化管理和集成整合，首次实现调控一体化信息化优化；首次实现电网故障信息在线综合分析、电网数据准确性分析及监视、电源拓扑的动态追溯、低频减载和拉路序位的在线监测及分析、重要断面和停电设备在线监视等综合应用功能；实现电网信息、生产视频、地理信息、气象数据、应急预案等多维信息的联动和综合应用。

项目成果自2007年12月开始应用于生产运行，系统功能稳定、可靠、实用，在北京奥运会、国庆60周年、全国“两会”等历次重大活动的电力保障工作中发挥了重要作用，为首都电网可靠供电提供了坚强的技术支撑。

【智能型配电自动化技术应用与实践】该项目综合应用“城市智能化配电网研究与应用”科技成果，以国家电网公司智能电网试点工程为基础，以实现信息化、自动化和互动化智能配电网为导向，进行智能型配电自动化技术推广应用，并探索一套行之有效的配电自动化技术体系及运维管理体系。

项目成果获国家电网公司科学技术进步奖三等奖。主要创新点如下：① 在现有配电自动化系统平台基础上，建设了智能型配电自动化系统。系统采用主、配网一体化建模技术；扩展了主网的设备模型和SCADA监控功能；在一套系统中实现对主、配网的一体化监控，实现城区公司范围内从110kV及35kV主网变电站到10、0.4kV电网全电压等级的运行和监视控制。② 利用先进的动态网络拓扑功能，实现主、配网动态电源追溯功能，通过系统智能生成的主、配网动态拓扑表，直观地列出10、110、220kV电源关系、电网线路充停电情况及重要用户供电情况列表。③ 建设了以风险管控、停电管理为核心的配电运营指挥平台，该平台将GIS、PMS、OMS、95598系统、移动作业平台等相对独立的系统进行有机整合，采用SOA架构整合现有业务系统，将检修、消缺、技改、抢修等生产运营工作纳入到一个统一的指挥平台，实现部门、专业、单位间的高效联动和互动。④ 实现了电网生产信息与客户的互动，真正成为配网生产运营指挥的抓手。⑤ 应用主、配网CIM模型一体化建模技术，实现GIS与配电自动化的互操作，建立公司统一的信息集成及交互规范，实现GIS与配电自动化图形模型的互操作，形成一套与GIS互操作标准及管理规范，确保电网图模库数据源的唯一性。⑥ 通过智能型配电自动化技术的推广及应用，形成“先坚强再自动、先重要再一般、先架空再电缆、先自愈再可视、有需求再互动、社会进步与智能配网和谐发展”的配电自动化建设指导思想，以及以实用化为主的智能型配电自动化技术体系及运维管理体系。

项目成果的实施改变了北京城区配电网管理运行方式，提高整个配电网的可靠性，集成配电生产管理运行的各个模块，并应用各个模块的数据和服务，为生产提供决策，同用户互动，提高用户服务水平。

【北京地区电力建设工程地质信息管理系统】该项目利用北京电力经济技术研究院积累的北京地区电力地

质资料，采用 ArcGIS 平台，结合地质勘察专业需要，以“多维空间—时间电力工程地质信息模型”为基础，从数十年积累的大量零星、分散地质资料中进行甄别、筛选，进行数字化处理、纠偏、叠加，形成全面、系统的区域地质资料，首次涵盖多专业、全序列的地质信息，建成一站式获取工程场区及其附近的基本工程地质、水文地质、地震地质等多源地质条件知识库管理系统，为电网规划、设计、施工、运行提供了全面服务。

项目成果获国家电网公司科学技术进步奖三等奖。主要创新点如下：在国家电网系统内，首次提出“多维空间—时间电力工程地质信息模型”；首次实现了基于地质条件的电网规划辅助建模功能；首次提出“特征点校正分区拼接法”，实现地质、地理的光栅/矢量数据与电网矢量数据的结合；率先投运“电力建设工程地质信息管理系统”。

项目成果自 2009 年应用以来，为电网规划、设计、施工、运行及改造提供可视化的地质数据平台，创新电力工程地质勘察知识的综合积累模式，提高规划设计效率和质量；为政府部门提供电网基础地质资料，为电网与城市统一规划提供支持。

【北京地区居民住宅负荷模型研究】该项目选择具有代表性的 3 个普通居民小区 30 栋楼 4117 户，采用智能网络电能表系统，对 2007～2009 年的电量采集数据进行用电负荷调查，筛选、整理、计算数据约 3.6 亿项，数据真实可信，具有代表性。建立了普通居民小区当前和未来 10～15 年的居民住宅负荷模型，该模型采用年度代表日法、高峰日负荷分析、户均负荷曲线分析等分析方法对数据进行挖掘，在庞大的数据中提炼、总结出普通居民住宅小区的用电规律和特征。可指导居民住宅区配电系统规划，为合理选择电源容量、供电导线截面及居民小区的节能精细化设计提供依据。

项目成果获国家电网公司科学技术进步奖三等奖。主要创新点如下：首次采集居民 3 年实时电量，采样数据量高，数据稳定可靠；首次建立可用于居民小区供电设施配置的居民住宅负荷模型；首次应用居民住宅负荷模型对规划的居民小区供电设施进行配置，使规划小区的供电设施配置更加科学、节能、经济。

项目成果由城区供电公司在盛辉家园住宅小区应用，共减少设备投资 30 万元。

【新技术推广应用】按照《国家电网公司新技术推广纲要》和《国家电网公司重点应用新技术目录》，推广应用城市电网新技术和新设备，提升北京电网装备技术水平。国家电网公司新技术应用重点工程进展顺利。

推广紧凑型输电线路、同塔多回输电线路、输电线路防雷技术、防污闪技术、输电线路冰灾应对技术、智能变电站技术。推广与应用输电线路无人机巡检技术。完成无人机巡检现场试验和试验验收，并编制使用规程和导则，针对不同电压等级、设备本体和地理环境，开展输电线路无人机巡检。实施智能电网调度技术支持系统。

【环境保护工作】强化环保计划管理。制定电网建设项目环评计划和建设项目环保竣工验收计划。在项目环评报告和验收工作计划中制定了进度节点并进行考核。加强对电网建设项目的环保管理，加强对环评、环保竣工验收的全过程监督管理。

加强内外协调，推进纠纷难点工程。公司通过加强环保宣传和沟通，主动与政府有关主管部门进行沟通，及时交流信息，共同研究纠纷难点工程的推进方案，加强与社会公众的沟通，采取制定应急预案等措施，使得菜市口 220kV 输变电工程的环境纠纷难点项目获得重大突破。

举办“对公众开放日”活动，邀请公众来公司本部和变电站参观、座谈，现场进行工频磁场测试和环保科普宣传；举办电磁环境的科学与社会认知研讨会，利用论坛讲演和专家讲授的方式向社会和媒体宣传公司履行社会责任和发展智能电网的环保理念和行动。以“6·5”世界环境日为契机，开展环保宣传进社区活动，策划制作宣传展板，宣传节能减排，环境保护、电磁环境知识普及等方面内容，加强对普通百姓的科普宣传。

（刘文亮　徐绍军　孔　玮）

信息化工作

【信息化建设】公司完成信息化专项计划项目 40 项，年度建设任务完成率 100%；信息系统维护项目 78 项，年度维护任务完成率 100%。GIS 平台标准化改造通过国家电网公司评估，海量准实时/历史数据管理平台、移动作业平台通过国家电网公司验收。SG－ERP人力资源管理系统推广实施，财务管控系统、ERP系统等深化完善，电子商务平台上线，支撑了公司人财物集约化管理工作。营销管理、生产管理信息系统深化建设，资产全寿命周期管理评估决策系统完善提升，综合管理类系统一级部署实施，支撑了公司生产经营管理工作。

针对“十一五”期间信息化建设项目，按照立项、建设、结项三个阶段，从计划执行、资金使用、过程管理以及资料归档等方面开展了信息化项目全面梳理工作。

【信息系统深化应用】建立健全信息系统应用推进组织架构。建立常态沟通机制，完善应用评价指标体系，召开信息系统深化应用指标完成情况分析会，对国家电网公司深化应用指标体系的变化进行分析，并制定提高计划；每月印发《北京市电力公司信息工作通报》，采取正式文件方式对各单位信息系统深化应用情况进行月度通报排名，促进各单位提高对深化应用工作的重视程度。

组织开展协同办公、营销系统等20个信息系统的性能优化工作。组织开展生产管理系统应用评估工作，安全生产应用评价进入国家电网公司前五名。

组织开展ERP系统功能和应用评估工作，全面梳理系统应用现状，评价系统应用效果，发现应用过程中存在的不足，并分析查找原因，提出合理化建议和完善措施。组织开展北京市电力公司2011年“信息杯”ERP技能竞赛，以赛代培，促进员工学习和掌握ERP操作技能。9月，通过国家电网公司信息系统实用化评价。

【信息安全】建设信息安全管理标准和技术标准，实现系统安全防护方案从设计、建设、验收、到定期测评整改的闭环管理。加强安全风险监测及信息安全督查力度，组织安全系统升级改造，建设应用数字证书系统、部署新一代安全隔离装置等系统，提高信息安全主动防护能力。

组织智能电网试点项目信息安全方案评估，开展信息系统等级保护建设、备案和测评，编制网络与信息安全专项应急预案和56个现场处置预案，并进行核心网络应急预案演练。组织信息系统安全运行月活动、信息安全常态督查和年度督查工作，开展办公区、智能电网等专项督查工作。公司被国家电网公司评为2011年度信息安全技术督查优秀单位。

【信息系统运行维护管理】编制并发布《北京电力公司信息安全管理办法》《北京市电力公司调度运行管理细则》等8项管理办法和标准。

按照信息系统调度、运行、检修和客服4个专业，做到建设和运行分开。管控方式由开展制度建设转为制度建设和执行检查并重，建设调度监控中心，完成生产数据中心迁移，加强信息设备和系统的缺陷管理，加强IMS、ITSM、客户服务呼叫中心等技术支持系统的建设。组织开展应用、网络、安全等运维人员培训工作。

建立运行评价指标体系，健全分析会、通报等沟通机制，提高安全运行过程管控能力。公司统一检修计划管理、明确故障统计处理标准流程、加强信息系统运行监控、监督信息服务质量，组织108名信息运维人员技术培训和资格普考，初步建立了信息系统调度运行框架体系。在国家电网公司首次进行的信息系统运行季度流动红旗评选中，公司获得优秀流动红旗。

（赵　蔚　李　新　张　涵）

人 力 资 源

REN LI ZI YUAN

【综述】 公司人力资源工作深入贯彻国家电网公司"三集五大"体系建设和人力资源各项工作要求，以公司发展战略和深化"两个转变"为中心，推进集约化、规范化、精益化建设，完善"战略协同、调控有力、标准统一、运转高效"的人力资源管理体系，促进人力资源优化配置，为公司加快实现"国内一流、国际水准"现代企业目标提供人才支撑和组织保障。

公司获国家电网公司人力资源专业同业对标排名第三的好成绩，连续5年荣获专业管理标杆称号。供电企业综合劳动效率指数92.31，位列国家电网公司系统第一名；定员贯标成效指数1.23，位列国家电网公司第三名；人才当量密度0.979 5，较2010年增长2.21个百分点，位列国家电网公司系统第三名；人才引进指数1.086 9，较2010年提升0.006 9个百分点，位列国家电网公司系统第二名；人事费用率4.70%，较2010年上升0.2个百分点，位列国家电网公司系统第六名；技能竞赛调考成绩为2193分，位列国家电网公司系统第25名。

（李景中　冯海全）

【领导干部队伍建设】 领导班子和干部队伍结构调整。加大干部交流力度，全年任免调整干部5批次，其中提拔21人、交流任职45人、退二线15人、聘任职员职级2人，因机构调整重新任职10人、兼任职务8人、因故免职1人。

干部培训培养。制订2012～2014年领导干部培训规划，分析干部培训工作面临的形势和任务，明确未来三年干部培训工作目标和主要任务。举办本部员工培训班4期、基层到本部挂职人员培训班1期，培训人数189人。开展EMBA委托培养，2名领导干部参加学习培养。选派4批40名中青年干部进行公司本部与基层双向挂职锻炼；选派4名员工到国家电网公司总部锻炼培养，2名员工到国家电网交流公司和直流公司挂职锻炼，1名员工通过竞聘到国家电网公司总部工作。

干部考核评价和监督管理。完成2010年度"四好"领导班子考核总结与表彰，向29个基层单位进行结果反馈；组织开展公司职代会本部56名领导干部民主测评及生产、基建、营销、总工、纪检5个专业干部126人的专业测评；引入网上测评模式，完成71名新进本部员工试用期考核。启动2011年度"四好"领导班子考核。落实领导干部报告个人有关事项制度，组织开展公司党委管理干部的个人有关事项年度报告；严格按照《领导干部离任交接的管理办法》的规定，组织开展38名副职和18名正职干部离任交接工作。强化干部日常监督，建立多部门、多角度的监督联动机制。

后备干部队伍建设。按照《后备干部管理办法》选拔确认后备干部，建立基层单位正、副职后备干部队伍，对基层单位领导班子副职后备干部建议人选进行反馈，建立后备干部信息库。结合2011年度"四好"领导班子考核工作，开展2011年度后备干部民主推荐工作。

干部基础管理。加强干部管理制度体系建设，印发《挂职锻炼管理办法（试行）》《后备干部管理办法》《基层单位中层干部选拔任用工作流程及标准》，开展《领导干部管理办法》修订工作。启动干部管理信息系统建设。按照国家电网公司业务梳理流程和工作需求，开展干部系统需求分析和项目研发。推进干部档案规范化建设。完成公司所属各个基层单位400余册干部档案审核工作，完成档案材料登记整理和借阅1000人次，启动档案缺失材料统计与追缴，接收并整理档案补充材料1172份。

（李一鸣　毕春勇　张　鹏　张丽萍）

【人才队伍建设】 人才评价工作。2011年度经专业技术资格认定取得专业技术资格的职工共计440人，其中中级81人、初级359人。2010年度经全国专业技术资格统一考试合格并经公司确认取得相应专业技术资格的职工共计27人，其中中级25人、初级2人；2010年度经专业技术资格评定取得专业技术资格的职工共计241人，其中高级118人、中级123人。

技能鉴定工作。规范公司技能鉴定流程，鉴定过程中以能力优先、业绩突出为评价重点，实现鉴定工作的科学化、标准化，全年完成27个工种、738人次的技能鉴定。

规范员工后续学历认证工作。引导员工到正规院校学习，保证后续学历教育的严肃性。2011年共有367人取得后续学历，其中研究生62人、大学本科187人、大专118人。

（仝瑞锋　袁　泉　刘　明）

【全员教育培训】 培养高素质技能人才队伍。完成用电检查、变电运行、抄表核算收费3个专业生产技能人员轮训与考核工作，全年共培训2013人；完成配电线路工、电力电缆工、变电站值班员及抄表核算收费员4个工种技师强化培训，全年共培训202人；编写完成3个专业生产技能人员培训题库，建立相应的技能培训模块。完成国家电网公司2011年第二批带电作业资质培训计划，163名从事带电作业人员通过了复证培训及考试，18 名新取证人员通过了带电作业专业培训及考试。

协调并督促各职能部门、二级单位完成各类管理人员专项培训；多角度、多层次地开展智能电网、带电作业、状态检测、三华同步电网等专项技术培训；启动并扎实推进员工学分制管理，将脱产培训、在职自学及科研创新相结合；丰富远程培训课件，拓宽培训途径，鼓励员工利用平台自学，缓解工学矛盾。

坚持全员赛前培训、实践以赛促培的宗旨，按照规划开展技能大赛和普调考，组队参加国家电网公司供电服务技能竞赛、财务调考、带电作业技能竞赛。配合专业部门组织开展安全生产规程制度调考、财务调考、配电线路带电作业技能竞赛、工程造价管理知识竞赛、ERP 技能竞赛、基建安全知识竞赛等活动。

（仝瑞锋　袁　泉　刘　明）

【机构调整与体制改革】机构调整工作。1 月 28 日，公司印发《关于成立北京市电力公司新农村电力建设办公室的通知》（京电人〔2011〕4 号），新农村电力建设办公室主要负责农村电力建设、管理、服务工作。印发《关于成立北京市电力公司节能工作领导小组的通知》（京电人〔2011〕5 号），主要负责公司节能及能源服务管理相关工作。印发《关于成立北京市电力公司电动汽车充电设施建设领导小组的通知》（京电人〔2011〕6 号），主要负责公司电动汽车充电设施建设及运营工作。

2 月 1 日，公司印发《关于调整公司招投标工作领导小组成员的通知》（京电人〔2011〕7 号），对招投标工作领导小组成员进行调整，加强公司招投标管理工作。

3 月 2 日，公司印发《关于成立北京市电力公司带电作业公司的通知》（京电人〔2011〕16 号），成立带电作业公司，主要负责城近郊区配电线路不停电作业实施。印发《关于将北京市电力公司试验研究院更名为北京电力科学研究院的通知》（京电人〔2011〕17 号），将北京市电力公司试验研究院更名，并对其定位、职责、内设机构和岗位编制进行调整。印发《关于成立延庆智能电网生态园工程项目部的通知》（京电人〔2011〕18 号），成立延庆智能电网生态园工程项目部，主要负责智能生态园方案编制、工程建设工作。

3 月 4 日，公司印发《关于成立平谷新能源基地工程项目部的通知》（京电人〔2011〕19 号），成立平谷新能源基地工程项目部，主要负责新能源项目方案的编制、新能源基地工程协调推进工作。印发《关于成立北京市电力公司实训基地建设领导小组和筹备处的通知》（京电人〔2011〕20 号），成立公司实训基地建设领导小组，主要负责实训基地工程建设工作。印发《关于调整菜市口国网科技馆项目指挥部成员的通知》（京电人〔2011〕21 号），结合现有人员变化情况，对菜市口国网科技馆项目指挥部成员进行调整。

5 月 9 日，公司印发《关于成立离退休人员服务中心的通知》（京电人〔2011〕30 号），成立离退休人员服务中心，充分发挥离退休老同志作用，开展技术研究、咨询评价等工作。

5 月 20 日，公司印发《关于调整北京市电力公司保密委员会成员的通知》（京电人〔2011〕32 号），对保密委员会相关人员进行调整，加强公司保密管理工作，维护公司合法权益。

5 月 30 日，公司印发《关于调整对外联络部内设机构名称与岗位设置的通知》（京电人〔2011〕34 号），对外联络部调整后，人员编制为 7 人，内设品牌处、联络处。

5 月 31 日，公司印发《关于成立北京市电力公司资产全寿命周期管理领导小组和办公室的通知》（京电人〔2011〕36 号），成立资产全寿命周期管理领导小组和办公室，主要负责加强资产全寿命周期管理。

6 月 3 日，公司印发《关于调整北京市电力公司“三指定”专项检查治理领导小组的通知》（京电人〔2011〕37 号），建立“三指定”问题治理工作领导定点联系制，开展受电工程“三指定”专项治理工作。

6 月 30 日，公司印发《关于调整公司物资管理体系机构设置的通知》（京电人〔2011〕39 号），贯彻落实国家电网公司关于物资集约化管理的要求，加强公司物资管理体系建设，调整公司物资管理职责及机构岗位设置。

7 月 14 日，公司印发《关于公司思想政治工作部（公司团委）更名的通知》（京电人〔2011〕46 号），将公司思想政治工作部（公司团委）更名为思想政治工作部（党委办公室）。

7 月 20 日，公司印发《关于实施人财物集约化管理调整相关部门内设机构、职责及岗位编制的通知》（京电人〔2011〕49 号），对人、财、物相关机构编制进行明确。

7 月 29 日，公司印发《关于成立北京市电力公司节能减排领导小组的通知》（京电人〔2011〕50 号），落实公司对节能减排工作的决策部署，研究解决节能减排工作中的相关问题。

8 月 24 日，公司印发《关于进一步明确本部相关部门部分职责的通知》（京电人〔2011〕56 号），明确公司本部应急、标准化建设、服务监督以及管沟、隧道资源的管理责任。

9 月 26 日，公司印发《关于成立北京市电力公司规划领导小组及办事机构的通知》（京电人〔2011〕64 号），规范和指导公司规划工作。

10 月 8 日，公司印发《关于明确“国家电网首都电力共产党员服务队”机构与岗位设置的通知》（京电人〔2011〕65 号），调整城区、朝阳、大兴供电公司共产党员服务队的机构与岗位设置，创建北京电力服务品牌，为客户提供差异化服务。

10 月 31 日，公司印发《关于带电作业公司更名的通知》（京电人〔2011〕67 号），将带电作业公司更名为带电作业中心。

11 月 7 日，公司印发《关于在部分单位设置行政管理中心的通知》（京电人〔2011〕70 号），决定在 16 个供电公司、输电、变电、电缆、工程公司设置行政管理中心，规范公司行政后勤管理，提升公司房屋、土地、车辆等后勤工作管理水平。印发《关于成立北京市电力公司产品质量监督工作领导小组的通知》（京电人〔2011〕71 号），成立产品质量监督工作领导小组，主要负责公司产品质量监督工作。

11 月 18 日，公司印发《关于组建公司相关单位应急基干队伍的通知》（京电人〔2011〕75 号），决定在输电、变电、通自、电缆、带电、物流等公司组建专业应急基干队伍，作为公司相关专业应急队伍的组成部分。

体制改革研究。完成人力资源规划和人才发展规划编写工作。在深入分析 2000～2010 年人力资源数据基础上，对 2010～2020 年公司人力资源需求和供给情况进行预测，在埃森哲公司提供的国际先进企业管理经验基础上，编制完成公司“十二五”人力资源规划和 2011～2020 年人才发展规划。规划提出了公司到 2020 年的用工需求；规划还对公司各相关专业进行了分专业的人才需求和供给分析，并提出转变组织模式、建立“专业管理、业务合作伙伴团队和共享服务”三个中心的人力资源管理新模式。

（王桂哲　刘昱阳　王希菁）

【劳动用工管理】高校毕业生招聘。按照国家电网公司下达的毕业生聘用计划要求，围绕公司发展战略，以突出主营业务、满足一线岗位需求为核心，经过赴高校甄选、初审、复试等选聘程序，择优录用 160 名高校毕业生。组织公司新员工集中培训并结合所学专业对部分新员工实施技能深化培训，选派 107 名新员工参加国家电网公司新员工培训。

开展公司内部公开竞聘工作。全年开展公司本部、通信自动化公司、信息中心、部分集体企业岗位竞聘和入企一年以上的高校毕业生工作交流，公开竞聘岗位 114 个，通过竞聘交流 96 人走上新的岗位。

劳动合同管理。严格执行《劳动合同法》和公司相关规定，全年为入企新员工和调入员工初次签订劳动合同 164 人，员工辞职和违纪解除劳动合同 18 人；办理 134 名员工劳动合同到期的续签手续。

人员退出管理。全年累计减少人员 334 人，其中，退休 282 人，解除劳动合同 18 人，调国家电网公司系统内 18 人，死亡 16 人。

人员状况。截至年底，公司职工人数 8787 人，其中，具有大学专科及以上人员 6326 人，占总数的 72%；副高及以上专业技术资格为 653 人，占总数的 7.4%，中级专业技术资格 1445 人，占总数的 16.4%；高级工及以上人员 6198 人，占总数的 70.5%。

劳务人员管理。实行劳务用工“五统一”管理，即统一招聘、统一派遣，统一费用管理，统一岗位设置，统一薪酬标准。通过“五统一”的管理模式，严把用工入口关，持续优化用工结构，提高用工质量，实现了保险按政策要求全部足额缴纳，福利、劳动保护按标准发放，教育培训按比例投入，初步建立“以能定岗，以岗定薪，按绩取酬”的激励机制，为劳务用工搭建较为科学合理的专属晋升通道，共完成全公司 6000 多人的技能初定和岗位归级工作。采取兼顾历史、试点先行、稳步推进的方式完成薪酬套改，初步实现劳务用工的管理“五统一”的格局。

劳务用工基础信息管理。公司面向生产岗位劳务用工开展学历、职业资格和专业技术资格的全面认证，完成劳务用工个人信息全面认证工作，填补公司在劳务用工个人信息管理方面的空白。7268 人参加学历认证，6824 人通过；7039 人参加职业资格认证，5062 人通过；401 人参加专业技术资格认证，397 人通过。建立及时、准确、全面的劳务用工统计月报制度，为公司决策提供准确的数据支撑。

（冀　强　李　蓉　冯爱玲　丁原矢）

【工资收入管理】工资总额计划管理。严格规范工资收入列支渠道，严格执行国家电网公司下达的工资总额计划，按照效率优先、兼顾公平原则，以提高效益效率和优化队伍结构为导向，统筹考虑经营效益、人员配置和对公司的贡献程度等多方面因素，合理分解工资计划，对各单位工资总额预算执行情况进行严格的监督管理。

企业负责人薪酬管理。严格执行国家电网公司《企业负责人薪酬管理暂行办法》，加强所属企业负责人的薪酬管理，坚持薪酬与业绩挂钩原则，合理确定薪酬水平，完善薪酬激励与约束制度。

深化福利管理。落实国家电网公司员工福利归口管理要求，完善福利保障管理制度体系，合理控制福利保障支出水平，坚持控制福利预算和实施总额。

（宋丽平）

【绩效管理】建立包括指标管理、流程管理、评价管理、激励管理、配套管理等子系统在内的所属单位及其负责人业绩考核体系，并从制度设计和内部机制上强调各子系统的有效整合。公司业绩考核办法立足于国家电网公司对公司业绩考核内容的分解与落实，确保国家电网公司业绩考核指标和公司年度重点工作的全面完成与落实；采取定量评价与定性评价相结合的方式，使公司各专业对所属单位的考核力度较均衡；考核兑现方式消除了各单位考核事项数量不均匀导致考核结果差别较大的因素，考核结果更具公平性。

（戴　泓）

【信息化建设】为提升人力资源管理信息化水平，实现公司人力资源信息管理的“三全四化”（全口径、全过程、全业务，管理规范化、业务流程化、专业协同化、功能实用化），根据国家电网公司人力资源信息化建设统一安排，3～5月开展人力资源基础信息规范化建设，完成人力资源信息系统基础信息规范化、ERP系统与人资管控系统接口建设，并于6月通过国家电网公司验收，实现预期建设目标。10月下旬～12月开展“SG—ERP一期”建设，完善提升ERP现有功能，完成组织管理、员工管理、薪酬管理、教育培训的建设和开发，并通过国家电网公司验收。同期还开展ERP系统各项优化提升工作，包括相关统计报表开发和优化提升、工作流优化提升、员工自助优化提升、ERP系统实用化考核等内容。

（冀　强　李　蓉）

【社会保险】“五险一金”情况。公司依法参加北京市的基本养老保险、基本医疗保险、大额互助医疗保险、失业保险、工伤保险和生育保险共6个社会强制保险和住房公积金及住房补贴。

企业自办保险情况。企业自办保险包括企业年金、补充医疗保险、重大疾病医疗保险、意外伤害保险共4个险种。

企业年金实现市场化运作。按照国家及上级相关管理部门的要求，北京市电力公司企业年金理事会与各基金管理机构相互配合，于1月开始企业年金市场化运营，资产全额托管，操作流程规范，全面实施风险监控。对各管理机构进行过程监督，与各管理人建立沟通交流机制，对排名末位投资管理人实施约谈，对投资波动幅度较大的投资管理人发送风险提示函。截至年底，净资产11.64亿元，收益率2.23%。

（李　宝　陈　钊　张　羽　何　军）

党 群 工 作

DANG QUN GONG ZUO

党组织建设

【基层党组织建设】开展“学党史、强信念，明形势、做贡献”主题教育活动。根据公司改革发展需要，及时建立健全基层党组织，全年新建及更名党组织13个。做好2011年公开承诺、领导点评、群众评议工作。落实“为民服务创先争优”活动要求，开展“三亮三比三评”活动，各窗口单位组织广大党员亮身份、亮职责、亮承诺，广大党员比技能、比作风、比业绩。全面实施党务公开工作，细化公开形式、公开内容、公开程序和公开时限，保证工作落实到位。开展创先争优评比和党支部创新实践活动，46个先进基层党组织、288名优秀个人受到公司党委表彰，推出党支部创新实践优秀成果32项。其中，大兴供电公司营销党支部等3个基层党支部被评为国家电网公司“电网先锋党支部”，昌平供电公司、城区供电公司各有1人被评为国家电网公司优秀共产党员，北京市路灯管理中心等3个单位各有1人被评为国家电网公司优秀党支部书记。调度通信中心党委被评为市国资委系统先进基层党组织，密云供电公司等5个单位各有1人被评为市国资委系统优秀共产党员，输电公司有1人被评为市国资委系统优秀党务工作者称号。

（王　岚）

【党支部建设创新实践活动】各基层党组织认真推进创先争优活动，将创新实践工作作为加强基层党支部先进性建设的有效载体，围绕企业中心任务，在党建工作的内容、方式方法及实现途径上不断创新。11月29日，公司召开2011年党支部创新实践活动成果评审发布会，变电公司党委城南运行处、检修二处党支部的共建成果《运检同携手主网当先锋》等2项成果获得一等奖；机关党委外联新闻党支部《实施“三基”工程为品牌建设奠定基础》等5项成果获得二等奖；直属产业党委中电联汽车服务公司党支部《把支部合力彰显在企业重组的关键期》等10项成果获得三等奖；客户服务中心党委信息服务党支部《强化素质培训提升服务能力》等15项成果获得优秀奖。

（曲　虹）

【党员教育管理】公司党委围绕建党90周年全面推进学习型党组织建设，在各级党组织和全体共产党员中深入开展“学党史、强信念，明形势、做贡献”主题活动。加强中心组学习管理，公司所属各党委全年中心组学习均不少于24次，各党委中心组成员在公司及以上刊物发表理论文章164篇。各级党组织以学党史为重点，通过“三会一课”（党支部党员大会、支部委员会、党小组会和党课）、讲座、参观、调研、网络、手机、微博等多种途径和载体，丰富学习内容，创新学习形式。按照“坚持标准、保证质量、改善结构、慎重发展”的方针，对220名入党积极分子进行集中培训。实施发展党员票决制，共发展党员220名，预备党员按期转正209名。开展纪念建党90周年系列活动，组织“我身边的共产党员”演讲比赛21场，公司8675名党员及群众参加国家电网公司“学党章、

■ 11月29日，公司召开2011年党支部创新实践活动成果评审发布会。

■ 6月13日，公司组建“国家电网首都电力共产党员服务队”。

读党史、强党性”网络知识竞赛。

在创先争优活动中，为落实国家电网公司“四个服务”企业宗旨，公司党委于6月13日正式组建“国家电网首都电力共产党员服务队”，下设18支分队，注册队员736名。服务队采取专兼结合的组织模式，针对特定服务对象，在提供合约基础上积极开展供电延伸、增值与公益服务。公司党员自发捐款32万余元，设立“国家电网首都共产党员爱心基金”，专项帮扶社会困难对象和弱势群体。先行开展“创先争优　电靓京城　服务社区”主题活动，在全市范围内累计开展便民服务活动639次，惠及133个挂牌社区的25万余户居民。

（刘婷婷）

思想政治工作

【开展“忠诚企业、服务首都”主题教育活动】按照《北京市电力公司党委加强企业文化建设和队伍建设三年（2010～2012）规划》要求，公司党委持续开展“忠诚企业、服务首都”主题教育活动，印发2011年实施方案，着力在推进优秀企业文化落地和促进“忠诚企业、服务首都”由理念向行为转化两方面下功夫。

主题教育活动中，举办形势任务报告会、“党在百姓心中”宣讲报告会、职工素质提升大讲堂、“一切为了人民——北京市纪念中国共产党成立90周年展览”参观、“我身边的共产党员”征文演讲、“人民电业为人民”摄影展等活动，公司7000余人次参与各类教育活动；编发两期形势任务宣传手册，并组织形势任务调考工作。开展企业故事征集，先后收到企业故事136篇，精选其中6篇优秀故事制作成动漫片，促进企业核心价值观深度传播；以“党旗下成长”“讲述电力人自己的故事”“感受温暖、传递幸福”等为专题，开展网上系列谈活动，共发帖9229篇，回帖12 130篇，其中85篇作品获奖；以“国家电网首都电力共产党员服务队”和昌平供电公司王月鹏等为代表开展年度典型重点培育，加强公司先进典型品牌培育及宣传工作；“五一节”前夕，结合“双十”评选五年产生“百星”的契机，编发《劳动奉献光荣——“双十”评选百星闪耀》事迹回顾专集，继续开展年度“双十”评选活动，公司累计18 313人参与投票；组织参加北京市“党在百姓心中”宣讲活动，公司选送的《党心连民心　路明暖人心》入选北京市百姓宣讲团，并在全市巡回宣讲。

（李　萍）

【精神文明建设】加强社会主义核心价值体系教育，组织开展“我们的节日”“北京精神”表述语宣贯、北京网络文明志愿传播以及关爱农民工志愿服务等活动；修订完善公司文明单位评比考核办法，并按照全国文明单位复查工作要求，组织开展创建工作自查，公司通过全国文明单位复查验收；参与国家电网公司文明单位评选活动，公司本部被授予第一批国家电网公司文明单位（本部），丰台供电公司、亦庄供电公司、客户服务中心、大兴供电公司、密云供电公司、北京市路灯管理中心6个单位被授予国家电网公司文明单位称号；推进文明单位、文明工区（处室）、文明班组创建和地方文明共建工作，公司本部及所属23个单位与北京市34个村镇建立了文明共建对子；深化精神文明建设创新，抓好过程管理，全年各单位共申报创新成果50项，团建创新推荐2项，共计52项，经公司精神文明建设创新成果评选委员会评审，评选出一等奖3名、二等奖6名、三等奖12名、优秀奖12名。

（李　萍）

【思想政治工作体系同业对标】继续夯实对标基础，加强思想政治工作体系制度建设，对公司23项党委制度和16项团委制度进行修订。按照公司所属单位及其企业负责人业绩考核办法新要求，调整同业对标考核评价机制，在公司综合业绩考核中占到百分制的0.75分，针对变化内容进行培训，开展对标指导。开展对标评价，12月在基层党委自查基础上，政工部进行了实证材料的集中检查，并会同监察部、新闻中心对公司所属29个党委的工作进行了复核认定，形成了2011年思想政治工作体系同业对标评价结果，并逐一进行认定反馈。大兴供电公司党委、城区供电公司党委、丰台供电公司党委、变电公司党委、计量中心党委为综合评价标杆单位。

（王　岚）

【企业文化建设工作】印发《北京市电力公司企业文

化建设业绩考核办法》，按季度对所属各单位企业文化建设情况进行考核评价。印发《关于推进公司企业文化建设“三大工程”有关工作的通知》，对全年企业文化建设重点工作进行部署安排。制定《公司“十二五”企业文化建设专项规划实施意见》，将企业文化建设费用列入公司预算管理，设立企业文化建设专项资金，保证企业文化建设经费投入。

企业文化传播工程建设。组织开展“企业文化落地”主题实践活动，在活动中组织开展“我身边的共产党员”征文演讲比赛、“网上谈”等活动，利用公司网络政工、企业文化网站等媒体开展统一的企业文化宣传工作；开展企业文化建设培训、调研，策划并组织实施公司层面企业文化精品产品（项目）建设；开展“双十”评选及劳模宣传活动，制作并下发《劳动奉献光荣——“双十”评选百星闪耀》事迹回顾，加强先进典型的品牌选树与宣传。开展了文明单位、工区、班组创建活动。

企业文化落地工程建设。各级领导干部带头学习、宣讲、践行统一的企业文化。公司将建设和弘扬统一的企业文化落实情况纳入所属各单位及其企业负责人年度业绩考核。遵循符合企业文化“五统一”要求，对公司现行制度进行完善、修订与废止，编印《北京市电力公司2011年规章制度汇编》及《北京市电力公司党群系统制度汇编》。以国家电网公司员工守则为依据，细化制定公司本部员工文明行为管理规定。

企业文化评价工程建设。组织开展企业文化建设优秀案例和精品产品评审工作，2011年度公司所属各单位共申报优秀案例成果32项、精品产品25项，经过评审，企业文化案例共评出一等奖3项，二等奖6项，三等奖12项，精品产品优秀奖10项，鼓励奖15项，优秀组织单位8名。公司报送的企业文化案例《“共担安全每一天”特色主题宣教活动》获得国家电网公司一等奖，案例《“我是企业文化建设者”主题活动》和《打造首都核心区特色服务品牌》获国家电网公司三等奖，案例《文化引领打造首都电力铁军》获得国家电网公司优秀奖。

（关首峰）

纪检监察

【综述】公司贯彻落实国家电网公司党风廉政建设和反腐败工作决策部署，以有效落实“三严一常”（严密规章、严细作风、严格管理，常抓不懈）为根本，以全面构建“三化三有”（企业化、责任化、业务化，预防有方、监督有效、惩治有力）惩防体系为统领，健全组织保障体系、建立协同监督机制、强化廉政风险防控、深化廉洁自律工作，完成年度反腐倡廉各项指标任务。

全年未发生处级及以上领导干部和本部员工腐败违法案件或严重违规违纪问题，未发生瞒案不报、压案不查或责任追究不到位的情况，未发生影响和损害公司形象的重大行风事件。

公司获得国家电网公司年度党风廉政建设责任制考评优秀单位称号。公司在连续四年蝉联北京市政风行风民主评议活动第一名的基础上，被北京市纠风办列为首批政风行风民意测评免评单位。“北京市电力公司物资清仓利库效能监察”“大兴供电公司供电服务效能监察”“计量中心物资设备管理效能监察”“石景山供电公司合同管理效能监察”项目分别被授予国家电网公司年度优秀成果一等奖和三等奖。

【“反思教训、完善监控”主题教育实践活动】印发《关于全面开展“反思教训、完善监控”主题教育实践活动的通知》，组织召开专题动员会，明确动员部署、反思教训、完善监控三个阶段任务。在反思教训方面，梳理研判干部管理、生产经营、反腐倡廉三方面的党纪法规、行业规定和公司制度，筛选出涉及防

■ 公司各单位多措并举开展“反思教训、完善监控”主题教育实践活动。

控廉政风险、完善内部监控、加强廉洁自律方面的具体条文规定编辑成册，下发6000册《北京市电力公司反腐倡廉“红线制度”选编（四）》。以打造“红线制度”品牌为抓手，充分运用“三级阵地”（单位、工区、班组）、“四个课堂”（廉课课堂、电化课堂、社会课堂、网络课堂）等渠道，宣讲“红线制度”、剖析典型案例，引导广大干部员工全面开展“五个反思”（反思典型案例类似风险是否存在、廉政风险事件库是否健全、廉政风险防控工作是否实质性开展、“一岗双责”履行是否到位、惩防体系是否健全）。开展两级专题警示、案例教育163场次，覆盖公司全部人员。在完善监控方面，推进廉政风险防控与业务管理工作深入融合，梳理出重大决策、业务管理5大类214项廉政风险，逐一制定风险消隐整改计划和防控措施。建立以“工程量清单招标为基础、现场过程造价控制为模式、工程造价管理系统为手段”的技经工作“三步走”机制，强化工程实施过程中的阶段性结算，工程过程管理严格规范。印发《关于全面开展“小金库”专项治理复查工作的通知》，建立有效防范“小金库”风险的长效机制。印发《关于进一步规范纪委书记定期报告工作的通知》，将大额资金运作等重要监督事项纳入纪委书记月度报告的基本内容，及时掌控和协调处理党风廉政建设相关问题；整合公司统一的招标平台，强化对招标采购活动的全过程监督；健全完善“三重一大”集体决策，从决策的范围、标准、运作程序、监督考核等7个方面细化界定了30余项内容。

■ 公司下发的《北京市电力公司反腐倡廉“红线制度”选编（四）》。

【协同监督机制建设】 印发《北京市电力公司协同监督机制相关制度的通知》，成立由公司总经理和党委书记担任主任、纪委书记担任副主任的监督工作委员会，下设办公室，负责组织协调、检查督办等工作。所属各单位也分别建立监督工作委员会，由党政主要领导挂帅，主要负责研究监督工作的重大问题，定期听取相关监督工作情况报告，提出工作要求，部署监督工作重要任务和专项监督工作，研究监督工作的考核意见等。围绕重大决策、工程管理、物资管理、营销服务等8大类32项生产经营管理的常态重要事项开展监督工作；围绕“小金库”“三指定”等各类专项治理工作，以及信访案件查办等年度依法治企的重点问题进行研究部署，通过强化监督议题引导、实施“一书两报告”（协同监督整改意见书、监督情况报告、整改工作报告）等规范化管理，形成监督责任落实、任务细化分解、过程督办检查、成效反馈考核的闭环管理机制。全年公司两级召开协同监督工作联席会议93次，公司层面确定监督任务42项，分别对信访举报投诉情况、财务审计检查、“小金库”“三指定”、工程建设领域突出问题、非生产性小型基建项目管理、房屋土地确权、营销服务、干部人事、物资管理等方面存在的主要问题进行分解、整改。

■ 5月13日，公司召开第一次协同监督联席会议。

【反腐倡廉制度建设】 在教育制度方面，以领导干部和新上岗人员为重点，制定了“四个坚持”“五个必须”等廉洁教育原则和工作要求。“四个坚持”即坚持打造“红线制度”品牌，提高宣教的警示性；坚持梳理廉政风险，提高监督的针对性；坚持建设“反违章”长效机制，提高运营的规范性；坚持建设“先期联控处置机制”，提高防控的实效性。“五个必须”则强调了对新提任领导干部、新到重点岗位人员、新入企员工必须进行岗前教育，对干部员工廉洁从业方面出现的新情况、新发生的违纪违法案件必须给予相应的警示教育。同时，公司出台了廉洁文化建设规定，推进廉洁文化建设的系统化、常态化。全年公司两级党委中心组学习共940次，各级领导干部带头讲廉课120场次，直接受教育面达8800余人次，中层干部受教育面100%，对新入企员工、新入本部干部员工等各类岗位变动人员都进行了岗前廉政教育。

在监督制度方面，以制约和监督权力为核心，健全完善“三重一大”集体决策、纪委书记定期报告等一系列监督制度要求。特别是“三重一大”方面，在重要人事任免上，将供电所长、劳务用工管理岗位等高风险和重点岗位纳入其中；在大额资金使用上，强化对工程前期拆迁赔偿费等自由裁量权较大的资金，以及超预算、预算外资金使用的管理和监督要求。

在考核制度方面，以领导干部问责为重点，在细化业绩考核和责任制考核的基础上，推动出台审计查处问题整改责任追究、“三指定”问题连带责任追究等一系列办法，强化监督考核，提高制度的执行刚性。

【效能监察及招投标监督】 印发《北京市电力公司2011年效能监察工作指导意见》，明确各级的工作职责、工作分工、监察内容和工作方法；将治理供电服务、物资设备管理和工程管理效能监察在公司统一立项，基层单位围绕“小金库”专项治理、“三重一大”决策管理等内容进行自选立项。以强化工程管理和资金管理为重点，工程管理效能监察工作小组对287项新近开工的500万元及以上规模的重点工程进行全面排查，跟踪专项治理中发现的问题，检查123个项目，发现194个问题，进行整改。公司系统针对效能监察中发现的问题召开理论研讨会达133次，撰写15篇理论文章。将41项效能监察成果登在反腐倡廉网站上，各单位进行互评、互鉴，及时总结推广典型经验。通过效能监察工作协助建章立制，推动公司层面出台《110～220kV新建输变电工程标准工期》《投资管理办法（试行）》《工程财务管理办法（试行）》，修订完善《合同管理办法》等7项制度。各基层单位结合实际情况，在供电服务、经营指标、物资管理、工程治理等方面共出台和完善了193项制度和流程。全年公司两级共开展效能监察项目47个，提出监察建议265条，协助建立完善各类规章制度200项。

结合国家电网公司招投标监督工作有关要求，规范现场监督标准和报告要求，完善相关规章制度。强化招标监督管理，将原物资和工程两个招标平台整合为一个统一的招标工作平台，并专门设立了招投标监督岗位，对招标监督工作实行专业化管理。制定供应商考察工作监督报告、招投标工作监督报告模板，指导各单位纪检监察人员开展监督工作；对于国家电网公司批次招标和公司计划招标，统一执行国家电网公司招标采购活动现场监督记录表和监督报告模板，使招投标监督工作更加规范顺畅。强化监督质量，全年公司招标监督库共计393人次参与国家电网公司和公司层面的招投标监督、供应商考察监督等工作。

【纠风及行风建设】 印发《关于加强2011年纠风和行风建设工作的指导意见》，针对《北京市2010年供电检查专项监管报告》中提出的问题，结合“阳光报装、诚信服务”活动、“三指定”专项治理，财务审计联合检查等工作，以客户业扩报装、电价执行、电费回收、表计拆装移换等为重点，对用电检查、电费电量管理、计量、业扩报装等领域服务风险问题进行规范。加强对行风投诉举报的管理工作，加大投诉核查力度，针对客户服务中心《95598热线日报》中的焦点、热点问题下发督办单，督促各基层单位及时妥善处理，各级纪检监察人员全程跟踪督促整改；定期开展投诉举报建议情况分析，及时发现在行风服务中反映的突出问题，下发督办单，跟踪整改情况；公司两级针对收到的投诉信件和电话全部进行客户回访。开展民主评议基层站所工作，制定《开展民主评议基层站所工作方案》，并按照动员部署、自查自评、整改总结三个工作阶段有序推进；联合第三方检测机构对16个供电公司的41个供电营业窗口开展民主评议基层站所工作，对发现存在的不足及时进行了纠正整改。结合“塑文化、强队伍、铸品质”供电服务提升工程，组织开展社会行风监督员明察暗访活动，形成月度监测报告。全年共对供电营业窗口进行服务监测工作451次，开展客户服务满意度调查工作3157人次，公司各级开展行风纠建工作检查848次，涵

■ 8月4日，公司总经理朱长林与相关负责人一同走进“北京市政风行风热线”直播间。

盖所有的窗口服务单位和供电服务工区，提出196条意见和建议。参加北京市政风行风热线走进直播间节目，宣传公司优质服务的多项举措，树立企业社会形象。

【信访工作】印发《北京市电力公司纪检监察案件查办工作规定》，明确公司各级纪委、监察部门权限，对公司系统信访工作的规范要求进行细化，并规定了查办要求、查办纪律和查办责任。按照信访工作规定要求，提高信访初核的及时性和准确性，强化领导督办和基层核查，确保信访工作“四率”（信访核查率、查处质量和按期办结率、实名举报回复率、按时上报率）指标的高质量完成。强化联动机制，严格落实协同监督联席会议、纪委书记定期报告、特殊情况实时上报等制度；加强与地方检察院反贪部门、地方纪委信访案件部门以及行风纠风管理部门的联系协作，主动掌控信访案件信息。增强治本功能，严格执行案件及信访举报线索定期分析制度和“一案两报告”制度，健全案件预警机制，定期通报信访案件情况，发挥协同预防作用。截至年底，公司纪委新受理信访举报26件，均进行了初步核实，已全部完结。1名职工因违纪被解除劳动合同。

（门吉光）

工会工作

【民主管理】1月17日，公司二届一次职工代表大会暨2011年工作会、政工会议在北京市电力公司培训中心召开。242名正式职工代表、21名列席代表、5名特邀代表参加会议，公司工会主席李国华做了题为《提升职工队伍素质　服务企业发展大局为建设“一强三优”现代公司努力奋斗》的工作报告。会议审议通过《公司2011年工作报告》《北京市电力公司第一届职工代表大会工作情况的报告》《北京市电力公司2010年综合计划执行情况和2011年综合计划安排的报告》《北京市电力公司2010年预算执行情况与2011年预算安排的报告》《北京市电力公司一届六次职工代表大会提案处理情况和二届一次职工代表大会提案征集情况的报告》5项决议。2月，公司所属各单位召开本单位职代会，学习贯彻国家电网公司和公司“两会”精神。公司二届一次职代会共收到职工代表提案49件，涉及改革发展、安全生产、电网建设、优质服务等方面。经公司提案处理工作委员会研究，立案7件，列为意见42件。公司对所有提案给予了处理和答复，提案办结率100%。定期召开总经理联络员会议，保证公司民主管理渠道畅通和职代会各项决议贯彻执行。11月，印发《关于开展2011年北京市电力公司厂务公开民主管理工作的通知》（京电工〔2011〕51号），组织各单位开展厂务公开民主管理工作总结。经过申报、检查、考评，城区供电公司、变电公司、电能计量中心、客户服务中心等8个单位被评为厂务公开民主管理先进单位。根据《北京市电力公司总经理联络员管理实施细则》的相关规定，12月12～13日，由工会牵头组织公司总经理联络员分5个小组分别对12个单位采取座谈交流、个别谈话、实地调研的形式进行巡视调研。

（程　波）

【劳动保护与劳动竞赛】6月，公司工会组织开展以“抓执行、抓过程、建机制”为主题的劳动保护监督考评工作，从两级劳动保护监督组织如何发挥作用、劳动防护用品发放情况、安全工器具管理和使用情况3个方面进行考评。12月，举办劳动保护知识培训班，邀请有关专家结合案例讲解劳动保护新要求，物流服务中心结合企业实际讲解劳动保护相关知识。

启动新一轮职工互助会。对职工互助会组织机构进行调整，对《互助会管理办法》、职工供养直系亲属劳动保险管理规定和职工生活劳动保险计算机管理系统操作办法进行修订并印发。全年为181人次办理了困难职工补助和互助会补助，并为24名员工办理了重大疾病保险的申请和理赔。

组织开展2011年劳动竞赛活动。相继开展了“两抓一建”和“我为‘8031’献计策”合理化建议征集评审活动，评选出合理化建议一、二、三等奖和优秀奖。举办北京市第二届职工职业技能大赛农网配电营业工技能比赛，公司有854名选手参加比赛，77名农电工晋级决赛。第一名选手获得被推荐申报“首都劳动奖章”资格，前三名选手获得“北京市职工高级职业技术能手”称号，前八名选手获得国家二级职业资格（技师）证书，公司共有65名农电工通过比赛获得了职业资格证书。

后勤和保卫

HOU QIN HE BAO WEI

后勤工作

【行政后勤制度建设】建立内部协同机制，与发策部、基建部共同研究工作机制和业务流程，出台《土地房屋确权工作指导意见》，实现规划前期、工程前期和土地房产确权工作3个阶段的有效衔接，理顺公司新增土地房产确权流程。全面分析各基层单位行政后勤组织机构的现状，经党政联席会研究决定，在16个供电公司、变电公司、输电公司、电缆公司和工程公司共20个单位增设行政管理中心，配备专业管理人员，明确土地、房屋、车辆等公司战略资源管理工作的职责、流程等，解决多年来行政后勤无机构、无岗位、无专业人员的“三无”问题。推进公司房屋规范化管理工作，建立制度体系，完善管理办法，提升公司房屋资产的使用效率和效益。规范公司办公用房管理，按照标准规范的原则，出台《公司办公用房管理实施细则》，实现资源统一调配，明确配备标准，确立装修典型设计、物业专业化管理的工作思路，并逐步深化落实。规范房屋出租行为，制定《公司房屋租赁管理办法》，规范主多房屋互占及对外出租的标准及审批流程，完善租赁手续，确立“收支两条线”的管理模式，确保资产完整与资金安全。

【后勤资源管理工作】以本部建设年为契机，开展“走基层、转作风、改进工作方法”主题活动，公司行政管理中心牵头组织相关职能部门先后对21个单位、27个边远的供电所，开展土地确权、房屋使用等6次专题调查，统计汇总了1千多条后勤组织机构和人员情况数据、53万条土地数据、9.9万条车辆数据、4.2万条房屋数据，全面掌握公司后勤资源的基本状况。

从开展权属管理入手，强化基础资源管理，完善土地、房屋确权机制。建立外部沟通机制，定期与政府各级规委、建委和国土部门联系，为集中解决历史遗留的土地、房屋确权问题争取政策支持。多次邀请市国土局等部门召开现场办公会，化解制度障碍。公司本部前门大院1.73万m^2土地已经顺利确权发证，房产确权办证正在顺利进行；新办土地证48宗，新增确权面积22.3万m^2。

规范农村供电所房屋管理，将农村供电所房屋维修纳入常规项目管理序列。集中对132个农村供电所房屋基本情况进行调查，22万m^2房屋信息纳入公司数据库进行统一管理。解决新建单位办公用房问题，公司根据业务发展和产业前景，调整通信自动化公司、北京华商电动车动力科技有限公司、北京华商远大电力建设有限公司和北京华商三优新能源科技有限公司等共计9家单位办公场所，合理规划产业布局和生产办公布点。

【非生产性工程建设】制定非生产性工程计划，合理安排项目资金，理顺管理流程，严格执行“五制三算”规章制度，加强从可研到项目后评估的全程监管。实行技改项目与修理项目配套下达、工程造价集中审核、工程项目按照轻重缓急整体排序等组合制度，优化非生产工程管理方法。推行典型设计，按照“简约、大方、环保、不奢华”的整体风格，把控投资力度、统一设计风格、统一装修标准、统一费用标准、统一办公面积标准。结合品牌推广要求，以房山供电公司办公楼和协会楼装修为试点，减少单位间办公环境差异。对于投资超过20万元或涉及员工利益的重点项目，全部安排现场调研，避免盲目投资、重复投资，确保投资效果。提前部署应急抢险工作，确保应急处置反应迅速、恢复及时。年初及时安排150万元防汛及供暖抢修资金。针对“6·23”和“7·24”突发暴雨风灾，靠前指挥，协调属地公司、各物业公司紧急抢险，协调保险公司及时理赔，补充下达203万元救灾维修资金，迅速恢复右安门和蒲黄榆宿舍小区、模式口校区、西集供电所等生产生活秩序。

【车辆与交通安全管理】加强车辆基础信息管理，严格落实国家电网公司车辆管理有关精神，加大车辆管控力度，实现“生产车辆零增长、公务用车负增长、车辆管理零舆情”的工作目标。各单位严格落实公司要求，严格车辆更新报批程序。加大节假日车辆封存力度，公司全年共封存车辆19 093辆次，有效减少事故隐患。开展车辆信息普查工作，完善车辆管理基础信息，探索适应公司现状和需求的管理模式。开展公务用车管理的研究工作，初步构建公务用车管理制度框架。通过不对称报废更新，削减公务车，提高生产车比重；根据生产需求，完成33部特种作业车和134部工程车辆的报废更新工作，改善公司车辆结构。公司获得“北京市交通安全管理优秀系统”荣誉称号。

【特种设备管理】关注公司139部电梯、133台锅炉运行状态，明确安全管理职责和运行维护规范，开展定期巡视，对检测率、合格率和持证上岗率提出明确要求，强化监督检查，确保特种设备安全稳定运行。针对北京和深圳发生2起奥的斯电梯人身伤亡事故，迅速反应，对公司所属的24部奥的斯电梯加大安全巡检力度，缩短了运行维保周期，并停止该品牌全系列产品的招标入围资格。

【综合管理】提高员工健康体检费用标准，全员体检率达到了89%。集中解决农村供电所职工就餐问题，下达专项资金，为132个供电所修建职工食堂。加强职工宿舍小区设备设施的管理和改造，通过加强小区节假日消防特巡、安防监控和供暖管理工作，整体提升职工生活环境品质。公司获得“首都全民义务植树先进单位”“北京市计划生育先进单位”等荣誉称号。

（郭长旺）

保卫工作

【综述】2011年未发生一般及以上火灾事故；未发生主网架空输电线路因盗窃电力设施、外力破坏而造成的倒杆倒塔及大面积停电事故；未发生政治案件、生产破坏案件及重大治安灾害事故。公司被北京市防火安全委员会授予“北京市消防工作先进单位”称号，保卫部被北京市公安局授予集体三等功。全年主网发生外力故障75起，较2010年减少4起，下降5%，其中：车辆碰线35起，较2010年减少13起，下降27%；异物碰线40起，较2010年上升9起，增加29%。

【电力设施保护】落实公司重点折子任务和管理改进项目要求，制定6项反外力规章制度，建立对运行单位外力故障考核机制。完成专业护线阶段性评估工作，外力防控工作向标准化、规范化、常态化发展。反外力、保安管理、安防运维等方面制度建设得到完善。

自5月以来，累计发现电网环境异常信息5371起，制止线下大型机械作业1210起。差异化管控取得成效，高发线路故障明显下降，年度外力故障环比首次下降。

开展5期植树绿化系统安全员取证培训，500余人接受培训。电力设施保护纳入质监局吊车司机取证培训范畴。全年完成施工隐患治理197处，整治线下树木隐患12万棵。

在电视、广播、楼宇、地铁等同步开展电力设施保护宣传工作。

【消防安全管理】落实公司消防设施状态评价工作推进计划，加强消防设施及器材基础数据管理，对各类消防设施及器材数量进行全面普查，完成消防设施台账录入变电站智能运营系统工作。制定并印发八类消防设施状态评价导则，开展消防设施状态评价工作。

针对不同对象、分不同时间阶段，共开展4次消防安全隐患排查整治活动，累计排查治理消防设施隐患558项。

制定并印发《4月至12月消防应急演练计划》，要求各单位每月开展一次消防应急演练活动，全公司消防应急演练及培训活动共计100场次，参与人员达到5840人次。制定《北京市电力公司生产经营区域火灾应急处置预案》。“119消防安全月”期间开展了电力隧道消防应急演习。

制定并印发《北京市电力公司动火作业管理规定》，实现动火票在PMS中的应用。制定并印发《北京市电力公司消防设施及器材运行维护工作管理规定》《北京市电力公司消防安防设施缺陷定性管理实施细则》《售电网点安防系统及消防设施配置标准》和《北京市电力公司售电网点安全防范管理规定》，规范运维队伍管理。

贯彻市政府、国家电网公司有关烟花爆竹安全管理和森林火灾防控的文件精神，通过落实制定专项工作方案、层层落实责任，确保消防安全。全面开展入

■ 11月9日，公司组织消防应急演习。

冬前消防设施隐患排查整治和跨年度的冬季火灾防控活动。

【武装民兵工作】配合西城区防化团完善侦测连部建设，组织参加预备役防化团军事训练。开展“八一”建军节庆祝活动，组织公司范围内部分退伍军人召开座谈会、游览革命圣地等活动。完成西城区“双拥办”布置的爱心献功臣地区优抚对象帮扶工作和中央警卫团新兵训练基地慰问工作。完成西城区武装部下达的“两会”期间重点治安防范部位民兵执勤任务。

（宗晓茜）

协、学会工作

XIE XUE HUI GONG ZUO

【北京市电力公司科学技术协会】北京市电力公司科学技术协会（简称科学技术协会）成立于1988年，是公司科技工作者的群众组织，是中国科协的基层组织，也是企业领导联系企业科技工作者的桥梁和纽带。科学技术协会的主要任务是：围绕企业重点难点技术问题，开展学术、技术交流活动，增强企业核心竞争力；开展科学技术普及活动，提高员工科学素质；开展技术创新、技术培训和科技咨询活动；接受委托参与、协调专业技术职称评定工作，推荐、表彰奖励优秀企业科技工作者；反映企业科技工作者的建议、意见和诉求，维护企业科技工作者的合法权益；加强自律管理，促进职业道德建设；支持企业科技工作者加入中国科学技术协会所属的全国学会，积极参加各级科学技术协会组织和活动，发挥团体优势，利用社会的智力资源，为促进企业科学发展服务。

2011年科学技术协会围绕公司中心工作，组织科技人员开展“讲理想，比贡献”活动，参与北京市科学技术协会等上级单位组织的各项活动。向北京市科学技术协会推荐申报副总经理刘润生为科技先进工作者，并推荐为北京市科学技术协会第八届委员会委员；向华北电网科协推荐2010～2011年科技成果及论文10项；向北京市科学技术协会申报2012年“科技工作者之家”建设和组织“智能电网论坛”项目；与北京科技咨询中心签订2011年电力工程咨询合同，年内完成电力工程质量监察项目20多项；参加北京电机工程学会组织的科技下乡活动；组织申报公司优秀工程师和优秀青年工程师；整理上报昌平供电公司和密云供电公司经理孙永鑫为优秀企业和优秀企业家的推荐意见。

会同公司企协、信息、生产、策划等部门组织科技论文的撰写、申报，开展管理创新培训及优秀创新成果的申报、评审、交流，建立公司管理创新专家库，组织开展结合公司生产管理实际的课题调研工作。

【北京电力行业协会】截至年底，北京电力行业协会（简称电力行协）有正式员工14人，其中有各类高级专业职称的5人、公司党委管理的干部3人。电力行协设置理事会工作部、调研咨询部、企业管理部、标准化部四个部门。

电力行协是北京地区的电力企事业单位及与电力相关单位及大电力用户自愿参加的、跨部门、跨所有制、跨隶属关系的自律性电力行业协会组织，是北京市政府与北京地区电力企事业单位和相关单位及大电力用户之间的桥梁与纽带。电力行协是经北京市社会团体登记管理办公室核准登记的非营利性社会团体法人，以服务和自律、协调及协助政府加强电力行业管理为主要职责。

QC成果评审。组织北京地区供电、发电、修造、施工等电力企业的QC成果评审工作，召开优秀QC成果发布会，其中20个QC小组获一等奖，32个QC小组获二等奖。将优秀QC成果推荐上报中国水利电力质量管理协会，参加全国电力行业优秀QC成果的评选，有2个企业被评为全国电力行业QC小组活动优秀企业，5个QC小组被评为全国电力行业优秀QC小组。举办QC成果报告整理方法及相关知识培训班，为会员单位提供学习和交流的平台。

创新成果的申报评审工作。电力行协组织完成电力公司企业管理创新成果的评审、表彰和向国家电网公司企业管理协会优秀成果推荐工作，申报成果共2项。评审出一等奖5项、二等奖3项、三等奖14项。申报成果中向国家电网公司企业管理协会推荐申报的创新成果中有2项获国家电网公司一等奖。

行业协会工作有序开展。① 协助公司工会承办了北京市第三届职业技能大赛，主要负责公司以外的北京地区会员单位参赛组织工作；② 组织2011年电力行业企业质量管理小组成果的申报、评审、发布和推荐工作；③ 编辑内部交流刊物《行业信息》12期，在2010年的基础上研究改版北京电力行业协会网站，重新设置网站栏目。

【农电学会办公室】农电学会办公室担负着中国电机工程学会农村电气化分会、中国电力企业联合会农电分会秘书处的职能。中国电机工程学会农村电气化分会成立于1978年，现下设电网专委会、自动化专委会、科技与教育专委会、电气设备专委会和小水电专委会及科普工作委员会、编辑工作委员会。中国电力企业联合会农电分会成立于1998年，下设县级供电企业研究会、队伍建设与人力资源研究会和企业文化建设研究会。农电学会办公室还承担着中国科协主管、中国电机工程学会主办的国家级期刊《农村电气化》和《农电管理》月刊（简称两刊）的编辑出版工作，并负责中国农村电气化信息网的维护管理职能。

农电学会办公室设有综合部、编辑部、学会部和发行部。

重要会议。5月，召开学会秘书长工作会及优秀联络员表彰会，来自农电系统的70余名代表参加了会议。对学会2010年的工作进行总结，对2011年的重点工作进行统一部署，并对2010年学会优秀联络员进行表彰。10月，召开农村电气化期刊社第28次全国通讯编辑工作会，对农村电气化期刊社的工作进行总结和部署。

重点工作。充分发挥特有优势，围绕农电中心工作，利用所拥有的各种宣传媒体，大力宣传社会主义新农村建设的战略思想，宣传“三新”（新农村、新电力、新服务）的精神，弘扬农电企业在“三新”建设中的重要作用和取得的成绩。两刊紧密围绕新一轮农村电网的升级改造工程，加强建设现代县级供电企业等内容，先后组织农村低电压综合治理、农电企业优质服务、农电先进事迹、农网科技进步等专题专栏，全年为24个县级农电企业进行典型宣传，刊登各类稿件800余篇。两刊全年累计出版96万册。

【中国电力企业联合会供电分会】 中国电力企业联合会供电分会（简称供电分会）是中国电力企业联合会（简称中电联）的专业分支机构，在中电联的领导下开展工作，接受中电联有关部门和北京市电力公司的业务指导。供电分会现有会员单位包括国家电网公司、中国南方电网有限责任公司所属地（市）级供电（超高压）企业236家。供电分会设会员代表大会、理事会、会长办公会、秘书处及8个专业委员会等组织机构。分会理事63位，正、副会长12位，正、副秘书长9位，在京日常工作人员13人。业务范围包括行业管理、信息交流、业务培训、专业展览、书刊编辑、国际合作、调研咨询、反映诉求。

2011年，中电联对分支机构进行重新调整，供电分会在这次调整中与中国电力企业联合会农电分会工作范围合并，保留供电分会分支机构。面对组织形式被保留，但挂靠单位、服务对象、服务方式、服务功能、服务范围、服务内容尚不确定的情况，供电分会一方面与中电联相关部门加强沟通，争取上级主管领导对供电分会的支持与帮助；另一方面按照上级领导要求做好分支机构的相关工作，按时完成了供电分会月、季、年度的工作情况汇报、年鉴编写、有关报表和相关材料的报送工作。

稳定会员队伍，提高服务质量。利用“两刊一网”加强行业文化建设传播，为供电企业架起沟通交流桥梁。在中电联组织的行业文化和管理创新成果活动中，先后为公司基层单位、重庆、山东、漳州、汕头等会员单位提供帮助。利用中电联的统计信息平台，先后为深圳、武汉、沈阳、广州等供电企业提供数据支持和信息服务。年初接受广州供电局邀请，选派生产、营销、规划建设和综合管理等领域的专家，协助该局开展岗位测评工作。

发挥导向作用，做好信息服务工作。19～20日，在重庆召开中电联供电分会信息工作会议。会议传达中电联有关会议精神；回顾总结2011年的信息工作，提出今后一个时期的信息工作思路；表彰奖励信息工作先进单位和个人；交流工作经验。《供电企业管理》注重准确把握“十二五”时期发展三题，在拓展行业文化建设的广度和深度上下功夫，对电力节能减排应对气候变化、清洁能源发电、智能电网、电动汽车充电设施、特高压等新技术热点加以宣传报道，向供电企业及时提供理论与思想的支撑。结合“十二五”国家发展智能电网的大形势，为广大读者提供有关智能电网的基本知识及发展中的问题探索，全年出版发行《供电企业管理》6期，《供电行业信息》12期。

（李　莉）

【国家电网公司企业管理协会北京市电力公司分会】 国家电网企业管理协会北京分会（简称国网企协北京分会）成立于2010年9月，是国家电网公司企业管理协会（简称国网企协）的分支机构，业务上接受国网企协的领导，在公司范围内开展相关业务活动。下设综合管理部、会员工作部、标准化工作部、续志编委会。

国网企协北京分会的主要职能是：负责公司企业基础管理研究与建设，国际标准管理体系应用工作；负责公司企业管理创新工作；负责公司社团组织管理工作；负责公司和行业社团组织联系与协调；负责公司管理类专题调研和咨询工作；负责国网企协北京分会网站运行和会刊编印工作；参与公司企业文化建设、研究、推广与传播工作；负责公司续志、年鉴资料所及和编辑出版工作；参与公司企业信用体系建设与评价工作。

国网企协北京分会主要工作：召开第一次会员大会暨2011年工作会议。5月25日，组织召开国家电网公司企业管理协会北京市电力公司分会第一次会员大会暨2011年工作会议。会议选举产生分会领导，传达贯彻国家电网公司企业管理协会2011年工作会议精神，全面部署2011年重点工作。国家电网公司企业管理协会常务副秘书长王宏军出席会议，新任分会理事长、公司总经理朱长林做了讲话。

组织公司企业管理创新工作。组织公司范围内企业管理创新成果的申报、评审工作。2011年公司各部门各单位共申报创新成果71项。其中：6项成果获公司管理创新一等奖，10项成果获二等奖，15项成果获三等奖，22项成果获优秀奖。经推荐，1项成果获国家电网公司管理创新成果二等奖，2项成果获三等奖，1项成果获优秀奖；1项成果获北京市第二十六届企业管理现代化创新成果一等奖，3项成果获二等奖，1项成果获三等奖。

组织公司企业管理创新培训工作。年中组织召开公司企业管理创新工作培训会，聘请北京电力工程公司处长赵俭介绍了张文新创新工作室的创新工作理念、工作流程、工作方法及主要成果；企协副秘书长方旭升讲授了企业管理创新成果报告写作方法和工作要求。

组织公司课题调研工作。组织申报课题16项并上报国网企协，代表国网企协北京分会撰写《电力企业信用管理工作分析与探讨》课题研究，完成课题并上报公司及国网企协。参加国家电网共性课题《标准化建设与信息化实施课题报告》工作，组织华北区域内国家电网公司华北分部、北京市电力公司、天津市电力公司、山东电力集团公司、山西省电力公司、河北省电力公司6个单位完成《标准化建设与信息化实施课题报告》调研资料的上报与汇总；同时由国网企协北京分会牵头，组织上报和汇总公司信息化、生产、策划、科技等部门的调研课题基础资料。

研究起草《国家电网公司企协调研咨询管理标准》。完成课题调研并上报国网企协，国网企协组织国家电网公司范围内的有关专家40余人讨论通过，并作为国家电网公司课题管理方面的标准化文本，应用到国家电网公司系统内实施。

组织优秀企业和优秀企业家推荐工作。根据中电联《关于推荐2011年全国电力行业优秀企业、优秀企业家的通知》要求，在征求财务、人资、监察等部门意见的基础上，推荐昌平供电公司和密云供电公司经理孙永鑫为优秀企业和优秀企业家，并上报中电联。

组织完成公司内社团组织的调研工作。组织完成中电联供电分会等7家社团组织的调研工作，为提出管理改制奠定基础。根据公司审计部2008～2010年对各协、学会的专项审计意见，组织调查了公司系统内的城区、通州、昌平、平谷供电公司，电缆公司，北京电力经济技术研究院，北京市路灯管理中心等7家单位，商讨了公司的协、学会的规范管理问题和如何整合的意见，为公司规范社团组织提供参考意见。

与组织公司标准体系建设研讨会。会上朝阳供电公司、变电公司、北京电力经济技术研究院、北京电力科学研究院等作了主题发言。国网企协北京分会介绍了国家电网公司标准体系建设情况和试点单位的工作经验。

（方旭升）

供电公司

GONG DIAN GONG SI

城区供电公司

【概况】城区供电公司（简称城区公司）是北京市电力公司的直属供电企业，成立于1987年2月25日，担负着东城、西城两个行政区93km² 244万人口的供电任务。

2011年，城区公司实现三个百日安全长周期，完成建党90周年等95项政治保电任务，城市供电可靠性达到99.981%，综合电压合格率99.884%，配电自动化试点项目通过国家电网公司实用化验收。全年售电量91.78亿kWh，电费回收率100%，线损率6.22%，最高用电负荷2174MW。

地址：北京市西城区西直门南小街174号

邮编：100034

电话：63128718

【人力资源】截至2011年底，城区公司共有职工675人。设12个职能处室，下属5个工区、1个客户服务中心、1个电费核算中心、1个后勤服务中心、6个供电所及1个集体企业。

重新构建业绩考核和全员绩效管理体系，颁布《城区供电公司业绩考核管理办法》，印发《2011年同业对标业绩考核补充规定》，制定《城区供电公司员工岗位成长与发展奖惩办法》。开展4期管理人员综合能力培训，举办“三华”同步电网知识培训，组织技师培训班，对变电站值班员、用电检查员、抄表核算收费员3个专业开展生产人员轮训。参加各级别的普考、调考、竞赛，选派两名选手代表公司参加国家电网公司供电服务技能竞赛；在电力安全工作规程考试中取得团体第三名成绩。健全劳务用工培训管理，举办21场派遣员工试用期满考评会，28名派遣员工通过试用期考评，平均97.4分。年内，201人取得北京市职业技能鉴定管理中心技师以上资格，人才当量密度指标达到98.12%。

【电网规划与建设】完成东城区、西城区配电网“十二五”规划滚动修编及联络线专项规划编制，配合两区发改委编制地区电力规划。配电自动化试点项目通过国家电网公司实用化验收，在4个试点单位中获得最高评价。建成8个双环网接线方式的电缆网络，建设完成金融街地区配电网高可靠性示范工程，区域供电可靠性提升至99.999%以上，成为全国可靠性最高的供电示范区。配电自动化系统覆盖68万余户居民客户、215户二级以上重要客户，60条线路实现智能自愈。调控一体化业务进一步融合，电网智能化特征显现，自主决策能力初步实现。参与市政综合项目建设，完成包括前三门大街在内的46条道路架空线入地工程，编制完成“十二五”期间全部平房区“煤改电”工程规划。

【经营管理】加强资金管理，强调预算执行的进度管控，通过集中统一的预算管理平台，实现预算安排、执行控制的全过程管理。加强投资计划管理，建立预控投资计划执行情况月度分析例会制度和执行全过程监控模式，全年投资计划完成率100%。实施电费资金集约化管理，及时与营销部门进行对账，解决银行上门服务问题，防控电费资金风险。落实集约化管理，制定《城区供电公司物资管理实施细则》，明确工作职责、流程及考核办法。开展清仓查库工作，完成盘点项目25项。开展房屋土地确权工作，规范整合资源，提高使用效率。

迎接国家电网公司“三指定”专项治理、财务审计联合检查。落实“三重一大”，工程建设领域突出问题专项治理，“小金库”专项治理等重点管控项目，完成41项竣工项目、约40亿元的审计工作。

执行公司关于集体企业管理的统一部署，成立集体资产监督管理委员会，健全集体企业管理体系和运营机制，完善20余项规章制度。集体企业积极开拓增收渠道，开展委托贷款业务。

同业对标成绩排名16个属地供电公司第一名，获得公司综合管理标杆单位称号，依法治企先进单位称号。安全管理、营销服务、生产管理、人力资源、调度管理5个专业进入专业管理标杆。

【安全生产】开展“强责任、重落实、控风险、保双零”迎峰度夏、防汛主题安全活动，严格落实安全检查、隐患排查整改及反违章管控工作。坚持履行领导干部和管理人员到岗到位制度，各级人员现场检查把关、安全巡视4170人次。严格执行倒闸操作和调度录音要求，建立语音识别管理系统，实现语音校核功能，操作规范性大幅度提升，配网调控风险大幅降低。提高一线班组安全自控能力，以“四个一”（听一段调度录音、评估一张票、学习一个事故案例、分析一项作业风险活动）活动为载体，深化班组安全日活动针对性、实效性，增强员工主动履责意识。规范工程安全管理，细化工程组织、实施、配合部门职责，对外协施工队伍实施“班组化”管理，强化监督考核力度，确保外协队伍的安全形势能控、可控、在控。强化大安全理念，城区公司消防安全、交通安全、信息安全、保密安全等各专业管理成效突显。

开展电网安全性评价，完善风险防控体系建设，建立三级风险控制措施审核机制。作为公司试点单位，推行电网运行指挥系统（IOSS系统）风险模块，从电网、设备、人员、用户、环境五方面开展多维度风险管控。全年累计完成470项二级以上风险管控工作，风险天数达257天。加强设备运维全过程管理，执行标准化作业指导书及工序质量控制卡，控制作业风险。强化作业现场安全管控和施工质量管理，从物资采购、施工管理、运行维护、故障分析各个环节加强管控，杜绝问题设备投入运行。加大对缺陷把控力度，将缺陷管控工作由事后检修转变为事前预控。强化电力设施保护工作力度，对重点施工现场实行24小时把守。

调控中心监控系统初步实现电网运行的全天候监视、全过程控制、全方位指挥。推行综合检修，优化停发电计划，用户预平均安排停电时间同比减少21.66min，配电网停电故障同比减少21%。深化配网设备状态评价及隐患排查工作，完成10kV 3838面柜体的地电波监测，10kV 1760面柜体及13座箱式变压器的超声波监测，完成566路10kV电缆OWTS局部放电试验，发现接头隐患31处。

开展电网运行方式分析，对度夏、度冬期间9类107项问题制定了落实解决方案。度夏、度冬前采取临时、永久解决措施，对存在隐患及过负荷低压线路消缺和改造，完成分、换装变压器67台，度夏期间低压设备过负荷掉闸故障率同比降低90%，全年低压停电故障974起，同比下降66.1%。

完成政治保电任务95项。开展重要客户内部设备保护定值梳理，完成617户与重要客户同母线的相关客户检查工作，协助客户完成预案编制演练，建立定期走访沟通机制。

【营销与优质服务】建立规范营销各专业工作标准管理责任体系和周、月专业例会制度，成立领导小组和专项工作组，制定电费、计量、线损、用电检查等27项制度和办法，降低经营管理风险。开展电费回收专项行动，完成对60万卡表用户的抄表及电量分析工作，推广以法律手段催收电费，解决欠费大户、合表用电等疑难问题。加大电价执行正确率、零度户、电量异动大户的分析核查力度，推进反窃电现场检查和警企联合反窃电现场检查，全年查获违约及窃电14户，警力配合12人次。抄表自动化率从77.34%提升到88.34%。推进台区采集建设工程，完成20个小区配电室的台区表、采集器安装调试。加强智能电能表改造工程管理，年内共安装智能电能表54 558具。

建立“病历式”客户发电进度档案，满足客户服务需求。对电源路径暂不具备的客户，按照“先接后控”原则满足客户接电需求，有效缩短发电时间，服务效率显著提升。年内新增报装发电容量同比增长8.96%，单月发电容量突破10万kW。针对工期要求紧、重要程度高的客户采用工程预启动方式，探索拉管隐蔽工程作业等新技术，满足客户技术和工期需求，完成市委办公楼电缆配迁工程。开拓新能源市场，持续推进电动汽车充电装置建设，安装8个宝马电动汽车测试充电桩。积极开拓新能源市场，推进电动汽车充电装置建设，西直门充电站竣工，安装31个电动汽车充电桩。获得公司营销工作先进单位称号。

“首都电力巾帼服务队”提升为“国家电网首都电力共产党员服务队”，8月31日，成立正式编制的服务队专职机构，面向军烈属、孤寡老人、残疾人等特殊人群及敬老院等社会公益团体，提供差异化延伸服务。建立用电需求快速沟通渠道，在西四北六条等社区挂牌设立了15个社区服务站、1个部队电力服务站，与43户特殊群体用户、3家社会公益机构建立长期帮扶机制。实现自助缴费终端进社区、电力信息服务进社区。创新建立95598服务热线联动机制，解决了校厂四条11号等用户的职责外用电需求，累计提供差异化延伸服务117次，直接受益人群2308人。

实现“四零”（零距离、零障碍、零失误、零投诉）服务窗口创建目标。完善重要客户差异化服务，对人大常委会办公厅、全国人大会议中心等重要客户

■ 4月24日，城区公司首都电力共产党员服务队揭牌。

开展供用电安全评估。对轨道交通等城市基础设施，开展供电设备隐患排查，确保安全运行。对电采暖客户开展迎峰度冬用电安全专项服务，做好负荷调整、设备巡视、应急抢修等工作。

【科技与信息化】完成群众性创新项目2项，完成专利申请7项，完成专利授权4项，完成科技论文60篇，1篇荣获公司优秀论文奖。开展信息系统深化应用工作，以对标为手段提升ERP、营销SG186系统、安全监督系统、协同办公系统等在实际业务中的应用指数，城区公司荣获“国家电网公司年度信息系统实用化专项深化应用工作先进集体”称号。

■ 城区公司智能电网调度技术支持系统。

【党的建设与精神文明建设】开展“忠诚履责保供电，服务首都敢争先”主题实践活动，获得公司精神文明创新成果二等奖。开展“三亮三比三评”（亮身份、亮职责、亮承诺，比技能、比作风、比业绩，党员互评、领导点评、群众评议）活动。荣获公司先进党委称号。积极开展文明单位创建活动，精神文明创新成果荣获公司一等奖。荣获“首都文明单位标兵”、“北京市电力公司文明单位”称号。天安门地区供电中心荣获全国“工人先锋号”称号，是公司基层班组荣获的最高荣誉。加强品牌传播与新闻应急工作，全年在中央电视台、《北京日报》等正面报道79篇，在行业媒体和地方媒体发稿547篇。19个班组通过班组标准化检查验收，抢修班QC小组被评为全国优秀质量管理小组。突出发挥团青作用，开展“安全生产 青年先行”活动，深化“号、手、岗、队”创建活动，团建创新成果在公司获奖并获得青年文明号、青年突击队等多项荣誉。

（贾红杉）

朝阳供电公司

【概况】朝阳供电公司（简称朝阳公司）是北京市电力公司的直属供电企业，负责辖区内110kV及以下电网建设、调度、运行，10kV及以下电网检修维护、应急抢修和营销服务工作。

截至2011年底，朝阳公司共管辖110kV变电站40座，35kV变电站3座，共安装主变压器121台，主变压器容量共计5835.8MVA。10kV开闭站204座，配电变压器3970台。10kV架空线路273条，线路总长度2310.5km；低压架空线路3245km；10kV电缆11 021条，总长4962.4km；低压电缆23 526条，长度3541.4km。

地址：北京市朝阳区关东店24号
邮编：100020
电话：63661136

【人力资源】截至年底，朝阳公司共有职工602人，设职能管理处室13个，基层单位18个（其中，生产运行检修部门有6个，营销生产部门12个），多经集体企业3个。其中，具有高级职称36人，中级职称93人。大学毕业及以上220人，专科毕业150人。

制订中层干部年度培训计划，举办标准化建设、管理提升、九型人格打造高效执行力等课程。开展一线员工技术技能提升行动，出台相关实施细则以及2011年度的奖惩方案。开展配电线路、供电服务、电力调度、继电保护以及变电运行五个专业的技术大比武，共计263人参与，其中60人获得比武名次。修订和调整绩效管理体系框架与办法，定期召开绩效考评会，开展部门与员工绩效评价工作。制定绩效奖励与考核综合方案以及工资总额预控计划，结合全员绩效工作，达到薪酬的合理使用、有效激励。

【电网规划与建设】完成“十二五”规划的修编，在政府平台发布“十二五”电力专项规划。完成电子城等5个输变电项目的可研，开展保障性住房、轨道交通等民生工程的前期工作。完成大型技改投资65项，缓解花家地等6座变电站重载情况，彻底解决高杨路等11路线路重载。完成10项老旧小区营销改造工程的项目前期工作。

围绕“三抓一巩固”基建安全主题活动和“三强化三提升”质量提升年活动，有效控制基建安全风险，巩固工程质量基础。完成代表国内最高水平、具有示范效应的高安屯环卫充换电站建设任务。完成石门110kV输变电及其附属设施（朝阳生产调度楼）工程的前期拆迁工作。望京东110kV输变电工程荣获公司安全流动红旗及项目管理流动红旗；通盈、国贸等5座变电站工程被评为公司优质工程。

【经营管理】启动管理提升行动，推进计划管理、标准化建设、全员绩效、指标管理。收录法律法规46项、技术标准1433项，编制管理标准117项，涵盖专业流程256项。全员绩效管理与指标、计划紧密衔接，调动员工工作积极性。资产经营、调度管理两个专业进入公司专业标杆行列。

完善全面预算管理体系，将财务预算纵深到各主营业务领域，与资金、项目紧密衔接。开展银企合作试点工作，实现营业网点银行上门收款。配合公司物流体系改革，推进物资集约化管理，完成各项设备、材料招标任务，细致梳理剩余物资。集中开展物资招投标工作，规范物资采购管理。开展“保热点、压结存”专项行动，建立结存梳理调度会制度，加强重点客户工程过程管控，全年累计完成报装接电容量147.4万kVA，同比增长13.06%；新增客户累计贡献电量3.93亿kWh，拉动电量增长约2.95个百分点。采取警企联动等多种手段打击窃电。追回违约使用电费926万元。

综合考察人员素质，提高关键、敏感岗位的上岗标准。建立内部联络单制度，确保资金审批执行到位。开展重点工程审计检查，跟踪重大资金流向。严格执行工程合同审批制度，深入推进单项工程核算。

开展“三指定”专项自查整改、“小金库”自查自纠工作，组织模拟法庭、专业培训等普法活动，提高全员法治意识和风险防范能力。对国务院驻国家电网公司监事会监督检查，国家电监会供电整改检查，公司审计、财务联合检查等发现的问题，认真整改，建立长效机制。强化车辆和交通安全管理，将交通违法纳入全员绩效考核，荣获北京市交通安全先进单位称号。摸清朝阳公司土地房产底数，建立健全基础资料档案，开展出租房屋和占用房屋的专项清理工作。

【安全生产】以“两抓一建”作为全年安全生产工作的主线，加强对生产现场、日常安全工作的监督，执行到岗到位5590人次。成立生产、基建、营销联合检查组，开展“安全生产晚碰头”“安全提示”等特色工作。依托安全审计平台，进一步规范各岗位人员安全履责行为。组织安规、调规、运规等规章制度考试18场次，“有限空间作业”等专业技术培训42场次，着力培养队伍安全素质。全年发现、整改各类问题210件，监督排查、治理事故隐患22项。

为降低电网运行风险，切改线路36条，有效解决变电站、线路过负荷；完成5座变电站、37座开闭站的小电阻接地改造工程，清扫10kV架空线路162km，分装重载变压器76台，完成60条电缆线路的综合整治工作。成立“反外力周末特巡队”；落实80km电缆反外力措施；积极与区绿化局沟通争取政策支持，全年去树3.8万棵。全年因外部环境导致的故障同比下降54.35%。科学制定停电检修计划，合理调控班组承载力，户均停电时间同比降低6.2%。推进调控一体工作，调控中心首个通过公司专家组达标验收。

■ 朝阳公司深入社会施工工地现场，开展反外力宣传活动。

明确各环节职责，规范信息传递规则，完善应急体系建设。落实防汛责任，备足相关物资，加强对外协施工单位的管理，有效应对恶劣天气。组织防灾减灾、度夏、度冬等各类联合演练，提高突发事件处置能力。提升重要客户设备运行管理水平，缩短缺陷处理周期，对所辖的183户重要客户实施常态化保电标准。完成全国“两会”等政治保电任务70项，保电天数231天，参加保电3500余人次。

【营销与优质服务】提高核心指标掌控能力，加强营销业务的过程管控。规范欠费停电行为，提前采取预警措施，强化电费回收基础管理。推进变电站、开闭站10kV专线线损统计和考核工作，实现望京地区4条架空线路10kV层面全采集。新装、改造智能电能表

■ 朝阳公司在全国“两会”期间对重点设施设备进行保电检查。

10.12万具，不断提高新装智能电能表抄通率、下发率。开展电费资金风险管控专项行动，针对14项电费基础业务，整改问题42项，制定办法10项。开展卡表轮抄，完成了64.71万具卡表抄表、“机电不符”分析工作。营销综合指标评分继续名列公司第一。

全年售电量累计完成139.7亿kWh，同比增长4.95%，完成全年指标；线损率全年完成6.68%，低于指标0.07个百分点；电费回收率全年累计完成99.91%，高于指标0.01个百分点。

落实新“三个十条”工作要求。杜绝发生客户的长时间停电和重复停电事故。开展对重要客户和敏感客户的定制服务，深化“电力服务进使馆”特色用电服务。迎峰度冬期间，对朝阳地区的电采暖小区进行用电隐患排查。开展“塑文化、强队伍、铸品质”供电服务提升活动。

■ 5月19日，朝阳公司到马里大使馆开展“电力服务进使馆”特色用电服务。

【科技与信息化】加强创新体系建设，从“理论、实践、管理、技术”四个方面搭建多层次、多维度的创新平台。完成创新成果37项，其中，“架空地线标号设备”获得实用新型专利，“防鸟害新型金具”获得2项发明专利，7篇典型经验被公司收录，“线损指标闭环管理法”、“预算及成本控制‘条状’管理”获第二十六届北京市企业管理现代化创新成果二等奖。

深化应用ERP、生产管理系统（PMS）等业务信息系统，全面应用协同办公系统。

按照标准化管理规范编制信息化管理标准，涵盖信息资产管理、信息网络建设、客户端运行维护、病毒安全管理等九大信息工作流程。确保责任到位、管理到位、措施到位、执行到位、监督考核到位。结合百日安全整体活动，开展一系列信息专业百日安全主题活动。召开朝阳公司范围的信息安全管理网员大会，宣贯信息安全管理制度，加强全员信息安全防范意识。

充分发挥SG186工程的信息平台支撑作用，提高各信息应用系统同业对标指标得分。朝阳公司多次组织信息系统应用指标分析会，分析短板指标制定提升计划，确定ERP系统、PMS系统、协同办公系统、营销系统、财务系统、安全管理和应急系统各专业接口负责人，分解指标落实责任。朝阳公司在《月度信息通信工作简报》中分析信息应用情况，对影响指标的责任部门进行通报。

【党的建设与精神文明建设】朝阳公司党委以“履责奉献在朝阳”主题活动为抓手，加强“立责、尽责、问责”的责任机制建设。

实施企业文化提升行动，统筹推进企业文化传播工程、落地工程、评价工程。开展“书香朝阳”“绿色朝阳”“健康朝阳”与“多彩朝阳”系列活动。将企业文化建设纳入朝阳公司业绩指标综合管理，制定《朝阳供电公司企业文化建设业绩考核办法》。组织编写90余万字的《走进朝阳》企业文化丛书，凝练了具有朝阳公司特色的企业文化建设成果。“‘我是企业文化建设者’主题活动”和“开展管理提升行动　促进企业文化落地”分别荣获国家电网公司三等奖与公司一等奖。

组织成立国家电网首都电力共产党员服务队朝阳分队，开展“暖心、放心、连心、舒心——四心工程”，与20个社区进行挂牌联建，为3家儿童福利单位、10家打工子弟学校等公益性机构进行用电隐患排查，与99户孤残用户确立帮扶关系，全年开展走访、节日慰问、用电隐患处理等活动120余次。《人民日报》等25家媒体对党员服务队工作进行报道共计94次。

深化“忠诚企业　服务首都”主题教育活动，开展“网上谈”、摄影展览等活动。在公司组织的形势任务宣传手册知识调考中，朝阳公司党委以平均分排名第一的成绩荣获优秀组织单位。开展“摇篮工程三部曲”、“员工心理关爱行动”（EAP）等特色活动。“快乐工作，试点EAP让心理更健康”和“开展摇篮工程，打造基层‘黄埔’”党支部创新成果分别荣获公司一等奖与三等奖。

认真落实党务公开工作要求，充分运用网络、宣传栏等形式进行党务信息公开，公开事项208项。落实维护稳定责任制，实施“领导班子成员接待日”等畅通信息交流渠道的六项举措。推进职工创新工作室与班组标准化建设各项工作；创新团青工作，举办“尺寸讲堂”活动，打造优秀团干部队伍。

（欧阳昕倩）

海淀供电公司

【概况】海淀供电公司（简称海淀公司）成立于1987年，是北京市电力公司的直属供电企业，位于海淀区中关村高科技开发区的中心地带，负责海淀地区431km^{2}范围内的电力供应、销售和变电、配电设施的建设、运行及维护，肩负着区域内党、政、军机关，大专院校和高科技产业及首都政治活动和全区近300万常住人口的安全供电任务。负责110kV及以下电网规划和电网建设工作，110kV变电站运行维护工作；负责10kV及以下架空线路、电缆线路和开闭站、配电室、箱变的调度、运行、检修及事故处理；负责全区所有电力客户的用电检查和高、低压报装接电及65万客户的抄核收工作（其中居民户数为62万户）。

截至年底，海淀公司拥有110kV变电站30座，主变压器94台，容量4743MVA；35kV变电站1座，主变压器2台，容量40MVA。10kV架空配电线路197条，计1052.1km；低压线路（单线）总长3775.3km，10kV电缆线路1574条，总计长度3581.62km；低压电缆总长1050km。

地址：北京市海淀区双榆树南里二区八号
邮编：100086
电话：62150384

【人力资源】海淀公司共有职能部门13个，生产工区9个，生产班组42个，1个多经公司（海淀供电实业开发总公司）。职工共计536人。

以ERP人力资源系统为平台，按照夯实基础管理、强化工作效果、深化绩效管理内涵三个阶段，建立逐级考核、分层负责的全员绩效管理体系。加强对各部门业务外包的规范管理，开展用工及业务外包调查摸底与整改工作。落实技能专家的培养计划，完善专家体系、生产技能体系。在教育培训管理体系上，实现海淀公司层——工区层——班组层的三级管理，基本形成以专家带专业，以一线技术能手带班组的学习互动模式，共组织126人参加了职业技能鉴定，226人参加岗位培训。

【电网规划与建设】完成海淀区“十二五”电网规划的滚动修编工作，融入一批紧密结合地区开发建设时序、有效缓解地区电网重载问题的建设项目，使电网规划更加切合实际，可操作性更强。出台《海淀供电公司政府投资项目前期工作管理办法（试行）》，理顺政府投资项目的推进流程，规范政府投资项目管理手段。落实《国家电网公司关于进一步提高工程建设安全质量和工艺水平的决定》，提高工程建设效率和质量。新建东小营110kV变电站，扩建上地、西三旗两座110kV变电站，新增主变压器6台；投产阳上线入地沙阳路沟道建设工程，皇后店等站电力出线沟工程，全年共新增主变压器容量100MVA，线路10.91km。

【经营管理】累计完成110kV及以下考核口径售电量111.02亿kWh，增长率为4.67%。完成41个项目的竣工决算，固定资产设备联动率99.28%。

开展各职能处室指标过程管控评价，确保对标工作取得实效。进一步化小对标半径，以指标专责人对标为抓手，推动专责人指标管控能力的提高。以专项（共性）业务对标为契机，激发部门之间创先争优；以职能处室对标为载体，推进同业对标工作与日常工作的紧密结合。荣获了公司同业对标综合管理标杆第三名，资产经营、营销、调度、科技信息四个专业荣获专业管理标杆，共有四篇典型经验入围公司典型经验库。

【安全生产】推进“抓执行、抓过程、建机制”安全风险管控活动，修编了《海淀供电公司各级人员安全生产职责》《2011年度海淀供电公司安全管理部分现执行的国家标准、规范、规程制度、管理文件目录》

《海淀供电公司反违章管理工作实施细则》等安全管理制度。开展安全大检查、安全月、承发包工程安全管理专项监督、有限空间作业安全管理专项监督检查等一系列活动。强化安全责任制的落实，加强安全管控力度，提高班组安全日活动质量。加大反违章查处和现场巡检的工作力度，对违章现象采取现场教育与严肃处理相结合的方式，营造“人人保安全、事事保安全、时时保安全”的安全氛围。通过开展重点隐患排查工作对设备设施进行全面梳理，对发现的29项问题制定整改措施和整改计划。严格落实各级人员到岗到位制度，以跟踪巡检的方式，对风险现场分工检查，加大对现场工作的过程管控，以曝光台的形式对现场违章情况进行通报，对违章现象采取现场教育与严肃处理相结合，强化各类工作现场安全规程的执行力度。全年公司领导深入现场168人次，处室管理人员735人次，工区管理人员1341人次。

全年完成政治供电任务201项，其中包括特级政治供电任务1项，一级政治供电任务21项，二级政治供电任务26项，三级政治供电任务153项，年累计保电天数313天。出色完成全国“两会”、十七届六中全会、天宫一号和神舟八号发射等多项供电保障任务。累计安全生产长周期达到1966天。

■ 11月1日凌晨，海淀公司在北京飞行控制中心为神州八号飞船发射提供电力保障。

【营销与优质服务】 以“夯基础、保指标、求心法、创标杆”的营销思路展开工作，提高营销工作精细化管理水平。细化线损管理，开展对非居民户的电量监测工作。“保热点、压结存”，持续开展增供扩销工作。树立电费回收工作典型，加强电费动态管理。严控欠费风险，警企联合打击窃电行为。

巩固“塑文化、强队伍、铸品质”供电服务提升工程，全力打造电力优质服务品牌。开展服务进社区活动。国家电网首都电力共产党员服务队海淀分队积极开展服务活动。截至2011年底，海淀分队已在7个社区开展了“创先争优　电靓京城　服务社区”的活动，发放了“爱心卡”68张，并进行了电话回访。帮助北安河敬老院更换了老旧线路、断路器，并连续七年坚持帮扶振兴打工子弟小学，先后进行了为学校整修供电线路，编写《安全用电“三字经”》，迁移操场电杆等特色扶助工作。结合公司的“大客户评估活动”，已服务21户大客户。

组织形式多样的培训工作，开展农村供电所的交流学习，向“最美供电所”取服务真经。参观95598开展报修系统的主题培训活动。组织海淀供电服务竞赛。组织服务大讲堂，与一线员工交流互动等。

做好发电服务，挖掘报装结存容量潜力，加快报装接电速度，拓展增量市场。2011年海淀地区受理新装增容报装29 869户，容量130.234 1万kVA，较2010年减少48.865 4万kVA，同比下降27.36%；完成接电19 507户，容量83.006 3万kVA，较2010年增加18.451 4万kVA，同比提高28.58%；年累计结存125.469 5万kVA，较2010年增加22.986 0万kVA。

■ 8月11日，国家电网首都电力共产党员服务队海淀分队的队员为上庄镇振兴打工子弟小学移走操场内电杆，给孩子们创造了一个安全的活动场所。

【科技与信息化】 完成公司群众性技术创新项目8个，数量及规模为历年之最；重视成果转化和专利产出，获公司科技进步一等奖、三等奖，群众性技术创新成果奖各1项；获得授权专利4项，新申报专利14项（其中发明专利4项）。获公司“优秀QC成果推广应用最佳实践奖”，高压用电检查科“9.16”QC小组获“全国优秀质量管理小组”称号，总值班室、社区服务工区“方舟”QC小组分别获得华北电网“质量管理信得过班组”“优秀质量管理小组”称号，计量工区“海银杰”QC小组获北京电力行业协会“优秀质量管理小组”称号。

不断改善信息网络基础设施的健康水平，开展信息运维标准化建设。编制各专业系统深化应用实施方案，促进核心业务信息化管理水平不断提高。出台信息安全“七条禁令”，提升整体信息安全防控能力，全年未发生影响较大的信息安全和失泄密事件。

【党的建设与精神文明建设】海淀公司党委充分发挥党的政治核心作用，以迎接中国共产党建党90周年为契机，结合“学党史、强信念、明形势、做贡献”主题教育，深入开展“七个一”活动：举办了一次“我身边的共产党员”征文演讲比赛，开展了一次党史知识网络答题，参观了一处革命传统教育基地，宣讲了一次专题党课，观看了一场《建党伟业》电影，召开了一次庆祝大会，发布了一个庆祝建党九十周年《亮海淀》专刊。党委利用“三比一争当”这个平台，在全体员工中开展“安全之星”和“服务之星”评比活动。2011年度已有80名同志荣获了“安全之星”和“服务之星”的称号，8名同志荣获了“安全卫士”和“优质服务志愿者”的称号，冯丽利获得“首都劳动奖章”，王宇被评为北京市电力公司“十大首都电力之星”。开展“忠诚企业、服务首都”主题教育活动，网上谈系列活动中共800余人次参加；组织干部员工围绕建党90周年和公司建设发展，在政工论坛进行交流讨论，倡导“企业以员工为本，员工以企业为家”理念。坚持“四个加强”，推进品牌建设。加强新闻宣传工作管理，加强新闻宣传策划工作，加强品牌管理，强化国家电网品牌意识，加强新闻预警和应急工作。按照全面、深入的要求，有目的、有计划报道海滨公司各项工作和成绩，全年海滨公司内部共刊登稿件872篇，公司及以上媒体刊登586篇。开展了“新闻预警和应急下工区到班组”等活动，提升了各部门的新闻预警、应急意识和处置能力；深入做好新闻舆情监测工作，坚持每周舆情报告制度，及时迅速处理舆情风险，加大与社会新闻媒体沟通力度。

（刘明昆）

丰台供电公司

【概况】丰台供电公司（简称丰台公司）成立于1987年2月27日，是北京市电力公司直属供电企业，主要负责丰台区305.87km^{2}的电力供应、销售和输电、变电、配电设备的建设、运行及维护工作。截至2011年底，共管辖110kV变电站23座；35kV变电站1座；10kV开关站115座；10kV小区配电站634座，箱式变电站70座；10kV架空线路178条，总长度1262.75km；10kV电缆线路5436条，总长度2175.8km；最大负荷144.4万kW，地区供电人口211.2万。

地址：北京市丰台区丰北路117号
邮编：100073
电话：63663600

【人力资源】截至年底，丰台公司共有员工517人，平均年龄41.6岁。其中研究生学历29人，本科学历133人，专科学历163人；高级职称12人，中级职称78人；技师及以上职业资格79人，高级工338人，中级工20人。

完善劳务用工薪酬管理，规范劳务用工过程管控。规范整理人资ERP系统数据，与现行国家电网公司人资管控系统进行对接，开展全口径劳务人员统计分析。深化教育培训管理工作，筹建良乡培训基地，开展新入企劳务员工为期3个月封闭实训。组织开展迎峰度夏技能比武，大力开展岗位练兵，搭建技术交流平台，提高应急保障能力。精心筹划，开展为期3周、210余人参加的中层干部、管理人员、班组长培训班。全年共完成培训117班次、6020人次；126人通过学历、技能和职称的鉴定和评定；高级职称翻倍增长，人才当量密度提升0.43个百分点。

【电网规划与建设】全年完成投产110kV变电容量10万kVA、电力隧道6.9km、电缆9.6km，投产10kV变压器容量5万kVA、架空线路17km、电缆30km。

创新规划编制模式，将电网发展规划与城市规划有效衔接，取得了政府专项资金支持。完成大型技改、老旧小区和架空入地共49项工程可研编制，完成立项核准30余项。加强10kV出线断路器管理，规范共享间隔信息，规范10kV线路迁改工作。

推进重点输变电工程建设，5项输变电工程纳入北京市重大项目绿色审批通道，达成10kV项目先行立项核准。以“三抓一巩固”基建安全主题活动和“三强化三提升”质量提升年活动为载体，推动业主、施工、监理3个项目部的标准化管理工作。推动10kV

■ 4月15日，长青110kV变电站建设施工现场图。（王标　摄）

大型技改、老旧小区改造、配网迁改等配网改造工程，续建、新开工共88项，投产49项。110kV输变电工程高鑫站竣工投产，被公司基建部授予“争创无违章工地”流动红旗荣誉。

【经营管理】全年累计完成售电量64.05亿kWh，同比增长3.49%。制定并印发《关键业绩项目考核标准》，每月按时组织经济活动暨同业对标分析会。细化预算管理内容，增强资金支出计划性，制定《工程资金支出管理细则》，明确工程资金的支付流程、手续及必备资料，提高工程资金支出的安全度。开展固定资产清查工作，完善固定资产卡片信息。落实审计财务联合检查及2008～2009年专项工程审计意见，梳理问题46项，问题整改率100%。强化工程结算和现场过程造价控制，完成100余项次非物资类招投标工作和700余项工程的概预算审核。

完善物资出入库流程和多经物资询价流程，彻底清查和盘点主业2008年以来的工程物资情况，完成ERP中132条物料的清仓利库工作，实现主多物资实物分开和存放的电子化。制定班组标准化管理实施方案，开展班组劳动竞赛，推出“王瑞雪班组管理‘三严两促’（严培训、严管理、严执行，促安全、促和谐）工作法”，提升班组标准化管理水平，丰台公司42个班组全部通过考评验收。

制订《业扩报装档案管理办法及流程》，完善业扩报装高、低压客户档案管理，整理归档业扩报装档案资料453份。在公司率先开展档案数字化工作，完成全部约4186卷纸质档案的数字化转换工作，实现了电子档案与协同办公档案管理系统的挂接。开展“法治电网”专项活动，举办“电网企业法律风险防范体系建设”讲座，开展用电检查培训和营销领域法律风险研讨。加强用印管理，规范印信使用审批登记流程。从合同订立、资质审查、合同主体资格、合同履行、合同监督等方面进行规范，合同管理工作日益严谨。开展工程管理、档案管理、清仓利库效能监察工作。开展审计检查财务督查、突出问题自查自纠工作，对重要经营决策行为、业扩报装管理、工程建设管理、资产管理、供电所管理、“三指定”等问题进行全面自查。

■ 8月3日，兄弟单位到丰台公司青塔运维队调研学习班组标准化建设。（王标　摄）

【安全生产】截至2011年底，丰台公司累计安全生产1908天，全面完成各项安全生产绩效考核指标。

针对架空线路综合整治、开闭站设备检修、10kV配网迁移、电缆状态检测4类典型配网作业项目进行全过程分析，梳理工作流程。落实领导干部、管理人员到岗到位制度，开展季度无违章评比，落实整改2011年度安全审计意见。

推进调控一体建设，23座110kV变电站全部完成调控一体化接入工作，完善了调控运行业务流程。完成迎峰度夏、度冬供电保障，确保大负荷期间电网安全稳定运行。梳理重要客户保护定值，将配电室低压定值纳入继电保护专业管理范围，继电保护专业垂直管理模式初步形成。

研究并落实防鸟害措施，因鸟害引起的永久性故障同比降低66.7%。根据季节特点开展测温、测负荷、防汛特巡，处理渗漏站室195座。协调解决因私搭乱建、乱堆乱放等造成的外力隐患，落实反外力措施，车撞杆引起的线路永久故障同比降低60%；电缆外力故障同比降低33.3%。完成开闭站、架空入地箱变检修试验、10kV架空线路和低压台区综合整治、开闭器和低压派接室专项整治，电缆线路故障率降低17.4%，10kV架空线路永久故障率同比降低16.3%。完成变电站状态检测84站次、环网柜设备超声波测试382站，电缆线路状态检测194路201条，及时处理发现的异常和缺陷及时处理。组织制定了《丰台供电公司10kV电缆接头管理实施细则（试行）》，建立接头质量管控和责任追溯机制。

从规范值班组织体系、加强制度建设、提高值班工作管理水平。强化应急演练，组织两会保障、度夏、度冬、防汛、消防等应急演练5次，有效应对“6·23”极端天气对电网造成的影响。完成全国“两会”、卢沟晓月中秋晚会等政治供电任务36项，实现了政治供电“零闪动”。丰台公司荣获北京市电力公司2011年度生产管理先进单位，连续5年荣获公司安全生产管理先进单位。

■ 8月23日，丰台公司运维人员使用超声波仪器检查设备运行情况。（王标　摄）

【营销与优质服务】强化电费资金安全和计量资产生命周期风险管控，制定、修订涵盖电费、计量、业扩等专业的管理制度及工作规范18项，整理汇编现行制度72项。开展电价稽核及整改工作，核查2.21万户电价信息，保证电价政策执行率99.99%。开展生产GIS系统与营销SG186系统电源的接口工作，基本做到生产系统与营销系统中相关电源数据的同步联动。核对线路台区电源信息6021条，双系统电源树对接率达100%，实现系统实时挂接和自动更新。开展外聘员工岗位轮换，强化在岗培训和岗位练兵，促使一线员工掌握多工种专业技能。

加强电量核算过程管控、利用稽查监控系统，开展零度户核查和异动分析。组织警企联动窃电查处10余次，日常营业普查追补电量1104万kWh。启动“抄表质量稽查年”，常态开展跟抄、抽抄和互查工作，现场检查抄表质量4000余户，完成高压计量装置校验1526次。加强35kV及以上高压客户和10kV直配户线损数据的实时监控，实现10kV架空线路单层线损计算，加装关口表计266具，安装智能电能表8.86万具，采集调通率达到95%。完成公交枢纽、京沪高铁、轨道交通、欢乐水魔方、5个保障性住房等重点工程项目的送电任务，完成建邦风景小区2000余户三网融合试点建设工作，全年为2.8万用户送电，接电容量达70.66万kVA。

创新差异化服务方式，设立VIP窗口，实行点对点贵宾服务，召开客户座谈会11次，走访大客户110户，搭建能源服务平台。举办“绿色电力、品质生活”宣传周活动引导社会树立绿色低碳和节能减排意识。开展“创先争优　电靓京城　服务社区”活动，组织入社区服务8次，为2个社区活动站改造老旧线路，为36户用户更换节能灯具。强化重要客户用电管理，细化防汛事故预案，督促用户消除设备缺陷，完成35处防汛站点安全检查工作，完成36次客户侧政治保电任务，涉及重要客户52户，实现政治供电“零闪动”。丰台公司荣获公司营销工作先进单位和优质服务先进单位。

【农电工作】截至2011年底，丰台公司共建成17个电气化村和1个电气化乡。开展“你用电　我用心”活动，提高农村地区用电安全知识普及率。按照公司农电处布置的各项工作，将农电工作分解到各供电所，供电所按照运行维护检修，抄表收费、安全用电管理等推进农电管理工作，完成各项考核指标，全面提升农电管理质量。

【科技与信息化】开展科技创新活动，推广非晶合金变压器、H型电缆接头等新设备、新技术试点应用。“配网地下站房防汛应急监测系统”和“10kV架空示范线路建设”两个科技项目荣获公司科学技术进步三等奖。启动配网自动化建设工程，自动化主站建设进入实质阶段。

坚持信息安全常态管理，加强44个外围站点和本部信息网络的巡视和设备维护工作，处理网络及计算机软硬件报修2408件，完成IT设备调配245台，调整OA系统注册138件，完善网络应急预案，处理突发事件19起。荣获公司2011年度信息化工作先进单位。

【党的建设与精神文明建设】以严细中心组学习管理为切入点，加强领导班子思想建设，以网络政工为平台，拓展党务公开渠道。以创建党员服务队为契机，把为民服务落在实处。以《创先争优落实在“7091”》主题教育活动为载体，将创先争优活动与企业中心工作有机融合，2011年，丰台公司党委被评为公司先进基层党组织。

以“有效预防职务犯罪和重大行风责任事件”为主线，建立健全“责任落实机制、系统宣教机制、内控监督机制、协同预防机制”四项工作机制，将党风廉政建设纳入中心组学习计划，利用培训、网络政工等方式加强干部员工的廉政宣教。明确责任分工和考核细则，层层签订《党风廉政建设责任书》。成立丰台公司监督委员会，定期召开“内控联席会议”，推进惩防体系建设。荣获公司2011年度党风廉政建设工作优秀单位。

代表公司通过国家电网公司品牌标识标准化建设验收。制作丰台公司动态702期，在公司媒体、行业媒体、地方媒体共计发布信息625篇，同比提高39.5%。《丰台供电报》《多经风采》《小井基地信息》《用电之窗》等10余类自办刊物从不同的视角展示各专业工作风采。荣获公司品牌建设先进单位。

推进“职工书屋”建设和创新工作室建设，举办职工大讲堂系列活动，组织“三八”节和25年工龄以上女工活动。开展“青年安全助理”四个一（每周一笔记、每月一建议、每季一座谈、年度一考评）活动，组织团员青年爱企教育活动。获得国家电网公司工会工作先进单位，被北京市总工会评为“模范职工之家”荣誉称号。

■ 6月24日，丰台公司开展网络党课教育活动。（王标　摄）

（黄　佳）

石景山供电公司

【概况】 石景山供电公司（简称石景山公司）成立于1988年，负责110kV及以下变电、配电设施的建设、运行维护工作。供电区域73.74km^2，供电人口51万人。管理营业户数16.44万户，售电量15.84亿kWh，最大负荷27.5万kW。

截至2011年底，石景山公司实现地区电网供电可靠率99.987%，供电电压合格率达99.846%；110kV及以下线损率6.65%；电费回收率达100%。荣获公司优质服务先进单位、党风廉政建设工作优秀单位荣誉称号。

地址：北京市石景山区鲁谷路59号
邮编：100043
电话：68669008

【人力资源】 石景山公司下设11个职能处室，9个生产单位，1个集体企业。截至年底，石景山公司有职工395人。其中大专及以上学历128人，高级及以上职称11人。

加强后备干部的培养，组织管理人员培训班，举办国学文化讲堂3次，开展公司级培训26次，全员培训参培4272人次。35人次参加变电运行、抄表核算收费及用电检查专业轮训并通过考核。3人通过电力行业特有工种技师资格认证。

【电网规划与建设】 将电网发展与地区经济发展紧密结合，抓住石景山区“大建设”的机遇，完善区域电网规划。完成石景山区“十二五”规划的修订及电网专项规划的编制，选择典型区域进行中低压配网规划试点工作。

推进首钢地区电网改造工程，完成110kV古城变电站扩建工程前期手续，11项架空入地工程全部取得规划意见书，按计划实施环卫车、社会车辆充换电站的选址工作。2011年，新投入开闭站2座，配电室12座，新增架空线路4.45km、电缆线路26km，新增配网容量3万kVA，配网供电能力提升6%。

【经营管理】 法律风险防范体系建设试点工作顺利推进，完成合同管理等八个业务领域风险评估，梳理出风险点333个。深入开展依法治企专项行动，荣获北京市电力公司依法治企先进单位。

加强同业对标过程管控，营销服务被评为公司专业标杆。实施全员绩效考核，深化劳务人员薪酬套改。推进财务集约化工作，实现成本全过程管控。梳理物资管理流程，完成清仓利库工作。

规范集体企业管理，推进主多分开资产收购整合。完成集体企业组织架构调整，健全集体资产监督管理体系，加强对集体企业物资及主营业务收入、管理费用等关键指标的管控。

的可研和前期工作；滚动修编地区电网“十二五”规划，“十二五”期间地区规划建设3座220kV变电站、13座110kV变电站；结合电网规划，提出区域内30余条市政道路管线建设规模意见；结合地区重载情况，专项开展马驹桥、张家湾等地区配网优化课题研究。纪庄110kV变电站工程项目获得公司“安全管理”和“争创无违章工地”两面流动红旗。北苑一二110kV架空线入地工程半壁店站10kV切改工程竣工投产，纪庄110kV沟道输变电工程完成沟道整体工程和土建交安，纪庄110kV站址和商务园220kV输变电工程有序推进。

【经营管理】强化预算调控，严格审核成本支出，合理控制资金流，各项资金得到充分合理的使用。完成资产清查工作，对21 874张资产卡片进行了实物核对和信息完善，资产账卡物一致性得到提升。加强物资管理，累计盘点主业物资837项，清理剩余物资，逐项完成账物核对，并进行调拨处理，形成较为详尽的普查资料。强化生产、营销关联数据分析，深化经济活动分析内容，固化经济活动分析模板。加强同业对标过程管控，强化重点指标措施整改，开展对标交流，安全管理、科技信息专业获得公司同业对标“标杆”单位称号。加大对“三指定”、供电所管理、公务用车、房屋土地、工程建设等方面问题的自查自纠和责任追究力度。开展“法治电网”依法治企专项活动，采取答卷、授课等多种形式推进普法、学法、用法。

推进房屋、土地产权证的办理，加强公房日常管理，推进营销大院、供电所营业厅和食堂的改造工程；加强车辆和交通安全管理力度，提高公司生产、办公车辆使用效能，获得公司2011年度交通安全管理先进单位。

【安全生产】全面落实各级安全生产责任制，完成全年安全生产任务，实现安全生产“零死亡”，政治供电“零闪动”的目标。完成了三个百天安全生产记录。截至2011年底，连续安全生产443天。被公司评为2011年度安全生产管理先进单位。

发挥两级巡检力量，加大安全巡检力度，全年通州公司领导到岗到位巡检210人次，巡检组检查工作现场297个。强化违章的处罚考核，实施分层管理、$N+1$连带考核、处罚到人，形成集体控制违章机制。突出重点人员、重点工作，组织开展工作票填写执行、外施单位安全管理以及“三种人”考试等安全教育培训，共计2200余人次。强化电网反外力工作，在吊车集散地、大型施工工地开展电力设施保护宣传活动，发放各类宣传品和材料3000余份，加装输配电线路警示牌260余块，修剪树木4.7万余棵，有效遏制通州地区电网外力故障的发生。

完成5条输电线路、8台变电站主变压器检修预试、36条10kV架空线路和46个村115个台区的线路综合检修，提高了设备健康水平。完成10座变电站、605面开关柜以及44路次配电电缆等设备的状态监测工作，及时发现并消除设备隐患。对4户重要客户，区级各类水闸、泵站等34户客户进行防汛检查。加强对重过载及老旧设备的运行监视和巡视，共发现并消除缺陷181件。全年完成政治供电任务52项，包括重要政治供电任务14项，一般政治供电任务38项。调整电网运行方式，加快技改工程进度，确保度夏、度冬大负荷期间地区电网安全稳定运行。完善应急体系建设，尤其是应急预案、预警信息发布等，进行应急演练，检验并提高应急处置能力。

编制线路运行、防雷、防污闪以及电缆接头等管理规定和办法，完善公司设备运行管理制度；开展PMS、GIS基础数据核查工作，进行逐站、逐路全要素核查，确保PMS、GIS系统数据与现场的一致性、准确性。2011年，城市综合电压合格率完成99.856%，农村综合电压合格率完成99.865%；严格执行停电计划协调会制度，严格控制重复、临时停电，严控可靠性数据质量，城镇供电可靠率完成99.982%，农村供电可靠率完成99.915%，城镇用户平均停电时间1.54小时/户，农村用户平均停电时间7.39小时/户。

■ 2月10日，通州公司员工踏雪巡视农电水利设施供电线路。（洪雷　摄）

【营销与优质服务】2011年售电量累计完成42.94亿kWh，110kV及以下线损率完成6.97%，电费回收率完成100%，累计接电容量62.35万kVA。

明确营销各专业工作职责、标准和流程，深化营销服务关键指标对标管理提升营销服务过程管控水平。

完善线损管理基础数据，推进 SG186 和 GIS 相关电源数据同步联动，开展台区和专路线损监控工作。多措并举增供扩销，通过加快客户报装接电速度、及时处理采集系统监测的计量装置故障、追补卡表故障电量等措施，增加售电量 2159 万 kWh。细化重要客户风险管控预案，组织客户进网作业人员培训，规范地区用电秩序，深化与区发改委、公安局等部门的联动，针对电量异动、远采数据异动用户，坚持常态开展反窃电专项行动。

推进业扩报装业务改革工作，加强对业扩报装方案编制、设计审核、中间检查、竣工验收、装表接电等环节进度和质量控制，以及对各环节办理时限的考核，提升业扩报装效率和质量；推行业扩报装一口对外服务，完成 820 户用户受电工程档案资料的梳理工作。

严格执行计量装置领用流程，加强计量工程质量监控，完成 31 171 具智能电能表的更换工作；开展计量装置全生命周期管理，强化计量指标管理，高压用户采集实用化率和现场校验计划完成率两项指标在公司排名第一。

加强抄核收管理，开展电价执行情况的自查和整改工作，完成居民合表电价、卡表购电超过 1 万 kWh 以上客户的现场核实工作。坚持电费回收预警机制，应用预付电费、分次缴费、法律诉讼等经济法律手段，加大电费回收力度，对 315kVA 及以上非临时用电报装客户，推行同城委托收款分次缴纳电费方式；推进电费业务过程标准化作业，加快客户电子化档案工作进程。

搭建农村供电所营销服务同业对标体系，将各项重要指标层层分解，逐级负责；开展供电所营业窗口人员的服务监测与提升培训；推进农电管理标准化工作。10 个农村供电所全部通过公司“标准化供电所”验收，其中西集供电所被国家电网公司命名为“标准化示范供电所”。

■ 11 月 1 日，通州公司员工为居民小区更换智能电能表。（洪雷　摄）

【科技与信息化】坚持以解决生产实际中的技术问题为重点开展技术攻关活动，成立了“开闭站互带研究分析”“配电架空线路防雷”等 10 个技术攻关小组，进行相关课题的研究和攻关。“全地埋式箱变”“移动式盐密测试点”2 项科技成果获得公司科学技术进步三等奖；申请专利 10 项，在公司所属各单位中排名第六，专利授权 5 项，排名第一。坚持以信息化工作提升管理水平，提出信息安全“三必须四不准”，并制作为标准桌面屏保进行推广。加强对信息安全的风险管控工作，每周分析信息安全风险，对存在的隐患进行整改和通报，并进行信息安全相关知识的宣传，确保杀毒软件安装及升级率、违规外联等关键指标达到公司要求。2011 年，通州公司获得公司信息管理先进单位称号，信息安全周风险分析通报制度典型经验入选公司典型经验库。

【党的建设与精神文明建设】推进学习型党组织建设，采取专题辅导、外出培训、基层调研等方式，组织领导班子中心组学习 12 次，完成政工干部、党支部书记及委员各类培训 180 余人次，党员教育培训率达到 100%。加强党建品牌建设，组建国家电网首都电力共产党员服务队——通州公司分队，在 6 个小区实现挂牌服务，启动爱心基金为社区内残疾、孤寡、生活贫困家庭改善用电环境，并启动党员服务队进乡村活动，累计开展便民服务 16 次。扎实推进争先创优活动，将原来的 5 个党支部增至 6 个，通州公司营销党支部和 6 名优秀个人受到公司党委表彰，生产党支部创新成果荣获公司优秀奖。

■ 6 月 30 日，通州公司共产党员服务队在玉桥北里小区开展社区安全用电服务活动。（洪雷　摄）

组织参观《复兴之路》大型主题展览、举办党史知识专题讲座、主题摄影比赛等活动，再度荣获首都文明单位标兵荣誉称号。发挥先进典型示范作用，开展“我身边的共产党员”征文及演讲活动，编辑出版《我身边的共产党员》一书，通州公司党委推荐的文章和演讲选手分别获得公司二等奖；梨园供电所员工贾立刚的先进事迹在《中国电力报》、中国电力新闻网联合举办的“感动电力人物”评选中荣获提名奖。

签订年度党风廉政建设责任书、廉洁承诺书，开展干部年度“述廉评廉”评价分析，建立干部廉政档案制度；开展“反思教训　完善监控”主题教育实践活动；成立通州公司监督工作委员会，调整监督信息员队伍，建立会议制度和工作标准，推进协同监督机制建设。

全年通州公司共在各类新闻媒体发稿136篇，其中国家级新闻媒体发稿30篇；地市级新闻媒体发稿76篇，县级新闻媒体发稿30篇，各大网站刊登电力文章37篇，制作电视新闻76条，出版通州时讯电力专版10期。通州公司内部刊登基层动态464条，制作新闻展板47块。

加强工会工作，建设维权平台，平等协商签订集体合同，强化厂务公开；建设建功立业和风采展示平台，开展“两抓一建”活动、班组标准化建设、专业技能比赛、运动会、“建党90周年”征文等多种活动，构建和谐劳动关系；建设服务平台，改版工会网站。组织职工及家属体检，加强职工食堂管理，坚持开展向职工送温暖活动。

（史江凌　刘超丽）

昌平供电公司

【概况】昌平供电公司（简称昌平公司）为北京市电力公司的直属供电企业，负责昌平地区的电力供应、销售和输电、变电、配电设施的建设、运行及维护工作。

截至2011年底，昌平公司共管理营业户45.57万户，其中抄表收费客户10.38万户，卡表客户26.97万户。区内重要客户25户，其中一级客户12户，二级客户13户。公司完成售电量48.09亿kWh，同比增长7.3%。新增35kV及以上变电容量21万kVA，新建10kV及以上线路（含电缆）125.6km。全年线损率6.53%，同比下降0.31个百分点。昌平公司下设12个职能处室、10个工区、3个城区供电所、14个农村中心供电所及1个多经企业（北京市京电实业总公司）。

2011年，获得“首都文明单位标兵”“北京市交通安全先进单位”“北京市电力公司安全生产管理先进单位”“北京市电力公司调度综合管理先进单位”等称号。

地址：北京市昌平区永安路33号
邮编：102200
电话：69742681

【人力资源】截至年底，昌平公司共有员工376人，其中大学本科以上学历105人，专科学历145人，高级职称10人，中级职称49人。

修订并完善《昌平供电公司全员绩效管理暂行办法》，有序开展全员绩效考评。开展业务外包调研与全口径劳务用工统计，完成劳务人员信息认证。举办各类培训班96次，参加培训2000余人次，参加自办班1413人次，参加外出培训587人次，全员培训率100%。昌平公司获得职工素质提升工程系列活动应急抢险技能大赛优秀组织奖、10kV配网架空线路带电作业技能竞赛团体项目三等奖、第二届电力工程造价知识竞赛优秀组织奖，并荣获公司人力资源管理工作先进单位。

【电网规划与建设】完善昌平地区“十二五”电网规划，开展回龙观、东小口等热点地区的电力供需分析。完成北环输变电工程等5个项目的可研委托，就未来科技城地区9项电力工程签订投资划分协议，开展中滩、中移动等项目的建站选址工作。争取公司电网建设优惠政策，提前返还区政府电网基建项目垫资款，促进后续地区电网建设。

昌平地区首座智能化变电站——央企园变电站顺利竣工投产；110kV松兰堡输变电工程实现年内送电，牛湾及满井永久外电源工程在停滞2年后，在多方沟通下得以启动并稳步推进。开展达标创优活动，110kV桃洼及220kV军都输变电工程获国家电网公司输变电优质工程。

【经营管理】同业对标75项指标进入公司排名前三位，24项指标同比去年得到提高，同业对标整体排名第五，较2010年提升3位，并由C段提升为B段，其中人力资源、规划建设2个专业被评为专业管理标杆单位。昌平公司撰写的《完善资金管理制度，实现财务风险在线监控典型经验》被评选为公司2011年同业对标典型经验。

合理控制成本费用支出，降低管理成本，加强预算执行监控，每月开展预算指标分析和现金流预测，资金计划执行率达到97%；强化工程预算执行，规范结算程序，完善结算资料，提高结算质量，工程竣工决算完成率实现100%。适应物资集中采购要求，理顺采购流程，加强ERP系统重点环节审核，完成国家电网公司组织的6个批次、北京市电力公司自行组织的12个批次物资招标工作。清仓利库，加强剩余物资库账、卡、物核实，完成电家电网资产重要组成设备的价值拆分工作。

“物资设备管理效能监察项目”荣获公司效能监察项目优秀成果二等奖。“废旧物资及仓储库房管理专项审计调查项目”被评为公司优秀审计项目一等奖，并获得国家电网公司优秀审计项目。昌平公司被评为国家电网公司2009～2011年审计工作先进单位。开展“法治电网”依法治企专项活动，获公司授予的先进单位称号。

■ 8月，昌平公司开展废旧物资及仓储库房管理专项审计现场。

【安全生产】昌平公司累计实现了三个安全百日长周期，累计安全长周期2109天，荣获公司安全生产管理先进单位称号。落实安全责任，逐级签订双向互保责任书，制定或重新修编22项安全监督规章制度，进一步完善“日碰头、月分析”的安全管理机制。强化各级领导干部和管理人员安全履职，对1807个现场把关共计2296人次，开展现场联合巡检、专业巡检449次，设立曝光台对发现的反违章现象进行通报。完成22个外协施工单位资质的重新审核，对发现问题进行监督整改。

深化安全主题活动。开展“两抓一建”、“百日安全”活动，完成16个项目的补充、完善和整改工作。开展安全自审计工作，发现工作票填写不规范等问题8项，完成相关问题的整改。推进无违章班组、工区的创建活动，树立安全作业和安全管理工作先进典型，变电工区保护班、线路工区带电作业班等36个班组被评为公司无违章先进班组。

强化安全风险管控。深化电网运行指挥系统应用，完善多部门联合风险管控体系和风险“会商”发布机制，成功分析控制三级及以上风险133项。建立健全公司内部保卫制度，对4000余具消防器材开展年度检测，完成办公楼消防系统及报警装置改造。加强反外力工作，建立了“公司领导、职能处室、工区负责人‘分线包干’”管理制度，对特种车辆采取“一对一”宣传，加强护线队巡视力度，开展与区政府相关部门的联合执法，确保电网运行环境安全。

加强生产管理。优化施工方案，设备重复停电次数同比2010年降低31.5%。进一步健全状态检修工作体系，开展21类输变电设备的状态评价，完成936例电气设备的状态检测。合理安排电网运行方式，细化电网应急预案编制，组建应急基干队伍，开展电缆隧道火灾、迎峰度夏等专项应急演练。建立带电作业初级实训基地，全年开展10kV带电作业543次。

提升电网健康水平。开展春检、秋检、电网迎峰度夏和主设备专项检查，发现并处理设备、消防等各类缺陷隐患400余起，处理树线矛盾24 000余处。组织开展26项生产大型技改工程、122项电网检修运维项目、14项生产专项技改项目。

【营销与优质服务】开展基础资料清查及营销业务关键环节梳理，颁布并下发《昌平供电公司营销专业现行有效规程制度》，理顺营销管理流程。加强电费回收，出台抄表管理规定，进一步规范抄核收管理；开展营业普查“惊蛰行动”，追补电量305.35万kWh。加强线损管控，借助远采数据监控系统，加强高损台区检查；开展电价稽查行动，对学校用电、农业生产用电等电价执行情况进行规范；每月发布小指标排序，明确管理职责，强化指标考核，形成“齐抓共管、各负其责”的管理格局。

新装采集器500余台，采集实用化率实现100%。改造及新装智能电能表59 000余具，推进远采算费工作，远采算费用户抄表自动化率达到95%，同比提高35%。启动低压线损分解工作，相关的台区采集建设计划已通过公司审批。

针对轨道交通、市政建设等市区重点工程及大容量报装项目，开辟绿色通道，采取“一站式”服务，进一步提高接电速度，全年累计结存98.53万kVA，接电 2.33 万户，新增容量 60.35 万 kVA。

对区内一二级重点用户开展供电设施隐患梳理，制定并完成重点客户的外电源可靠性提升方案及项目可研，完成包括全国“两会”、天宫一号、神州八号发射在内的 48 项政治供电任务。深化 GPRS 远程路灯监控管理系统应用，开展路灯远程监控，完成南口大街路灯改造等 15 项“民心工程”。

集中开展“三指定”专项治理，梳理归档资料 1000 余份，完成问题整改及流程调整。推广“你用电、我用心”服务理念，开展电卡应急专递和爱心服务卡等便民、惠民服务措施，接待客户咨询和解答用电问题 9000 余件，满意率达 100% 。

【农电工作】加强农村供电服务建设，十三陵供电所被评为国家电网公司标准化供电所，小汤山、南邵等 4 个供电所被评为公司标准化供电所，阳坊、百善等 6 个供电所完成了标准化班组建设及验收。推进供电所经济责任审计复查工作，防止了“小金库”、账外账情况的发生。

■ 4 月 15 日，公司经理朱长林与党委书记郭要斌为十三陵供电所“最美金牌供电所”揭牌。

【科技与信息化】深化 ERP 和各专业系统的应用。建设昌平公司数据级容灾中心，稳步推进配网自动化升级、电网自动控制 AVC 系统、调度控制中心改造项目。加强科技创新，申报 4 项群众性技术创新项目，开展项目全过程管控，促进成果转化，全年共申请专利 6 项，其中 5 项获得专利授权。

【党的建设与精神文明建设】以“忠诚企业 爱岗履责 情系千家”为主题，开展“创先争优”活动，通过公开承诺、领导点评、群众评议，使各项活动与中心工作得以有机衔接。结合庆祝建党 90 周年，深化“共产党员服务队”建设，全面提升基层党支部和党员队伍凝聚力，十三陵供电所获得公司年度“十大优秀团队”，王月鹏获国家电网公司优秀共产党员称号。

认真落实十七届六中全会精神，开展“五统一”文化宣贯，实践“诚信、责任、创新、奉献”的核心价值理念。加强宣传引导，发放《昌平供电快讯》420 期，《昌供政工》81 期，在各级行业媒体上发稿 24 篇。《无悔的选择》、《上善若水》两篇文章分获公司新闻宣传评比二、三等奖，由昌平公司选送的王月鹏同志优秀事迹，在公司和华北电网“我身边的共产党员”演讲比赛中，分获二、三等奖。

围绕年度效能监察重点和历史审计问题，发挥“监审合一”优势，开展工程抽审、物资审计，下达监察建议书 9 份，编制审计意见书 2 份，新建或完善相关管理制度 7 项。

制定《2011 年党风廉政宣传教育实施方案》，开展以“反思教训、完善监控”为主题的 10 项廉政宣教活动，加强廉政宣传三级阵地建设，实现基层廉政宣教 100% 全覆盖。成立昌平公司监督工作委员会，确定了联席会议制度，推进超前防范和先期联控处置机制。制定并颁布廉政制度 9 项，组化廉政建设岗位责任制要求，提升协同监督水平。

加强“四好”领导班子建设，认真执行中心组学习制度，对“三重一大”问题进行民主决策，开展干部管理能力、素质集中培训，加大干部培养力度。加强工会和团的组织建设、制度建设，顺利完成工会、团委换届选举工作；加强班组建设，配电工区电缆维护班、生产指挥中心值班室评为公司“红旗班组”。开展全员劳动竞赛、技能比武，在公司举办的带电作业技能竞赛、电力工程造价知识竞赛等各项比赛中，均取得了优良成绩，QC 成果“110kV 线路整定计算系统的研制与开发”获北京电力行业协会一等奖。

（严　琪）

门头沟供电公司

【概况】门头沟供电公司（简称门头沟公司）是北京市电力公司法人授权经营的地区供电企业，担负着北京市门头沟区 1455km^2 的电网建设、运行、维护、电力营销及供电服务工作，供电人口 29 万。下设 11 个职能处室，4个工区，7个供电所，1个多经总公司。

截至2011年底，门头沟公司资产总额5.96亿元。

地址：北京市门头沟区滨河路66号
邮编：102300
电话：69844354

【人力资源】截至年底，门头沟公司共有职工168人，其中大专及以上学历131人，中级及以上职称33人。生产人员持证上岗率100%。

推行员工教育培训积分制，制订月度教育培训报表制度。围绕中心任务开展普考、调考、技能竞赛等活动，提高员工的岗位履职能力。组织参加第二届北京市职工职业技能大赛农网配电营业工技能比赛初赛，1人通过竞赛取得技师资格；在公司组织的2011年应急抢险技能大赛中荣获团体第四名；在公司2011年财务专业调考、“忠诚企业、服务首都”主题教育宣传手册知识调考及2011年“信息杯”技能竞赛中包揽了前八名。

【电网规划与建设】完成《门头沟区“十二五”电网规划报告》《门头沟区“十二五”农网规划报告》的编制工作。提出8项电网规划储备项目，并开展相关的前期工作。参与门头沟区滨水商务区配套电力设施专项规划、门头沟新城高压线整合规划方案的编制工作，电网规划项目纳入地区总体规划。

开展灰峪、上岸及滨水（辛称）110kV输变电工程规划前期工作，完成灰峪110kV输变电工程可行性研究报告的编制。完成高家园、琉璃渠、棚改石门营地块等土地一级开发供电咨询研究工作。配合公司完成对杨坨矿棚户区、S1轨道交通等14项输电线路迁改的规划前期工作。开展电动汽车充电站选址工作，完成环卫充电站、石门营乘用车充电站的规划选址工作。

落实“三抓一巩固”基建安全主题活动和“三强化三提升”质量提升年活动实施方案，推广应用30项标准工艺清单，成立工程安全质量巡检组，定期出版工程巡检周报，提高工程现场的安全质量水平。

截至2011年底，门城220kV输变电工程变电站土建工程已开工；门头沟—海淀500kV线路前期工作正在开展，在门头沟境内的18基铁塔基础具备开工条件。完成门头沟棚户区改造的配套35kV冯门迁改工作，完成滨河公园、剧场东街等市政道路改造及棚户区安置房配套电力工程。龙泉供电所营业楼已投入使用，三家店仓储楼工程已具备开工条件。

【经营管理】加强预算管理，实施ERP会计集团账务管控，强化经营管理全过程监控，完成2011年公司各项财务经营指标。全年累计完成售电量8.35亿kWh，线损率为6.01%，同比下降0.016个百分点；电费回收率100%。

成立“法治电网”依法治企专项活动领导小组及办公室，召开专项活动启动会，制定活动方案并以文件形式下发。修订完善《门头沟供电公司“三重一大”决策制度实施细则》，开展“小金库”专项治理、“三指定”专项治理工作，按照2010年制订的《工程建设领域突出问题专项治理工作实施方案》和工作月报制度，对排查出的重点问题落实整改。

配合公司开展审计工作3项，自主开展门头沟公司生产调度大楼装修工程审计，并在公司优秀审计项目评审中获得二等奖。针对在工程管理、供电所管理和业扩报装管理审计中提出的61项问题。已整改完成37项，其余24项已明确责任部门和整改计划，初步形成审计工作的闭环管理。

开展房屋土地清理工作及公司所属变电站土地确权工作。对供电所财务人员进行梳理，优化供电所财务管理人员结构。对规章制度进行统计及梳理，最终确定门头沟公司现行规章制度166个。建立健全依法治企考核机制，落实依法治企问责机制，各部门设立专（兼）职岗位负责本部门合同管理等法律风险防范工作。

开展“一学三讲”法制宣传教育活动；举办以“规避法律风险，促进企业发展”为主题的法律知识讲座，开展法律知识答题活动；参加公司法律知识网上答题活动，并获得优秀组织奖；参加公司法治征文活动，《智能电表舆论风险分析》获得个人三等奖；门头沟公司荣获“法治电网”依法治企专项活动先进单位称号。

【安全生产】落实《电力安全事故应急处置和调查处理条例》，开展“抓执行、抓过程、建机制”安全风险管控活动，深化安全监督审计工作，强化作业现场安全监督检查，保证安全生产责任制的逐级落实。2011年，门头沟公司安全巡检组共检查工作现场164次，领导带队120人次，处室管理人员检查423人次，工区管理人员检查549人次，安全评估组检查工作现场82次，共计检查发现问题11个，对违章部门进行了处罚并已全部落实整改。执行停电计划280项，操作任务219项，操作步骤1619步，编制发电批准书139项，电网负荷预测准确率91.1%，同比上升1.1个百分点。

■ 5月17日，门头沟公司安全监察部相关人员在施工现场宣传电力设施反外力破坏的规定。（王叶平 摄）

■ 3月9日，门头沟公司员工在剧场东街小区为小区居民更换智能电能表。（王叶平 摄）

年内对1674件安全工器具进行了试验检查，发现不合格24件，对不合格工器具进行报废和补充。生产部门共47人参加公司组织的春检预试安全生产集中培训，取得良好效果。开展反外力群众护线信息员工作，聘用群众护线信息员45人，有效制止多次外力破坏事故。组织开展有限空间作业专项安全培训工作和安全管理专项监督检查，共发现问题3项，均已整改完毕。9名青年职工作为安全助理参与安全管理工作。完成《门头沟供电公司突发事件应急工作总体预案》和21项专项预案的编制工作，全年共进行应急演练7次。

完成第二届北京国际山地徒步大赛、北京市第七届农民运动会开幕式及首届环北京职业公路自行车赛供电保障等24项政治供电保障任务。荣获门头沟区政府“最佳保障单位”称号，实现政治供电“零闪动”。全年未发生人身伤亡、电网、设备、火灾、交通等安全责任事故，完成3个安全生产100天，安全生产长周期2417天，荣获北京市电力公司安全生产先进管理单位称号。

【营销与优质服务】2011年重点开展业扩报装流程梳理优化、增供扩销、供电所电价互查、线损分区域管理、智能电能表计改造、打击窃电专项联合行动等活动。累计受理各类业务7750项，处理完成各类业务7724项，分别是去年同期的2.0倍与2.29倍，其中受理新装、增容类业务5177户，容量10.7万kVA，超额完成公司下达的全年接电容量6万kVA的指标；卡表售电57 278笔，门收电费42 565笔，修补电卡1698张，应急送卡29张。更换智能电能表17 775具，指标完成率名列公司第一。

完善客户经理制，定期组织行业客户交流信息，为客户提供高效的电力支持。针对重要客户制定“菜单”式用电安全服务细则，主动上门服务；特别针对重点防汛客户，先后两次进行现场安全服务，排除安全隐患。

门头沟公司值班室发挥组织协调及信息沟通作用，建立信息联动机制，加强与政府、门头沟公司各部门信息沟通，日常信息与重大事项、突发事件信息的及时掌握、上报和传递；建立95598远端坐席，协调处置各类高、低压故障。全年通过短信平台传递各类生产、故障信息255次；处置各类高、低压故障3797次；处置低压故障平均到达现场时间24.2min，未发生因故障停电引发的负面影响。

龙泉供电所新所址建成，进而优化门头沟地区的业务受理点分布。

成立了由31人组成的“共产党员服务队”，举行了6个社区的揭牌仪式。开展共产党员服务队进社区活动8次，参加成员58人次，确定帮扶项目3项，申报爱心基金4600元，用于社区及困难客户解决用电问题，门头沟公司被评为公司优质服务先进单位。

【科技与信息化】开展网络设备和信息设备状态巡检、网络管理和信息安全系统巡检、桌面标准化系统巡检等工作。完成生产调度大楼综合布线工作。建设完成门头沟公司所属10个变电站的信息网络系统。

组织开展群众性技术创新项目，申报立项承包责任书签订工作。完成2010年专利项目补充申报和2011年专利申报工作，共上报5项实用新型专利和1项发明专利，群众性技术创新项目2项，取得专利授权2项，上报科技论文5篇，2011年科技信息专业同业对标位列公司第一名。

【党的建设与精神文明建设】开展以“创建、创新、创效、争当公司发展先锋”为主题的创先争优活动；组织开展“我身边的共产党员”征文演讲活动，征文

《忠诚企业，在平凡的岗位上发光发亮》获公司三等奖；深入开展“为民服务创先争优”活动，开展“三亮三比三评”活动；在党员中开展“学党史，强信念，明形势，做贡献”主题教育活动；在员工中开展“忠诚企业，服务首都”主题教育活动；开展庆祝建党90周年系列活动，开展“博爱在京城”和“共产党员献爱心”捐款活动。

建立协同监督机制，成立监督工作委员会，落实纪委书记报告制度。成立品牌标识标准化建设领导小组，对五大类70余项标识内容进行了分类统计，并及时更新品牌标识数据库信息。

门头沟公司被门头沟区推荐为文明示范单位、首都文明单位标兵，同时被全国文明委授予“全国文明单位”称号；龙泉供电所被门头沟区推荐为文明示范单位、首都文明单位。

（郭　莹）

房山供电公司

【概况】 房山供电公司（简称房山公司）主要负责房山区电力供应、销售和变电、配电设施的建设、运行与维护，肩负着2019km^{2}的政治供电以及人民生产生活供电任务，供电人口96.7万。下设11个职能处室、5个工区、2个中心和14个供电所。

截至2011年底，房山公司所属110kV变电站21座，总容量2043MVA，35kV变电站11座，总容量165.1MVA，10kV变电站1座，容量4MVA；35kV及以上架空输电线路64条，总长度约479km；10kV配电线路317条，总长度约2590km。

2011年房山公司220kV及以下售电量完成51.19亿kWh，同比增长1.79%；电费回收率实现100%；110kV及以下线损率完成5.94%；未发生人身伤亡事故和重大及以上电网、设备事故，未发生性质严重或造成较大社会影响的停电事故；用户平均停电时间城网完成2.89小时/户，农网完成10.21小时/户；城市综合电压合格率完成99.643%。

地址：北京市房山区拱辰街道办事处广阳西路6号
邮编：102401
电话：63669123

【人力资源】 截至2011年底，房山公司职工共计299人，其中，研究生20人，大学本科141人，大学专科100人；高级职称16人，中级职称42人，初级职称156人。

针对安全生产和营销服务的基础工作制定6项奖惩办法，评价体系。完成管理和生产岗位竞聘工作，被评为人力资源管理标杆单位。逐步规范劳务用工管理，完成农电工调研分析报告，推进薪酬套改工作。搭建信息化平台，落实人力资源信息规范化工作，完成ERP系统与国家电网公司管控系统的模拟对接和薪酬管理模块建设。

■ 房山公司参加北京市第二届职工职业技能大赛农网配电营业工大赛，共有9名参赛人员获奖。（王筱芳　摄）

组织130名线路专业、294名营销专业人员参加轮训工作；开展高级技师、技师的培养及鉴定工作；举办农网配电营业工、配电电力电缆、配电线路、变电站值班员等工种的高技能强化班；组织开展安全助理的培养工作，完善培训管理制度体系建设；组织人员参加北京市第二届职工职业技能大赛农网配电营业工比赛，包揽了前十名中的九名，第一名获得者梁会鹏还获得“首都劳动奖章”称号。

【电网规划与建设】 滚动修编“十二五”电网规划。规划梅花庄、昊天等5项输变电工程项目，完成两项工程土地超前储备；规划4条总长约20km的配网电缆通道；规划1座220kV良乡北变电站，将有效解决110kV线路T接过多的问题；为解决山区电源点的缺乏，规划35kV霞云岭站的升压改造。并对6座重点城镇和4个功能园区进行电力专项规划。房山公司解决热点地区用电配网规划入选公司典型经验库，获发展策划管理先进单位。

■ 12月8日，深山区霞堂35kV线路改造工程施工现场。（李芸　摄）

梅花庄110kV输变电项目实现土建工程和变电工程竣工，被公司授予变电工程项目管理流动红旗。霞堂35kV线路改造工程2009年8月开工，2011年12月竣工投产，新建双回线路17.544km，新立铁塔46基，史T段新建双回塔单回线11.635km，新立铁塔30基。霞堂史支35kV挂二回线工程于2009年8月开工建设，2011年12月竣工投产，新建线路11.474km，提高了山区供电可靠性和线路防雷能力。配合房山线轻轨建设，完成良造35kV线路入地工程，新建沟道1500m，新建管井800m。

【经营管理】强化资金流入与流出管理，通过资金月调度和旬执行情况分析，及时掌握影响资金调度完成情况的资金类别。合理安排投资计划，定期召开投资计划执行情况分析，开展各项目里程碑进度评价。完成基建工程、大修技改工程、非规范居民用电改造工程物资申请、采购和物资到货组织工作。完成清仓利库和废旧物资报废拍卖工作。

推进电动车充电站建设。完成1座2t环卫车充电站土地使用协议签订，完成1座8t环卫车充电站可行性研究报告编制。出租车充电站土建工程主体竣工。

实施110kV梅花庄输变电工程跟踪审计，获公司优秀审计项目二等奖。编制同业对标指标提升计划，加强重点、难点指标管控，位列公司第七名，同比提升8名。梳理房山公司现行有效规章制度621项。全年共签署经济合同410份，未发生合同纠纷；处理提案议案7件，得到地方人大和政协的好评。公务用车和自用电管理逐步规范。

房山公司“金点子”QC小组“变电站试验提示报警器的研制”成果获公司第八次“计量杯”QC成果发布一等奖，该小组获“国家优秀QC小组”称号。

【安全生产】开展“抓执行、抓过程、建机制”安全风险管控活动，举办春季安全大检查、承发包工程安全管理专项监督、有限空间作业检查专项活动。以电网运行指挥系统上线为契机，成功分析控制电网、人身、设备、用户和环境存在的三级及以上风险52项。制定《生产现场监督检查管理办法》等7项管理制度，对各层级人员开展安全审计工作，保证安全生产责任制的逐级落实。开展以“安全责任，重在落实”为主题的安全生产月活动，组织各部门过安全日，分析事故案例，开展以“安全生产、安全用电、节约用电、加强电力设施保护工作”为主要内容的上街宣传和咨询解答活动，组织“临时带永久小区供电故障抢修”及“10kV开关室及电缆夹层渗水事故抢修”应急演练。开展安全助理培养和管理工作，落实各级人员到岗到位检查3757人次，检查现场1295个，规范现场作业安全措施的有效落实。对设施设备、运行环境、交通消防等方面进行隐患排查，完成16项隐患治理工作。推动政企联合保护电力设施工作的开展，成立专业护线队伍，成功阻止15起外力破坏行为。2011年完成三个百日安全记录，实现“事事安全、人人安全、天天安全”的生产目标。

实施27项大修运维项目，对主网主设备开展隐患治理、预试清扫、防雷改造、防汛护坡、杆塔加固等工作，对12条110kV线路，42台主变压器等设备开展每月一次的状态评价工作，依据月度状态评价结果完成6台主变压器的预防性试验工作。实施6站13路配网线路切改工程，进行两次10kV配网换线工程“大会战”，热点地区供需矛盾有效缓解，平稳应对度冬期间61.17万kW的最大负荷冲击。完成“两会”、高考、北京国际长走大会等73项政治保电任务。

■ 4月26日，房山公司员工在10kV配网换线工程“大会战”中安装导线。（李芸　摄）

【营销与优质服务】深化运用信息化系统线损管理工作，有效利用电量采集系统排查用电异常220户，实施计量故障处理追补电费416.2万元。电费回收连续27年实现100%。开展电价检查和营业普查工作，全年累计查处违章、窃电用户79户。加快业扩报装接电速度，实行客户代表模式，新增接电容量47.94万kVA，同比增长170%，累计增加售电量2.79亿kWh，110kV及以下售电量同比增长9.64%。完成5.1万具智能表推广工作，周期校验率和远采实用化率均实现100%。加大“三指定”自查力度，严格制定整改措施，防范机制基本形成。深化重要客户差异化服务，建立重要客户用电“健康档案”，对27户重要客户的用电安全隐患进行梳理、排查和整改。

组建共产党员服务队，进入6个社区建立社区服务站，累计发放爱心卡12张，应急送卡23次，组织营业窗口人员交流学习，持续针对窗口服务开展内外监督，推进5个小区非规范居民用电改造工程。

【农电工作】推进标准化供电所建设，明确创建标准化供电所的组织结构、阶段性目标和任务要求，多次召开建设标准化供电所推进会，经过考评，房山公司5个供电所被命名为标准化供电所，其中，周口店供电所被命名为国家电网公司标准化示范供电所。

强化供电所同业对标管理，重点对供电所的安全生产、营销及优质服务等指标开展对标工作，每月针对各供电所各项指标完成情况进行评分排序。定期召开月度农电工作会，全面总结和评价供电所各项工作完成情况，实现供电所与各专业处室的业务沟通和交流。

开展农电工优秀人才评选工作，建立健全培养选拔机制，房山公司周口店供电所员工高秀丽被评为国家电网公司优秀营销服务技能人才。

【科技与信息化】完成21座110kV、6座35kV变电站综合数据网开通，110kV变电站信息联网率达到100%。报送科技成果4项、群众性技术创新成果4项、科技论文6篇，其中“山区变电站监控主机放置柜的改进”获公司群众性技术创新成果奖。“10kV新型复合材料绝缘杆塔的开发应用”项目获国家电网公司农网科技进步应用成果。房山公司员工获信息系统运维人员技术资格考试信息安全专业第一名。房山公司获信息杯ERP技能竞赛团体一等奖，获公司信息化工作先进单位。

【党的建设与精神文明建设】坚持中心组学习制度，全年集中学习32次。严格执行“三重一大”决策制度，坚持科学决策、民主决策、依法决策。发展积极分子3名，预备党员转正9名，截至年底，房山公司共有党员177名。喜迎建党90周年，开展“学党史、强信念、明形势、做贡献”主题教育活动。开展“反思教训、完善监控”主题教育活动，严格治理“小金库”、“三指定”行为和工程建设领域突出问题。通过纪委书记讲廉政课，邀请律师围绕预防职务犯罪上警示教育课，提高干部员工廉洁从业意识。2011年，房山公司获北京市和房山区两级“文明单位标兵”称号。

开展以“创先争优、电靓京城、服务社区”为主题，“国家电网首都电力共产党员服务队”进社区活动，完善社区电力服务网络，提升社区电力服务品质。

弘扬“事事安全、人人安全、天天安全”和“好的态度、好的作风、好的技术、好的纪律”文化理念，加快特色企业文化与实际工作的融入。“加强‘四好’作风建设，促进企业文化建设”成果获北京市电力公司企业文化优秀案例二等奖。

（李　威）

大兴供电公司

【概况】大兴供电公司（简称大兴公司）是北京市电力公司直属供电公司，负责大兴区1036km^{2}的电力供应、销售以及输电、变电、配电设施的建设和运行维护，承担着为大兴区经济发展、居民生产生活安全用电和保证大兴区及首都政治活动安全供电的重要任务。

截至2011年底，大兴公司共有24座35kV以上电压等级变电站、年售电量约39.2亿kWh。共设置11个职能部室、5个工区；设置新城等15个供电所。

地址：大兴区兴政街1号
邮编：102600
电话：69223535

【人力资源】截至2011年底，大兴公司共有职工302人，其中研究生学历29人，本科学历107人，大专学历88人，中等职业教育水平53人。

2011年，大兴公司完成部分重要岗位调整，规范部门岗位设置、完善管理架构及其工作机制。建立健全岗位培训和实用安全技术培训的长效机制，加大对一线职工和管理人员的安全和实用技术培训力度。整合优势资源，拓宽培训科目及覆盖面，全年累计举办输配电线路、配电电缆、计量表计等各类专业实用技术培训34期，参与者1500余人次。组织参加北京市第二届职工技能大赛农网配电营业工技能比赛及国家电网公司供电服务技能大赛并取得优异成绩。

【电网规划与建设】确立同区委、区政府的沟通联系机制。创新政企合作电网建设模式，成立以区长任组长的区电力工作协调领导小组，定期召开专题会议，协调解决电网建设过程中发生的各类难点问题。密切跟踪大兴区“十二五”经济发展战略定位，走访调研区镇两级政府、用电客户，研究用电负荷分布及增长趋势，合理确定电源点分布，明确电网建设规模及时序，启动2012年“6+3”电网建设模式。

全力配合公司团河220kV变电站、魏善庄牵引站外电源工程前期建设。度夏前，按期完成鹿苑、九龙、永和庄3座110kV变电站的投产发电，以及配套61路次10kV线路切改工程，有效缓解地区电网供电能力不足的局面。

推进充电站（桩）规划建设进度，已完成采育新能源汽车充电桩的建设任务，以及京津城际互联乘用车等3座充换电站的选址工作。继续推动非规范老旧小区用电改造工程，高质量完成16个居民小区的用电改造可研审核及2个居民小区的用电改造任务。

【经营管理】实施全面预算管理，增强资金使用预见性、规范性、准确性，提高调控力、执行力，对预算外支出进行了严格控制。完成现金流量编制和执行偏差率、竣工决算完成率、固定资产设备联动率、可控费用等考核指标。加强资产、物资的动态管控力度，盘活废旧物资（导线、变压器），用于农村低压电网改造和事故抢修。

深入开展“法治电网”依法治企专项活动，加强法制宣传教育，梳理完善专业规章制度，加强公章使用、合同审核等工作的管控力度，排查治理“小金库”、出租房屋管理等问题。

针对国家电网公司审计部、财务部联合检查出的16大类190项内容，以及华北电监局供电监管检查反馈的各类问题，大兴公司成立专题工作小组，将具体内容逐条分解对照检查，全面梳理、整改制度、流程以及执行中存在的风险和漏洞。深入开展“三指定”专项治理，统筹部署自查、迎检工作，整改客户工程资料，建立逐级问责制度，顺利通过国家电网公司“三指定”专项治理检查组的验收。

全面加强集体企业的依法管理，强化法律、安全、质量和服务意识，不断优化法人治理结构，完善制度建设。

【安全生产】继续推进从管理层向一线抓安全工作的思路和措施，在56个生产班组中实施21项班组“一日工作标准单”，固化工作流程。加强三级安全监督检查，明确生产现场监督检查标准，编制《生产现场监督检查指导手册》，强化安全监督的执行检查力度。开展“抓执行、抓过程、建机制”安全风险管控活动，在完成“规定动作”的同时，创新开展“两抓一建”劳动竞赛，针对处室（工区）、班组、供电所的办公秩序、基础记录等情况进行定期检查，并引入评比、奖励机制。建立“政企联动”反外力工作机制，积极促成由安监局牵头，发改委等部门参加的电力设施保护专题研讨会，并联合组织4次反外力定向培训班。

深化电网安全风险预控机制，推广状态检修工作模式。生产各专业加强设备隐患排查整治力度，启动中低压电网及计量装置清产核资工作，认定产权归属，完善设备资料，消除设备缺陷。完善应急处置预案，组织针对性应急演练，组建自主应急抢修队伍，形成抢修力量支援机制，并成功应对“6·23”等恶劣天气造成电网集中故障。全年发生电网一类障碍1次，同比下降80%，10kV配网永久性故障185路次，同比下降1.6%，完成政治供电任务83项。

■ 9月1日，大兴公司举行应急抢修队启动仪式。（傅瑞婷　摄）

【营销与优质服务】克服地区大规模拆迁、经济结构调整等因素对售电量增长的不利影响，深入分析结存难点，落实“先接后控、有序接入”工作要求，拓展增供扩销渠道，圆满完成全年售电量指标。全年累计接电容量 51.4 万 kVA，较去年同期增长 14.48%。

完善线损“四分”管理体系，组织开展两次检查评估活动，形成定期反馈检查机制，做好线损分析和异动普查。线损“四分”管理工作基本实现“线损分层管、数据准确算、采集深入用、普查稳准狠”的目标。发挥警企联合、政企联合打击窃电有利优势，加大窃电行为打击力度。全年通过降损增效累计增加售电量 6794 万 kWh。

扎实开展电费“三率”行动，从量、价、费 3 个方面夯实管理基础，开展 24 万具居民卡表大普查、电价互查自查、法律途径催收电费等工作。稳步推进计量“三化”行动（计量现场装置标准化、计量管理规范化、计量监控信息化），严格执行标准化工作流程，推行“三级管控”、“五级巡检”机制，顺利完成 42 887 具智能电能表更换任务。

作为华北电监局创建居民用电服务质量提升示范点，大兴公司深入推进“塑文化、强队伍、铸品质”供电服务提升工程，创新开展“三新”（新理念、新体系、新形象）优质服务工程，通过 3 个方面 19 项具体举措（3 个方面指积极转变思想，树立供电服务新理念；整合有效资源，构建供电服务新体系；拓展服务内涵，打造供电服务新形象），完善服务机制。提升服务质量。加强共产党员服务队建设，建立定期帮扶机制，开展走进弱势群体、实行居民社区挂牌等活动，已在 20 个居民社区挂牌、开展爱心服务 30 次，发放爱心卡 102 户。

■ 4 月 24 日，大兴公司在永华南里社区服务站为国家电网首都电力共产党员服务队举行揭牌仪式。（傅瑞婷　摄）

【农电工作】各供电所充分发挥属地优势，参与“三张电网”（110kV 电网、10kV 电网、农网及城市低压电网）建设的前期协调，积极配合当地政府，完成 941 户违法建设停电治理任务。开展标准化供电所创建工作，采育供电所、长子营供电所分别被评为国家电网公司标准化示范供电所、公司标准化供电所。

规范机构岗位设置，统一工作标准。实施供电所财务集约化管理，规范自主施工流程，统一收费项目与标准。完善薪酬结构，统一薪酬、福利标准，形成人才交流机制，建立员工职业上升通道。

【科技与信息化】大兴公司承担的“倒闸操作多功能马甲的设计与应用”、“电能表现场校验接线盒端子安全测试盖的研发与应用”、“带夜间工作照明灯改锥的研制”、“反光地线的研发与应用”等 6 项群众性技术创新项目通过北京市电力公司验收，其中“倒闸操作多功能马甲的设计与应用”、“带夜间工作照明灯改锥的研制”两项目获得公司群众性技术创新成果奖。2011 年，大兴公司获得专利申请 9 项，上报科技论文 9 篇，其中《智能电网光伏并网配电系统保护方案研究》获得科技进布优秀科技论文二等奖，“图像识别技术在输电线路反外力中的应用”科技项目获得公司科技进步三等奖。大兴公司在 2011 年度同业对标评比中荣获科技创新标杆单位的称号。

大兴公司重点对机关及各供电所进行信息网络改造，邀请信息安全专家讲授信息安全方面知识；采取改进管理模式、提供人性化服务、建立信息应用考核制度、加强监控力度等举措，提升信息系统应用率。

【党的建设与精神文明建设】开展庆祝建党 90 周年系列活动，全面推进创先争优，落实公开承诺、领导点评、群众评议等要求。创新建立并启用了“党员之家”，组织“缅怀平西英烈　坚定理想信念　助力企业发展”和“看地道　忆抗战　学传统　做贡献”等主题教育活动，提高党组织活力和凝聚力。深化和完善党员服务队工作机制，建立共产党员服务队活动室，开展“电靓京城”品牌塑造年活动，完善新闻策划，

■ 5 月 20 日，公司党委书记郭要斌为大兴公司“党员之家”揭牌。（傅瑞婷　摄）

【农电工作】开展供电所管理调研工作，解决供电所工器具紧张问题。开展桥梓、怀北、琉璃庙、汤河口、宝山寺、长哨营和喇叭沟门7个供电所的标准化供电所创建工作，并组织对2010年申报的北房、杨宋、城区和渤海4个标准化供电所资料及现场进行自查，8月通过公司的标准化供电所验收。开展电价自查与互查工作和重点区域的降损工作，组织开展业扩报装流程、客户档案的培训工作。

【科技与信息化】继续开展配网架空线路故障定位系统的开发与实践推广工作，年内完成40条配电架空线路故障指示器的安装工作。申报科技成果1项，群众性技术创新成果4项，科技论文5篇，发明专利3项，实用新型专利4项；获得公司群众性技术创新成果奖2项，获得实用新型授权专利4项。推进ERP、PMS、GIS以及协同办公等信息系统的实施和应用工作，建立健全信息安全保障体系，定期检查信息设备，确保信息网络安全运行。

【党的建设与精神文明建设】结合“创先争优”及迎接建党90周年，举办“学党史、强信念、讲安全、促发展”党史及安全知识竞赛和“我身边的共产党员”征文和演讲活动。在“四好”班子建设中，怀柔公司党委向班子成员提出“讲党性、重品行、作表率”的要求，开展“3+3”活动。成立党员服务队，组织党员服务队开展“三农”服务，将“共产党员进社区”活动延伸到农村，与红庙、官地等4个村建立了联系，全年共为35户养殖户和新兴产业加工户提供了线路改造的用电服务，为23人提供了共计5000元的经济扶助。8月8日，共产党员服务队为北房镇韦里村残疾农嫂吴军玲免费解决安全用电难题的事迹在《北京新闻》栏目进行了报道。加强宣传工作，共计在《国家电网报》《中国电力报》《华北电力报》、国家电网电视周刊、电力新闻网等行业媒体发表文章66篇，《挑水扁担下岗记》在北京市电力公司新闻宣传专项评比中获得“好文章”一等奖，《怀柔供电为山区百姓“解渴”》获得“好消息”三等奖，《仲夏夜里检修忙》获得“最佳新闻图片”三等奖，《挑水扁担退休了》获得“最佳电视新闻”一等奖，《路灯照进百姓心窝里》获得“最佳电视新闻”二等奖，《平凡的美丽》获得“好专题片”奖项。

以“法治教育工程”为载体，组织开展“反思教训、完善监控”主题教育实践活动，对供电所所长进行专项谈话，同时邀请怀柔区检察院领导为中层以上管理人员和重点岗位人员开设廉洁从业教育课。11月10日，重新选聘行风监督员18名，并组织召开监督员座谈会，认真听取建议和意见，主动接受社会监督。

■ 11月10日，怀柔公司组织召开2011年行业监督员座谈会。（钟玉娟　摄）

（钟玉娟）

密云供电公司

【概况】密云供电公司（简称密云公司）是北京市电力公司直属供电企业，主要负责密云地区电力供应和销售业务。密云电网供电人口47万人，总用户21.67万户，总用电量12.83亿kWh，地区最大供电负荷25.99万kW。密云公司共设有11个职能处室、5个工区、1个后勤服务中心、19个供电所和1个多经总公司。截至2011年底，密云公司管辖110kV变电站8座，35kV变电站14座。

2011年，密云公司全面贯彻落实公司工作部署，夯实电网发展基础，提高电网规划的前瞻性和科学性，促进电网规划与区域规划有机融合，满足密云地区“绿色国际休闲之都”对电力的需求；筑牢安全生产基础，推进安全生产标准化和企业管理精益化，满足居民和社会对安全可靠用电的需求；提升依法治企水平，强化经营管理基础，推进“国内一流，国际水准”现代企业发展进程，全面完成年度各项工作任务。密云公司获得国家电网公司“一流县供电企业”、2011年度“国家电网公司文明单位”“国家电网公司先进基层工会”“北京市电力公司安全生产管理先进单位”“北京市电力公司调度综合管理先进单位”“北京市电力公司人力资源工作先进单位”“北京市电力公司2011年先进基层工会”等称号。

地址：密云县新中街3号

邮编：101500

电话：69042580

（丁亚娟）

【人力资源】截至2011年底，密云公司共有职工243人。其中，研究生及以上学历10人，本科学历87人；高级职称9人，中级职称22人。

整合培训资源，开展形式多样、针对性强的业务培训，全员培训率100%。根据生产单位的需求，集中开展新知识、新理论、新技术培训，解决生产技术中的难题；班组定期开展业务知识学习和实操演练，切实达到提高理论、增长技能的目的；通过生产岗位练兵、技能竞赛、技术比武、技术交流、观摩研讨等多种形式，掌握生产新技术、新方法，提高技能水平。推行以提高业务素质和创新能力为主要目标的专业技术、高技能人员继续教育和传、帮、带制度，建立培训管理机制。将培训与考核、薪酬挂钩，使培训达到更好的效果。组织开展职业技能鉴定工作，参加人员49人。不断壮大技师和高级技师队伍，以中级工为基础，高级工为骨干，技师和高级技师为带头人，形成技能水平高、工种配套、结构合理的技能人才队伍，年内58人取得技师资格。在北京市第二届职工职业技能大赛农网配电营业工技能比赛中，3名选手分别获得第15名、第54名、第70名；在国家电网公司农网配电营业工比赛中，张栓宝、李杰、张志强3名选手入围代表公司参加国家电网公司比赛；在公司10kV配网架空线路带电作业技能竞赛中，获得团体三等奖。

从班组成员、班组长、管理岗人员、处长主任四个层次入手调查分析公司现状，制定有针对性的措施和人才培养计划。统筹企业人才库规划建设，做到各层次、各梯队、各专业人才层次清晰，人才匹配合理。变人才管理为人才开发利用，建立密云公司内部人才市场，与岗位动态考核、管理相结合，促进内部用工管理的良性循环。开展劳务派遣员工的管理考核工作，以岗位需求为核心，优化劳务人员结构。开展人员调配工作，满足经营、管理工作的需要。

（李颖艳）

【电网规划与建设】结合密云县“十二五”规划产业发展空间布局和电网发展需求，编制完成《密云电网“十二五”规划》《密云农网“十二五”规划》和《密云配电网“十二五”规划》。与密云县政府进行对接，将电网规划纳入密云地区总体规划。发挥电网规划在电网发展中的指导作用，调整电网项目建设时序，完善电网结构。根据负荷分布情况，适当增强负荷密度较大地区、重要用户密集地区配网的灵活性。根据区域经济发展面临的形势和北京电网主网、配网、农网协调发展的规划原则，编制完成云西经济开发区、古北水镇国际休闲旅游综合度假区、穆家峪希望小镇配套电网规划。

编制完成《密云供电公司“十二五”电动汽车智能充换电服务网络发展规划》，并将其纳入密云“十二五”新能源规划。

建立以县发改委牵头、相关委办局及乡镇参与的政府协调体系，组织召开电力协调会、现场办公会10余次。推进太北、司马台、统军庄等重点项目的规划前期工作，完成环评批复3个、项目核准18个、规划意见书4个、环评验收1项及项目核准、规划意见书延期2个。落实项目储备工作，完成塘峪220kV输变电工程独立规划选址选线工作；签订输变电工程投资划分协议4项；推进建设前期手续办理，取得建设用地规划许可证2个，建设规划许可证1个，开工证1个。确定檀营110kV输变电工程设计方案，完成司马台35kV输变电工程初设评审。

唐庄（密云城北）35kV变电站升压110kV工程、冯家峪保护改造工程、10kV架空线路综合整治等续建项目14项；新开工统军庄110kV变电站增容改造工程、2011年度密云老旧小区配电设施改造工程、2011年度重载线路切改工程等项目18项。12月，密云县老旧小区配电设施改造工程完工，石桥小区、京溪小区、康居小区、物资局家属院、果园西里小区、沿湖南区6个小区的配电设施完成改造。12月，统军庄110kV变电站主变压器增容工程竣工发电。

8月，密云地区首条大容量标准电力隧道——唐庄（城北）35kV变电站升压110kV电缆隧道工程竣工，此项工程获得公司“争创无违章工地”流动红旗，在公司“吉北杯”基建安全知识竞赛中获得二等奖。

（赵海涛）

【经营管理】创新打造“经济活动分析、同业对标、绩效指标”三维一体平台，将191项指标进行综合分析，关注售电量等主要经营指标的发展态势和面临的外部环境，细化分析深层次原因，将经济活动分析的成果转化为现实的生产力。同业对标排名公司第12位。入选公司经验库典型经验2篇。

贯彻公司财务集约化管理工作要求，建立健全监控机制，促进经营效益的提升。根据专项考核指标特点，制定内部利润管理、可控成本执行偏差率管理、竣工决算管理、工程暂估增资管理、固定资产设备联动率指标管理等办法。统筹安排各项财务资源，强化全面预算管理，严格控制非生产性消耗。配合公司完成“2008年、2009年竣工决算”、“业扩”、“供电所管理”、“审计检查、财务督查”等审计项目。

制定工程管理的规章制度3项，编制工作流程3个，“工程管理”效能监察项目获得公司效能监察项目优秀成果二等奖。

（赵海涛　邵海峰）

【安全生产】截至2011年底，密云公司连续安全生产4155天。建设以各级安全第一责任者为核心的安全生产责任体系，推进安全管理标准化，宣贯落实各项技术、管理标准。开展“两抓一建”、有限空间作业专项检查、春季安全大检查、安全月、承发包专项监督检查、秋季安全大检查、现场作业不安全现象及行为专项整治等系列活动，强化员工安全意识，营造良好安全氛围。开展安全审计工作，对15个生产单位负责人进行安全监督审计，对发现的7项问题完成整改。各级领导和管理人员从现场管理、作业组织、现场作业控制、安全防护和工器具的使用等方面对生产现场进行检查，共计检查1593次，检查现场1697个。3月、9月开展“安规”培训和考试，4月、6月、10月组织专题安全日活动。

组织密云公司内部应急演练3次，参与密云县应急演练1次，按月开展电网调度应急演练，安排雨雪、大风天气应急值守13次。在应对“7·24”等典型恶劣天气过程中，尝试采取打破部门、辖区限制，集中优势力量支援受灾地区进行应急抢修的方法，使地区电网得到快速恢复供电。开展重点站、线、用户外电源隐患排查和防汛检查工作，完成政治供电保障任务15项。

走访县属园林单位和大型机械市场，宣传电力设施保护知识，制止线路保护区内违章作业15起。结合树线矛盾整治工程，修剪、砍伐配电架空线路走廊内树木13 000余棵。开展重载线路切改、柱上变压器分装、农村低压电网升级改造3项大型技改工程，消除配网供电瓶颈。新敷设电缆线路1.96km，更换开闭器3台，新建、更换绝缘导线5.73km，新立电杆150基，新建联络点7处。分装重载配电变压器22台，换装重载配电变压器12台。更换低压电缆1.38km。

7月24日，密云地区遭遇60年一遇特大暴雨袭击。地区降水量达到243mm，定位统计落雷1483个，造成35kV及以上线路故障10路次，10kV线路故障38路。损毁高低压线路约12km，配电变压器5台。35kV脱线1处，配网断线故障11处，绝缘子、避雷器、保险器损毁48处。大城子地区遭受洪水冲击，太师屯镇龙潭沟村遭受泥石流损害，道路损毁，电力设施严重损毁。密云公司调集11支抢修队，237名抢修队员，抢修车辆120辆，经过3天3夜奋力抢修，全部用户恢复正常供电。

7月24日，暴雨天气给密云电网造成较为严重影响，图为抢修人员正在全力抢修。（梁旭　摄）

主网设备检修模式由周期性检修过渡为状态评估、检修，开展设备状态评价33 000余台次，完成设备状态监测4200余台次。

组织学习、宣贯新版《电网调度规程》，实施调控一体化。全年完成变电站、开闭站、配电室等发电任务272项，批准执行计划停电工作232项。制定地区电网低频减载方案及事故拉路方案，编制《2011年密云地区电网运行方式报告》，结合计划工作及方式变更制定反事故预案，开展事故演练工作。在公司调通中心组织的专业评比中获得“2011年北京市电力公司调度综合管理先进单位”称号。

（蔡继文　常　新　曹卫华）

【营销与优质服务】对重点业扩工程主动服务，提前介入，全过程监控、协调，完成接电容量22.36万kVA、售电量12.83亿kWh，增长3.21%，增长率在公司排名第三。严查电量跑冒滴漏，查处违约用电、窃电15户，追补电量4.35万kWh。电费回收率达到100%。

按照国家电网公司新“三个十条”要求，实施“塑文化、强队伍、铸品质”供电服务提升工程，开展供电营业厅等级评定工作，完善硬件服务设施，规范服务行为。组织召开重要客户座谈会、供暖用户电力协调会、大用户座谈会，进行重点用户走访。与矿山行业、医疗行业、开发区大企业及住宅小区等重点用户进行沟通与交流，将优质服务落到实处。

到古北口水镇、新农村一六一中学、高岭卫生院等单位推广地源热泵、空气源热泵及电采暖等电力替代产品，开拓电力市场。推广第三方缴费网点建设，借助县电视台、邮政广告等宣传媒体功能，指导用户便捷购电。开通工商银行、农业银行、农村商业银行、邮政储蓄银行、恒信通、银联等106个代售电网点。年底密云地区首个24小时售电网点投入运营，从根本上解决了百姓买电难的问题，为密云地区居民售电提供更加优质、便捷的服务。

■ 12月30日，密云地区首个24小时售电网点正式投入运营。（梁旭　摄）

截至2011年底，更换智能电能表8768具，居民小区新装智能表2845具，共计运行智能电能表15 199具。

推进民生工程，完成6个老旧小区配电设施改造项目和保利花园等保障性住房项目的报装接电工作，解决彩虹园等4个开闭站建设、久润小区等临时代永久用电问题。联手公司客户服务中心，开展用电宣传进校园活动，为首都经济贸易大学密云分校、太师屯镇中心小学的学生们普及电力科普知识、安全用电和节约用电常识。召开新一届行风监督员座谈会，向社会各界发放调查问卷500余份，听取来自社会各界的意见和建议，推进行风建设工作。

开展所属供电所10kV分线线损承包考核，深化分台区管理。向供电所下发线路、台区线损分析模版，涵盖线损分析的关键点。对变电站出线及台区功率因数加强管理，定期发布功率因数完成情况，提出工作要求。完成密云电厂及小水电立户收费工作。

开展生产GIS、营销SG186系统的接口工作，基本做到生产系统与营销系统相关电源数据同步联动。采取疑难问题面对面沟通、专人普查、总结汇报、定期公布各单位进度引入绩效考核等方法，进度及质量位居公司第二名。

（周福新）

【农电工作】密云公司通过国家电网公司“一流县供电企业”验收。城关、河南寨、穆家峪、十里堡、西田各庄、高岭6个供电所通过公司标准化供电所验收并获得命名。大开岭村、大屯村等20个村通过验收并命名为北京市新农村电气化村。完成公司2011年供电所管理审计工作。根据国家电网公司、公司部署开展“入校上一堂用电安全课、送一张用电安全宣传片、开展一轮农业生产临时用电及家用电器的绝缘检测示范活动”的“三个一”农村用电安全活动，普及用电安全常识，提高农村安全用电水平。完成农网升级改造10个村的可研工作。

（赵东明）

【科技与信息化】完成“悬式绝缘子遮蔽罩制作应用”“耐张线夹遮蔽罩制作应用”“C型线夹绝缘封闭工具制作应用”3项群众性技术创新项目。其中，“C型线夹绝缘封闭工具制作应用”获得公司群众性技术创新成果奖。向国家知识产权局提交专利申请7项。“刀闸检修工作平台”“简易电缆弯线工具”“一种绝缘子串遮蔽罩”3项专利获得国家知识产权局专利授权。

制订信息安全工作方案，采取有针对性的措施，加强对信息安全的管理。编制客户端软件安装标准手册，对客户端的安全防护方法进行详细讲解与演示。确保调度自动化系统（EMS）、电能量计量系统（TMR）、调度管理系统（OMS）、雷电定位系统、视频监控系统、智能值班报警系统、可视化调度系统、调度大屏幕系统等支持系统稳定运行。更换办公楼南楼三层视频会议室老化线缆，完成综合布线整改。

（曹卫华）

【党的建设与精神文明建设】全年共组织学习37次，在北京市电力公司及其他上级单位报刊发表文章5篇。开展“立足岗位强素质，忠诚履责比贡献”主题教育活动，此项活动获得公司2011年度精神文明建设创新成果优秀奖。开展“我身边的共产党员”征文和演讲比赛、“唱响红色旋律”歌咏比赛、表彰大会、红色电影连映、“共产党员献爱心”、摄影比赛等7项大型活动，庆祝建党90周年。组成以经营管理党支部为主体的共产党员服务队，全年集中活动10次；开展共产党员服务队进社区、进农村活动，先后到宾阳北里、果园等6个社区上门宣传和提供咨询服务，挂牌6个社区。成立“密云供电公司精神文明和企业文化建设领导小组”，将品牌建设、企业文化建设、企业民主管理等纳入综合绩效考核办法。开展文明单位（处室）、文明班组创建工作，与西田各庄镇于家台村结对子，参与地方文明共建活动。体现密云公司“7·24”抗灾保供电工作案例获得公司2011年度优秀履责案例。开展思想政治调查研究，2篇调研报告获得公司优秀奖和提名奖。

全年在行业媒体和地方媒体累计上稿247篇。获得公司2011年度品牌维护先进单位称号；相英杰获得2011年度公司“十佳记者”称号。

完成工会和共青团换届选举工作。

（相英杰）

顺义供电公司

【概况】顺义供电公司（简称顺义公司）是北京市电力公司直属供电企业，负责顺义区域内党政军机关、高科技园区及首都机场和全区87.7万常住人口的安全供电任务。顺义公司下设12个职能处室、3个工区、4个中心、1个产业公司和19个供电所。

截至2011年底，拥有110kV变电站19座，35kV变电站11座，110kV线路281.4km，35kV线路210km，10kV线路3412km，低压线路2027km。

2011年，顺义公司获得首都文明单位标兵、北京市交通安全先进单位，电力行业电力设施保护先进单位，公司安全生产先进单位，“四好”领导班子先进集体，顺义区“一助一”贡献突出单位和顺义区“创先争优”荣誉单位。

地址：北京市顺义区顺达路6号

邮编：101300

电话：81483347

【人力资源】截至2011年底，顺义公司共有职工312人，其中具有大学专科及以上人员236人；副高及以上专业技术资格人员12人，中级专业技术资格人员48人。

开展全员培训，完成各类培训64期次、882人次。组织完成技能鉴定考试82人次，完成31人专业技术资格申报工作，坚持“以赛促培，以考促培”，全年共有17人次在公司10kV架空线路带电作业技能竞赛、第二届工程造价管理知识竞赛、2011年“信息杯”ERP技能竞赛、应急抢险技能大赛中获得较好团体和个人成绩，1人获得代表公司参加国家电网公司10kV配网架空线路带电作业竞赛资格。

完成生产定员按专业、部门分解工作。完成生产一线结构性缺员、农电工管理、劳务用工管理、特殊工种备案等调研工作28项。成立行政管理中心，撤销原综合服务中心机构及机构内岗位，组织完成岗位选聘、竞聘工作。

■ 10月12日，顺义公司参加北京公司应急抢险技能大赛，图为打拉线项目比赛现场。（张杰　摄）

编制《顺义供电公司部门业绩考核实施细则》《顺义供电公司部门定性评价标准》《顺义供电公司员工考核评价指导标准》《顺义供电公司员工奖惩情况评分办法》等考核标准制度；完善部门业绩指标考核标准和供电所指标体系考核标准；开发推广绩效管理应用软件，优化绩效管理流程。

【电网规划与建设】完成顺义地区“十二五”电网规划滚动修编工作。落实2座220kV变电站、15座110kV变电站站址。推动西辛变电站增容工程列入2012年度夏工程计划。完成西府、梁庄110kV输变电工程规划前期工作。开展马坡220kV和庄子营、军营、新城110kV输变电项目可研，审议俸伯110kV项目、环卫中心充电站项目可研。完成北汽自主品牌乘用车基地、民生银行总部等专项电力规划；开展中航信、汽车城、高丽营副中心区、南彩工业区等专项电力规划。完成技改工程20余项。与区政府各相关部门建立定期会商制度，解决电网规划和建设过程中遇到的问题。

■ 5月30日，沿河变电站35kV设备改造现场。（张磊　摄）

基建工程管理。制定安全质量策划方案，开展基建规章制度学习，向各工程参建单位传达上级要求；开展业主项目部、监理项目部、施工项目部安全规程制度考试；成立安全质量巡检工作组，开展现场安全检查；加强分包管理，完成分包商备案造册；开展基建安全通病防治专项工作和有限空间作业安全自查。出口加工区110kV输变电工程电力隧道工程一、三标获得基建部争创无违章工地流动红旗。绘制北京市电力公司基建工程管理流程图，明确每个流程关键点间的联系与制约因素，指导基建工程管理。

电网项目实施。完成110kV怀牛线路改造工程，110kV李上一、二和35kV仓河、牛北一等线路迁改工程，推进110kV出口加工区输变电工程和西马、顺王等两个220kV送电线路的工程前期工作。

【经营管理】2011年完成售电量49.35亿kWh，同比增长7%；110kV及以下线损率完成4.83%，同比下降0.52个百分点；电费回收率100%。

完成年度可控成本分解，落实各类成本管理责任部门和管理模式，提高成本利用率；加强费用支出过程管控，确保成本支出合理合规。将各类基建、大型技改等工程的法人管理费用、生产准备费等费用纳入顺义公司成本管理范畴，实行单工程预算管理。根据本年度工程形象进度，组织工程建设部门编制其他费用预算，统筹安排资金。落实物资体系改革，完成物资职能调整，开展物资清仓查库工作。

落实公司依法治企工作要求，推进主多分开和集体企业规范管理工作。开展审计结果应用，对于工程建设、财务管理、电费管理和供电所管理等工作过程中暴露出来的不规范问题逐项落实整改。开展“法治电网”依法治企专项活动，梳理顺义公司各项规章制度，利用书籍、讲座、刊物、征文等形式开展法制宣传教育。截至2011年底，共办理诉讼案件9起，审结5起；对外签订经济合同341份，未发生合同纠纷，合同履约率100%。

【安全生产】2011年顺义公司以“两抓一建”活动为主线，夯实安全管理基础。全年未发生人身轻伤及以上事故，未发生电网、设备、火灾事故，未发生性质恶劣、社会影响较大的停电事故，实现年度安全生产目标。

梳理安全规章制度，逐级落实安全生产责任制。开展安全教育培训，完成1117名人员安规考试，建立安规“定期调考”机制。开展生产现场巡视检查和“反违章”工作，累计检查工作现场317个，检查工作班组401个，发现违章行为及问题监督落实整改。丰富“思考三分钟”活动内容，启动大学生“安全助理”活动。开展“铭记12.6　过程保安全”主题系列活动，组织拍摄典型设备规范倒闸操作录像，开展变电运行人员技能比赛。开展“三查四防”安全大检查活动，梳理消除生产、基建、营销等各领域事故隐患。

■ 8月9日，顺义公司开展有限空间作业培训。（张杰　摄）

开展电网运行分析和安全校核，提前梳理大负荷期间电网薄弱环节，制定预控和技术改造措施，完成1座沿河35kV变电站（沿河站）增容改造，3路35kV输电线路综合检修和接地电阻整治，33路10kV架空线路综合检修及92台农村配电变压器分换装工程，完成OWTS电缆状态监测16路。完成14座变电站门窗等辅助设施综合整治、5座变电站电缆沟盖板综合整治工作，修剪影响架空线路运行的树木20余万株，清除鸟巢1600余个，安装驱鸟设备900余支。针对外力破坏高发重点隐患区域，借助群众护线和专业护线队伍，开展反外力特巡和盯守；向输变电设施周边施工人员、吊车司机等发放反外力宣传材料2000余份；建立企地联动机制，制作典型电网环境隐患视频宣传片，梳理出78处输电线路、526处配电线路严重和危急环境隐患，报请政府主管部门协调解决。全年完成包括两会、中高考、成自考在内各类供电保障任务22次，实现政治供电“零闪动”目标。

【营销与优质服务】编制《顺义供电公司“十一五”电力销售图表册》，为科学预测“十二五”电力销售形势提供数据支撑和判断依据。规范客户报装管理流程，全年共完成报装接电1.5万户，接入容量36.25万kVA。

编制《电费专业基础工作质量评价》月度报表，对当月电费专业小指标完成情况按照属地进行统计汇总，针对指标排名靠后的供电所，责令进行改进；提高抄表、核算工作质量，编制《顺义供电公司电费应收退补案例汇编》，减少电费应收差错，实现电费100%回收。开展营业普查专项行动，全年共查处窃电及违章用电103户，完成电费追补和违约电费收入108.61万元。

规范“机电不符”故障处理流程。加强计量改造工程现场管理，制定应急处置预案，完成1.6万具智能电能表改造任务。

完成电动汽车充换电站选址工作，配合公司启动首都机场太阳能电池梯级利用项目。

开展“塑文化、强队伍、铸品质”优质服务活动，落实窗口售电、用电报装、应急送卡等服务的标准和要求，提高故障抢修的速度。开展共产党员服务队系列活动，聘请社区服务顾问，为困难居民和孤寡老人提供“爱心服务卡”上门服务，完成6个社区挂牌联系任务。落实供电服务“进企业、进学校、进乡村、进街道”要求，全年共开展活动17次，上门服务22次，服务爱心卡用户25次，对外服务人数1699人次。开展重要用户差异化服务，建立常态化服务机制，确保首都机场、轻轨15号线等二级以上重要用户的可靠供电。开展系列便民工程，拓展电费销售渠道，利用营业厅资源，增加POS机设置，增设代收电费网点，方便电费缴纳。

【农电工作】完成区（县）供电企业突出矛盾和问题排查治理、农网SG186信息资料填报、供电所情况调研工作。按照专业化管理要求，建立健全管理制度、各项记录、台账和基础数据，完成8个供电所的标准化达标验收。完善统一低压报装流程，制定安装典型规范，要求供电所按季上报施工材料需求，由物资公司统一进行采购。

完善劳务人员基础管理信息。开展农电人员负控采集、网络表安装调试、预付费结算等专业培训会，为供电所一线工作人员梳理工作难点，解答工作流程问题。

【科技与信息化】申报群众性技术创新成果3项，撰写科技论文42篇，其中10篇科技论文参与申报公司优秀科技论文；开展特色科技活动4项。

配合公司完成30座35kV以上变电站传输网改造工作；完成19个供电所综合数据网切改工作，完成10个供电所机房环境整治工作。深化人力资源信息管控模块、财务管控模块、营销业务应用系统、ERP基建管控模块、PMS技改大修管理模块、协同办公等信息系统的应用工作。

加强VRV网管系统应用，做到网管实时监控，发现问题当日处理。规范终端操作者行为，对于设备新增、迁移、更改，均需履行审批手续，确保桌面终端系统“可控”。全年共完成信息类报修1100余次。完成各类工单160余张。完成110多台新计算机及其他办公设备的发放及资产管理工作，会议服务170多次。

【党的建设与精神文明建设】围绕企业中心工作，开展“强素质、保安全、创效益、勇争先”主题教育活动。以学习党史为核心，开展“90讲团”“红色放映队”等特色活动。以“创先争优”为抓手，开展“五好”党支部和“五带头”党员评比工作。

■ 6月14日，顺义公司到北石槽中心小学开展“一助一”捐资助学活动。（贾为　摄）

签订精神文明建设责任书，逐级落实考核责任；完成两项创新实践成果总结、提炼和申报工作；开展“一助一”帮扶工作，连续第三年到北石槽镇中心小学开展“城乡共建谱新曲，爱心奉献促和谐”捐资助学活动，向10名贫困学生送上学习用品和助学金；制作《光明接力》电子长卷，以顺义公司重要史实图片、专题视频、事迹报道和鲜活的企业文化故事为主，记录企业与员工共同成长历程。

开展“反思教训、完善监控”主题教育实践活动，完善惩防教育体系。开展廉洁宣教，加强“企检共建”，对中层干部和重点岗位人员开展廉洁警示教育，组织参观顺义区预防职务犯罪宣传展。落实“协同监督”工作机制，全年共召开协同监督工作会暨内控联席会议6次，对大额资金使用、物资采购、工程管理、财务资产管理及干部选拔任用等情况进行监督。开展廉政谈话，全年共完成任前廉政谈话16人次，廉政问询谈话32人次。制定“顺义供电公司‘三重一大’决策制度”，明确决策准备、决策形成及决策执行流程。

开展“号、手、队”创建、英语充电站、电力文化校园行等特色活动；在上级团委组织的各项重点工作中，获得公司团委团建创新成果三等奖、两个团体节目进入青春风采大赛十强。完善民主管理，开展厂务公开，落实劳动竞赛、文体活动等工作，在公司工会组织的“和谐家庭才艺大赛”中荣获第一名。

（王　蕊）

延庆供电公司

【概况】延庆供电公司（简称延庆公司）成立于1962年，隶属于北京市电力公司，是集输、变、配、用为一体的供用电企业，负责延庆地区1993.75km^{2}范围内的电力供应、销售以及110kV及以下电网的规划、建设与运营工作，肩负着为延庆地区经济发展、政治供电和人民生活提供安全供电的重要责任。延庆公司共设11个职能管理处室、5个直属生产机构、8个供电所和1个多经总公司。

2011年继续保持“首都文明单位标兵”荣誉称号，连续两年被评为行政办公先进单位、取得安全生产管理先进单位和“法治电网”依法治企先进单位荣誉称号，荣获可靠性管理先进单位、配网带电作业先进单位、市场开拓先进单位、行政后勤管理先进单位、北京市卫生红旗单位、延庆县优化发展环境先进单位、交通安全管理先进单位等荣誉称号。

地址：北京市延庆县庆园街53号
邮编：102100
电话：69101219

【人力资源】截至2011年年底，延庆公司共有员工694人，其中研究生学历11人，本科学历50人；高级职称8人，中级职称19人；技师及以上职业资格10人，高级工127人，中级工2人。加强干部交流和管理力度，3名年轻干部被选派到公司本部挂职锻炼，5名同志通过公开竞聘的形式交流到其他单位工作。

完成《延庆供电公司2011年度业绩指标考核办法》修订工作，共梳理制定56项年度业绩考核指标。深化全员教育培训工作，组织开展安全规程、运行规程培训及考试、触电急救培训及考试、安全风险知识培训；针对10kV线路下放工作，组织农村供电所人员开展技能培训3期，参培人员共计90人；依托永宁培训基地开展300余人次技能培训。在国家电网公司2011年度农电工技能竞赛和带电作业技能竞赛中，延庆公司均有1人取得公司参赛代表资格；在公司年度竞赛中，延庆公司带电作业技能竞赛获得团体二等奖；继电保护专业调考和制版系统调考分别有1人获得第四名；农网配电营业工职业技能竞赛有3人进入决赛。

【电网规划与建设】结合延庆县“十二五”发展纲要和新能源发展规划，完成延庆电网“十二五”规划修编和2011年电网图集的编制工作，制定规划项目前期计划表，明确公司“十二五”主网建设项目时序，推进延庆110kV三环网坚强网架规划的落地；结合延庆各类电动车发展需求，编制《延庆地区充换电站及快速充电桩布点建议方案》，开展充换电站建设规划对接工作，为延庆地区新能源基础设施产业发展提供保障。

完成张山营、旧县、永宁、延西4个110kV变电站升压工程投资划分协议的签订工作；完成延庆智能电网研究示范项目总体规划、土地流转等前期工作；启动张山营110kV输变电工程建设；完成环卫车充换电站、八达岭景区充换电站、城南充电站东扩工程的土地使用协议签订、可研编制等前期工作；组织实施15项投资预控、11项专项技改、83项电网检修和63项配网迁改工程。

■ 11月13日，白河35kV变电站断路器更换作业现场。（张海涛　摄）

【经营管理】完成售电量6.98亿kWh，同比增长0.59%。开展资产清查工作，梳理完善资产卡片11 117张。开展制度梳理和建章建制工作，共梳理有效制度157项，新建制度20项。全年共确定职代会重大事项督办任务26项、确定年中管理改进项目20项，确定班子会重点督办任务22项。构建同业对标责任、评价、管控三大体系，形成全过程闭环管理模式，延庆公司2011年度13项指标排名获得提升，两项典型经验入选公司典型经验库。规范废旧物资管理，实施单车成本核算，探索公务用车管理。推进调控一体化建设，调控中心正式投入运行，实现全厂站运行状态监控。加强安全风险过程管控工作，发布二级、三级电网完全风险控制单18张，执行安全风险控制卡20张。定期编制电网运行方式分析报告，提升电网运行可靠性和经济性。开展重要客户外电源梳理工作，强化重要客户供电安全风险管控。截至2011年底，累计实现安全调度6065天。

开展“法治电网”依法治企专项活动，落实“三重一大”民主决策制度。推广经法系统全面上线，规避和防范各类经营管理风险。配合公司开展财务、审计联合检查、供电所专项检查等多项审计检查工作。开展“三指定”“小金库”专项治理活动，实施供电所管理、工程建设管理自查自纠工作，制定问题整改措施计划，强化整改信息反馈工作，实现内部审计闭环管理。

【安全生产】开展“抓执行、抓过程、建机制”安全风险管控系列活动。加强安全风险信息审核与发布管理，共发布各类生产安全风险416条。建立三级安全风险管控机制，提高作业现场安全措施针对性和规范性。加强作业现场安全监督管理，开展联合检查17次，安排巡检组现场安全监督检查419次。开展安全监督审计工作，保证安全生产责任制逐级落实到位。严格落实各级领导及管理人员到岗到位制度，梳理细化到岗到位标准，全年完成领导及管理人员到岗到位585人次。推行安全规程在线周考和定期普考，举办19期在线考试，参考人数累计达498人。组织学习《电力安全事故应急处置和调查处理条例》，参加人数共计267人。推进隐患排查治理工作，完成自查发现的52项隐患整改工作；共治理遗留树线隐患16 845棵，治理比例达到75%。

开展应急流程梳理和制度修编工作，梳理并修编各专业应急预案24项，组织多项综合应急演练活动。建立制度规程资料库、生产营销基础资料库、应急预案库，实现对突发事件信息、要事要情、命令指令的统一接收和传递。开展电网设备巡视重点工作，降低电网运行风险，全年共发生配网10kV线路永久性故障70次，同比减少2次，发生电缆线路外力破坏故障2次，故障管控工作在16个供电公司中排名第四。开展配网带电作业工作，在公司组织的技能比武中，延庆公司荣获竞赛团体二等奖，并连续三年获得带电作业先进单位的荣誉称号。开展各类消防安全培训7次，组织调度楼、张山营基地应急演练2次，开展消防设施及消防安全隐患排查共6次。

完成电力设施保护类大修工程8项；开展电力设施保护专题宣传3次；完成输电线路护线队组建、培训、运行及监督检查工作，建立35kV及以上架空输电线路护线队周巡视制度，排查线路各类隐患21处，完成A级隐患定点看护7处。

全年完成50余次政治保电任务。未发生人身事故和一般及以上电网、设备事故。截至2011年底，实现年度3个百日安全目标，安全生产长周期累计实现3981天。

【营销与优质服务】细化全年增供扩销方案，开展“保热点、压结存”专项工作。推广实施电能替代项目等多种市场开拓措施，增加售电量1176.01万kWh，市场开拓电量占年度售电量的20.73%。加快业扩报装速度，全年共完成报装接电容量4.6万kVA。

落实公司品牌建设战略，推进“阳光报装、诚信服务”专项行动和“塑文化、强队伍、铸品质”供电服务提升工程。开展大客户走访，结合客户的发展战略和用电需求，实施差异化服务举措。完成6个居民社区共产党员服务队的挂牌服务任务。组织全体党员参与卡表检查工作，完成4.6万具卡表普查工作任务。落实爱心帮扶活动，为25家特殊困难用户提供用电设施改造服务。推进恒安和新兴小区非规范居民小区供电改造工程，解决居民用电问题。执行计量装置入网及现场校验标准流程，现场校验完成率排名公司第一。加强用电信息采集系统故障处理，用电信息采集系统实用化率达到100%。开展计量数据整理工作，奠定营销稽查监控系统上线基础。实施居民计量装置改造工程，完成9397具智能电能表装换工作。

开展客户受电工程自查自纠工作，完成受电工程资料的整理、核查。探索高效电费收取模式，试点应用自助缴费终端收费方式。坚持营业窗口监测和暗访工作，实现全年服务零投诉。延庆公司旧县、永宁和四海3个供电所被公司授予标准化供电所荣誉称号。加大反窃电力度，全年共查处窃电和违约用电63起。

■ 6月23日，雷雨中应急抢修现场。（张海涛　摄）

【农电工作】持续开展供电所规范化、标准化、动态化管理活动，开展供电所人员、组织机构、岗位设置、安全生产、营销服务、财务管理、党团工会领域调研，完成供电所整体调研报告，制定有效措施统一农电业务管理模式和工作流程。完成旧县、永宁、四海3个供电所创建和验收工作，实现供电所窗口规范化100%达标目标。开展“春检预试安全大检查”“百日安全大检查”“两抓一建”和“专题安全日”等安全系列活动，明确各岗位安全生产职责，提升农电安全作业水平。搭建用电信息采集和电费信息分析平台，实现电费抄核收全过程管控。

【科技与信息化】编制完成2011年延庆公司科技工作管理制度，完成科技专利3项，完成科技成果1项，上报优秀科技论文3篇，一项科技成果入选国家电网公司农网科技进步应用成果汇编。2011年未发生信息系统重大故障和失泄密事件，未发生违规外联事件。成立信息化工作领导小组，更新《延庆供电公司信息安全应急预案》。严格按照信息机房管理制度，提升重要信息设备运行维护效率，保持年度网络设备计划外停运时为零。推行信息化应用统一管理措施，日均处理应用问题5~7次。实现延庆公司内网桌面标准化全覆盖，完成防病毒软件的升级，实行SAV与SEP结合使用策略，防病毒软件安装率100%。完成外网客户机标准化桌面注册工作。加快信息化建设，推进ERP、SG186、PMS等系统稳定运行。编制2011年延庆公司科技工作管理制度，收集完善专利项目三项。

【党的建设与精神文明建设】以创建“四好班子”为载体，提高领导干部队伍的整体素质和领导能力。落实公司党委部署，开展“学党史、强信念、明形势、做贡献”党内主题教育活动和“忠诚企业、服务首都”主题教育活动，配备党史教育书籍及声像材料，充实党支部主题教育内容。组织党员到延庆公司示范项目基地义务劳动、开展党员服务队进社区、庆祝中国共产党建党90周年特色活动，营造浓厚创先争优氛围。开展“反思教训、完善监控”主题教育实践活动，建立并深化协同监督机制，严格执行纪委书记报告制度，健全“三化三有”惩防体系。信访投诉事件为零。

与公司“双十”评比工作相结合，开展文明工区处室、文明班组创建工作，再次被推荐为“首都文明单位标兵”。依托工会、团青工作平台，助力员工成长成才，在公司团建创新评选工作中公司荣获三等奖。

全年83篇稿件被《国家电网报》《北京电力报》录用。开展“聚焦三会”、安全十周年、电网老旧小区改造等专题宣传活动。基层工作动态信息被《国家电网工作动态》采用66篇，在公司2011年度信息工作评比中取得第二名。

（韩戈奇）

其 他 单 位

QI TA DAN WEI

输　电　公　司

【概况】输电公司是北京市电力公司主网生产单位之一，担负着北京电网主网架总长度4500km、35～500kV输电线路的运行巡视、缺陷处理、设备测试、停电检修、大修技改、带电作业、事故处理以及重大活动保电任务，承担着北京市电力公司所属主网输电线路的紧急事故抢修任务。输电公司检修工区是北京市应急体系专业抢修队伍之一。

截至2011年底，输电公司所辖35kV及以上输电线路848条，总长度4554.42km。其中500kV 6条、200.59km，占总长度的4.84%；220kV 177条、2575.58km，占总长度的56.55%；110kV 256条、1578.01km，占总长度的34.65%；35kV 45条、180.24km，占总长度的3.96%。

2011年，输电公司完成北京市电力公司下达的各项工作指标和任务，获得丰台区文明单位等荣誉。

地址：北京市丰台区洋桥72号
邮编：100068
电话：63676123

【人力资源】输电公司共有公司领导6人，经理助理1人，副总经济师1人。共设12个职能处室、4个生产工区、1个多经总公司。截至2011年底，在册职工共计286人。其中，拥有硕士研究生5人，本科学历30人，专科学历49人，中专17人；拥有高级职称8人，中级职称35人；高级技师9人，技师84人。输电公司党委下设7个基层党支部，共有党员149人，占职工总数的33%。

加强领导班子建设，开展“四好”（政治素质好、经营业绩好、团结协作好、作风形象好）领导班子创建活动，坚持民主集中制和“三重一大”事项（涉及单位重大决策、重要人事任免、重大项目安排和大额度资金运作的事项）集体决策制度。加强干部队伍建设，坚持“德才兼备、注重实绩”的用人标准，健全后备干部管理制度，加大干部多岗位交流力度。教育培训方面，按照“统筹规划、分层实施、专业负责”的原则，逐级签订年度培训目标责任书，落实各级培训职责。加强对青年员工的培养，制定并完成新入企大学生培训方案，在公司的指导下启动“安全助理”培养活动。加强后续学历教育、专业技术资格和职业技能鉴定等基础工作，2011年共有15人取得后续大学专科及以上学历，21人取得专业技术资格，38人取得职业技能鉴定资格，人才当量密度达到94.8%。

【电网建设】加强工程安全质量管理，制定、落实《2011年输电公司基建安全、质量策划方案》，组织开展《国家电网公司输变电工程工作标准库》、电力安全工作规程以及对外承发包项目安全管理规定等培训工作。提升工程管理标准化水平，每周按时填报在施工程施工进度表，对停电施工制定风险控制措施。

■ 10月26日，配合中国园林博物馆建设开展迁改工程。（霍智勇　摄）

组织实施220kV门聂线双回线路大型技改工程，改造线路29.5km，新建铁塔14基（包含6基临时铁塔），该工程于5月30日竣工。完成220kV平城一二、35kV六长2项专项技改工程，改造线路长度1.3km。完成通州商务园、中国园博会等5项迁改工程，涉及线路9条，改造长度12.8km。完成大兴地铁T城南工程等12项工程的结算。在公司物流服务中心组织下回收废旧导线468t，完成177t废旧铁塔的回收工作。

【安全生产】开展“百日安全”、“两抓一建”（抓过程、抓执行、建机制）安全风险管控主题活动以及消防安全专项治理工作。狠抓电网、人身安全风险管控，严格落实作业现场三级安全监督检查和现场把关制度，加大电网本体和周边环境隐患排查治理力度。完善应急体系建设，开展应急演练，输电公司应急队伍成功经受了“6·23”极端暴雨天气的考验。2011年，共计完成建党90周年庆典，“天宫一号”、“神州八号”

航天项目、十七届六中全会等56项大型政治活动供电保障任务，累计特巡927路次、44 305km。完成风险保电特巡473路次、23 708km。完成线路正常巡视累计4083路次、37 303km。完成停电综合检修121路、4115基，开展带电作业319次，并结合检修工作完成493路次、8166基、77 320个接头的测温工作。开展反外力活动，签发外联单19 874份、隐患通知书3467份，制止大型机械作业1636次，制止施工场所1805次，向大型机械司机、车主发送提示短信66 000余条。加强办公场所安保工作，在单位重点区域安装安防视频监控探头。交通安全形势稳定，全年安全行驶220余万km，未发生酒后驾车等严重交通违法行为。

探索反外力工作有效手段；不断完善反外力工作机制，促进各区县政府重视反外力工作；通过法律手段解决线下隐患治理问题；采取差异化管理措施，引入256名保安公司护线队员开展重点线路巡视看护工作；采取无线视频监控，安装信标灯等多种措施，对施工现场进行外力防控。2011年，输电公司所辖线路跳闸次数较2010年同比减少8.5%，其中外力跳闸次数较2010年同比减少28.6%。

2011年，输电公司未发生人身伤亡事故；未发生重大电网事故；未发生重大设备事故；未发生重大生产火灾事故；未发生性质恶劣、社会影响较大的责任事故。实现了三个百日安全生产长周期。

【经营管理】健全完善输电公司“三重一大”决策制度，完成169条制度的梳理以及《输电公司总值班室管理规范（试行）》等制度的编制、修订工作。根据生产实际需要，撤销原工区级总值班室，组建抢修工区和新的职能管理机构总值班室。资产管理方面，按照公司资产清查统一工作部署，完成输电公司14 000余项线路设备资产和2000余项线路工器具资产卡片的信息核对、完善、补充工作。梳理代维用户相关线路资产，形成“用户相关输电线路设备台账一览表”。开展工程建设领域突出问题专项整治活动，规范招投标管理，优化废旧物资处理流程。实施资金风险管控，深化ERP系统应用，加大月度现金流量预算管理的宣传和执行力度，严格审核管控计划外资金。加强日常资金使用监管，开展“小金库”治理专项活动。执行合同会签制度，开展经法系统信息化平台及国家电网公司统一合同文本的应用，对合同履行跟踪监控。2011年，开展工程审计、财务专项联合检查以及安全审计专项检查等8项审计检查工作，有针对性地制定解决措施并开展整改。

【科技工作】立足解决生产实际问题，完成四旋翼、固定翼无人机巡检，以及地质灾害监测3个科技项目的实施、验收；完成输电网运行指挥平台隐患台账和反外力管理、生产值班管理、应急和突发事件管理等功能模块的开发，其中运行指挥平台建设和无人机巡检技术研究均获得北京市电力公司科技进步二等奖。开展群众创新、科技论文编写以及科技成果专利申报等工作，输电公司科技论文《雷达技术在架空输电线路反外力中的应用》被评为华北电网优秀论文，5项群众创新项目获得电力公司创新成果奖项，3项科技成果获得专利。15项科技成果通过专利申报的初步审批。开展信息安全大检查活动，层层签订安全保密协议，按照要求进行网络信息系统升级。输电公司未发生信息系统重大故障和失泄密事件。采取多项措施推进档案管理数字化工作进程，截至2011年底，档案数字化率实现55%，达到北京市电力公司≥50%的指标要求。

■ 6月20日，500kV南昌一二线路进行无人机试飞工作。

（霍智勇　摄）

【党的建设与精神文明建设】深入开展创先争优活动，坚持中心组学习制度，创建学习型党组织。以建党90周年庆典为契机，开展共产党员突击队、共产党员责任区、共产党员先锋岗等特色活动。推进“学党史、强信念、明形势、做贡献”党员主题教育活动。加强对基层党支部的领导，组织完成输电公司所属7个基层党支部换届选举工作。建立健全协同监督机制，加强信访工作，开展“反思教训、完善监控”主题教育活动，推进惩防体系建设。开展“忠诚企业，服务首都”主题教育活动和“我是国家电网人，我是电网铁脊梁”企业文化建设主题实践活动。与将台乡人民政府共同签署《企地文化共建协议书》，以文化为桥梁进一步密切企地合作。

■ 6月16日，开展“追寻革命足迹 深化创先争优”主题活动。（李丝雨 摄）

2011年，输电公司党委获公司“优秀基层党组织”称号。输电公司在“我身边的共产党员”主题活动中，获得公司一等奖和华北区域二等奖；检修工区检修一班获得全国质量信得过班组称号；在合理化建议征集、QC活动和职工野外应急抢险技能大赛等多项活动中取得佳绩。

工会主动为职工办实事、办好事，完成检修工区、护线队浴池等生产生活服务设施改造，组织职工进行体检，为职工子女发放“六一”儿童节纪念品，对护线队困难职工家庭进行走访慰问，实现企业发展和谐稳定，获得2011年北京市电力公司先进基层工会。团委完成换届工作，成立青年爱心基金，创刊《输电青年》电子杂志，开展爱心植树等多项活动，连续三年被评为北京市电力公司五四红旗团委。

（刘力行）

变 电 公 司

【概况】变电公司负责北京电网220kV变电站运维管理及35kV及以上变电设备的专业化检修及事故应急抢修任务。

截至2011年底，共管理变电站64座，按电压等级划分包括500kV变电站3座，220kV变电站60座，110kV变电站1座；按监控方式划分，包括有人值守变电站5座，无人值守变电站59座，无人站中接入北京电网控制中心52座，变电站无人化率为92.18%，网控率为81.25%。

变电公司设置11个管理处室，9个生产部门以及1个多经总公司。其中，3个运行管理处管辖12支运维队。2011年荣获北京市电力公司先进单位、文明单位、依法治企先进单位、党风廉政建设优秀单位等荣誉。持续开展五年的“共担安全每一天”特色主题活动荣获国家电网公司企业文化优秀案例评审一等奖。

地址：北京市宣武区白纸坊东街29号

邮编：100054

电话：63126570

（尉冰娟）

【人力资源】截至2011年底，变电公司共有职工917人，其中研究生及以上学历68人，大学本科222人；高级职称25人，中级职称110人；高级技师32人，技师115人，高级工513人。

组织260多名运维人员参与技能认证，理论和实操考试累计达2900余人次，认证结果与绩效考核和后续的岗位竞聘直接挂钩。全年组织189人参加职业技能鉴定，涵盖变电站值班员、变电检修工等10个工种，后续学历认证38人。将运维队安全管理、生产管理、设备管理、培训管理、班组建设等主要工作进行指标量化，制订运维队管理标准与对标管理办法，开展运维队之间对标工作。

逐步完善全员绩效考核标准、方式、方法，对约800名职工按月实施全员绩效考核工作，严格按照相关比例要求，确定绩效考核等级（A级～E级），月度全员绩效结果同职工薪酬直接挂钩，年度绩效考核结果同职工岗位调整、教育培训等挂钩。

参加各类优秀人才评选，其中2人获得国家电网公司优秀专家人才（技能专家），3人获得全国电力行业技术能手，1人获得全国电力行业优秀技能选手，1人获得国家电网公司优秀班组长，1人获得北京市优秀青年工程师，2人获得华北电网优秀工程师，7人获得北京市工业和信息化高级技术能手，1人获得电力教育培训新星奖。

（刘 彤）

【电网建设】完成5项大型技术改造项目建设、31项专项技改类项目建设。实施集约化物资采购，2011年共组织物资采购评审会7次，物资采购合同签订率100%，全年物资计划填报合格率100%。西红门仓库备品备件管理模块上线，实现物资从采购到出库各环节的闭环管理。

完成草桥站1号变压器大修等共7项大型工程建设。按时完成公司第一个220kV智能化变电站（左安门站）改造项目，7个单位、200余人参加改造工程，该项目历经6个工作阶段，施工时间73天，于11月1日竣工投产。投产后，与临近的左安门智能化小区形成综合性的智能网络，成为公司智能化建设的形象展示窗口。

（刘翠艳）

【安全生产】 2011年，城网综合供电电压合格率99.998%；未发生责任重复计划停运、责任非计划停运、错报输变电可靠性停运事件；调度综合管理完成率98.42%；220kV保护正确动作率100%；生产管理系统（PMS）和地理信息系统（GIS）实用化率完成了95%指标；大修项目完成率100%。

定期分析设备，推广设备评价。采用日常和周期评价相结合的模式开展一次、二次设备及辅助设施评价，共开展会诊评价245次，发现各类问题557项。推进状态检修，在原有综合检修基础上，推行间隔检修和抽样检修。根据设备差异化特点制定相应检修策略，对同类或同期评价异常设备进行抽样检修，在太阳宫、老君堂、城北等变电站试点开展综合检修，完成老君堂、太阳宫、城北等变电站的间隔检修试点工作，优化了停电计划，统一同一间隔设备的试验周期，同时按照约5%的比例开展了抽样检修，共抽检10kV开关设备676台。实施故障录波器组网工程，在运维队开展故障录波报告提取工作。全年共计29座220kV变电站接入故障录波组网系统。利用故障录波网络，实现故障实时分析，快速反应。深入状态监测技术分析。修订运行专业局部放电监测相关文件，开展运行专业集中培训和专业班组轮回培训，形成运行人员普测与专业班组数据分析的双层管理体系。全年开展状态监测工作451站次，发现并及时处理了红军营站开关柜穿柜管放电和堰上站GIS设备母线仓放电的严重隐患。综合状态监测工作与传统电气、油务试验方式，开展油中放电模拟等试验项目，总结归纳各种测试方法对不同放电类型的灵敏度特性。尝试开展机械特性在线监测装置试验，以老君堂站断路器、黄寺站组合电器为试点积累经验，拓展断路器状态监测手段。

全年未发生各类安全生产事故，发生设备一类障碍两起。实现安全生产长周期365天，累计安全生产长周期604天。落实安措项目238.26万元。年度共执行各类变电工作票15 432张；审批近电安全措施45份。审批工作票签发人、负责人、许可人共计569人。全员签订“安全双向互保责任书”；一线生产人员签订“人身安全责任书”790份。开展各类安全培训与考试共计4000人次，11人分专业参加安规调考，因成绩优秀成为调考表现突出单位。

6月1日，变电公司员工对迎峰度夏设备进行巡视。

开展“抓执行、抓过程、建机制”安全风险管控活动，明确36项重点工作。每月抽查不少于20个倒闸操作录音和不少于150张工作票。隐患排查整改40项。开展“安全责任重在落实”安全生产月活动，召开专题会议26次，建专栏25个，内刊23期，报道52篇，开展应急演练24次。强化安全生产管理，落实到岗到位规定，全年变电公司领导、各单位管理人员总计到现场检查10 105次。加强生产现场监督检查，成立两级安全巡回检查组，检查304站/次，发现主要问题21个。实施安全风险管理，宣贯、学习国家电网公司《安全风险管理工作基本规范（试行）》和《生产作业风险管控工作规范（试行）》。通过专题安全日学习《2000～2009年事故、障碍汇编》和《1998～2009年因二次回路原因造成事故、障碍及不安全现象汇编》，吸取教训。加强过程管控，规范人员作业行为，

11月5日，芦城220kV变电站榆芦工2216断路器检修工作现场录音和存留图像。

在城北运行处进行倒闸操作全过程录像试点工作。开展安全审计工作。落实安全技能评价，共计537名人员按时参加变电运行和检修一次专业的考试。开展督导检查，分为基层单位自查和公司检查两部分，抓好安全生产措施与要求的执行、落实。

启动“三抓一巩固”基建安全主题活动和“三强化三提升”质量提升年活动。编制《2011年基建安全管理策划方案》。开展基建安全通病防治专项整治，实现根除“50项重点通病”目标。开展“基建安全管理”、“争创无违章工地”流动红旗竞赛等活动。加强施工单位和现场施工人员的管理，复审20个施工单位的资质，发放临时进站工作卡938张，安排专职安全员、工程质检员、高低压电工本的培训、取证工作。

（熊洋静　王泽懿）

【经营管理】完成资产清查工作，ERP系统固定资产信息与现场实物相互对应信息率达到98.5%以上，资产管理实时进入管控流程，工程竣工决算完成率100%。完善资产形成、运行、检修、退运和报废各环节的业务流程，强化业务节点控制，统一物料、设备和资产的联动机制，资产价值随实物信息及时联动。

动态分析预算执行，对预算执行偏差进行考核，实施预算集约调控。成本管理方面，实施月度现金流量预算管理，缩短预算周期，确保资金计划的准确性。资金管理实现业务部门申请、财务部门审核、公司支付的模式。开展经费资金一级账户通存业务，实现电子支付。

修订完善制度255项，废止制度31项，覆盖变电公司全业务。修订完善169个岗位工作标准，覆盖变电公司全岗位。修订完善现场作业工序质量控制卡131项，覆盖全部常见作业项目。在调控一体化运行管理、检修专业年度管理、变电运维队管理以及设备定期巡视标准方面重点予以规范。

总结提炼4项企业管理创新成果和12项典型经验，完成13项专题调研。其中“生产承载力管控与风险预警管理创新”成果，在全国电力行业企业管理创新成果评审中获得二等奖。“变电运维管理”、“标准化管理”、“廉洁从业规则教育管理”成果，分别获得公司管理创新成果一等奖、三等奖和优秀奖。“大检修体系建设研究”和“变电设备基础资料管理体系研究”对实践具有指导意义，获得公司2011年度政策研究论文评审杰出成果奖。“变电站运行工况会诊管理经验”入选公司2011年度同业对标典型经验库。荣获公司企业管理创新优秀组织单位和政策研究工作优秀组织奖。

（方志平　张　莉）

【科技工作】完成公司下达的“移动式无线视频监视系统研究与应用”科技项目1项。荣获公司2011年度科学技术进步奖共4项，“智能变电站新技术实用化研究与应用”获一等奖，“变电站智能运营系统的建设及应用”和“全绝缘干式母线应用与推广”获二等奖，“地质灾害监测在变电站的应用”获三等奖。

完成7项群众性技术创新项目。具体包括：“泄漏电流试验引线杆的研制”“电缆仓出线变压器交流耐压试验装置的研制”“避雷器泄漏电流试验辅助装置的研制”“GIS超高频局部放电检测多功能频率屏蔽带的研制”“插拔式继电保护出口压板”“变压器冷却系统运行方式自动切换装置”“10kV开关柜柜门标示牌悬挂的改进”。其中，“GIS超高频局部放电检测多功能频率屏蔽带的研制”“避雷器泄漏电流试验辅助装置的研制”“电缆仓出线变压器交流耐压试验装置的研制”荣获公司2011年度群众性技术创新成果奖。

荣获国家专利16项。其中，发明专利7项、实用新型专利9项。发明专利包括：“泄露电流测试辅助装置”“变电站全景数据展示”“二次设备及辅助设备评价”“辅助设备精细管理”“工作票自动关联门禁系统”“生产承载力分析”“实时展示变电站工作的方法与装置”；实用新型专利包括：“用于GIS设备外壳的清洁设备”“一种临时接地线线夹”“带电显示装置的在线监视装置及在线验电装置”“切换手把保护装置”“多功能操作票夹”“万用表测量电池表笔专用工具”“工具包”“插拔式继电保护出口压板的制作”“微机保护自动化装置通讯模拟装置”。“转接端子增强型支架套件及其重载连接器”实用型专利获得“第六届海峡两岸职工创新成果展”金奖。荣获公司2011年度优秀科技论文奖4篇，获2个二等奖和2个三等奖。

（刘　彤）

【党的建设与精神文明建设】将深化“四好”领导班子融入创先争优活动，连续第五年被评为创建“四好”班子先进集体。党支部建设取得成果，两个党支部分别被评为国家电网公司“电网先锋党支部”标兵以及公司先进党支部。“运检同携手　主网当先锋”成果在公司党支部创新实践成果评比中荣获一等奖。全年获得公司级党员先进22人次。

开展“党员示范岗”创建活动，获得公司2011年精神文明创新成果一等奖。开展“共担党群责任区”创建工作，成立152个党群责任区，激发保障主网安全的合力。“共担安全每一天”主题活动荣获国家电网公司企业文化优秀案例一等奖。苏京文、试验监测处状态监测班分获“十大首都电力之星”和“十大优秀团队”称号。

团委荣获国家电网公司、公司“五四红旗团委”。以“青春动车组”系列主题活动为平台，打造了1个先进团支部和1支青年突击队，18人次获得青年先进。“‘青春动车组’高速助推青年综合素质提升”成果荣获公司团建创新成果一等奖。

思想政治同业对标取得优秀成绩，被评为综合、党建、宣传、团青标杆单位。政研会推出多篇论文成果，《如何有效开展思想政治工作研究》和《对“党群责任区”的探索与实践》两篇政研论文获公司2011年思想政治工作研究成果二等奖。

创新开展“反思教训完善监控”主题教育，以“廉洁安全日”的新型宣教方式，实现廉洁教育常态化。建立协同监督机制，加强内控监督、协同预防，开展“小金库”治理。完成“变电物资设备管理”和“变电运行维护模式管理”两个效能监察立项。

建立“政宣人才库”，创新建立“新闻图片库”。制作视频新闻61条和7部视频专题片。在《北京电力报》、《北京电力杂志》上发稿110篇。在《工人日报》、《北京晚报》等社会及行业媒体发稿64篇。获中国电力新闻网“新闻宣传先进单位”以及公司“品牌传播”、“品牌建设”先进单位等荣誉。

（陈俊廷）

调度通信中心（通信自动化公司）

【概况】调度通信中心（简称调通中心）承担北京电网安全、经济运行，负责电网调度、方式分析、继电保护、自动化、电力通信专业职能管理和调度、自动化、通信专业运行管理。

2011年，调通中心全面完成北京市电力公司下达的各项指标和工作任务。取得三个百日安全生产长周期，连续安全生产2747天。没有发生误调度、误操作及继电保护“三误”事故，北京电网没有发生大面积停电事故；考核点电压合格率100%，同比持平；全部继电保护正动率99.98%，同比提高0.05%；负荷预测准确率98.13%，同比提高0.38%；保护通道运行率99.999%，同比持平；受大兴地区光传输系统故障影响，调度电话通道运行率99.993%，同比下降0.005%；自动化通道运行率99.994%，同比下降0.001%；110kV及以上变电站光纤化率达到100%；自动化数据准确率99.97%，同比提高0.01%。

地址：北京市西城区前门西大街41号

邮编：100031

电话：63128826

（张洪涛）

【人力资源】调通中心由调度通信中心本部（简称本部）和通信自动化公司（简称通自公司）两部分组成。共有职工481人。

本部设置6个职能处室，共计58人。承担着公司调度、方式、继电保护、通信、自动化等专业的职能管理工作。58名员工中具有高级职称16人、中级职称33人，中级及以上职称占84.5%。博士3人、硕士21人、本科学历31人，本科及以上学历占94.8%。

通自公司设置7个职能处室、2个生产运行处室和1个多经总公司，共计232人。承担着电网控制、电力通信、调度自动化等专业的生产运行工作。232名员工中具有高级职称15人、中级职称47人、初级职称66人，具有职称人员占55.17%。取得职业资格高级技师3人、技师28人、高级工161人、中级工6人，取得高级工及以上职业资格人员占82.76%。博士2人、硕士14人、本科学历57人、专科学历74人，专科及以上学历人员占63.36%。

加强人才培养。调通中心人才当量密度达97.08%，全员培训率257.05%；开展职工第四届生产岗位技能比赛。实施员工学习和岗位成才奖励机制，2011年共有42名员工获得学习奖励。加强与行业内专业标杆的学习交流，开展赴江苏、福建等兄弟单位多专业联合调研，组织调控人员和调度运行管理人员赴山东、上海轮训。“北京市调人员培训管理模式创新”获得公司企业管理创新优秀奖。

调通中心师徒培训拜师仪式现场。

（张洪涛）

【电网建设】2011 年，调通中心在电网建设上以基建安全质量提升年为载体，从工程的计划管理、现场管理等关键环节入手，梳理工程实施模式，理顺工程组织流程，提高工程组织的科学化、规范化管理程度，从管理上找效率，将工程的全过程管理落到实处，完成了各项工程建设任务。

完成通州、房山、顺义、大兴、昌平和门头沟 6 个地区光传输系统扩容改造。完成国家电网公司会议电视系统改造等 40 项技改项目、通信微波铁塔检修等 46 项大修项目实施，提升通信网及电网监控系统的可靠性。配合公司各建设单位组织完成 12 个配网通信系统建设工作。按计划开展数据通信网二期（二阶段）和山区供电所视频会议系统建设任务。

针对工程的特殊性，采取随工验收、阶段性验收等方式，确保工程施工质量。实现工程管理由现场型、经验型向科学管理型转变，提升了工程管理的精益化水平。

（张晓丹）

【安全生产】2011 年，完成三个百日安全长周期，全面实现安全生产目标。全年未发生电力生产人身轻伤及以上事故，未发生公司统计和考核的一类障碍及以上事故，未发生 110kV 及以上恶性误操作、误调度、误整定事故。截至年底，累计连续安全生产 2747 天。

电网安全。全面启动 2011 年公司调度系统“安全内控建设年”专项活动，编发《北京市电力公司风险管控工作考核管理规定》，建立公司安全风险管控考核机制；强化职能管理作用，推进二次设备评价工作，编制完成 269 项设备评价导则；加强公司应急通信系统建设，完善短波、超短波、3G 单兵视频等应急通信手段。

现场安全。制定安全生产三级控制目标及措施，强化安全责任制落实。加强制度建设，修编、印发《调度通信中心电力生产安全预警管理实施细则（修订）》等 8 项制度。结合内控机制建设工作及平台，重点对调度下令、控制操作和新站接入传动等重要环节进行监督管理，加强防“三误”安全管理监督工作。落实领导干部及管理人员到岗到位规定，全年调通中心领导现场检查 146 次，各部门领导、管理人员、安监人员检查 1817 次，发现违章 2 次、纠正不安全现象 2 次。强化现场安全检查，避免违章行为。按照“谁组织、谁负责”的原则，检查督促施工人员安全管理规定的落实。深化对施工企业安全管理检查。检查审核多经公司 5 个施工企业资质，检查工程施工安全协议书 107 份，强化施工人员安全管理。突出防范人身伤亡和“三误”事故。开展“安全生产年”“两抓一建”风险管控、“承发包专项检查”“安全生产月”“现场作业不安全现象及行为专项整治”等多项安全活动，开展劳动保护监督检查调研，实现各项运行工作安全管理到位。结合专业特点，组织多批次安规、调规培训考试；组织《电力安全事故应急处置和调查处理条例》学习及答卷活动。强化有限空间作业安全教育培训，组织 55 人参加有限空间作业现场监护人持证上岗培训考试。全年共编发月度安全生产简报 12 期、“抓执行、抓过程、建机制”安全风险管控活动简报 9 期、刻录《电网安全》、《安全生产月宣传片》，光盘各 35 张、开展“违章是事故之源，遵章是安全之本”为主题的征文活动，共收到生产一线员工征文 18 篇。

■ 2 月 25 日，调通中心组织《安规》考试。

（赵　霞）

【经营管理】把控预算，监控预算的执行进度。每月和每季度对预算完成情况进行统计、分析、预测和监控，对超指标情况提出预警，定期召开经济活动分析会，对每季度预算执行情况、工程进展情况、人力资源状况、车辆管理和多经公司经营情况进行总结分析。

开展固定资产清查，完善资产卡片。8～12 月，开展固定资产清查工作，对调通中心所属的 66 个站点的通信及自动化设备进行了现场清查盘点，盘查在册资产 1102 条，核对通信运行管理系统（TOMS）、调度管理系统（OMS）台账设备 1760 条。对现场盘查中发现的问题，召开资产清查工作会，责成相关处室进行整改。

推进财务集约化工作。规范现金流量预算管理，提升月度资金预算的编制水平。直属单位电话费结算通过内部转账方式，不再实行现金结算，降低资金在公司内部的划转，提高资金的使用效益。建立调度五个专业管理风险案例库，报送专业管理风险案例 12 个。

开展各项审计自查工作。按照职能部门，开展规范性财务管理的自查工作，并对基建项目集体企业财务决算进行审计。

（于纪青）

【科技工作】2011 年，调通中心获得国家专利 8 项。其中，“实用新型”发明专利 7 项，“外观设计”发明专利 1 项。“调控一体化技术支持系统的研究与建设”获得国家电网公司科技成果三等奖；获得公司科技成果奖 5 项。其中，获得一等奖 2 项、三等奖 3 项，分别是：“北京电网运行指挥系统（IOSS）”“北京电网市区调一体化整定计算系统”“北京市电力公司通信设备板卡全生命周期管理系统开发”“北京电网经济调度运行策略研究”“北京电网中低压母线负荷预测系统研究与建设”。

10 篇科技论文获得公司 2011 年度科技论文奖，其中一等奖 4 篇，分别是：《城市电网确保重要客户可靠供电的管理经验及应急策略展望》《北京电网分布式电源接入容量计算》《北京电网运行指挥系统建设方案研究及设计》《未来电源发展对北京电网的影响研究》；二等奖 2 篇，分别是：《北京电网一体化整定系统研究与开发》《北京电网高电压运行问题初探》；三等奖 4 篇，分别是：《基于 IEC 61970 标准的设备间隔管理的应用研究》《“十二五”城市智能电网通信技术发展思考》《整定计算系统多套定值方案研究》《京阳电厂运行特点和对北京电网的影响》。

2011 年，调通中心共有 3 个科技项目通过验收。其中“北京电力应急指挥技术支持系统的研究与完善”通过国家电网公司科技信息部组织的结项验收；“北京电网经济调度运行策略研究”“北京电网分布式电源的策略研究”通过公司科技信息部组织的结项验收。

推进班组标准化建设。2011 年调通中心全部班组通过公司组织的标准化班组达标检查。线务运行处五班荣获国家电网公司红旗班组荣誉称号。开展职工“QC”活动。调度、机务分会选送的 QC 成果，分别荣获公司 QC 成果一等奖、二等奖。

2011 年，调通中心新立群众性技术创新项目 3 项，分别是：“配网架空线路光纤配线设备的研制”、“DTU 光纤配线设备的研制”、“政治供电挂牌计数器的研制”。

（陆醒晔）

【优质服务】落实国家电网公司“三公”调度“十项措施”，听取发电企业意见，及时调整工作方式，为发电厂及用户提供优质、高效的服务，调查满意度达到 100%。完成全年 513 次各级会议电视保障工作。开展 1016 个重要客户外电源梳理活动，推进服务重要客户常态化管理。消除配网安全隐患，完成 21 条街道及丰台、朝阳地区 78 处“三线”隐患整治工作。继续开展“党员服务团队”亲情走访活动，完成 23 个公司所属基层单位的隐患排查、流程梳理、技术支持等工作。完善 114 查号台应急预案，训练突发事件处置能力，保证热线 24 小时不中断。

（王　辉）

【党的建设与精神文明建设】党建工作。调通中心党委坚持领导干部中心组学习，开展下基层形势任务宣讲。深化创先争优活动，持续开展“五型党员五带头”活动（带头学习提高、带头争创佳绩、带头服务群众、带头遵纪守法、带头弘扬正气）。鼓励各基层党支部将创新与实践相结合，线务党支部的“发挥支部引领作用　为徒步走保驾护航”荣获公司支部创新成果三等奖。

精神文明建设方面。调通中心党委开展“争做知识型员工活动”，提高员工队伍素质。“调度通信中心师带徒活动纪实”获得公司精神文明创新成果一等奖。开展西城区的文明创建活动，荣获首都“文明单位”称号。建立班组图书角，丰富职工文化生活。推进企业文化建设。调通中心团委开展“凝聚青年共奋进　绽放青春展风采”主题活动，调度团支部“立足岗位　服务中心　探索基层团组织工作新形式”荣获公司 2011 年团建创新成果三等奖；机务团支部代表队获得公司团委组织的青春风采大赛闪耀新星奖。

（王　辉）

电　缆　公　司

【概况】北京市电力公司电缆公司是北京电网 35kV 及以上高压电缆线路和城近郊电力隧道的直属专业管理单位。截至 2011 年底，共管辖高压电缆线路 1309.948km，电力隧道 620.431km，电缆网设备规模在国内居于前列。电缆公司为公司、处室/工区、班组三级管理模式。下设 9 个职能管理处室、3 个生产工区，以及新闻中心、多经公司，并于 11 月成立行政管理中心，撤销后勤机械处。

2011年，电缆公司未发生人身、设备、电网事故；未发生火灾、交通安全、信息网络安全、施工机械损坏以及停电事故，完成三个百日安全生产长周期，实现全年安全生产。

地址：北京市朝阳区望京北路9号

邮编：100102

电话：64620092

【人力资源】截至2011年底，电缆公司共有职工170人。其中，具有高级职称16人，中级职称27人；研究生及以上学历19人，本科学历62人；高级技师6人，技师21人，高级工61人。电缆公司人才当量密度99.77%，比2010年提高0.43个百分点。全员培训率、持证上岗率、员工年度培训学分完成率均达到100%。全年共举办各类培训班2450人次。

应用模块化培训策略，分别组织中层干部、管理人员、生产人员培训，全年培训经费投入率超过基准指标2.01%。实施岗位动态管理，开展人才交流，全年人员流动45人次，提拔干部5人。试行“全员培训学分制”管理，培养“双师型”人才，2人入选国家电网公司优秀专家库，新增4名技师、5名工程师和6名高级工程师。

构建绩效管理体系，对80余项重点任务执行量化考核和定期评估分析。在北京市电力公司ERP技能竞赛中获人力资源管理专业第二名，团体竞赛三等奖。

实施岗位动态管理和全员绩效考核。开展干部测评和管理岗位人员述职。深化应用绩效管理信息系统，通过分解指标和下达任务，客观考评各部门和各岗位履职情况。电缆公司被评为“公司人力资源管理先进单位”。

【电网建设】完成成寿寺路、玉泉路随路电力隧道建设。实施地铁8号线、北钢终端站以及王双架空线路入地3项电力设施的迁改。消除家族性设备缺陷，完成132组110kV G&W电缆终端切改，保障电缆网安全运行。

提高设备健康水平，开展49项检修运维项目，更换老旧锈蚀接地箱、竖井平台及井口爬梯，对14条隧道进行大修。实施7项专项技改任务，在62座通风亭加装自动化通风设备，改造基础设施并安装防侵入装置，保障了夏季大负荷期间线路稳定运行。实施5项物资零购项目，补充35kV及以上电缆设备备品备件。

【安全生产】开展“两抓一建”、“三抓一巩固”等主题活动，提高全员安全素质和业务水平。以“亲情助安全”“我当一周安全员”等活动为载体建立企业安全文化。

■ 8月21日，G&W电缆终端接头改造施工班组成员测量接头精度。（李东学　摄）

开展电缆网资产清查，历时6个月，对500路、1206.973km电缆线路和电缆接头信息逐一核查，对10 942条生产管理系统（PMS）数据和7050条地理信息系统（GIS）图形数据逐一录入，基础信息存量整改、增量达标。推进隧道资产清查，对635km电力隧道整体情况，以及渗漏水、支架锈蚀、结构开裂等缺陷进行排查统计。

建立风险管控体系和风险控制流程，针对电缆网运行风险，从设备、人员和环境三个维度进行全方位分析，按照风险定级和控制原则采取管控措施。对电缆线路和接头开展红外、接地电流、局部放电等状态检测，推进状态检修，降低设备运行风险。规范隧道内作业管理流程和工作标准，管控人身和设备风险。成立10支专业护线队，对存在运行风险的线路实施24小时不间断特巡，确保设备安全运行。

■ 3月13日，电缆运行人员夜巡检查充油电缆油压系统。（尹星　摄）

依托电缆网监控中心，对电缆线路开展接地电流、局部放电、运行温度监测，对电力隧道开展环境温度、水位、有害气体、沉降应变等监测。新增分布式测温光纤19路。加装、更换新型不锈钢井盖1150个。截至2011年底，实现对北京电网全部220kV电缆、50%的110kV电缆线路运行温度的实时监测，实现对83%电缆隧道的人员进出的实时管控，电力隧道内水位监控点达到500余处，实现对变电站、开闭站进出线口等重点地段积水情况的掌控，通过在重点地区电力隧道安装气体在线监测系统，实现对隧道内有害气体含量实时监测。

定期组织职工和外协人员开展安全技能培训及考试。更新补充气体检测仪等安全工器具，完善通风照明等隧道内作业设备。严控隧道内各类施工作业行为，开展有限空间作业实操演练，在北京市首届有限空间作业大比武中获优胜奖。“电力电缆有限空间安全作业”电视作品获“京煤杯”第二届中国安全生产电视作品大赛二等奖。

对28家企业开展年度资质审查，建立安全教育档案。落实到岗到位要求，电缆公司领导全年下现场巡检130次，各处室完成36项联合巡检任务，专职巡检组对重点施工作业现场巡检102次，保障现场作业规范。

分层组织电力设施反恐反外力演练，开展消防大检查及火险疏散演习。加强信息安全防护，实施内外网隔离，全年未发生网络安全和泄密事件。对165条政治供电重点线路实施差异化运维检修，完成全国“两会”“航天工程”等60项政治供电保障任务，累计保电134天，取得三个百日安全生产长周期。截至2011年底，累计安全生产长周期达到3476天，获得公司安全生产管理先进单位、公司安全风险管控工作先进单位、朝阳区交通安全先进单位等荣誉。

【经营管理】按照公司部署，于11月撤销后勤机械处，成立行政管理中心，完成部门人员选聘。贯彻“三集五大”要求，开展专项审查和业务调查，完成主多分开资产收购整合工作，理顺主业和多经企业业务关系。

加强成本管控，分解预算项目，建立月度监督机制。启动清产核资工作，理清26 000条资产卡片。实现会计集中核算、预算集约调控，在工程财务、财税及风险管控方面取得进展。

统筹管控物料，推进物料采购、检验、入库、调用、报废的一体化流程。完成仓储配送系统物资移交，对ERP在账物资及账外物资进行全面盘点和移交，采购计划准确率、采购标准执行率以及物资到货完成率等指标全部达标。

启动“法治电网”专题活动，开展“一学三讲”普法宣传。按要求进行“小金库”、受电工程“三指定”专项治理以及财务审计联合检查，增强防范风险能力。工程管理效能监察获公司效能监察项目优秀成果。建立制度管理规范，颁布生产值班、工程管理等30余项规章制度，汇编149项管理制度，初步构建制度体系。

【科技工作】围绕主营业务开展技术攻关和课题研究。在科技项目方面，“高压电缆隧道技术规范研究”等两项课题通过国家电网公司验收；“G&W电缆终端故障和缺陷研究”等4项科技项目通过公司验收。

在科技成果方面，完成“高压电缆接地系统状态监测软件”等3项科技成果的申报。其中，“通风井安全监控技术”被评为公司科学技术进步三等奖。

在群众性技术创新方面，共承担8个项目，其中“高压电缆铝波纹金属护套剥离装置”“新型测温光缆固定装置”两个项目获群众性技术创新成果奖。

在质量管理方面，获“2011年北京市质量管理小组活动优秀企业”荣誉称号，“插拔式GIS终端分离式环氧套管升降平台的研制”获得华北电网公司QC成果发布会一等奖和“QC成果最佳实践奖”。“缩短测温系统前期调试故障次数”项目获得公司第八次QC成果三等奖。

收集科技论文15篇，完成电缆隧道支架横撑加强杆等10项专利申请工作。“隧道新型积水坑篦子”等6项技术获得国家专利授权。

【党的建设与精神文明建设】建设“四好”领导班子和学习型党组织。启动“创先争优”活动，兑现8项党委公开承诺。推进党务公开，实施目标管理。

以喜迎建党90周年为契机，开展特色党课和“读一本好书活动”等“七个一”活动。开展“凝聚人心　强化素质　打造和谐统一的优良团队”精神文明创新工作，制定并实施员工队伍建设方案。

贯彻落实“三重一大”决策制度，结合“反思教训、完善监控”，开展“六廉”主题活动，推进廉政廉洁谈话制度实施。以工程全过程管理为内容，开展效能监察。获得公司党风廉政建设工作优秀单位。

落实“五统一”企业文化建设要求，开展内外部媒体宣传，电缆专业新闻纪实片在北京电视台播放。《人民日报》、新华网等近20家社会及行业媒体对电缆公司进行专访。实施舆情风险监测，制定并落实维稳防控措施。进行“双十”先进典型选树和宣传，钱华获“十大首都电力之星”称号。

深化民主管理，开展标准化班组和“薛强创新工作室”建设，搭建基层职工成长平台。密切干群关系，对离退休、贫困职工进行慰问、帮扶。开展羽毛球、乒乓球、足球、长走、瑜伽五项“健康列车”系列文体活动。青年团员助演《青春的四季》舞台剧，举办第一届团青羽毛球争霸赛，通过拓展培训增强团队凝聚力和向心力。

（邢　青　张彦辉）

电能计量中心

【概况】北京市电力公司电能计量中心（简称“计量中心”）是北京市电力公司的直属二级单位，同时经北京市质量技术监督局授权为“北京市电能表计量检定中心”（与北京市电力公司电能计量中心合署办公）。主要负责公司电能计量专业业务管理；负责按照国家计量方针、政策、法律法规和公司相关规定，管理公司最高电能计量标准以及电能计量标准器具的量值传递；负责开展电能计量器具的集中检定、配送工作；负责开展公司购电关口和内部考核关口及220kV客户计量设备的管理及运行维护等工作；同时在质量监督、技术应用和技术支持等方面发挥支撑作用。

计量中心下设3个专业处室（运行管理处、资产管理处、技术发展处），6个通用处室（行政办公室、政治工作办公室、监审处、劳动人事处、财务处、安全监督处）和3个生产工区（运行工区、表计检定工区、互感器检定工区）。

2011年，计量中心荣获“公司先进单位”“公司安全生产管理先进单位”“公司优质服务先进单位”“公司科技工作先进单位”“公司先进基层党组织”“公司文明单位”“公司党风廉政建设工作优秀单位”“公司先进基层工会”“公司厂务公开民主管理先进单位”“公司品牌建设先进单位”“首都文明单位”“全国能源化学系统先进工会”等荣誉称号。

地址：北京市丰台区莲花西里28号
邮编：100161
电话：63123902

【人力资源】截至2011年底，计量中心共有员工246人。其中，研究生学历7人，高级职称10人，高级技师7人。

全面规划绩效体系，制定绩效管理体系建设及薪酬体系配套方案。组织开展绩效培训，提高各级绩效经理人的绩效管理意识和能力；将季度绩效评价与日常工作紧密结合，以指标和月度（年度）工作任务的完成情况为主，简化360°的综合评价，薪酬与绩效评价结果挂钩，应用绩效管理信息系统，统一和规范了指标与任务的制定、完成、评价流程，提高绩效管理工作的针对性、规范性、工作效率和透明度。

全面开展“师带徒”工作，制定《电能计量中心“师带徒”管理细则》，充分发挥现有高级管理人才、技术人才和技能人才以及具有相当工作经验和特长人员的“传、帮、带”作用，从管理、技术、技能方面多角度培养人才。加强全员培训力度，组织各类培训讲座93期，共计10 242学时。

■ 9月6日，计量中心召开“师带徒”工作启动会，首批14对师徒在会上签订了《师徒协议书》。（刘佳　摄）

【安全生产】全年未发生电力生产人身伤亡事故，未发生电网、设备事故，未发生35kV及以上输变电设备一类障碍，未发生火灾事故，未发生负同等及以上责任造成人身死亡、重伤的重大及以上交通安全事故，未发生信息安全事故，未发生谎报、瞒报、迟报、漏报人身、电网、设备事故。完成三个百日安全生产长周期，实现连续安全生产5556天。

开展“两抓一建”安全风险管控和春、秋季安全生产大检查，梳理典型作业风险，落实预控措施。首家完成公司2011年度安全审计工作，全面落实整改，强化安全生产职责。开展《安规》、紧急救护等安全知识培训及考试。有效推进安全标准化工作，编制涉及三个专业的《安全教育口袋书》，规范典型工作票四种。

■ 10月12日，公司安全审计专家组对计量中心领导和管理人员安全责任制落实情况开展审计。（刘佳　摄）

全年共检定单相智能电能表120万具、三相智能电能表5万具，互感器6万台。编制智能电能表、微功率无线通信设备安装调试和验收工作标准，全年公司累计安装智能电能表77.3万具，调试成功72万具，调试成功率达到93.14%，比2010年提高了8.56%。组织完成2万具在运居民用表的监督抽检工作，从技术、经济角度提出了有针对性的建议和措施，有效解决公司在运卡表严重机电不符、过零不跳等运行问题，降低经营和舆论风险。

规范公司购电及考核关口计量设备的运行维护工作，加强设备在线监测，关口电能表周期校验率104.97%，二次导线压降测试率107.67%，验收新建及改造变电站37座、关口262路，现场测试110kV及以上互感器101台，处理关口计量异常14起，追补非直接责任关口差错电量97.05万kWh。

【经营管理】深化国家电网公司智能电能表推广应用工作，在完成国家电网公司技术标准所要求的实验项目的基础上，增加五大类十八项智能电能表到货前全性能测试项目和信息系统联合测试方式，制定智能电能表抽样验收和全检验收以及采集系统检测工作标准，加强元器件对比环节测试深度，保证质量监测工作效果。按照“检测与组织相分离、封样与测试相分离、报告与编码相分离”的原则，建立“公司监管、计量中心实施”的全过程监察模式，规范公司计量设备招标前的样品检测流程。加强计量物资需求与供应计划合理调控，在“优先保障新装需求”的前提下，采用“分步供应”，增强物资供应的有序性和高效性。继续深化“三流统一”，同步率达到100%，实现计量设备全过程的信息化、数据化管理。积极筹措检定场地、设备和人员，实行“两班工作制”和“休息日不停工”的工作模式，提升检定产能。

开展“法治电网”依法治企专项活动，强化合同管理，制定计量中心统一合同文本，有效加强计量中心法制化建设。全面梳理排查计量中心现行有效的规章制度，制定涉及五大类业务35项新制度，全面加强内控管理，建立健全规章制度体系。顺利通过北京市质量技术监督局授权复核检查，继续依法开展计量器具强制检定工作。全面梳理计量中心物资采购和工程发包业务流程，规范计量中心自行采购管理模式，加强关键节点的管控力度。深入推进集体企业规范整合工作，健全和完善集体企业法人治理机构，加强内控制度建设，强化审计监督，增强集体企业发展实力，提升市场竞争力和经济效益。

【科技工作】初步实现本地通信设备的互联互通，制定微功率无线互联互通技术方案及产品技术标准，搭建微功率无线互联互通检测平台。在计量核心技术方面申请专利15项，获批2项；获得公司科技成果奖3项，其中“智能表及微功率无线采集在北京地区的现场应用”项目获得公司科技进步一等奖；获得群众性技术创新成果奖5项。

推进计量业务一体化调度监控平台的全面应用，梳理计量装置全寿命周期各业务环节，明确管理流程，细化任务节点，固化数据接口，确保生产数据与资产实物的一致性，实现了计量设备在采购、检定、配送、安装、验收、运行、返修、报废各环节的数据管控，为质量管理提供了有力的技术手段。完成自动化检定系统、提升机、传输线等设备的调试运行，有效提高计量中心的生产能力及自动化水平。

【党的建设与精神文明建设】结合创先争优活动，开展“亮身份、兑承诺、比贡献”党员公开承诺，增强党员先进性意识和责任意识。开展“忆党史、强素质、见行动”主题教育活动，通过领导班子讲党史、制作中心党史画册、梳理不同时期先进党员事迹等举措，充分发挥典型引路作用。加强党风廉政建设，开展廉政风险防控和效能监察，堵塞管理漏洞。

制作计量中心《企业文化宣贯手册》，搭建企业文化宣讲平台。举办“你用电·我用心”计量开放日活动，传播推广企业文化，北京市电力公司、北京市质量技术监督局、北京市纠风办、北京市消协、计量院等领导以及公司行风监督员、周边社区居民、行业及社会媒体记者共计60余人参加了此次活动。开展职工书屋建设，计量中心职工书屋被北京市总工会授予

"示范性职工书屋"称号。

■ 5月19日，计量中心举办"你用电·我用心——走进北京电力计量"开放日活动。(刘佳　摄)

组织完成工会换届改选工作，举办工会干部培训班，提高工会干部工作水平。推进班组标准化建设，将"马振强创新工作室"创建活动持续深化和推广，打造特色班组建设品牌，以点带面，推动中心整体文化建设。

计量中心团委开展青年员工职业生涯规划座谈及"学党史、知党情、跟党走"党史知识大讨论，在探讨中坚定跟党走的信念；针对"号、手、岗、队"创建工作，形成"三建三抓"工作法，以制度建设促进机制的形成，提高两级团组织工作力度。2011年，计量中心团委获得国家电网公司2011～2013年度"五四红旗团委创建单位"以及北京市电力公司"五四红旗团委"称号、团青工作标杆单位。

（蒋紫娟）

客户服务中心

【概况】北京市电力公司客户服务中心（简称客服中心）成立于2001年7月，是北京市电力公司的直属二级单位。客服中心是北京市电力公司客户服务业务管理中枢，承担公司客户服务业务的专业管理职责。具备95598热线服务、客户报装服务管理、用电安全服务管理、营业窗口管理、市场开发和需求侧管理功能；负责客户报装工程资金概算审核、审批，负责工程、设备合同的签订，资金的收支及结算管理。承担公司主干配电网建设资金统一管理职责，集中管理主干配电网建设资金。

客服中心共有领导班子成员5人，下设行政办公室、政治工作办公室、劳动人事处、财务处、监察室、综合服务处、客户服务处、服务监督处、科技处、需求侧服务处、合同预算处、信息服务处（95598工区）、电力展示厅13个处室。

地址：北京市东城区东打磨厂街1号

邮编：100062

电话：63129035

【人力资源】截至2011年底，客服中心共有职工121人，平均年龄42.38岁。其中，具有大专及以上学历120人；中级及以上专业技术资格74人。

组织职工参加各类专业培训3010人次，人均培训学时达94.7h，教育培训经费投入44.07万元，客服中心人才当量密度为102.35%。近100名95598热线值班员参加客服中心组织的基础知识调考活动。组织热线值班员及展示厅讲解员参加用电客户管理员技能鉴定轮训暨素质提升培训。

【安全生产】贯彻落实公司"安全年"活动部署，以"安全第一、稳定至上、服务为本"活动主题为指导，以"大安全"理念统筹各项工作，落实全员责任，围绕"安全生产、建设质量、队伍稳定、优质服务、依法治企、品牌建设"六方面工作，加强队伍、作风和制度建设，提高思想认识，深化多维度隐患排查治理和风险管控，消除影响公司和电网发展的各类隐患，以保障"五大"体系建设的实施，确保全国"两会"等供电保障任务顺利完成。

■ 2月16日，客户经理在京沪高铁魏善庄220kV牵引站竣工验收现场。(覃祖斌　摄)

【经营管理】3月，公司非物资类招标平台建设和管理划归华龙电力物资公司。6月起将客户工程招标管理移交华龙公司，对3424项客户外电源工程关键节点进行实时监控，对超时限工程及存在的问题在公司范围内进行通报。协助有关部门与建设单位沟通联系，完善资料档案归档。共计移交合同及招标资料215份，完成工作移交。

成立长期挂账工程资金清理工作小组，对城区、顺义等9个供电公司的1737项客户工程逐户进行清理，经过两轮集中清理，共办理结算195项，结算资金5.48亿元。

【95598热线】2011年受理客户电话242.95万次，人工接听率88.84%。受理报修27.21万件，应急送卡5152次，协调处理投诉、建议、举报共计10 942件。完成市政管委转派工单2198件，12345转派工单5081件。完成客户回访25 439件，满意率99.98%。采取动态调整值班坐席、开展录音质量检测、组织值班员脱产培训、开发热线主动服务功能等一系列举措提高热线服务能力。通过《北京晚报》等新闻媒体及公司对外网站向社会发布停电计划共计2747路次。加强应急体系建设，修订热线应急预案，在各属地公司分设32个远端座席并组织应急演练7次。95598热线在恶劣天气及政治保电特殊时期，全年启动应急值守模式16次，应急上岗225人次，24小时与政府“12345”、“110”、“119”、“北京市政管理信息平台”等热线保持联动和信息互动沟通机制，完成各项供电服务保障工作。制定《95598热线重复工单处置管理办法》，对重复服务事件进行规范管理，防范服务质量风险。

【客户服务】全面深化重点工程管理，实行重点工程倒排工期的计划管理方式。2011年由客服中心负责组织、协调的客户重点工程共计149项，完成投产送电项目52项，占总工程量的35%，接电容量94.85万kVA。7个居民住宅小区的“临时代永久”问题得到解决，惠及居民3530户。涉及12个供电公司的79项保障性住房项目送电到表，全面完成市住保办要求的年内竣工入住项目供电工程的送电工作。涉及地铁8号、9号线的6个总配电室按期送电，保障轨道交通线路年底顺利通车运行。推进2010年48个老旧小区改造工程的实施。组织完成2011年70项非规范居民小区配电设施改造工程的初设、概算的审核。完成9个35kV以上客户用电报装工程的方案编制、图纸审核工作。组织完成京沪高铁、协和医院、08工程、9155工程、原子能快堆等一系列重要客户重点项目按期送电。推广蓄冷空调、热泵、电采暖等项目988个，项目设备容量共计16.5万kW，对近90家中央国家机关开展节约用电培训，宣传介绍节能减排技术，提供节能技术支持。

以《客户服务专业管理工作月报》为载体，定期在营销例会上通报各二级单位客户服务业务指标完成情况。组织开展重要客户定级梳理和审核工作，实施动态管理，对特级用户实行集中审批，调整了轨道交通总配电室的用电安全等级。深化“保热点、压结存”工作，2011年北京地区热点区域需求转为正式报装83.77万kVA，接电容量248.19万kVA。客服中心领导带队到延庆、门头沟公司开展客户服务工作调研，与轨道交通、中国联通北京公司等行业客户开展用电安全工作交流。落实国家电网公司新“三个十条”和“居民用电服务质量提升专项行动实施方案”，对16个供电公司的80余个营业窗口进行服务质量检查和不定期抽查500余次，对16个供电公司开展“阳光报装、诚信服务”及“三指定”专项治理检查三个轮次。利用视频监控平台对已上线的5个供电公司的44个营业窗口进行服务质量监控。

【科技工作】2011年完成《北京电力展示厅效益分析与评价》研究报告。科技项目《北京地区居民负荷模型研究》获国家电网公司科技成果三等奖。开展热线业务题库、问答手册、案例编写工作，岗位工作手册基本完成模型框架。开展需求侧管理宣传平台标准化的研究，完成《北京市通信及有线广播电视基础设施用电管理办法》的编制。

北京电力展示厅自2010年试运营以来，累计接待社会各界来宾697批次、14 648人。其中，配合“首都电力共产党员服务队”开展流动展厅“进校园、进社区”活动129批次、6331人，与11家单位签订了流

■ 11月23日，北京市科学技术委员会副主任朱世龙到北京电力展示厅参观。

动展厅合作协议，招募志愿讲解员117名，超额完成年初确立的工作目标。策划完成智能用电、电动汽车主题展览。初步建立“实体展厅、流动展厅、网上虚拟展厅”三位一体的运营模式，成为北京市科普教育基地、大学生实习基地、公司企业文化教育培训基地，纳入“北京科技旅游季”定点旅游线路。多家社会媒体及行业媒体刊载展厅有关报道63篇。

【党的建设与精神文明建设】开展“忠诚企业，服务首都”、学习型党组织创建、“服务明星、优秀团队评选”等多项主题实践活动，落实创先争优活动的各项要求。组建“国家电网首都电力共产党员服务队——客户服务中心分队”，开展服务队进社区、进校园活动。6月开展突出问题自查自纠工作及财务、审计联合检查，对“三指定”、“小金库”、业扩报装、劳务用工、公务用车、房屋土地、法律风险防控等方面问题的自查自纠和责任追究，制定整改措施5项，梳理现行有效规章制度85个，完成三指定专项治理自查工作报告。

客服中心荣获首都文明单位、国家电网公司文明单位、北京市2011年住房保障工作先进单位、公司2011年度文明单位标兵及优质服务先进单位等称号。95598工区第二团支部荣当国家电网公司五四红旗团支部，电力展示厅荣获北京市电力公司2011年度“十大优秀团队”称号。95598工区第六班荣获公司“红旗班组”称号，客服中心“速捷”QC成果获公司QC成果发布三等奖。

12月8日，客服中心共产党员服务队走进密云太师屯中心小学开展进校园活动。（杨永铃　摄）

（韩新惠　王亚稚　赖　春）

重要客户服务中心

【概况】北京市电力公司重要客户服务中心（简称重要客户中心）成立于2010年4月，是北京市电力公司直属二级单位。作为公司层面为首都重要政治客户的专职差异化服务机构，重要客户中心主要针对地处北京的党政军首脑机关、重要部委、领导驻地等国家级重要客户开展差异化服务工作。截至2011年底，重要客户中心直接开展差异化服务的重要政治客户49户，重要驻地39处。

地址：北京市宣武门西大街香炉营头条35号京电大厦3层
邮编：100053
电话：63121358

【人力资源】重要客户中心共有领导班子成员2人，主任助理（挂职）1人，下设2个处，1个职能处室为综合处，1个业务处室为协调处。

截至2011年底，重要客户中心岗位编制20人，到岗在册职工7人，其中主任、副主任各1人，主任助理（挂职）1人，处长2人，一般管理岗位2人。

强化技术培训，组织重点项目的研究攻关，建立重要客户服务核心技术框架，完善员工知识结构，促进专业技能整体提升。开展服务意识、服务能力等全方位素质培训，全员培训率100%。

【重要客户服务工作】开展客户沟通渠道建设，定期进行客户专题走访，开展需求调研，深入了解客户涉电业务需求；定期进行主题交流，宣传公司服务举措，营造责任清晰、和谐共赢的供用电关系，推动建立公司内外多维度、多层次的客户服务沟通交流渠道。截至2011年底，共组织开展需求调研、专题走访、座谈会、主题参观、技术讲座、客户交流等特色活动共计230余次；建立客户电力运行管理人员以及领导干部联系表；与党政军领导驻地管理部门建立了常态沟通机制。

在总结2010年试点经验的基础上，全面开展客户安全用电评估工作，巩固客户侧的安全用电基础。编制《重要客户安全评估管理办法》和《重要客户安全评估技术标准》。截至2011年底，共对39个客户合计42个总配电室、103个分配电室、349台变压器、836面高压柜等客户内部设备进行了现场检查与评价，摸清了客户的安全用电现状。梳理出安全隐患4大类，共性问题11项，个性问题23项，形成不同层面的评估报告78份，为客户逐一开出安全隐患“诊断报告”，并及时与客户进行反馈沟通，积极推进隐患整改。为所服务客户建立涵盖静态基本信息及动态服务信息的供用电全息“健康档案”。共建立客户静态基础信息档案52册，中心客户服务业务档案14册。

9月14日，重要客户中心会同公司办公室共同组织城区公司、工程公司、京电塔园设计公司等相关单位召开国家京剧院人民剧场重点工程协调会。（程宏　摄）

整合公司服务保障资源，向重要政治客户提供涉电业务个性化需求响应服务。为人民大会堂、老干部活动中心、新华社等客户制定了定制电力技术应用方案；对京西宾馆、全国政协等8个客户开展内部电力设备状态检测，协助客户掌握内部设备健康运行情况；重点完成中办、中宣部、中纪委、新华社、京西宾馆等20项工程协调工作；完成包括领导驻地增容和临时应急等各类服务116项。通过客户需求响应服务，在大幅提升重要客户对公司服务满意度的同时，着力提升客户自身用电安全能力和责任意识。

5月5日，重要客户中心组织公司专家团队对钓鱼台进行安全供用电评估。（魏妍萍　摄）

设立专人代表公司与政府相关部门建立重大事项信息来源常态化渠道，主动收集和了解客户重大活动用电保障需求，及时准确获取相关信息，为公司重大活动保障工作赢得主动。截至2011年底，完成公司下达的全国“两会”、建党90周年、天宫一号等各项重大活动保障共计152项，保障时长6971h。其中，完成驻会保障38项，时长2901h。

拓展重要客户差异化服务业务内涵，注重总结提炼典型经验、优化工作流程，全面规范各项业务工作，共制定下发12个制度和标准，逐步实现重要客户差异化服务领域管理制度化、服务规范化、业务标准化目标。

【党的建设与精神文明建设】加强党风廉政、精神文明宣传教育，开展干部述职述廉和民主测评工作。按照公司党委统一部署，开展创先争优活动、新闻宣传、文化建设等工作，全年发布《重要客户服务中心工作动态》64期，公司录用稿件6篇，《北京市电力公司建立重要客户政治供电保障长效机制》在国家电网电力工作动态刊发。严格落实“三重一大”等各项制度，认真分析廉洁风险，开展廉政教育，提高员工廉洁从业自觉性。

开展读书、集体学习、参观、长走等多种形式的文化活动，营造良好的工作氛围，整体凝聚力和战斗力得到提升。

（魏妍萍　赖　春）

带电作业中心

【概况】带电作业中心于2011年3月2日成立，是集“不停电作业技术研发、不停电作业技术服务、不停电作业技术管理与监督、不停电作业实训基地”为一体的产学研综合产业基地。

带电作业中心负责城近郊区配电线路不停电作业实施。受公司委托，承担远郊区县复杂的不停电作业工作；负责发电车运行维护与管理；负责带电作业技术监督管理；负责带电作业技术研发；负责公司及国家电网系统带电作业技术培训。拥有带电作业绝缘斗臂车23辆，在用发电车16台套。

2011年，带电作业中心管理人员自4月份陆续到位，5月份带电作业中心人、财、物开始独立运转。相继完成试研院的带电、发电业务和城近郊供电公司带电业务接收，4月25日实现城近郊区配电线路带电作业全部由带电作业中心实施。4月29日，配电带电作业实训基地获得国家电网公司带电作业实训基地资格认证。10月完成集体企业北京华电带电作业服务部划转。

获得公司2011年度配电带电作业先进单位、10kV配网架空线路带电作业技能竞赛优秀组织单位奖以及10kV配网架空线路带电作业技能竞赛团体项目一等奖。

地址：北京市丰台区新宫村南苑西路237号带电作业中心
邮编：100076
电话：63677068

【人力资源】带电作业中心设置职能处室5个，生产单位3个，集体企业1个。在册职工47人。具有硕士研究生5人，本科学历25人，专科学历35人。具有高级职称8人，中级职称8人，初级职称14人。技师2人，高级工43人，中级工17人，初级工11人。

开展集中培训考核，完成带电作业工区班组整编、作业分组。依据人员技能、理论及综合能力进行定岗定级等工作。完成163人配电线路带电作业人员复证培训和18名新人员取证培训。对新进入带电作业中心人员安排培训取证。开展带电作业培训及技能竞赛。配合组织配网带电作业技术比武，开展参赛人员培训。61人参与带电作业专业技术及管理专题培训。

完成公司带电作业大型集中专项培训7项。组织各型发电车、不间断电源车专项技术培训9次。完成11人技能鉴定、113名职工学历认证以及人员职称申报，全员培训率100%。人才当量密度92.61%。

【经营管理】制定《带电作业中心贯彻落实“三重一大”决策制度实施细则》、《带电作业中心财务报销管理实施细则》等16项管理制度，实现制度学习常态化。签订经济合同138份。开展“法治电网，依法治企”专项活动，制定并实施依法治企方案和“六五”普法规划，开展法制宣传日、法制电网网上答题等活动。开展“小金库”等问题自查自纠、整改工作。执行“三重一大”集体决策制度，召开14次党政联席会。开展保密、档案自查，将保密工作纳入日常管理。执行月度经济活动分析。

制定岗位职责及任职条件，明确带电作业中心岗位、岗级。初步建立绩效考核机制，组织绩效管理宣讲，强化全员对绩效管理的正确理解与操作。更新维护ERP人资系统，规范工资岗级标准。

初步建立财务管理体系。全面预算管控和月度现金流量预算相衔接，月度现金流量执行率超过99%。完成固定资产清查，完善固定资产卡片信息，确保新增信息规范，固定资产卡片与设备联动率100%。完成财务、审计联合检查和年终决算审计。

谋划带电作业中心发展，提出专业布点等规划。形成“带电作业专业化管理实践创新”成果，获公司管理创新成果三等奖。

与相关供电公司座谈沟通，加强计划管理，优化带电作业流程，提高计划管理时效。采取早出勤、利用节假日等方式，完成临时增加带电作业任务、带电应急处缺、远郊装备支持任务和保电任务。

【安全生产】未发生人身轻伤及以上事故；未发生具有责任的一般及以上交通事故；未发生火灾事故；未发生设备、装备事故；未发生信息系统事件；未发生谎报、瞒报、迟报、漏报重大事项；未发生瞒案不报、压案不查或责任追究不到位的问题；带电作业有效任务完成率100%；完成政治保电和应急供电任务。实现三个百日安全长周期。连续安全生产天数305天。

建立健全标准化工作体系，完善带电作业中心安全生产管理制度。配合组织修编《北京市电力公司

■ 6月15日，带电接引流线作业现场。（孙宏伟　摄）

10kV 配电线路带电作业工作管理规定》，明确各层级管理职责、工作流程、计划管理、装备管理、技术管理等内容，保证带电作业规范化管理和实施。全面梳理完善带电作业装备订货技术条件。梳理带电作业基本制度，在计划、现场勘查、作业范围、任务分工协作等方面予以完善和明确。完善带电作业现场任务全过程的安全质量管理流程，确保现场实施有据可依、安全规范。梳理完善发电车作业车辆检测、试验、维护标准化管理。落实政治供电常态化管理，加强现场方案制定和重要用户方案制定。对所有划转斗臂车进行集中检修维护和试验工作，保障现场作业安全。

组织完成“双向互保责任书”“十条禁令”承诺书及生产单位“人身安全责任书”的签订工作。严格执行《安规》培训考试，合格率 100%。

深入开展“抓执行、抓过程、建机制”安全风险管控、安全生产“反违章”和安全技能评价工作，开展消防保卫、交通安全等专项检查活动和演练。强化作业现场安全监督检查和到岗到位，逐级落实安全生产责任制。强化现场勘查和作业方案审核，规范作业车辆、工器具、防护用品的试验使用维护管理，加强特种作业车辆和发电车辆定期的检查和维护保养。改善生产现场作业环境、劳动条件，补充配备生产工具设备和劳动保护用品。

制定并完善应急制度，细化重要用户的应急预案，开展迎峰度夏应急演习、演练。完成全国“两会”、“天宫一号”发射等政治保电任务 15 项，完成“4·11”和平街西区 12 号楼燃气爆燃等应急抢险供电任务。

全年完成带电作业任务 1911 项（其中远郊带电任务 34 项），发电车任务 82 项（工作票 134 张、应急任务 67 项）。完成 64 种共 2072 件带电作业绝缘工器具及 30 辆带电作业绝缘斗臂车辆的定期试验工作。

【科技工作】加强带电作业技术监督管理，组织进行带电作业技术监督现场检查，配合公司完成带电作业专业人员的安全技能评价工作。

健全科技项目组织管理体系，积极开展技术研究，改进作业方法。拓展带电作业项目，开展“综合不停电作业法更换柱上变压器项目”专题研究，制作完成专题录像教材，为项目推广提供了实践经验。梳理带电处缺项目，完成 5 项带电处缺作业指导书及工艺质量控制卡的编制审核。研发带电作业新工具和新方法，旁路作业设备、两项工器具研发获得成功，桥接法带电作业项目已进入操作验证阶段。

严格管控带电作业中心内部网络，杜绝内外网混用，制定信息网络管理办法。通过各类会议、展板等手段加强信息安全宣传，提高职工网络信息安全意识，杜绝违规外联隐患。完成桌面防护终端服务器架设，通过服务器定期扫描，及时查找内部办公终端存在的漏洞，保证办公终端安全可靠。

■ 5 月 26 日，综合不停电作业法更换变压器培训现场。

（刘晨　摄）

【党的建设与精神文明建设】深入学习实践科学发展观，坚持党委理论学习制度，强化“四好”班子建设，全面组织推选优秀共产党员、共产党员献爱心等建党九十周年活动，观看“建党伟业”等系列主题教育片。推进“创先争优”活动，打造“装备精良、技术精湛、操作精细、管理精益”的队伍。

落实党风廉政建设责任制，明确责任分工，严格执行《国有企业领导人员廉洁从业若干规定》，增强领导干部和重点岗位人员的廉洁风险防范意识，签订廉政建设责任书，进行中层干部廉政谈话。配备新闻设备，利用网络、OA 平台、展板等多种载体，开展新闻宣传，推进企业文化传播，营造良好舆论环境。

发挥工会桥梁和纽带作用，加强班组建设，组织“QC”小组、合理化建议和职工劳动竞赛活动。开展职工思想动态分析，召开领导班子、党员民主生活会，及时制定措施解决带电作业中心职工热点、难点问题，关心退休职工、慰问病休职工，员工队伍保持稳定。全年未发生违法违纪事件。

（张志新）

信　息　中　心

【概况】信息中心负责北京市电力公司信息系统建设、应用推进、信息系统和网络安全运维、信息安全管理、信息设备与资产管理、信息专业技术管理、信息技术培训、信息化咨询与技术支持等工作。

信息中心下设六个处室：综合处、财务资产处、运行管理处、工程建设处、技术中心、运维中心，管理一个集体企业：北京华商电力科技中心。

2011 年，信息中心完成北京市电力公司信息化项目 51 项，获得公司科技进步一等奖 2 项、二等奖 2 项、三等奖 2 项。实现对 ERP、安全生产等核心系统的自主运维，获得国家电网公司信息系统运行管理流动红旗。

地址：北京市南四环西路 188 号总部基地 11 区 17 号楼
邮编：100070
电话：63127398

（赵　勇）

【人力资源】信息中心共有职工 26 人，其中硕士研究生学历 9 人，大学本科学历 11 人，大学本科学历及以上人数占比 76.9%。高级职称 10 人，中级职称 6 人，初级职称 10 人，具有初级及以上职称人数占比 100%。2011 年信息中心结合实际，在严格执行公司对绩效管理工作开展的基础上，有序进行绩效管理和分配管理工作，调动广大干部职工积极性、主动性和创造性。

不断建立健全培训制度和工作流程，整合信息中心各项培训资源，对培训进行全寿命周期管理，突出培训评价作用，巩固培训成果。

（尹　康）

【信息化建设】2011 年，信息中心制定《信息中心项目建设管理办法（试行）》、《信息中心物资管理办法（试行）》、《信息中心固定资产零购管理办法（试行）》等，为项目管理的规范化起到了管控作用。承担公司信息化项目共 51 项，其中资本性建设项目 31 项，成本性建设项目 17 项。

人财物集约化的信息化建设。人力资源规范化工作通过国家电网公司验收，完成一级账户管理等财务集约化信息化支撑工作，电子商务平台按期上线投产。

指挥系统建设。按照公司决策层的要求，主动跟踪国际可视化技术发展水平，细致分析公司信息系统对指挥体系运转的支撑能力，采用快速实施的方法开展项目建设，系统如期上线投产运行，为公司指挥体系的建设和客户服务能力的提升奠定信息技术基础。

营销系统 95598 功能优化。信息中心集中优势技术资源，开展技术攻关，完成多项优化工作，实现公司生产体系与营销体系的电源共享，提升了 95598 主动服务能力。

海量历史准实时数据平台建设。通过国家电网公司验收，创新 CIM 模型的应用，为公司的大运行管理体系提供数据集成与整合的保障，在国家电网公司系统内率先实现生产数据与调度运行数据的集成。

数据级容灾按期完成。容灾中心建设项目是国家电网公司下达的重点项目，信息中心完成全部数据级容灾工作，提高信息系统数据可靠性与业务连续性。

（杨洪洁）

【系统运维】2011 年，信息中心系统运维范围涵盖：88 个公司级信息系统、840 台服务器、850 台内网终端、165 台外网终端、1400 台网络设备、898 台安全设备以及各级门户网站等运维技术支持工作。

依据国家电网公司运行维护工作要求，结合公司具体情况，信息中心落实两级三线运维体系，初步实现运行维护主业化、专业化和集约化。编制《信息中心运行值班工作标准》《北京电网调度应急演练工作规范》《调控中心值班管理制度及业务规范汇编》《信息中心信息系统计划检修管理办法》等信息系统运行维护管理制度和标准。保障了信息系统安全稳定运行。获国家电网公司“2011 年第三季度信息系统运行流动红旗”。

2011 年，信息中心在保障公司信息安全方面加大力度，全年防病毒系统运行正常，病毒清除率 100%；完成桌面标准化系统部署工作，注册率 100%，并实施终端标准化管理安全策略，实现桌面终端安全访问、病毒防范、安全接入、补丁更新等安全策略的标准化管理。

严格按照公司两会供电保障要求，完成两会期间信息安全保障工作，各级保障人员按照标准化作业值守，完成保障各专业信息系统的正常运转，对来自公司外部和内部的各类攻击和渗透进行积极防御，圆满完成两会期间网络信息安全保障任务。

（解思江）

【经营管理】2011年，信息中心按照公司财务工作整体部署，围绕财务集约化管理深化应用工作主线，健全财务管理制度，积极开展全面预算管理，主动对历史遗留项目进行决算，全年共制定并发布财务管理制度6项，核算在建工程59项，其中25项年内已结转资产，经营管理工作有序、可控。顺利通过公司财务检查、审计检查、国家电网公司强化经营管理财务督查。

（杨然动）

【科技工作】充分利用行业优势，不断引进吸收先进技术和理念，初步形成涵盖企业管理、电力生产、营销等电力相关业务信息化咨询服务能力。

依托在电网GIS和数据中心上的深厚积累，结合自身技术能力的不断提升，消化运用业界先进的移动终端、富浏览器端、异步通信等技术，研制满足电力业务需要、具有信息中心特色的空间信息可视化基础研发平台；深入研究主流技术，在数据采集传输、优化整合、分析过滤、提炼展示等方面的研发能力日益突出，具备了承建大型信息系统集成项目的能力。

坚持关键技术的重点跟进和业务能力的持续发展，关注信息科技发展的新趋势、新动向；承担“海量实时数据管理平台的研究与建设”“移动作业平台研究与应用”等建设项目，实现实时数据与管理数据的全面融合；为不同业务应用搭建安全可靠的移动基础接入平台。获得公司科技进步奖5项。其中，一等奖2项，二等奖1项，三等奖2项，分别是：“海量实时数据管理平台的建设与应用”、“移动作业平台建设及生产管理系统移动作业应用”；企业级数据容灾建设获得二等奖、三等奖2项，分别是：仓储配送信息系统建设与应用、安全接入平台实施。

（尹　康）

【优质服务】信息中心以国家电网公司信息系统客户服务“十项承诺”和“三个十条”为标准，以公司优质服务责任制为依据，努力营造内外部和谐环境，优质服务水平得到提升。

按照国家电网公司整体部署，开展“塑文化、强队伍、铸品质”供电服务提升工程，落实服务理念，培育服务文化，着力提升服务形象。组建以“两级三线”为基础，以信息运维主业化、集中化、专业化为原则的“21186”呼叫中心，设置23人客服坐席，可为公司员工提供全口径、全过程、全天候的信息运维服务。客服呼叫中心规范管理流程，全面落实分工责任，严格执行值班制度，做到接听耐心、记录认真、处理严谨、回访及时，为客户提供优质、高效的服务，调查满意度达到100%。

（解思江）

【党的建设与精神文明建设】完善党支部组织体系，推进支部和工会建设。建立党员卡片，召开座谈会，做好党员发展及预备党员转正工作。贯彻落实公司“三会”、纪检和审计工作会的部署，开展“三关”教育。组织员工参观国旗班和大兴拘留所，进行爱国主义和反腐倡廉教育。以保证“三重一大”制度落实为重点，强化监督责任；以党风廉政建设责任制为抓手，落实“一岗双责”；以排查“小金库”及工程建设领域突出问题为着力点，确保信息中心和谐健康发展。开展“迎、讲、树、促”活动，深化党支部创先争优活动。开展优秀党员推荐评比活动，在公司举办的“我身边的共产党员”演讲比赛活动中获得二等奖；参加支部创新成果评比活动，获得公司党支部创新成果三等奖。

■ 7月15日，信息中心组织参观国旗队活动。

（赵　勇）

北京电力科学研究院

【概况】2011 年 3 月，北京市电力公司试验研究院正式更名为北京市电力公司北京电力科学研究院（简称电科院），电科院是北京市电力公司的直属单位，作为公司主要业务的技术平台，承担公司技术研发、技术监督、技术服务和技术专家业务管理，是北京市电力公司电网技术领域的研发、试验和人才培养储备基地。电科院在城市配电网领域、设备评价领域、新能源领域、环保与化学领域、电气设备质量检测领域均开展技术研究、技术支持与服务工作，并始终坚持“服务首都电力事业”的基本理念，在公司科技创新体系中发挥着主力军作用。

主要开展的工作有：① 城市配电网领域。重点开展城市电网系统相关技术研究，主要在智能配电网、城市电网风险管理与控制、电能质量方面开展技术研发、技术支持与服务。作为首都电网的技术支持机构，负责首都电网技术标准研究、配用电设备试验检测，电网灾害预警与防范、电能质量监测、评估及综合治理技术的研究。② 设备评价领域。主要在高压电气设备性能试验与检测、故障诊断与状态评价、绝缘配合及过电压等方面开展研究。主要承担首都电网一次电气设备技术研发、技术服务、技术监督、事故分析及相关的科研工作。负责输变电设备的运行评价、新技术的研究与应用，状态检修的技术支持、技术监督，以及重要关键设备的试验与诊断工作。③ 新能源领域。主要在电动车、新能源发电等领域为建设、运营和产业化发展提供技术支持与服务。负责新能源装备的试验检测和性能评估、相关技术标准研究，以及资源评价和发展策略研究等工作。④ 环保与化学领域。主要负责电网环境监测、污染治理，以及电气设备化学介质化验、分析的技术研究，提供相关技术监督、技术支持与服务。围绕北京电网，致力于环境保护、绝缘油、SF_6气体等方面的科技研究工作。⑤ 电气设备质量检测领域。主要负责主、配网设备与材料、业扩用户入网设备与材料的质量检测与分析工作，为设备订货技术标准制定、入网质量把关提供技术支持与服务。开展配网智能设备、电动汽车充电设备、动力电池的资质认可工作。

电科院下设技术处、科研处等 6 个职能处室，包括城市电网技术研究中心、设备评价技术研究中心、新能源技术研究发展中心等 5 个研究中心。

地址：北京市南三环中路 30 号
邮编：100075
电话：63677123

【人力资源】截至 2011 年底，电科院全民职工 114 人，其中，管理岗位 41 人，专业技术岗位 46 人，生产岗位 27 人。其中，博士研究生学历 6 人，硕士研究生学历 36 人，管理和技术岗位人员本科以上学历占比 82%；高级工程师 16 人、工程师 24 人。

全年全员培训率达到 100%，累计举办各类培训班 121 次，参培 1426 人次。4 月，选拔近 30 名青年技术人员调整到重要科研岗位工作；5 月，选送技术人员到调通中心、变电公司、朝阳公司等单位开展“嵌入式”培训，使技术人员的实践经验在短时间内得到加强；7 月，举办管理与专业技术岗位人员培训班；9 月，有序推进“安全助理工作”，为青年员工提供多层级、系统性的安全培训和专业知识培训。聘用高层次科研人员，为电科院的转型与快速发展提供人力资源补充。

【技术支持】全年共完成技术支持与服务任务 384 项，其中事故分析 64 次、专题工作分析 80 项、各类标准制定（修编）任务 10 项；开展公司级信息安全督查 20 次，现场检查 77 家单位。

全力推进“供电设施评价”和“安全评价”工作，完成公司 10kV 电缆和重要用户状态监测工作的技术支持任务；完成化学介质试验分析和 SF_6气体报警装置评估任务；首次承担并完成北京电网 2～3 年安全滚动校核、电压稳定分析等任务；推进 10kV 架空线路新技术试点及推广应用，在左安门微网、定制电力、政治供电相关标准研究等方面加大技术支持力度；完成电动车辆应急运营服务设施等一系列研发任务，以及高安屯示范充换电站监控系统开发等技术支持工作。

【实验室建设】大力推进实验室建设。按照软件与硬件建设并重，以及统筹资源、分步实施、集中力量、快速推进的原则，推动电科院试验研究能力的快速提升。其中，“智能配电网实验室”初步具备配网自动化终端设备的入网检测和运行中装置异常的试验分析能力，全年开展检测分析 70 余台次；“电动汽车实验室”具备了动力电池、充电机（桩）试验检测和充换电设备的研发能力，全年开展试验检测工作300余台次，完成2t、8t换电设备研发、调试，以及性能改进、模拟仿真验证、人员技术培训等多项任务；“输变配电设备带电检测实验室”已基本建成，完成现场缺陷模拟复现、状态监测仪器比对试验、人员培训等任务30余项；“电能质量（定制电力技术）实验室”直接服务于公司“零闪动”工作目标的实现，开展敏感负荷特性试验、SSTS性能研究、重要用户定制电力方案、应急电源装备等多项试验研究工作；“城市电网数字仿真实验室”利用现有BPA、EMTP等仿真工具先期开展了电网安全稳定分析、电压跌落电磁暂态仿真等工作，为进一步增强仿真研究分析能力奠定基础。原有的高压电气、10kV电缆检测等实验室，在2011年初进行内部人员重组和工作机制优化后，均完成入网检测、故障设备解体分析、仪器仪表试验、科研项目等任务。

在实验室资质方面，2011年获得CNAS认可项目达到21项，并首次涵盖配网自动化和电动汽车装备的试验检测领域。

5月18日，电科院新能源技术研究发展中心参加第十四届中国北京国际科技产业博览会展示。（宋雨昕　摄）

【安全生产】2011年，电科院未发生电网、设备事故，未发生火灾事故，未发生一般施工机械设备损坏事故，未发生有重大社会影响的停电事故，未发生同等以上责任的一般交通事故，未发生信息安全事故。实现连续三个百日安全生产长周期，累计连续安全生产2428天，创造了连续五年安全管理无事故的纪录。结合电科院特有的安全管理工作特点，开展“安全生产月”等各类专题活动；针对状态监测、电动汽车、材料试验与检测等业务，加大安全规章制度健全和人员安全培训，保证了安全稳定的局面。全年共完成设备到货检测、仪表校验4407件，完成设备化验2131台次，高压试验1237件。

【经营管理】4月，召开电科院机构调整工作总结大会，全面完成生产业务划转、企业更名、机构调整和人员竞聘上岗等一系列工作，实现成功转型；结合主营业务和机构调整，开展制度建设和管理创新。成立综合办公室，实现党政工团一体化的管理模式；5月，电科院正式成立技术服务中心，实现技术服务工作集约化的管理模式；强化依法治企，加大经法系统人员的培训力度，集中开展财务和审计专项检查；加强基础建设工作，规章制度体系、流程体系与内控体系相互融合，共健全各类规章制度22项。

【科技工作】2011年，电科院承担北京市科委项目6项，国家电网公司科技项目3项，公司科技项目10项；发表科技论文24篇，同比增长71.4%；完成专利申请12项（其中发明专利3项），较2010年增加一倍；荣获北京公司科技进步奖9项，获奖数量和名次均居公司各基层单位之首；独立开发研制具有国内领先水平的大功率三相电压跌落装置和大功率移相器等自主知识产权装备；启动并实施“863计划”——“电动汽车充电对电网的影响及有序充电研究”和“科技支撑计划”——“定制电力及优质电力园区技术研究”两项国家级科技项目；开展微网关键技术、重要用户电能质量在线监测、政治供电相关技术标准等重大科技项目的研究工作；荣获国家电网公司“十一五”科技工作先进集体称号。

【党的建设与精神文明建设】以庆祝建党90周年、深化“创先争优”活动为契机，实施“创新”价值观落地工程，开展“科技先锋”评选活动，引导员工在科研创新中“创先争优”；实施“科研志愿者”“心声工程”和“梯子工程”系列活动，助推人才培养工作；建立协同监督机制，深入开展“反思教训、完善监控”主题教育实践活动；丰富职工业余生活，组织球类比赛等文体活动，组织健康知识讲座，以及帮扶送温暖等活动，促进了企业的和谐稳定；发挥团组织工作优势，开展“号、手、队”创建活动和青年文化活动；院党委精神文明创新和团委创新活动在公司评比中均获二等奖；党政工团合力作用不断加强。

（陶诗洋）

北京电力经济技术研究院

【概况】北京电力经济技术研究院（简称“经研院”）为北京市电力公司的全资子公司。具有国家送变电工程设计甲级、送变电工程咨询甲级、工程勘察甲级、电力行业设计乙级等资质。主要从事500kV及以下电压等级的送变电工程设计咨询、城市电网规划设计咨询、电力经济与能源研究工作。通过了质量、环境和职业健康安全管理体系的认证，是国家科技企业档案管理一级达标单位、中国电力规划设计协会常务理事单位、中国水利电力质量管理协会电力分会理事单位。

经研院组织机构设置如下：办公室、政治工作处、监察审计处、经营计划处、技术质保处、劳动人事处、财务处七个职能处室，变电室、送电室、土建室、系统室、技经室、勘测室六个设计专业室，信息中心（辅助生产处室）和经济研究中心。

地址：北京市西城区广安门车站西街15号
邮编：100055
电话：63678500

【人力资源】截至2011年12月底，北京电力经济技术研究院共有职工163人。其中，高级职称49人，中级职称43人，初级职称37人；硕士及以上学历24人，本科学历81人，专科学历32人；拥有国家各类注册执业资格47人次；拥有中国电力规划设计行业协会资深专家1人，国家电网公司专家1人，北京市发改委评标专家4人，北京市评标专家13人，北京市电力公司评标专家27人。

继续完善设计师、研究师等级评定制度，修订《北京电力经济技术研究院设计师等级评定管理办法》《北京电力经济技术研究院研究师等级评定管理办法》，共评出院二级设计师16名、三级设计师22名、三级研究师9名。开展全员绩效管理工作，进一步提升各部门绩效管理人的绩效管理水平，将绩效工作做到实处。截至2011年底，经研院共开展各类专业技术和管理方面的培训七十余次。

【电网建设】2011年，经研院共完成500kV输电项目可研设计1项，施工图设计1项；220kV可行性研究28项，初步设计83项，施工图设计105项；110kV可行性研究79项，初步设计163项，施工图设计210项；35kV及以下可行性研究17项，初步设计45项，施工图设计37项；通信工程可行性研究3项、初步设计54项、施工图设计56项；专项工程可行性研究25项、初步设计3项、施工图设计18项，用户供用电咨询44项，迁改移咨询62项，电力规划、研究课题、专项报告等研究9项。完成各类项目共计1039项。出版图纸965卷册，图纸总重14 438kg。

测量专业全年完成线路测量645km、终勘定位699km，测量面积28km^2。勘察专业全年完成变电站初勘项目21项、详勘项目17项，完成线路可研初勘项目38项、线路详勘项目54项；外埠工程完成初勘、详勘20项，标书编制4项，岩土工程设计2项。

完成未来城、三营门、五路居、泰河、土沟等一批代表性工程，为北京电网的持续、健康、快速发展提供了保障。

【安全工作】2011年，经研院未发生任何人身、设备、火灾、交通等各方面安全事故；未发生任何因设计质量原因造成的事故。截至2011年12月31日，实现3437天安全无事故。

根据国家电网公司和公司《“三强化　三提升”质量提升年活动实施方案》相关要求，结合经研院基建设计质量安全工作实际，成立以院长和书记为组长的质量提升年活动组织机构，制定《北京电力经济技术研究院“三强化　三提升”质量提升年活动实施方案》；落实公司《关于加强当前安全生产工作的通知》（京电安［2011］38号）的文件要求，开展节前“三防四查”安全大检查。围绕公司“两抓一建”活动方案和经研院活动方案，开展一系列安全活动，补充一批安全工器具，有效提高经研院的安全管理水平和工程设计质量和员工的安全意识。

【经营管理】经研院的经营工作以北京电网工程设计为根本，以华北电网工程设计为补充，以新能源、智能电网、电力管道、电动汽车充电站及附属设施业务为市场开发重点，以参与国家电网公司特高压线路设计为提升，完善与市场竞争相适应的经营管理机制，完善与招投标机制相适应的市场开发体系。对内以院综合信息管理系统平台为载体，为经营情况、生产决策及优化人力资源提供科学依据；对外埠设计市场实施以项目管理为核心，以专业管理为基础的项目管理方式，建立由项目经理（设总）对计划、质量及成本进行分解和控制，提高水平，降低成本。

【科技工作】2011 年，经研院院以上级别科技项目共计 25 项，其中包括“地下变电站优化设计技术研究”“超导输电线路工程规划及设计技术研究”、“OPPC 实现架空线路测温及通信技术研究”等国家电网公司科技项目立项 6 项，“北京市 2030 年电网空间布局 220kV 及以下专项规划研究”“电网用户侧智能化建设标准导则研究”等公司立项 6 项。

全年完成科技成果验收共 18 项，其中包括“高压电缆线路可靠性研究”“电缆适用性研究”“明开预制电力管沟技术利用研究”等国家电网公司科技项目 6 项，“四大热电中心接入对北京电网的影响研究”“智能电网对北京经济社会影响研究”“未来科技城智能电网总体方案”等公司项目 7 项。完成国家电网公司“高压电缆线路可靠性研究”“电缆适用性研究”两项成果的验收。

完成公司科技成果申报 8 项。其中，经研院研发的“北京地区电力工程地质信息系统”获得国家电网公司科技成果三等奖，“未来科技城智能电网总体方案研究”和“左安门 220kV 变电站智能化改造设计研究”获公司科技成果二等奖，“多模 OPPC 测温优化设计研究”获公司科技成果三等奖。

连续两年承担国家电网公司新技术应用研究工作。“钢结构在 110kV 变电站建筑设计中的应用”成果纳入国家电网公司 2011 年新技术推广应用目录。“多模 OPPC 测温优化设计研究”“明开预制电力管沟设计开发利用”两项研究工作已经完成技术总结、工作报告和研究报告。

按照国家电网公司总体部署，开展“地源热泵空调的优化设计研究成果”“高土壤电阻率变电站接地系统研究成果”“城市中心区高层建筑与变电站联合建设研究成果”和“节能型工程应用技术研究成果”的应用工作。

全年，经研院征集论文共计 56 篇，参加院内论文等级评比 52 篇，评出获奖论文 42 篇。在各级刊物上发表论文共 10 篇。承担国家、电力行业、国家电网公司标准编制 18 项，已经完成 8 项。其中，国家标准 1 项，行业标准 2 项，国家电网公司标准 5 项。承担《北京电网规划设计技术原则》《城市电力电缆线路设计技术规定》等规程规范的修编工作。

公司安排的专利申请指标为 8 项，已组织申报专利 17 项；专利授权指标 5 项，已完成 7 项；发明专利申请指标 3 项，已完成 4 项。组织软件著作权的申报工作，“北京地区电力工程地质信息系统”和“输电线路型式判别辅助决策系统”两项软件已取得著作权。

经研院多项工程设计、咨询项目获得国家级、省部级、市级优秀工程设计和优秀咨询成果奖。其中，“朝阳 500kV 变电站工程”获得国家优秀工程设计银奖；“地安门 220kV 变电站工程”获得 2010 年度电力行业优秀工程设计一等奖，“太阳宫接入孙河工程”获得 2010 年度电力行业优秀工程设计二等奖，“西湖 110kV 送电工程”“大栅栏 110kV 变电站工程”“北京电力数据通讯网优化建设工程”等获得 2010 年度电力行业优秀工程设计三等奖。“菜市口 220kV 输变电及生产附属设施（电力科技馆）可行性研究报告”获得电力行业 2010 年度优秀咨询成果一等奖，“顺义华中园电力智能小区示范工程可行性研究报告”获得北京市 2010 年度优秀工程咨询成果三等奖，通惠 220kV 变电站和通惠 220kV 送电线路获得国家电网公司优秀工程设计奖；“半壁店 110kV 送电工程’“义和庄 110kV 变电站工程”“军都 220kV 站 110kV 切改工程”获得公司设计优秀奖；“庆羊 110kV 变电站工程”“庆羊 110kV 送电工程”“流村 110kV 送电工程”获得公司设计竞赛优胜奖。

【优质服务】强化生产管理能力，合理安排月度生产计划，不断加强规划前期的协调工作，不断加强与北京公司相关职能部门的沟通，定期组织召开生产调度会、发布生产与技术管理工作周报，动态跟踪设计过程，主动与北京市规划委员会、公司沟通了解规划前期落实情况和设备订货情况，为各项工程开展奠定基础。

【党的建设与精神文明建设】深入开展创先争优活动，开展“展现风采，再续辉煌，我是光荣的共产党员和

8 月 15 日，经研院吴江职工创新工作室正式成立。

共青团员”精神文明主题活动，总结创先争优活动成果和经验，建立和保持创先争优长效机制。

在党风廉政建设方面，开展“两书两报告”活动，梳理廉政风险事件库，确认重要廉政风险点，重新确定重点岗位人员，并签订《党风廉政建设责任书》和《廉洁从业承诺书》。按照公司关于反腐倡廉工作部署，开展领导干部“七廉”活动，开展“以史为鉴扬正气、以案为戒促廉洁”活动，开展廉洁文化作品征集活动，与西城区检察院进行交流座谈。加强协同监督管理，对设计变更制度执行情况进行抽查。

经研院工会积极履行职责，通过职工代表大会、厂务公开、合理化建议征集等活动，构建“双路径、三保障”的职工民主管理体系；开展“三必谈，两必访”“六个一”、职工运动会、新春游艺会等活动，服务职工、促进企业和谐发展；以设计竞赛、职工创新工作室为平台，全面提升职工素质。

（张　健）

培训中心

【概况】北京市电力公司培训中心（简称培训中心）是北京市电力公司职工教育、人才培养的基地，担负着公司党政领导干部、管理人员和生产人员培训，职工技能鉴定工作，同时还为公司各种会议提供优质的服务。2011 年，培训中心完成了公司下达的各项业绩考核指标，以优异的工作业绩为培训中心“十二五”发展创造了良好的开端。

2011 年，培训中心完成 436 期各类培训班、会议、技能鉴定、竞赛和考试的组织实施工作，参加人次为 34 545。培训任务完成率达到 100%，学员满意率达到 92.84%，培训事故发生率为 0，培训班各种数据维护均达到 100%。培训中心可控成本指标完成率达到 100%，人、财、物集约化管理年度任务完成率均达到 100%。

2011 年，培训中心被北京市石景山区政府授予“首都文明单位”光荣称号，被全国总工会授予“全国职工教育培训示范点”。荣获公司“学党史　读党史　强党性”网络知识答题活动优秀组织奖、2011 年度企业文化建设优秀案例三等奖、“忠诚企业、服务首都”主题教育活动形势任务宣传手册知识调考先进集体、“一学三讲”法制宣传教育主题活动法律知识网上答题优秀组织奖、思想政治研究成果优秀奖、离退休工作先进单位等光荣称号。

地址：北京市石景山区模式口 3 号院
邮编：100041
电话：63679500

【人力资源】培训中心现分为模式口、清河、大雁楼三个校区，总部设在石景山模式口校区。培训中心共设置 12 个处室，职工总数 136 人。

结合全员绩效管理工作，组织实施培训中心中层干部培训工作，增进干部之间的交流。组织开展以“当好主力军，建功十二五”为主题的职工职业技能劳动竞赛，增强职工提高技能的积极性，促进干部履职能力和员工岗位技能的提升。

【培训工作】完成公司 110kV 及以下变电运行等三个专业轮训，新入企员工培训、配电线路等四个专业技师强化培训，入党积极分子培训等班次的培训组织工作；组织进行 2011 年技能鉴定考核工作；协助公司部分二级单位举办管理人员和生产技能人员的培训。配合公司工会完成第二届北京市职业技能大赛农网营业工技能比赛，相继配合公司组织完成带电作业、ERP 技能、基建工程造价等大型竞赛的工作。

■ 3 月 8 日，继电保护实操培训现场。

【基地建设】落实公司关于加快推进实训基地建设的工作要求，在人资部的组织下，培训中心对照国家电网公司配电带电作业实训基地认证标准，全面规范带电作业培训的基础工作，为顺利通过国家电网公司的认证做出了贡献。完成实训基地建设建议及实训室设置方案的制订，并对西集实训基地进行规划设计，提出作为实训基地的建设方案。在公司明确大兴区作为实训基地建设选址地块后，实训基地筹备处立即委托有关单位进行规划概念策划、立项建议书编制等工作，科学谋划实训基地建设的具体方案，使各项工作按要求有序开展，为实训基地全面建设做好前期工作。

【经营管理】根据公司关于加强基础管理工作的要求，组织开展质量管理体系的贯标工作。在贯标工作过程中，培训中心将质量管理理念导入培训工作的全过程，努力实现培训管理的科学化、精细化和制度化，全面建立自我完善和持续改进的发展新机制，对培训中心的规章制度体系进行全面的充实和完善。

在培训管理、后勤服务方面制订和修订34项规章制度，规范培训教学和培训的组织管理工作，建立后勤管理和后勤服务的工作制度及工作规范。在年底前通过中国质量认证中心的审核验收，获得ISO9001和ISO10015质量认证证书，为培训中心整体管理水平的提升构建起科学、规范的发展平台。

为了落实好公司下达的年度绩效考核指标，对培训工作的指标进行了分解、细化，制订《培训工作业绩指标考核规定》《培训事故考核管理办法》《培训学员考勤管理制度》等规章制度，使落实业绩指标的过程成为提升工作质量的过程。通过严格执行这些规章制度，加强培训组织管理工作的规范性，促进了工作质量的提高。

11月14日，培训中心一体化质量管理体系建设知识竞赛现场。

【优质服务】继续围绕打造服务品牌的工作目标，做好培训服务工作。根据培训中心自身的特点，努力探索改进服务工作，坚持从每个细节抓起，认真对照先进标准改进工作，在硬件条件较差的现实面前，积极寻求突破和创新，为参训学员和参会领导提供优质的服务。一年来，培训中心先后收到公司思政部、工会等单位的感谢信，对培训中心努力服务大局，努力提升服务品质的行动给予高度赞扬，培训服务处获得公司“十佳”优秀团队的光荣称号。

注重充分发挥业务外包的优势，不断扩大业务外包的规模，使后勤服务工作不断向规范化、标准化管理的模式前进。强化对外包方的管理和考核，通过明确工作标准和要求，定期进行考核等方式，使外包团队良好地融入培训工作的需要，围绕培训工作有效地开展业务，逐步探索并建立起合作共赢的机制。

【党的建设与精神文明建设】2011年，培训中心党委围绕公司主题教育活动的要求，组织开展以“学党史、强信念、明形势、做贡献”为主题的建党90周年庆祝活动。通过“学、强、明、做”主题实践活动，强化党员承诺的针对性和实效性，培训中心党委按照班子分工制定全年的承诺事项，各党支部根据各自的重点工作制定承诺计划书，同时公示党员承诺内容，让职工群众共同监督履诺。建立健全“责任落实、系统宣教、内控监督、协同预防监督”工作机制，深入开展“反思教训、完善监控”为主题教育实践活动，继续推进“小金库”及“三指定”问题治理，开展培训管理质量效能监察，加强党风廉政建设和反腐倡廉工作。以弘扬国家电网公司优秀企业文化为重点，强化“五统一”企业文化建设，把“忠诚企业、服务首都”的意识转化为员工的自觉行动。注重结合培训中心特点，加强优秀企业文化落地工程，制定企业文化建设管理评价办法，培训中心选送的“弘扬两越精神，培训中心服务谱新篇”获得了企业文化精品和精神文明建设创新成果两项嘉奖，“推进五统一优秀企业文化落地的探索与思考”“小小电视屏　传播显威力”等一批企业文化建设作品获得公司表彰。

（卢　焰　娄　强）

物流服务中心

【概况】北京市电力公司物流服务中心（简称物流服务中心）是北京市电力公司直属二级单位，是物资资源平台重要组成部分，承担着北京市电力公司大宗物资招标、采购和仓储配送以及非电力物资供应重任，以保障物资资源平台正常运转为中心任务，为电力公司提供坚强的物资保障。2011年，物流中心在建设坚强智能电网的环境下，根据北京市电力公司物流体系改革实施方案，按照“集中采购、统一管理、科学存储、按需领用、账实相符”的目标，完成“物资流、信息流、资金流”三流合一的工作要求。全年进一步推进物流体系建设，明确职责定位、业务范围、人员定岗定编；推进财务集约化实施，依法治企，完善内控体系、规避经营风险。做好应急培训，确保应急物资保障。继续物资项目部的建设，提高工程物资现场服务能力和水平。以中心库为核心，建设中转库、终端库、仓储配送网络。推进物流信息化建设，初步形成物流监控中心为主导的物联网。稳步推进多经企业改革，建设第三方物流的集体企业。

物流中心下设职能处室6个和业务工区3个。多经系统有北京市科创新业物流有限公司、今佳物业两个经营实体。

2011年，物流中心获得国家电网公司工会工作先进单位称号。物流中心“速腾QC小组”的“提高供应商评审工作效率”QC成果，获得由中国质量协会、《中国质量》杂志社举办的第三届“海洋王”杯全国QC小组成果发表赛一等奖。物流中心在公司“吉北杯”基建安全知识竞赛中获得三等奖。在“公司职工素质提升工程系列活动之应急抢险技能大赛”中获得了特殊贡献奖及野外餐车作业优秀团队奖。

地址：北京市西城区樱桃二条七号
邮编：100054
电话：63679185

【人力资源】截至2011年12月底，物流中心共有员工219人。其中，副高级及以上专业技术资格7人；中级专业技术资格17人；初级专业技术资格51人。人才当量指标统计人数为172人，人才当量指标为96.85%，既具有专业技术资格又具有技能等级人数59人，高级工及以上专业技能等级人数90人。全年培训课时达到60课时以上的人员193人，全员培训率100%，持证上岗率100%。2011年物流中心邀请清华大学电力系统研究所专家教授就智能电网与充电站建设及发展等前沿问题召开专题讲座。配合公司物资部在物流中心开展“物资仓储配送信息系统应用培训”。对应急物资保障人员开展雪地摩托车实训培训工作。

2011年，物流中心原党委书记石宝印调任北京中电联汽车服务有限公司总经理。原公司离退休工作部主任王淑平调任物流中心任党委书记。

【安全生产】2011年，为确保不发生人身伤亡事故，物流中心组织一线班组签订人身安全责任书共126份，签订现场作业安全管理“十条禁令”承诺书共126份。物流中心领导与二级领导签订安全生产、防火责任书各15份，安全授权委托书13份。年初，召开全年安全生产大会，会议总结2010年安全工作中的经验教训，全面部署2011年整体工作思路和工作计划。物流中心领导深入海淀500kV变电站和西北旺220kV变电站等施工现场，督察在建工程的物资供应情况和安全情况。重点对办公楼、燕郊仓库的配电室和安全工器具等开展安全检查。召开消防安全知识讲座，聘请北京市防止火灾办公室资深专家主讲仓储消防安全知识。

2011年，物流中心没有发生人身轻伤以上事故，没有发生设备、防火防盗事故和上级考核的指标，截至2011年12月31日，实现安全生产8343天，防火11 285天，交通安全11 485天。完成公司所有安全考核指标，确保了人身、设备、防火治安和交通安全。

【经营管理】2011年，物流中心颁布《北京电力物流服务中心费用报销管理办法》，下发《关于加强科创物流资金审核的通知（暂行）》。为提高现金流收支预算管理及执行水平，组织各处室资金专责人进行专题培训。

【监造服务】2011年，物流中心通过ERP系统实现监造费用“统一收取，统筹使用”，实现公司在ERP系统上首次从监造合同签订到费用申请、支付的全部流程工作。组织召开设备监理公司、重要设备供应商三方见面会。召开加强充电站入网设备产品质量宣贯会，10余家供应商参加了此次会议。组织参观航天桥智能充电站及该站的主体设施过程。组织科创新业监理公司、吉北监理公司相关人员到烟台东源变压器厂，对驻厂开展的监造工作进行监督检查，并就监造工作的流程、体系同监造小组专家进行交流学习。

【供应商管理】组织召开“加强入网设备产品质量宣贯暨优秀供应商表彰会”，40余家供应商参加了此次会议。就《公司供应商不当行为处理意见实施细则》向与会厂家进行宣贯，试研院检测中心负责人对2010年设备质量检测结果进行通报，向2010年物资采购优秀供应商颁发了奖牌。组织召开公司系统内电能表供应商评价工作会，这是公司系统内首次对电能表供应商开展评价，来自职能部室及各供电公司的60余位计量专家对20家电能表供应商进行评价打分。

【科技工作】2011 年，召开科技教育工作会，对 2010 年科技论文三等奖获奖人员以及去年科技及管理论文获奖人员进行表彰。召开科技及管理论文工作会，结合物流中心领导针对论文工作提出的四项要求，对已经确定的八个论文研究课题组的研究内容及开展情况依次开展点评。召开年度科技及管理论文评审会，对科技及管理论文进行评审。共收集命题论文 8 篇，个人论文 30 篇。物流中心一行 5 人赴青岛供电公司 220kV 午山智能变电站学习调研。

【物资供应】2011 年，物流中心共签订合同 3928 份，合同审核及时率达到100%，总金额 18.43 亿元，物资订货资金做到专项核算、专款专用，发放中标通知 4037 份，下达采购订单 3709 份，下达变更计划 135 份，利库订单 19 份。组织现场交接 359 次，组织催货、验收 89 次。

完成各单位上报的物资盘点工作，做到仓库实物盘点与 ERP 系统数据盘点相匹配。完成变电公司仓储物资接收工作，价值 42 余万元，12 台/套物资顺利进入燕郊仓库。完成北京电网 220kV 级变电站迎峰度夏增容工程物资供应工作，包括：大兴 220kV 输变电工程、回龙观 220kV 输变电工程、高丽营 220kV 集控站增容扩建项目、草桥 220kV 输变电工程增容扩建项目。完成团河 220kV 输变电工程所需物资供应，运输物资 340t。完成中门寺 110kV 输变电工程所需主变压器、GIS 等设备的采购运输工作。年初完成广渠门 110kV 变电站一台主变压器出现故障抢险物资运抵任务。完成李营 220kV 牵引站外电源工程所需的 480m 新制电缆如期运抵任务。开展废旧变压器置换工作。

2 月 23 日，物流中心应急物资保障人员开展雪地摩托车实训。

公司在物流中心启动本年度第一期应急管理培训班。本次培训邀请北京市应急办的专家对国内外应急管理发展情况、北京市应急管理“一案三制”以及北京市“十二五”期间应急体系发展等内容进行授课；对便携式军用帐篷、150 炊事车、RO 纯水设备、全方位自动泛光工作灯、车轮防滑链等应急物资进行了讲解和实操培训。公司应急救援基干队伍第一期集训在燕郊仓库举行，26 名来自公司各单位的队员参加了本期集训。2011 年，国家电网公司及其他省网公司实地考察了物流中心应急储备库内存放的应急车辆、泛光灯塔、冲锋舟、炊事车、净水车等应急设备，并详细了解了各种设备的主要功能和工作原理。

【优质服务】召开“塑文化、强队伍、铸品质”优质服务提升工程启动会，提出“树立服务意识　提升服务水平”的口号。举办仓库防汛演练，演练模拟连续下雨超过 6h 后，燕郊仓库现场依据雨势启动的应急防汛工作。9 月 23 日，完成首座箱式变压器外观改造试点工程。物流中心“鲁敬创新工作室”人员实地验收了外观改造的箱式变压器。7 月 24 日，燕郊仓库的工作人员按照物流中心指示，冒雨投入到防汛抢险工作中，对 6、7、8 号库进行抽水泵和疏通管道工器具安放，并查看排水口是否通畅，搬运沙袋堵住库房门口，防止雨水倒灌库房。物流中心开发的物资采购进度管理系统正式上线。

【党的建设与精神文明建设】继续开展“顾大局、抓两效、我尽责”主题纵深行系列活动，确定以“尽职我先行、尽责当先锋”为主题的活动方案。党委召开以“贯彻落实《党员领导干部廉洁从政若干准则》”为主题的民主生活会，切实加强领导干部作风建设。完成工会二届委员会及经费审查委员会换届选举工作。开展新的思政工作方式，将思政同业对标中党建工作、精神文明建设、宣传工作、团青工作四项重点指标制成一览表表格，做到工作任务和责任分解到每一月、细化到每一周，落实到具体责任人，确保各项工作及时、有效完成。正式启动“力尽权责”主题活动大讲堂。举办“纪念中国共产党成立 90 周年——我身边的共产党员”演讲比赛，启动“牢记入党誓词　过好政治生日”入党纪念日主题活动。党委组织近 30 名团员和 50 多名党员到堂上村参观《没有共产党就没有新中国》纪念馆，重温党的发展历史。召开庆祝建党 90 周年表彰大会暨“先锋赞”配乐诗朗诵活动。团委完成团支部换届选举工作。完成第二届女工会委员会换届工作。

（徐莎莎）

物业管理中心

【概况】北京市电力公司物业管理公司（简称物业公司）是北京市电力公司二级单位，下设北京北电华明物业管理有限公司、北京华光锅炉设备安装有限公司、华商绘都建筑公司、中电汽车售卖维修等多家集体企业。北京北电华明物业管理有限公司是北京市电力公司唯一一家具有二级物业资质的物业管理公司。北京华光锅炉设备安装有限公司是一家专业锅炉设备安装、改造企业，具有锅炉安装、改造叁级资质企业。

按照北京市电力公司的要求，物业公司为北京市电力公司提供后勤保障服务；满足公司系统及职工住宅物业小区的需要，提供相关服务产品，主要包括办公楼、职工住宅小区的物业管理服务，供暖系统的运行、维修及安装，机关的用餐服务。

物业公司设有行政办公室、政治工作办公室、劳动人事处、财务处、经营管理处、安全监查处、综合管理中心及监察室等8个职能部门。有机关物业一部、机关物业二部、小区物业部、怀柔物业部、输电物业部、朝阳物业部、锅炉公司、华商绘都建筑公司、中电联汽车公司、机关食堂、青年公寓及医务室等二级单位。

地址：北京市宣武区西城根3号

邮编：100054

电话：63126860

【人力资源】截至2011年12月31日，物业公司在册职工122人，其中大专及以上学历42人，中专学历55人，高中及以下24人；高级职称3人，中级职称4人，初级职称17人；技能人员中，中、高级工以上80人。

2011年按照公司要求进行集体企业规范整合工作，物业公司所属的电气施工、土建施工、汽车维修等企业，分别整合到了电力公司层面的集体企业。企业职工整建制划转，人员信息交接界面清晰，资料完整，确保了工作顺利完成。

【安全生产】贯彻落实“抓执行、抓过程、建机制”安全风险管控活动，以“两抓一建”为契机，以“两促一稳”保安全，开展物业公司安全生产工作。坚持每月召开安全生产例会，紧密结合物业公司的实际工作，总结查找安全隐患，及时制定改进措施。坚持以查隐患控风险为重点，加强施工工地安全生产管控，加强机关物业一部、二部消防监控和冷风机组岗位实操考核，从严、从细、从实地进行监督指导。加强交通安全管理，汽车专业转出后，物业公司重新明确车辆管理部门，并组织新驾车人员进行交通安全培训。加强小区物业的防火安全管理，结合春节燃放烟花爆竹、清明节烧纸祭祀等活动特点，重点加强防火安全管理，责任到人，坚持值守。物业公司职工接受安全规程培训325人，学习培训课时不少于48学时，考试优秀成绩占职工总数92.3%。完成与8个处室、9个下属单位签订年度安全管理协议书工作。实现2011年度第三十一个百天的安全生产目标。

【经营管理】积极开拓业务，寻找市场，严格控制成本支出，2011年物业公司实现主要经营业务收入3.46亿元。

根据公司要求，物业公司分别与北京华商绘都建筑公司、美好装饰公司、中电联汽车服务公司、华夏运输服务公司、华夏汽车修理公司、北供汽车服务公司、华明远大供电安装公司，逐一清理核查各公司产权结构、财务资产状况、担保、借款、委托理财等情况，建立全面、准确、完整的集体企业档案资料。成立工作组结合公司集体企业的实际情况按时完成清理调查工作。

2011年新增为朝阳供电公司、输电公司提供物业管理服务。在华商电力公司成立之初，针对人员调整多，岗位骨干分离多的情况下，自主调解困难，保证了正常的物业公司服务工作。

公司产业管理部对原物业公司所属9个企业进行全面清算审计。配合审计部门，完成华明电气安装公司、中电联汽车公司、华商绘都公司、华光锅炉公司、北京北电华明物业管理有限公司的财务审计。完成公司财务、审计、房产、车辆和劳动人事管理等综合检查接待工作。配合资产评估工作组完成原物业公司资产评估工作。

配合中电联汽车公司规范整合工作，3月1日前完成北京中电联汽车服务有限责任公司人、财、物的划转工作；12月1日前完成北京华商绘都建筑有限责任公司人、财、物的划转工作。

【优质服务】贯彻落实公司机关本部管理工作会议精神，努力提升服务品质。重新梳理《北京市电力公司办公楼物业管理服务方案》；完善服务标准和各项服务流程。制定防汛、火险、电梯故障等应急处理预案。成立公司办公大楼电气系统专业工作小组，针对电力公司机关大院内多种设备设施运行年限较长的现状，投入主要技术力量，进行设备资源摸底统计、现状评估、隐患消除等工作。较好地完成机关大院的各项服务工作。

为提升机关食堂服务品质，从管理上、安全上、菜品上进行严细管理。全面改造完善制作间及售卖区环境。相继推出多种菜品，恢复周末食品外卖服务。

做好北戴河疗养点的服务接待工作，认真谋划疗养点的各项工作，克服食品蔬菜价格上涨等不利因素，努力为疗养职工提供满意的服务，完成1621名疗养人员的服务接待工作。

■ 6月23日特大暴风雨过后，物业公司组织力量对居民小区设施进行抢修。

圆满完成6月23日、7月26日特大暴风雨右安门、蒲黄榆、索家坟宿舍汛情抢险工作，快速抢修院落积水，倒树、砸坏房屋和房屋漏雨及地下设备层进水等灾后抢修恢复工作，并保证公司35万 m^2 小区宿舍春节期间禁改限燃放烟花爆竹防火安全保障工作。

保障公司近42万 m^2 面积冬季正常供暖，完成565次的供暖抢修任务，完成全年供暖运行服务工作。

【党的建设与精神文明建设】加强领导班子建设，在集体企业规范整合中，物业公司党委积极配合、全力协调，对上级要求的每项工作细致研究，及时布置，对可能出现的问题制定解决方案，分工负责，随时处理解决问题，物业公司各项工作平稳、有序开展。在公司党委开展的庆祝建党90周年“争优创先”活动中，物业公司党员李崇武、徐荣京、苏雁骐及管理党支部获得公司党委表彰。

按照公司党委部署，认真执行物业公司党委中心组学习等各种制度、注重党组织建设，2011年，培养发展新党员5名，5名预备党员按期转正。

加强党风廉政宣传教育，开展各项活动并与各基层单位密切配合，积极工作，化解矛盾，稳定职工队伍并取得明显效果。参加地区城乡共建文明单位建设，连续八年被评为西城区精神文明单位称号。

■ 7月，物业公司利用宣传展板对“6·23”特大暴雨防汛抢险情况进行宣传总结。

（董淑七）

北京电力工程公司

【概况】北京电力工程公司（简称工程公司）成立于1953年，是北京市电力公司下属全资子公司，工程公司下设送电、变电、电缆、调试、物流、土建、配网等多个专业分公司，主要从事电网建设及其相关服务，是北京地区超高压电力网架建设的主力军，也是全国送变电行业的生力军。

工程公司具有国家电力工程施工总承包一级资质，具备承装、承修、承试国内外电力设施一级资质，房屋建筑工程施工总承包三级资质，可以承揽各种电压等级送变电工程和变电站的建筑施工任务。

工程公司具备年施工220kV及以上电压等级线路工程700km、年敷设110kV及以上电压等级电缆400km的施工能力，其中包括架设200km城市复杂环境下的架空输电线路和年安装、调试28座110kV及以上电压等级变电站的施工能力。

在50多年的施工实践中，工程公司积累了丰富的施工经验，在城市电网建设及电网改造、多回同塔并架线路架设、长距离张力放线、户内型变电站组合电器安装、垂直敷设高压电力电缆、大截面高压电力电缆施工技术方面处于国内领先水平。

通过近几年的发展，工程公司已经从单一服务首都电网建设的施工单位提升为服务全国电网建设的网省级送变电施工企业。

地址：北京市丰台区南四环西路188号总部基地8区8－14号楼

邮编：100070

电话：63678123

【人力资源】截至2011年底，共有在职在岗员工787人，其中高级职称25人，中级职称73人。取得职业技能高级工及以上专业人员443人，其中高级技师8人，技师26人，高级工409人。现有注册一级建造师34人，注册二级建造师27人，注册安全工程师7人，注册质量工程师2人，获得国家电网级专家称号2人，获得北京市电力公司监造专家资格30人，获得北京市电力公司评标专家29人。

制定绩效管理办法，完善薪酬分配与考核体系，使员工薪酬能够在一定程度上反映其岗位业绩。修订中层干部管理办法，加强对中层干部的管理，加大干部交流力度。开展法律、财务制度及体系等方面的培训，使管理更加规范。开展技能培训，加强专业人才培养，逐步优化人力资源结构。

以人力资源规划为引领，结合工程公司整体工作形势，制订教育培训计划，全年完成培训136项，其中管理人员培训23项、技术人员培训33项、技能人员培训42项、特高压、智能电网及紧缺人才培训8项、综合培训30项，培训6141人次。2011年，工程公司申报技能鉴定初、中、高级工92人，申报技师10人，申报高级技师3人。技术类申报初级职称10人，申报中级职称8人，申报高级职称8人。

【工程建设】工程公司全年竣工工程共72项，其中北京地区工程59项（含配网工程29项），外埠工程13项。2011年完成大兴、高丽营、草桥、朝阳门站等重点度夏工程施工任务；完成团河220kV变电站和央企园、望京东、高鑫等重点工程的施工任务，保证工程项目在年底前顺利投运。停电切改工程项目大幅增加，特别是北苑入地、怀元怀取、安玉破口等工程给施工带来了巨大的挑战，通过对停电方案的精心策划和组织实施，完成各项停、近电施工任务，形成对于该类工程项目独特的施工管理模式。

■ 8月21日，750kV西宁—格尔木输变电工程建设施工现场。

结合公司战略发展总体思路和工程管理新要求，对《采购控制程序》《物资管理制度》《施工分包管理制度》《废旧物资管理办法》等制度内容、管理流程和要求进行重新修订，使各级管理职责更加清晰，管理流程更加顺畅。编制下发《北京电力工程公司工程管理奖惩实施细则》，更好地激励施工项目部加强现场管理，提高项目部整体管理水平。

【技术装备】工程公司送电专业拥有36台套大型进口张力机、牵引机，轻型落地式回转式双平臂钢抱杆1套，动力伞放线设备1套；变电专业拥有6套真空滤油机、6台真空机组和7台SF_6回收装置等变电安装装备，能够满足各种室内变电站的安装需要；电缆专业拥有专业电缆运输车10辆，电缆输送机250台，可以满足各种电压等级大截面电缆的放缆施工任务；试验专业拥有德国海沃变频谐振升压设备、交联电缆变频谐振系统及油务试验系统设备装置，能独立完成500kV及其以下电力系统常规电气试验。

伴随着首台土压平台盾构机进入制造关键期，工程公司着手盾构机的监造和施工技术的培训工作，期间结合盾构机技术谈判共组织技术讲座36课时。盾构机引进工作组就盾构附属共计52类设备的采购工作进行严格把关，对设备接口的参数进行了规范、统一，并就130t汽车起重机、蓄电池机车等重点设备进行了工厂预验收，为确保工程公司如期具备盾构施工能力做了必要的准备。

【安全生产】认真贯彻执行国家电网公司和公司关于安全生产工作的一系列指示精神，组织开展“两抓一建”“三抓一巩固”“隐患排查”“安全月”“安全审计”等系列安全活动，开展反违章和安全施工生产专项整治活动，确保工程公司安全形势的基本稳定。

截至2011年12月31日，实现安全生产365天，实现三个安全一百天，安全纪录累计1826天。未发生人员重伤及以上事故，未发生性质恶劣的人身轻伤事故，未发生重大施工机械、设备损坏事故，未发生重大电网、环境污染、垮坍塌事故和职业病例。

■ 4月14日，大兴220kV变电站主变压器扩建工程施工安全措施落实情况检查现场。

开展“抓执行、抓过程、建机制”安全风险管控活动，深化安全监督审计工作，强化作业现场三级安全监督检查，保证安全生产责任制的逐级落实。2011年，工程公司组织安全规程培训、工作票执行培训、基建安全规章制度培训、基建安全管理培训、消防保卫知识讲座等5次安全培训，并多次组织厂家技术人员开展盾构机及其他设备工器具的技术培训。加大安全技术措施的投入，加强安全风险和作业现场重要危险源管控力度，改善施工现场安全作业环境。全面梳理应急工作体系，修订完善应急预案，努力推进安全生产长效机制。

【经营管理】2011年签约工程项目共计106项，合同总价为8.3亿元，实现了年初职代会制定的目标。其中送电专业完成产值2.67亿元；变电专业完成产值1.25亿元；电缆专业完成产值0.7亿元；土建专业完成产值0.28亿元；配网工程完成产值0.96亿元。

努力开拓外埠市场，签约新疆库什塔依水电站220kV配套送出工程和南网糯扎渡电站送电广东±800kV直流输电等重点工程。北京地区配网工程取得较大增长，成功进入电动汽车充换电站建设新领域。开展经济活动分析，制定经营策略。全年累计完成投产的实物量：输电架空线路255.67km/回；其中500kV及以上127.45km/回，220kV 51.32km/回，110kV 70.99km/回，35kV 5.91km/回；变电投产主变压器容量共计182.16万kVA；电缆敷设共计完成109.1km。

完善经营合同管理审核程序，规范合同审核、编号和归档等工作要求，强化责任、提高工作效率。加强财务管控能力，对所有资金收付事项实行集中安排，逐级授权，统一监管的管理模式，加大资金回收的力度，确保正常的经营运转。优化融资结构，以月度现金流量预算为基础，充分运用资金资源，合理安排资金支出，缓解还款压力。

【工程创优】2011年，工程公司质量管理体系总体运行状况良好，顺利通过体系换证审核。对科技城站、团河站等重点工程提前开展创优策划，在施工过程中不时深入项目部和现场给予检查指导，提高标准工艺应用率，减少质量通病的发生，促进工程资料随进度及时整理，为工程创优打下基础。

实施全过程质量管理，以质量管理策划和“三强化三提升”活动为主线，加强质量监督检查频次和深度，完善公司级专检工作要求，各级质量管理人员到岗到位。全年未发生质量事故，未发生因施工质量问题造成电网、设备事故，顾客要求的达标投产工程和创优工程响应率达到100%，顾客服务满意率达到96.5%，顺利完成年初制定的质量目标。

2011年，工程公司承建的翠林220kV变电站工程和通惠220kV变电站工程获得国家电网公司优质工程奖称号；大同二电厂至房山Ⅲ回500kV输电线路工程获得中国电力优质工程奖称号；望京东110kV变电站工程获得公司质量管理流动红旗。

【科技工作】建立技术信息平台并挂网运行，实时上传基建质量管理相关的现行规章制度和技术标准，方便技术人员查阅下载。为做好重点工程的施工技术准备，工程公司组织编写施工工法6项，推荐国家电网公司1项。

修订《科技工作管理办法》，稳步推进年度8项科技项目和11项群众性技术创新项目的研究，完成承担的4项北京市电力公司2011年度基建新技术推广应用项目。加强对技术、技能人才队伍的建设，在修订《公司专家委员会管理办法》后，组织公司新一届专家委员会的推选、评定工作，发挥专家技术带头作用。对工程公司技术人员状况进行了详细的摸底调查和分析，编写技术人员调研报告，为有计划地引进培养人才，开展技术技能后备队伍建设打下基础。

为提高施工技术水平，组织大量技术质量相关培训，全年开展的技术质量培训达168课时，共计756人次。组织开展电缆专业和继电保护专业技能比赛，提高员工职业素质和工作技能。2011年，获得北京市电力公司科技进步三等奖1项，群众性创新成果优秀奖5项，获国家知识产权总局授权专利5项，推荐国家电网公司典型工法1项，公司获得2011年度中国电力建设质量管理成果二等奖。

【党的建设与精神文明建设】工程公司党委深化开展“暖人心、稳人心、聚人心”的“三心工程”，有效提升企业凝聚力和战斗力。深化学习型党组织建设，扎实推进党务公开，全面加强“三个建设”，保证了企业健康发展。通过公开承诺、领导点评、群众评议，建立领导班子联系点机制，切实推动创先争优活动在基层单位的开展。坚持将党的思想阵地延伸到施工一线，在青藏联网工程成立施工项目部临时党支部。

纪检监察工作以“常态化廉政宣教，规范化制度约束，及时化信息沟通，标准化监督检察”为工作主线，围绕工程公司生产中心任务，融入管理，强化监督。落实“一岗双责”，开展“反思教训、完善监控”主题教育实践活动，建立健全协同监督机制，实施效能监察项目，强化干部员工廉洁从业思想意识。打造“职工创新工作室”，创造经济适用的新成果。开展帮扶送温暖活动，为员工排忧解难。成立文体协会，广泛开展各类文体活动，丰富员工文化生活。加强企业文化建设，弘扬企业精神，营造良好的发展氛围。

（张　塞）

北京市路灯管理中心

【概况】北京市路灯管理中心（简称路灯中心），是北京市电力公司和北京市市政市容管理委员会双重领导下的财政全额拨款事业单位。作为北京市电力公司长期派驻在北京市基础设施运维一线的服务队伍，负责北京市城六区路灯的运行维护和服务管理工作，并承担着为首都经济社会发展及政治文化活动提供道路照明保障的重要使命。截至2011年底，北京市路灯管理中心管辖路灯23.4万盏，路灯变压器2158台，配电室69座，路灯供电线路6338.5km，远程监控终端2232台，直接服务人口1171.6万人，占全市人口59.7%，服务面积约1385km^2。

2011年，路灯中心荣获首都文明单位标兵、国家电网公司文明单位、北京市电力公司先进单位、北京市电力公司文明单位、北京市电力公司安全生产管理先进单位、北京市电力公司党风廉政建设工作优秀单位、北京市电力公司优质服务先进单位等多项荣誉称号。

地址：北京市丰台区方庄路2号
邮编：100078
电话：67900899

【人力资源】路灯中心2011年底在职职工338人，其中具有大专及以上学历的职工88人，具有中级及以上专业技术职称的职工35人，具有技师和高级技师等级的职工24人。

结合新增夜景照明管理的职能，完成相应机构设置和岗位编制；按照新的运维管理模式，规范运行管理处机构设置和岗位编制；完成客服抢修班抢修值长岗位设置，优化机构人员配置。加强干部队伍建设，完成路灯中心27名中层干部的任免审批工作，促进7名挂职锻炼人员的培养工作。规范人员管理工作，印发《路灯中心借用人员管理办法》，完成内部借用人员手续备案工作；完成88名主要岗位的劳务人员学历、职称、技能信息认证工作，完成44人劳动合同到期续签工作，完成11人离职手续，引入新员工7人。加强绩效管理工作，完成16个处室职责的完善补充工作及111个岗位规范说明书的编写工作，完成路灯中心全员绩效考核的实施工作。

【工程组织】全年启动在建道路路灯建设92条。重点实施朝阳无灯道路建设工程、丰台无灯道路建设工程、公联公司西站南广场路灯建设工程，承接怀柔区内的怀丰路路灯建设工程。组织实施2010灯增项目涉及道路36条，着重解决人民来信、代表建议、政协提案反映的老旧小区出行路、街道、胡同等地段由于没有照明，给百姓出行安全带来不便的问题。

完成2010年换灯具工程共计55条道路，完成2011年共计137处隐患的消隐工程前期招投标工作，完成102个城中村工程，积极配合西保工程、021工程、6.29工程、京西宾馆工程，确保保电工作万无一失。

【设备管理】按照运行检修规程完成路灯在运设备的巡

人物及先进集体

RENWU JI XIAN JIN JI TI

2011年北京市电力公司党委管理的领导干部名册

总序号	单位（部门）名称	姓名	岗位名称
1	北京市电力公司	王常平	公司副总工程师
2	北京市电力公司	杨　超	公司副总工程师兼北京电力经济技术研究院院长
3	北京市电力公司	董风宇	公司副总工程师
4	北京市电力公司	贺建平	公司副总工程师
5	北京市电力公司	于银辉	公司副总工程师兼国家电网公司企业管理协会北京市电力公司分会秘书长
6	北京市电力公司	李　滨	公司副总经济师
7	办公室	张铁恒	主任
8	办公室	屈宪军	副主任
9	办公室	白　晶	副主任
10	办公室	朱博智	秘书处处长
11	办公室	王大为	总值班室处长
12	办公室	武永军	综合处处长
13	办公室	刘志欣	档案馆处长（挂职客户服务中心主任助理）
14	发展策划部	马林峰	主任
15	发展策划部	李　臻	副主任
16	发展策划部	邱吉多	综合计划处处长（挂职营销部主任助理）
17	发展策划部	娄奇鹤	电网规划处处长
18	发展策划部	范在丛	投资计划处处长（挂职工程公司经理助理）
19	发展策划部	林立新	企业管理处处长
20	发展策划部	高逸峰	工程前期管理处处长（挂职房屋建设办公室主任助理）
21	人力资源部	李景中	主任兼人才交流服务中心（社会保险中心）主任
22	人力资源部	冯海全	副主任
23	人力资源部	李一鸣	领导干部处处长（挂职城区公司经理助理）
24	人力资源部	冀　强	人事处处长（挂职人力资源部主任助理）
25	人力资源部	张白茹	教育培训处处长（挂职银杰公司总经理助理）
26	人力资源部	王桂哲	体改处处长
27	财务资产部	邹伟平	主任
28	财务资产部	杜爱霞	副主任
29	财务资产部	张　钺	副主任
30	财务资产部	蒋　平	预算管理处处长
31	财务资产部	张　晔	资金管理处处长
32	财务资产部	郭　捷	资产管理处处长
33	财务资产部	董立刚	综合价格处处长
34	安全监察部	陈守军	主任
35	安全监察部	赵化明	副主任
36	安全监察部	李新儒	安全监察处处长
37	生产技术部（政治供电办公室）	牛进苍	主任

续表

总序号	单位（部门）名称	姓名	岗　位　名　称
38	生产技术部（政治供电办公室）	常立智	副主任
39	生产技术部（政治供电办公室）	孙　白	副主任
40	生产技术部（政治供电办公室）	马　锋	技术管理处处长
41	生产技术部（政治供电办公室）	王彦卿	生产运行处处长
42	生产技术部（政治供电办公室）	赵进科	技术改造处处长
43	生产技术部（政治供电办公室）	魏世岭	配电管理处处长（挂职朝阳供电公司经理助理）
44	生产技术部（政治供电办公室）	刘庆时	智能处处长
45	基建部	邱建军	主任兼超高压工程建设管理中心（定额站）主任
46	基建部	彭　勇	副主任
47	基建部	蔡红军	副主任兼超高压工程建设管理中心（定额站）副主任
48	基建部	张　靓	建设处处长
49	基建部	董　毅	技术经济处处长（挂职发展策划部主任助理）
50	基建部	刘玉珍	安全质量处处长
51	基建部	吕　鑫	综合处处长
52	基建部	杨　卫	附属设施建设管理处处长
53	营销部（新农村电力建设办公室）	王　罡	主任
54	营销部（新农村电力建设办公室）	史景坚	副主任
55	营销部（新农村电力建设办公室）	刘晓民	副主任
56	营销部（新农村电力建设办公室）	崔晓丹	新能源处处长
57	营销部（新农村电力建设办公室）	乔宏克	服务处处长
58	营销部（新农村电力建设办公室）	王艳松	营业处处长
59	营销部（新农村电力建设办公室）	李海涛	技术处处长（挂职京供塔园设计公司总经理助理）
60	营销部（新农村电力建设办公室）	刘春风	综合处处长（挂职重要客户服务中心主任助理）
61	营销部（新农村电力建设办公室）	王　诜	农电处处长
62	科技信息部	邴冬燕	主任
63	科技信息部	李　飞	副主任
64	科技信息部	沈　琪	科技环保处处长
65	科技信息部	赵　蔚	信息管理处处长
66	物资部（招投标管理中心）	朴天高	主任
67	物资部（招投标管理中心）	杨志东	综合计划处处长
68	物资部（招投标管理中心）	苏　喆	招标管理处处长
69	物资部（招投标管理中心）	沈　雷	物资管理处处长
70	审计部	佟　欣	主任
71	审计部	俞学军	副主任
72	审计部	高　蕴	投资审计处处长
73	审计部	范广栋	综合审计处处长
74	监察部	胡新参	副主任（主持工作）
75	监察部	李汉成	一处处长
76	监察部	沈春雷	二处处长
77	监察部	李国祥	三处（纠风办）处长（挂职计量中心纪委副书记）

续表

总序号	单位（部门）名称	姓名	岗 位 名 称
78	思想政治工作部（党委办公室）	吕 彬	主任
79	思想政治工作部（党委办公室）	高连杰	副主任兼公司团委书记
80	思想政治工作部（党委办公室）	艾 亮	综合处处长
81	思想政治工作部（党委办公室）	李 萍	宣传处处长
82	思想政治工作部（党委办公室）	左芳芳	青年工作处处长兼团委副书记
83	离退休工作部	马继泉	主任
84	离退休工作部	刘 磊	副主任
85	离退休工作部	徐艳岚	系统管理处处长
86	离退休工作部	纪士凯	机关退休工作处处长（挂职输电公司经理助理）
87	北京电力调度通信中心	徐 驰	主任、通信自动化公司经理
88	北京电力调度通信中心	唐涛南	副主任、通信自动化公司副经理
89	北京电力调度通信中心	郑广君	副主任、通信自动化公司副经理
90	北京电力调度通信中心	李 杰	调度处处长
91	北京电力调度通信中心	赵 瑞	运行方式处处长
92	北京电力调度通信中心	孙伯龙	继电保护处处长
93	北京电力调度通信中心	高 鹏	电力通信处处长
94	北京电力调度通信中心	韦凌霄	自动化处处长
95	北京电力调度通信中心	杨 静	综合管理处处长
96	北京电网电力交易中心	谢 迎	主任
97	北京电网电力交易中心	王蔚丽	副主任
98	北京电网电力交易中心	张 丽	市场处处长（挂职通州供电公司经理助理）
99	北京电网电力交易中心	刘 彬	交易处处长
100	政策研究及法律事务部	肖兴立	主任
101	政策研究及法律事务部	赵海峰	副主任兼法律处处长
102	对外联络部	赵 云	主任兼新闻中心（报社）主任（社长）
103	对外联络部	魏士峰	联络处处长
104	对外联络部	冷 冰	三级职员（乙）
105	机关工作部（机关党委）	李顺平	主任兼机关党委书记
106	机关工作部（机关党委）	魏宽民	副主任
107	机关工作部（机关党委）	赵先阳	副主任兼机关工会主席
108	机关工作部（机关党委）	赵俊颖	综合处处长（兼职）（挂职行政管理中心主任助理）
109	机关工作部（机关党委）	李咏新	考核处处长
110	电力公安保卫部	王继永	副主任
111	电力公安保卫部	邱立志	电力设施保卫处处长
112	电力公安保卫部	郝振昆	防火安全管理处处长
113	公司工会	史宝钢	公司工会副主席
114	公司工会	唐娅静	公司工会副主席
115	公司工会	张海生	工会办公室主任（挂职大兴供电公司经理助理）
116	公司工会	陈 莹	生活女工部处长
117	公司工会	李 建	宣教文体部处长

续表

总序号	单位（部门）名称	姓名	岗位名称
118	产业管理部	孙绍兴	主任
119	产业管理部	葛　岩	发展规划处处长
120	产业管理部	陈晓燕	经营考核处处长
121	人才交流服务中心（社会保险中心）	冯爱玲	人才交流处处长
122	人才交流服务中心（社会保险中心）	李　宝	社会保险处处长
123	人才交流服务中心（社会保险中心）	李　捷	二级职员（丙）
124	人才交流服务中心（社会保险中心）	成志锋	另行安排工作［离退休人员服务中心（临时机构）主任］
125	人才交流服务中心（社会保险中心）	刘　恒	挂靠（借调北京市建设委员会进行重点工程建设，机关副主任待遇）
126	人才交流服务中心（社会保险中心）	关　涛	（挂职华商能源管理有限公司总经理助理）
127	超高压工程建设管理中心（定额站）	张　瑜	项目一部经理（处长）
128	超高压工程建设管理中心（定额站）	杨宝杰	项目二部经理（处长）
129	新闻中心（报社）	周　宏	副主任（副社长）
130	新闻中心（报社）	陈　洁	编辑部处长
131	新闻中心（报社）	滕　建	影像部处长
132	新闻中心（报社）	宣丽娜	网络宣传部处长
133	新闻中心（报社）	曹　瑾	新闻采访部（记者站）处长
134	行政管理中心	李继东	副主任（主持行政工作）
135	行政管理中心	张明军	副主任
136	行政管理中心	宋安鄂	车管处处长
137	行政管理中心	李　梅	房产处处长（挂职中电联汽车服务有限公司总经理助理）
138	行政管理中心	滕　龙	土地处处长
139	行政管理中心	郭长旺	综合处处长
140	电费管理中心	杨云峰	主任
141	电费管理中心	王　健	副主任
142	电费管理中心	潘玲娇	业务管理处处长
143	电费管理中心	王　沁	综合分析处处长
144	城区供电公司	贾海生	经理
145	城区供电公司	高迎君	党委书记
146	城区供电公司	张心阳	副经理
147	城区供电公司	孙　兵	副经理
148	城区供电公司	马　强	纪委书记
149	城区供电公司	王　刚	工会主席
150	朝阳供电公司	赵洪磊	经理
151	朝阳供电公司	孙兴泉	党委书记
152	朝阳供电公司	杨　青	党委副书记兼纪委书记
153	朝阳供电公司	马　磊	副经理、四惠桥地块一级开发项目部副主任（专职）
154	朝阳供电公司	陈　阳	副经理
155	朝阳供电公司	邱明泉	副经理
156	朝阳供电公司	关瑞利	总工程师
157	朝阳供电公司	王　晖	总会计师

续表

总序号	单位（部门）名称	姓名	岗 位 名 称
158	海淀供电公司	周 彤	经理
159	海淀供电公司	李 军	党委书记
160	海淀供电公司	宋振秋	副经理
161	海淀供电公司	徐于海	副经理
162	海淀供电公司	马殿敏	纪委书记兼工会主席
163	海淀供电公司	陈 岩	总工程师
164	海淀供电公司	周 斌	总会计师
165	丰台供电公司	陈 平	经理
166	丰台供电公司	关幼辉	党委书记
167	丰台供电公司	辛 放	副经理、国网科技馆项目指挥部办公室主任（专职）
168	丰台供电公司	孙镇华	副经理
169	丰台供电公司	陈晓东	副经理
170	丰台供电公司	佟岩冰	纪委书记
171	丰台供电公司	安开泉	工会主席
172	丰台供电公司	陈斌发	总工程师
173	丰台供电公司	邓 雪	总会计师
174	石景山供电公司	王春燕	经理
175	石景山供电公司	臧 勇	党委书记
176	石景山供电公司	曹广月	副经理
177	石景山供电公司	于泽贤	副经理
178	石景山供电公司	曹 昆	副经理
179	石景山供电公司	史珊玫	纪委书记兼工会主席
180	亦庄供电公司	阎 澍	经理
181	亦庄供电公司	朱 岩	党委书记
182	亦庄供电公司	马永刚	副经理
183	亦庄供电公司	李 钢	副经理
184	亦庄供电公司	黄 锦	副经理
185	亦庄供电公司	卢立军	总工程师
186	通州供电公司	刘德坤	经理、党委副书记
187	通州供电公司	齐小伟	党委书记、副经理
188	通州供电公司	柳 军	党委副书记兼纪委书记
189	通州供电公司	戴 宁	副经理
190	通州供电公司	陈士军	副经理
191	通州供电公司	樊功成	工会主席
192	通州供电公司	尚 博	总工程师
193	昌平供电公司	杨文生	经理
194	昌平供电公司	周 游	党委书记
195	昌平供电公司	李宝华	党委副书记兼纪委书记
196	昌平供电公司	林 泉	副经理
197	昌平供电公司	简朝阳	副经理

续表

总序号	单位（部门）名称	姓名	岗位名称
198	昌平供电公司	宋永强	工会主席
199	昌平供电公司	吴金玉	总工程师
200	门头沟供电公司	李　铮	经理
201	门头沟供电公司	张兴义	党委书记
202	门头沟供电公司	应立军	副经理
203	门头沟供电公司	胡立平	副经理
204	门头沟供电公司	王立平	纪委书记兼工会主席
205	门头沟供电公司	周　宇	总工程师
206	房山供电公司	越海军	经理
207	房山供电公司	牛　磊	党委书记
208	房山供电公司	杨一坚	副经理
209	房山供电公司	张铁英	纪委书记兼工会主席
210	房山供电公司	李　岩	总工程师
211	大兴供电公司	李殿军	经理
212	大兴供电公司	王宝华	党委书记
213	大兴供电公司	周松霖	副经理
214	大兴供电公司	程晓春	副经理
215	大兴供电公司	曲啟春	纪委书记
216	大兴供电公司	宋　鹏	总工程师
217	平谷供电公司	李晓辉	经理
218	平谷供电公司	张　伟	党委书记
219	平谷供电公司	蔡小京	副经理
220	平谷供电公司	王学军	副经理
221	平谷供电公司	孙守龙	纪委书记兼工会主席
222	平谷供电公司	史　永	总工程师
223	怀柔供电公司	金　学	经理
224	怀柔供电公司	李长海	党委副书记（主持党委工作）
225	怀柔供电公司	张伟生	党委副书记兼纪委书记
226	怀柔供电公司	李　梁	副经理
227	怀柔供电公司	李自强	副经理
228	怀柔供电公司	肖文清	总工程师
229	密云供电公司	孙永鑫	经理
230	密云供电公司	邓　华	党委副书记（主持党委工作）、副经理
231	密云供电公司	张　琪	副经理
232	密云供电公司	常晓旗	副经理
233	密云供电公司	杜国成	工会主席兼纪委书记
234	密云供电公司	丁雪松	总工程师
235	顺义供电公司	邵晓明	经理
236	顺义供电公司	赵　红	党委副书记（主持党委工作）
237	顺义供电公司	范国平	副经理

续表

总序号	单位（部门）名称	姓名	岗　位　名　称
238	顺义供电公司	黄德弟	副经理
239	顺义供电公司	袁国强	副经理
240	顺义供电公司	冯立祥	纪委书记兼工会主席
241	顺义供电公司	陈长胜	总工程师
242	延庆供电公司	唐如海	经理
243	延庆供电公司	谢连富	党委副书记（主持党委工作）、副经理
244	延庆供电公司	吕永生	副经理
245	延庆供电公司	张　炜	纪委书记
246	延庆供电公司	赵红星	总工程师
247	输电公司	石　工	经理
248	输电公司	邹跃中	党委书记
249	输电公司	郝永林	党委副书记兼纪委书记
250	输电公司	杨　志	副经理
251	输电公司	马延民	副经理兼工会主席
252	输电公司	马　建	总工程师
253	变电公司	陶晋生	经理
254	变电公司	陈　爽	党委书记
255	变电公司	吕广耀	副经理
256	变电公司	盛宇军	副经理（2008 年 9 月赴藏挂职）
257	变电公司	涂明涛	副经理
258	变电公司	刘　音	副经理
259	变电公司	张连山	纪委书记
260	变电公司	吴宝山	工会主席
261	变电公司	苑画舫	总工程师
262	通信自动化公司	曹新社	党委书记
263	通信自动化公司	刘　琼	总工程师
264	电缆公司	刘维刚	经理
265	电缆公司	穆怀山	党委书记
266	电缆公司	洪延风	党委副书记兼纪委书记
267	电缆公司	黄仁乐	副经理
268	电缆公司	黄鹤鸣	总工程师
269	电力电能计量中心（北京市电能表计量检定中心）	郭建府	副主任（主持行政工作）
270	电力电能计量中心（北京市电能表计量检定中心）	张丽萍	党委书记兼纪委书记
271	电力电能计量中心（北京市电能表计量检定中心）	张宏宾	副主任
272	电力电能计量中心（北京市电能表计量检定中心）	李之彧	工会主席
273	电力电能计量中心（北京市电能表计量检定中心）	张　松	总工程师
274	客户服务中心（北京市供用电建设承发包公司）	王德斌	主任（经理）

国家电网公司2011年同业对标综合管理标杆单位
国家电网公司2011年人力资源专业管理标杆单位
国家电网公司2009～2011年度审计工作先进单位
国家电网公司文明单位：北京市电力公司本部
北京市工人先锋号：平谷供电公司金海湖供电所
北京市“安康杯”竞赛优胜单位：亦庄供电公司、延庆供电公司
首都劳动奖章：冯丽利（海淀供电公司）
全国工人先锋号：城区供电公司天安门地区供电中心
国家电网公司工人先锋号：大兴供电公司变电工区开关班、调度通信中心通信线务运行处生产运行五班
国家电网公司劳动模范：牛进苍（公司机关）
赵保国（输电公司）
国家电网公司优秀班组长：刘建全（大兴公司）
张　军（信通公司）
国家电网公司科学技术进步奖（注①）
国家电网公司优质工程奖（注②）
北京市第26届企业管理创新成果一等奖（注③）
北京市第五届“北京影响力”活动——“影响百姓生活的十大企业”第一名

公司机关

北京市公安局集体三等功：保卫部
国家电网公司定额站电力工程造价管理先进集体：基建部
国家电网公司审计先进工作者：范广栋

城区供电公司

首都文明单位标兵

朝阳供电公司

北京市交通安全先进单位

海淀供电公司

全国优秀质量管理小组：高压用电检查科“9·16”QC小组
华北电网质量管理信得过班组：总值班室
华北电网优秀质量管理小组：社区服务工区“方舟”QC小组
北京电力行业协会优秀质量管理小组：计量工区“海银杰”QC小组

丰台供电公司

首都文明单位标兵
国家电网公司文明单位

亦庄供电公司

首都文明单位
北京经济技术开发区文明单位
国家电网公司文明单位
国家电网公司“五四红旗团委创建单位”

通州供电公司

首都文明单位标兵
国家电网公司标准化示范供电所：西集供电所

昌平供电公司

首都文明单位标兵
北京市交通安全先进单位
国家电网公司审计先进工作者：张颖
国家电网公司标准化示范供电所：十三陵供电所

门头沟供电公司

全国文明单位
首都文明单位标兵
门头沟区文明示范单位
首都文明单位、门头沟区文明示范单位：龙泉供电所

房山供电公司

首都文明单位标兵
房山区文明单位标兵
国家电网公司标准化示范供电所：周口店供电所
国家优秀QC小组：“金点子”QC小组

大兴供电公司

国家电网公司文明单位
国家电网公司标准化示范供电所：采育供电所

平谷供电公司

首都文明单位标兵
国家电网公司标准化示范供电所：金海湖供电所
平谷区突出贡献单位

怀柔供电公司

首都文明单位标兵
首都平安示范单位
北京市交通安全先进单位
怀柔区经济和社会发展贡献先进单位
怀柔区经济贡献百佳企业

密云供电公司

国家电网公司文明单位
国家电网公司一流县供电企业
国家电网公司先进基层工会

顺义供电公司

首都文明单位标兵
北京市交通安全先进单位
国网公司“五四红旗团支部创建单位”
电力行业电力设施保护先进单位
第二届北京市职工职业技术大赛优秀组织奖
顺义区“一助一”工作贡献突出单位

延庆供电公司

首都文明单位标兵
北京市卫生红旗单位

延庆县优化发展环境先进单位
延庆县交通安全管理先进单位

输电公司

丰台区文明单位
全国质量信得过班组：检修工区检修一班

变电公司

国家电网公司企业文化优秀案例一等奖

电缆公司

北京市质量管理小组活动优秀企业
朝阳区交通安全先进单位
华北电网有限公司 QC 成果一等奖、最佳实践奖

调度通信中心

国家电网公司“红旗班组”：线务运行处五班
国家电网公司科技成果三等奖

电能计量中心

首都文明单位
全国能源化学系统先进工会
北京市总工会“示范性职工书屋”

客户服务中心

首都文明单位
北京市住房保障工作先进单位
国家电网公司文明单位
国家电网公司“五四红旗团支部”：95598 工区第二团支部

重要客户服务中心

国家电网公司 2011 年度管理创新成果三等奖
全国电力行业企业管理创新成果三等奖

物流服务中心

国家电网公司工会工作先进单位
第三届“海洋王”杯全国 QC 小组成果一等奖

北京电力科学研究院

国家电网公司“十一五”科技工作先进集体
北京电力经济技术研究院
国家电网公司科技成果三等奖
国家优秀工程设计银奖：朝阳 500kV 变电站工程
国家电网公司优秀工程设计奖：通惠 220kV 变电站送电线路工程

培训中心

石景山区文明单位
全国职工教育培训示范点

带电作业中心

国家电网公司带电作业实训基地资格认证

信息中心

国家电网公司信息运行优秀流动红旗

北京电力工程公司

中国电力优质工程奖：大同二电厂至房山Ⅲ回 500kV 输电线路工程
国家电网公司优质工程奖：翠林 220kV 变电站工程
通惠 220kV 变电站工程
中国电力建设质量管理成果二等奖

物业管理公司

西城区精神文明单位

北京市路灯管理中心

首都文明单位标兵
国家电网公司文明单位
北京市交通安全先进单位

注：① 国家电网公司科学技术进步奖一等奖、二等奖、三等奖：
一等奖：智能小区关键技术研究及应用
二等奖：高速铁路接入电网电能质量研究与应用
三等奖：调控一体化技术支持系统的研究与建设
智能型配电自动化技术应用与实践
北京地区电力建设工程地质信息管理系统
北京地区居民住宅负荷模型研究
② 国家电网公司优质工程奖：军都 220kV 输变电工程、南站 220kV 输变电工程、通惠 220kV 输变电工程
③ 北京市第 26 届企业管理创新成果一等奖：全过程造价管控体系研究

2011 年北京市电力公司 先进单位、先进集体和先进个人

先进单位（10 个）

城区供电公司　亦庄供电公司
海淀供电公司　大兴供电公司
昌平供电公司　电能计量中心
北京电力科学研究院　调度通信中心
变电公司　北京市路灯管理中心

安全生产管理先进单位（16 个）

丰台供电公司　城区供电公司

电缆公司　　昌平供电公司
调度通信中心　　海淀供电公司
顺义供电公司　　通州供电公司
密云供电公司　　变电公司
延庆供电公司　　门头沟供电公司
电能计量中心　　北京市路灯管理中心
朝阳供电公司　　输电公司

优质服务先进单位（10 个）

城区供电公司　　海淀供电公司
丰台供电公司　　石景山供电公司
大兴供电公司　　亦庄供电公司
门头沟供电公司　　电能计量中心
客户服务中心　　北京市路灯管理中心

公司本部先进部室（10 个）

办公室　　人力资源部
发展策划部　　财务资产部
生产技术部（政治供电办公室）
机关工作部（机关党委）
思想政治工作部（党委办公室）
对外联络部
物资部（招投标管理中心）
审计部

先进集体（61 个）

公司机关：办公室秘书处
机关工作部（机关党委）综合处
财务资产部预算管理处
人力资源部体改处
城区供电公司：营销处　思想政治工作处　调度所
朝阳供电公司：变电运行处　用电管理中心
财务资产处　工程建设处
海淀供电公司：生产技术处　市场营销处
丰台供电公司：工程建设处　调度所
客户服务中心
石景山供电公司：调度所　计量工区
亦庄供电公司：调度所
通州供电公司：办公室　营销处
昌平供电公司：值班室　调度所　客户服务中心
门头沟供电公司：工程建设处　变电工区
房山供电公司：调度所　客户服务中心
大兴供电公司：营销处　工程建设处
平谷供电公司：营销处　工程建设处
怀柔供电公司：配电工区　计量中心
密云供电公司：生产技术处　河南寨供电所
顺义供电公司：变电工区　客户服务中心
延庆供电公司：工程基建处　变电工区
输电公司：运行工区
变电公司：生产技术处　继电保护自动化处
调度通信中心：继电保护处　财务处
电缆公司：高压运行工区
电能计量中心：表计检定工区
客户服务中心：财务处
物流服务中心：履约监造工区
北京电力科学研究院：新能源技术研究发展中心
城市电网研究中心
北京电力经济技术研究院：变电室　土建室
培训中心：生产人员培训处
北京电力工程公司：电缆安装分公司
配网安装分公司
物业管理公司：财务处
北京市路灯管理中心：运行管理处
信息中心：工程建设处
带电作业中心：带电作业工区
北京华商电动车动力科技有限公司：综合管理部

工人先锋号（34 个）

城区供电公司：中心供电所客户管理班
朝阳供电公司：安华营业所抄表班
海淀供电公司：变电工区会城门操作队
丰台供电公司：档案室
石景山供电公司：变电工区运维队
亦庄供电公司：变电工区变电操作班
通州供电公司：变电工区保护班
昌平供电公司：线路工区带电班
门头沟供电公司：变电工区继电保护班
房山供电公司：变电工区试验班
大兴供电公司：供用电安装公司代维中心
平谷供电公司：调度所调控中心
怀柔供电公司：客户服务中心营业班
密云供电公司：客户服务中心业扩科
顺义供电公司：线路工区带电作业班
延庆供电公司：线路工区小区运行班
输电公司：检修工区四班
变电公司：城区运行处长椿街运维队
调度通信中心：通信线务运行处运行二班
电缆公司：高压检修工区试验班
电能计量中心：互感器检定工区互感器检定班
客户服务中心：95598 工区三班
物流服务中心：燕郊仓库保管班
北京电力科学研究院：电缆中心电缆检测班
北京电力经济技术研究院：送电室
培训中心：培训服务处维修班
北京电力工程公司：送电安装分公司锦屏—苏南 ±800kV 直流输电线路工程项目部

物业管理公司：机关食堂

北京市路灯管理中心：车辆管理处行车二班

华商电力公司：一分公司施工二班

注：根据《评比办法》第三章九条规定，城区供电公司天安门地区供电中心、平谷供电公司金海湖供电所、大兴供电公司变电工区开关班、调度通信中心通信线务运行处运行五班直接评为公司工人先锋号。

红旗班组（34个）

变电公司：试验检测处试验一班　检修一处三班　城南运行处吕村运维队

昌平供电公司：配电工区电缆维护班　生产指挥中心生产值班室

朝阳供电公司：变电运行处花家地操作二队　共产党员服务队　检修工区一次班

城区供电公司：变电运行工区前门变电站　检修工区设备检修试验班　东城供电所客户管理班

大兴供电公司：配电工区综合班　庞各庄供电所　变电工区开关班

电缆公司：运行工区运行三班

调度通信中心：通信线务运行处运行四班　通信机务运行处检修四班　通信线务运行处运行五班

房山供电公司：电费核算中心电费核算班

丰台供电公司：市场营销处电费核算中心　方庄供电所营销外勤班　配电工区运行一班

海淀供电公司：计量工区内勤班　苏家坨西区供电所

怀柔供电公司：九渡河供电所

电能计量中心：技术发展处表计检测试验室

客户服务中心：95598工区六班

北京市路灯管理中心：检修工区检修一班

门头沟供电公司：线路工区配电带电班

密云供电公司：变电工区操作运行队

顺义供电公司：木林供电所

延庆供电公司：调度所地区电力调度班

通州供电公司：西集供电所

平谷供电公司：线路工区带电班

注：根据《关于继续开展北京市电力公司班组标准化建设劳动竞赛活动的通知》规定，以上34个红旗班组直接评为公司工人先锋号。

建功立业标兵（10名）

公司机关：娄奇鹤

调度通信中心：李　杰

平谷供电公司：贾希阁

北京电力经济技术研究院：吴　江

城区供电公司：刘日亮

通州供电公司：张树明

朝阳供电公司：王小宁

变电公司：闫春江

亦庄供电公司：刘　念

大兴供电公司：龙国标

先进生产者（201名）

公司机关：朱博智　李咏新　李　戎　王　诜　李　蓉　张　靓　杨志东　范广栋　沈春雷　邢其敬

城区供电公司：贾海生　于宏海　郑　磊　黄连坤　和　斌　王　军　邹　炜　金　建　赵　江

朝阳供电公司：王　斌　陈家蕊　蔡伯华　赵志华　韩宝廷　倪志刚　陈继光　孙力朝　安　霞　张大猛　王　莹　王　刚

海淀供电公司：周　彤　仝瑞锋　郭春利　唐　敏　王春艳　李　伟　梁继超　王　然　张　杰　蒋春生　潘全胜

丰台供电公司：李　红　李明辉　赵　锴　尉　娜　齐会军　李倩然　王　乐　甘海涛　许延恺

石景山供电公司：张海东　张传东　李　波

亦庄供电公司：阎　澌　车立丽

通州供电公司：张淑敏　郭兆光　董庆红　付江涛　陈跃超　曹　磊　姜云峰　牛旭宁　马连君

昌平供电公司：杨文生　范卫国　王月鹏　张　暹　肖万芳　张卫军　白磊玉　刘　淇　宋文莲　金　鑫

门头沟供电公司：王金双　安荣起　姜文公　田立功

房山供电公司：单铁铭　汪源远　虞　晨　李晓育　张进月　高秀丽　康树江　宋　宪

大兴供电公司：李殿军　张海军　李　铮　赵小东　李　文　徐瑞林　王文岑　杜　伟　刘丽艳

平谷供电公司：乔润合　曹海涛　李玉海

怀柔供电公司：陈保华　王志勇　张名生　刘显虎　谭永义　周丽娟

密云供电公司：王金平　张义忠　张栓宝　肖　通　高仕明　彭新立　李继森

顺义供电公司：刘学忠　刘剑飞　贾雪峰　冯　骏

黎　园　刘　涛　李增华　乔东生
延庆供电公司：马　友　白祥顺　高　强　冯　全
孙金柱
输电公司：高春雷　余　康　杨　杰　王景珽
变电公司：陶晋生　李进利　李　茜　沈光忠
王大勇　闫维生　杨贵宇　金　鹏
郭　骏　冯　博　李宝国　路全利
张海圆
调度通信中心：徐　驰　徐　浩　王卫平　孔令冬
电缆公司：杨延滨　何跃恒　李沫怡
电能计量中心：郭建府　李秀芳　常海啸
客户服务中心：张　洋　郑晓松
物流服务中心：鲁　敬　李宝琪
北京电力科学研究院：罗　准　王伟超　王凤鸣
姚　录
北京电力经济技术研究院：李　伟
培训中心：陈　禾　李洪明　何淑芳　李玲玲
北京电力工程公司：王　建　张　锦　孙家兴
窦秋胜　韩寿山　刘春玉
陈志军　石淇文
物业管理公司：李崇武
北京市路灯管理中心：代玉坤　周秋君　许立海
李　勃
信息中心：叶　妍
带电作业中心：赵劲松　尹克伸
北京华商电动车动力科技有限公司：朱国才
北京华商电力管道有限公司：聂继军
华商电力公司：薛　辉　王永忠　刘文胜
北京华商三优新能源科技有限公司：杜岩平
北京吉北电力工程咨询有限公司：柴晓龙　方　波
应学利
北京京供塔园设计公司：阎林妹
北京中电联汽车服务公司：薛志强

注：根据《评比办法》第三章十条规定，公司机关牛进苍、输电公司赵保国、房山供电公司梁会鹏、朱建勋、马仕生、刘国强、袁宝凤、大兴供电公司张华、海淀供电公司冯丽利直接评为公司先进生产者。

文明单位标兵（5个）

大兴供电公司　调度通信中心
丰台供电公司　亦庄供电公司
客户服务中心

文明单位（11个）

公司本部　城区供电公司
大兴供电公司　海淀供电公司
电能计量中心　调度通信中心
丰台供电公司　北京市路灯管理中心
亦庄供电公司　客户服务中心
变电公司

党风廉政建设工作优秀单位（10个）

大兴供电公司　电能计量中心
石景山供电公司　城区供电公司
客户服务中心　电缆公司
北京电力经济技术研究院　变电公司
调度通信中心　丰台供电公司

十大首都电力之星

公司机关：佟　欣
城区供电公司：陈牧云
北京中电联汽车服务公司：石宝印
输电公司：赵保国
平谷供电公司：马俊彪
北京电力工程公司：张文新
变电公司：苏京文
物流服务中心：马凤铁
电缆公司：钱　华
海淀供电公司：王　宇

十大优秀团队

城区供电公司天安门地区供电中心
公司总值班室
北京市路灯管理中心华灯检修班
培训中心培训服务处
变电公司状态监测班
昌平供电公司十三陵供电所
客户服务中心北京电力展示厅
怀柔供电公司营业班
门头沟供电公司龙泉供电所
调度通信中心通信线务运行处

党风廉政建设工作优秀领导干部（18名）

大兴供电公司：王宝华　李殿军
电能计量中心：张丽萍　郭建府
石景山供电公司：王春燕
城区供电公司：高迎君　贾海生
客户服务中心：兰宝民　王德斌
电缆公司：穆怀山　刘维刚
北京电力经济技术研究院：王志慧
变电公司：陈　爽　陶晋生
调度通信中心：曹新社　徐　驰
丰台供电公司：关幼辉　陈　平

2011年北京市电力公司工会先进集体和先进个人

先进基层工会（12个）

大兴供电公司工会　丰台供电公司工会
电能计量中心工会　房山供电公司工会
海淀供电公司工会　城区供电公司工会
物流服务中心工会　调度通信中心工会
北京电力工程公司工会　密云供电公司工会
输电公司工会　变电公司工会

工会先进工作者（16名）

安开泉　李之彧　张铁英　马殿敏　王　刚
周　毅　郑　雪　张海生　杜国成　马延民
吴宝山　徐瑞华　张凤坚　孙守龙　宋永强
樊功成

2011年北京市电力公司获省部级以上先进人物介绍

首都劳动奖章获得者——冯丽利

冯丽利，女，汉族，1977年出生，辽宁省鞍山市人，中共党员，助理工程师。1997年参加工作，现任海淀供电公司双榆树供电所所长。

冯丽利是海淀区14个供电所中唯一的女所长，因为与客户心贴心的服务，被誉为供电公司的“李素丽”。冯丽利所在的双榆树供电所作为窗口单位，直接为辖区11万电力客户提供抢修、售电等服务。客户带着用电方面的疑惑而来，热情的服务会让他们满意而归；客户一个报修电话，抢修人员会以最快的速度上门服务。

为了整理辖区内爱心卡客户的资料，冯丽利骑着自行车跑遍了周围的大小社区，被居委会的大妈亲切的称为供电公司的“片警”。为了更出色的完成工作，她几年都没有休过一次工龄假，忙的时候她吃饭没点，下班更没点，甚至连上厕所都一路小跑，经常加班到深夜。

从一线职工走到班组长岗位，冯丽利一干就是13年，无论在哪个岗位，她始终用真诚的微笑对待每一个客户，用精湛的技能服务每一位客户。客户的事永远都放在冯丽利的心坎儿里，在她眼里没有困难和退缩，在她脸上永远洋溢着温暖的笑容，在她的带领下双榆树供电所成为标杆单位。

为了更好地服务客户，海淀供电公司成立了“冯丽利创新工作室”，提炼出了“三心服务”“三个服务经”“四个第一”“感动法”“业扩流程开放日”等服务举措，并针对智能电能表安装中的问题，进行专题攻关，取得很好的效果，提升了地区整体优质服务水平。

冯丽利先后被评为2007～2009年度、2009～2010年度北京市电力公司优秀党员；2009年度北京市电力公司巾帼岗位能手，2010年度北京市国资委“群众心目中的好党员”，2010年度国家电网公司“优秀服务之星”，2010年度北京市电力公司“十大首都电力之星”；2011年度荣获“首都劳动奖章”。

国家电网公司劳动模范——牛进苍

牛进苍，男，汉族，1967年出生，河北省人，中共党员，高级工程师。2000年参加工作，现任北京市电力公司生产技术部（政治供电办公室）主任。

牛进苍给自己的定位是：我是一名探索者。正是以这种不断探索的精神，牛进苍带领着北京市电力公司生产团队，在首都政治供电保障、生产精益化管理、队伍建设等方面，走出了一条成绩斐然的创新之路，同时也树立起了新时代电力企业中层领导的新形象。

2010～2011年，牛进苍主持编写了《北京市电力公司政治供电管理办法》和《北京市电力公司政治供电常态化管理办法》，进一步实现了政治供电工作“制度化、规范化、标准化建设”的工作目标。同时，针对政治供电“零闪动”工作要求，牛进苍积极落实“政治供电常态化”工作理念，通过细化客户供电设施基础管理，加强对客户的日常服务和技术指导，在客户侧试点应用定制电力新技术等措施，有效提高了政治供电重要客户的日常供电保障水平。

伴随着专业化检修工作的开展，牛进苍积极拓展电网检修新模式，大力推进电力设备状态监测和状态维修工作，应用了主、配网各类状态监测技术，科学地进行检修需求决策，合理安排检修项目、时间和工期，有效降低检修成本，设备健康水平大幅提升。

牛进苍始终强调基础管理的重要性，规范了输变电设备投产验收、电缆接头质量管控、设备退运等生产业务流程，使生产管理工作界面更加清晰，运转更加顺畅。他梳理、明确现行生产管理规章制度和工作标准，做到了工作有标准可依，有规范可查；注重以信息化提升管理效率，加强设备台账、缺陷、操作票、修试记录等业务的管理，确保基础数据维护的及时性和准确性，有效提升了生产精益化管理水平。

牛进苍先后被评为2008年度北京市“奥运立功”标兵、北京市电力公司“0811”工程建功立业一等功臣、“十大首都电力之星”，2008～2009年度北京市电力公司优秀党支部书记，2009年度北京市电力公司国庆60周年供电保障特等功臣，2010年度全国电力行业设备管理先进个人，2011年度国家电网公司劳动模范。

国家电网公司劳动模范——赵保国

赵保国，男，汉族，1952年出生，北京市人，中共党员，助理工程师。1970年参加工作，现任输电公司检修工区党支部书记。

赵保国将打造一支模范践行核心价值观的电力铁军作为工作目标。在员工培训上，他制订培训计划，严格监督执行，将员工培养成了塔上作业的技能尖兵。在严格培训的基础上，赵保国在对队员们的管理上下足了功夫。他在队内实行半军事化管理，在工作现场实行标准化作业，用铁的纪律约束员工的工作行为，打造出了一支作风过硬、技术精湛、纪律严明的电力铁军。

在检修工区，赵保国每天来的最早，走的最晚，凡是遇到重点工作任务，他总是战斗在第一线。2011年，在他的带领下，检修工区共完成停电检修3200基，带电作业290次，带电登检6000基，处置缺陷1500件，应急抢修112次，各类测试16000基，安装设备320件，保质保量地完成了各项生产任务，确保了主网的安全稳定运行。

作为党支部书记，他结合工作实际，成立了由15名党员和生产骨干组成的共产党员突击队，发挥党员骨干在急、难、险、重工作中的先锋模范作用。他组织支部全体党员在工作中自觉佩戴党徽和印有党员标识的安全帽，以自己的一举一动、一言一行为职工群众做出表率，在思想上引导群众、在工作上协助群众、在生活上帮助群众、在学习上带动群众，架起了党员与群众之间的“连心桥”。他把统一优秀企业文化建设作为队伍的有力抓手，相继组织开展“我是国家电网人，我是电网铁脊梁”大讨论、“身边的感动”主题征文、“我身边的共产党员”演讲等活动。通过党课、讨论、征文、演讲等方式，在工区唱响了“我是国家电网人”的口号，让职工深刻理解了“诚信、责任、创新、奉献”的内涵并将根植于心中。

赵保国先后被评为2007～2008年度、2009～2010年度、2010～2011年度北京市电力公司优秀党支部书记，2008年度北京市电力公司保奥运供电功臣，2009年度北京市新中国成立60周年庆祝活动安全生产保障工作先进个人，2010年度北京市安全生产先进个人，2011年度国家电网公司劳动模范。

国家电网公司优秀班组长——刘建全

刘建全，男，汉族，1970年出生，北京市人，中共党员，技师。1990年参加工作，现任大兴供电公司变电工区开关班班长。

作为一名变电检修工人，刘建全具有高度责任心，他主动承担起了专业技术知识培训，带领大家一起进行高压开关检修，并在实际工作中不断总结、积累经验，使班组整体技术水平有了大幅提升，为变电设备安全运行打下了良好的基础。

变电检修工作不仅需要有过硬的技术，还要有吃苦耐劳工作精神。在天宫院110kV变电站更换两台主变压器时，为确保进度，刘建全主动担负起所有母线的测量、加工、安装任务，默默地克服着技术、体力等困难，带领开关班的同事们高标准、高质量地完成工作任务，为顺利竣工赢得了宝贵的时间。

变电检修是一个理论性，技术性很强的专业。十几年来虽然每天重复着相同的工作，但是刘建全每一天都努力坚持做到多想一点，在工作中不断探索解决问题的方法。针对10kV真空开关故障导致的设备停电，刘建全提出“备用设备联动管理”的新理念，实现各变电站备用断路器定期试验、联动管理和应急支持，极大减少了故障停电时间。

担任开关班班长以来，为进一步提升检修工作的规范化水平，刘建全带领全班组成员主动出击，对各变电站内的设备进行全面细致地排查补充，编制开关检修手册，并对不同厂家和型号的设备，制定标准作业指导卡。率先在开关班开展了“一日工作标准化”工作，通过整理班组一天的工作流程和标准，将每天的工作固化成一张“一日工作标准化作业卡”，通过细化和规范工作的每一个步骤，提升班组的标准化工作水平。不懈的追求获得了回报，2011年，开关班以其优异表现被评为北京市电力公司标准化班组建设红旗班组。

刘建全荣获2011年度国家电网公司优秀班组长称号。

国家电网公司优秀班组长——张军

张军，男，汉族，1973 年出生，北京市人，中共党员，技师。1993 年参加工作，现任调度通信中心通信线务运行处生产运行五班班长。

运行五班是一个由 15 人组成的年轻集体，承担着北京市电力公司通信电缆、光缆的基建、改建、扩建及事故抢修等工作任务。工作又苦又累，但 15 个人的队伍却被管理得“很出彩儿”，这离不开班长张军——一个既有着军人般严格的态度，又给人以兄弟般温暖的领头人。

张军是线务运行处最早被任命为班长的年轻人，没几年，肯钻研的他就成了当时班里的技术能手，只要是他专业领域内的活，“瞅一眼就知道怎么干”，过硬的技术让他成为了这 15 人的班长。

张军在班组管理中注重发挥每位班组成员的特长，特别注意发挥班内党员的带头作用，组织开展“师带徒”活动，一对一、一对二的帮带工作提升了班组员工专业技能，营造了学习型班组的气氛。

2011 年 7 月，班组接到工程任务，房山地区需要开通通信数据，熔接 9 段光缆，制作 8 个接头。8 个光缆接头，只有 3 个在开车能送达的地方，其余 5 个全在远处的山顶上，步行送达都很困难。如果完不成，整个工程的进度将被延误。张军把大家召集在一起，把十几个人分成 3 组分别前往不同的熔接地点。他带领最艰苦的一个小组，抬着笨重的设备翻越了 3 个山沟 3 个山梁到达了工作地点。就这样，大家凭着一股劲干活，每天工作超过 10 个小时。两天下来，终于完成了任务，他们接续的光缆一次验收成功。

运行五班先后荣获公司 2008 年度青年突击队、无违章班组、文明班组标兵等称号。

张军荣获 2011 年度国家电网公司优秀班组长称号。

浮，管理粗枝大叶，只管布置不抓落实，只听汇报不去检查，敷衍塞责，对公司重点任务推进不力；部分干部缺乏事业心，不敢面对矛盾，不愿攻坚克难，工作标准不高，创新动力不足，不思进取，得过且过，导致所负责的工作停滞不前。这些表现很难适应外部环境变化和企业自身改革发展的要求。二是基础薄弱问题尚未解决。公司组织机构虽然已经基本实现了扁平化、专业化，但是人员思维和运转机制受到传统习惯束缚，管理未能实现规范化、标准化、精益化，效率有待提高。部门职能界面还存在不清晰之处，各专业和各层级之间信息共享程度依然不高。公司文件、会议数量居高不下，且整体实效性不强。一些部门对制度的宣贯、检查、反馈、调整还没有建立常态化机制。部分基层单位对公司的政策、要求缺乏学习消化、分解责任、督办落实和反馈建议的规范程序，而是凭经验执行，形成“习惯性自转”。抓基础在今后很长时间内仍将是公司加强管理的重心。三是经营局面仍然较为被动。目前公司电力销售工作在北京市调整经济结构，工业用电比重日益降低的情况下，主要受到天气因素的制约，实现快速增长的难度较大。2012年煤改电、农村冬季电采暖以及新能源电厂接入将对公司购售电价产生不利影响，进而影响到公司的售电收入和利润。此外，公司经营管理水平仍有待提升，计划管理和预算管控偏于粗放，投入产出比不高，还存在无效投资和资金浪费的现象，也影响到了经营效益的提高。四是员工队伍整体素质亟待提升。公司整体缺员，尤其是一线人员短缺和老化严重，而人员入口又非常单一，每年新入企大学生数量有限，不足以补充人员缺口。近几年内将有大量技术和技能人员退休，缺员问题将更加严峻。劳务用工、农电工用工机制有待完善。公司整体提升了劳务用工、农电工的收入水平，但是部分专业性强、技术要求高的岗位薪酬与市场标准相比仍然相对较低，技术骨干流失已经影响到业务的正常开展。部分单位主业员工和劳务用工、农电工混岗问题还没有解决。五是依法治企任务依然艰巨。当前公司面对的政府监管力度越来越大，媒体监督范围越来越宽，但自身在经营管理、工程建设、优质服务等工作中仍然存在一些突出问题，有些问题到目前尚未得到彻底解决。一方面说明部分干部员工对依法治企重要性认识不足，基本法律素质不高，思想中缺少法律“红线”，对政策法规的把握随意性大；另一方面也说明公司依法治企工作依然停留在“治标”的层面，对产生问题的原因分析不到位，对解决问题的方法研究不到位，对公司依法治企的措施执行不坚决，依法治企长效机制建设任重道远。

另一方面，三项重大任务凸显出改革创新稳定的压力。2012年，国家电网公司把“三集五大”体系建设作为企业创新发展的头等大事来抓，与之同步，各单位的主多分开任务也必须在9月底前完成。同时，党的十八大将在今年下半年召开，这是党和国家政治生活中的一件大事，也是我们全年供电保障的中心任务。三项重大任务，无一不是焦点，也无一不是难点，需要全公司上下高度重视，积极应对。

国家电网公司建设“三集五大”体系的总体要求是要实现“集约化、扁平化、专业化”，以适应全面建设智能电网带来的生产力提升。近几年公司围绕“三集”做了大量工作，取得了显著成效，已经进入深化应用阶段，当前推进“三集五大”工作最主要和最紧迫的是建设“五大”体系。北京公司属于单一城市供电企业，本身具有管理层级少、专业相对集中的特点，国家电网公司党组也要求我们加快推进，早日完成，有所创新，做出表率。只要是改革就必然会涉及利益的调整，会给电网安全、优质服务和队伍稳定带来一定的冲击，这就要求公司上下转变观念，尤其是各级干部要深刻认识到建设“五大”体系是实现“两个一流”的必由之路，服从大局，周密组织、协调推进，迅速、坚决地按照国家电网公司批复的方案将组织机构调整到位，在调整期间保证生产秩序不乱、服务标准不降、队伍稳定不出事。同时，管理层级少并不代表管理效率高，专业集中也不代表专业管理能力强，要做到“高水平、有特色”，我们必须真正把“五大”体系建设作为全面提升经营管理水平的重要契机，着眼于“两个一流”的高标准，在管理模式创新、规章制度完善、业务流程优化、人才引进培养等方面做细、做深、做实。各部门、各单位不论变动与否，改革完成后在经营管理上都要更清晰、更顺畅、更高效，实现质的提升。

实施主多分开是国家电网公司贯彻国务院国资委有关精神、深化电力体制改革的重要举措，是解决公司依法治企突出问题的根本途径，也是建好“五大”体系的必要条件。公司前期已经完成了省公司层面主多分开工作，制定了地市公司层面主多分开方案，今年将按照国家电网公司要求与“五大”体系建设同步实施。主多分开政策性强，历史遗留问题多，涉及职工切身利益，稳定风险大，处理不当极有可能造成舆论炒作，给员工利益和企业形象带来不可估量的影响。各单位主要领导要认真负责、耐心细致地做好员工思想工作，深入分析和妥善应对存在的各种风险，将改革带来的冲击降到最小。各级之间要加强沟通，同心协力，将公司各项部署要求落实到位，确保队伍稳定和企业健康发展。此外，主多分开与集体企业的发展紧密相关。在公司层面主多分开中逐步建立的集体企业，目前已经初步形成专业分工、相互支持、共同发展的产业集团，效益逐年增长，对公司主营业务形成有效助力。下一步主多分开将对地市层面的多经企业向两级集体企业进行兼并、整合，既要满足国家电网公司主多分开的要求，又要满足公司完善产业体系、优化资源配置、参与市场竞争、合理安排人员的目标。两级集体企业在规范管理、依法经营的基础上，还要牢固树立经营意识，着眼发展，努力提升自身实力，做好参与主多分开改革的准备。

十八大保电关系到党和国家的政治形象，受到党中央、国务院、北京市委、市政府和国家电网公司的高度重视。作为任务的主要承担者，北京公司使命光荣，责任重大。公司有多年政治保电的优良传统和丰富经验，但是目前无论在电网、设备、人员还是环境方面，都还存在一些不安全因素，政治供电要做到真正的常态化还有很长的路要走，实现“零闪动”有一定难度。为做到万无一失，我们必须坚持讲政治、顾大局，思想高度统一、精神高度集中、措施高度严密，杜绝麻痹大意。战前精心筹备，全力消除一切隐患；战时严防死守，确保不出任何问题，用优异的成绩创造公司政治保电的新业绩。

解决公司存在的现实问题，需要长期艰苦的努力，是对我们工作耐性、韧性的严峻考验；完成公司面临的重大任务，容不得半点差错，是对我们工作决心和能力的严峻考验。公司全体干部员工要在思想上革故鼎新，增强大局意识、责任意识、创新意识、法治意识、效益意识，主动适应更加深入严格的外部监管要求，主动适应更加规范高效的现代企业管理要求，主动适应更加“集约化、扁平化、专业化”的公司运营要求。在行动上要与公司保持高度一致，坚持“两个转变”不动摇，坚持改革创新不停滞，坚持依法治企不懈怠，坚持文化建设不放松。要发扬求真务实的作风，继续扎扎实实做好基础工作，强化基础管理，练好经营管理的基本功。要弘扬“努力超越、追求卓越”的精神，勇于承担风险、善于破解难题，不断寻求经营管理的新突破。公司本部是企业改革创新的中枢，要巩固和深化应用“本部建设年”活动成果，进一步转变工作作风，增强管理能力，发挥核心作用。各单位主要负责同志要切实担负领导责任，充分发挥表率作用，团结带领广大员工，加强学习、提高标准、强化执行、杜绝“自转”，严格将公司各项决策部署落实到位，全面提升发展的质量和水平。

三、2012 年重点工作安排

2012 年公司总体工作思路是：坚持科学发展观，秉承“四个服务”企业宗旨，弘扬“努力超越、追求卓越”企业精神，践行“诚信、责任、创新、奉献”核心价值观，以“大局、可靠、法治、两效”为指导，不断深化“两个转变”，强基础、保稳定、抓队伍、促提升，以“安全年”和创先争优活动为抓手，加快推进“五大”体系建设，确保十八大供电万无一失，为早日实现“一强三优”现代公司发展目标贡献力量。

2012 年公司主要工作目标是：

——安全生产“零死亡”，政治供电“零闪动”。

——不发生损害公司形象和稳定的重大事件。

——蝉联国家电网公司同业对标综合管理标杆单位。

——力争完成售电量 780 亿 kWh，确保完成 765 亿 kWh。

——完成投资 80 亿元。

——实现利润总额 10 亿元。

——资产负债率小于 65% 。

实现以上工作目标，要重点做好以下几方面工作：

（一）加快推进“五大”体系建设，实现管理创新突破

构建“五大”体系是一次生产关系的大变革，是公司全面夯实基础、提升发展质量的重大机遇，也是对我们应对风险、保障稳定能力的巨大挑战。体系建设要按照“开拓创新、缜密严谨、分步实施”的原则扎实推进，实现管理规范与提升。

按照国家电网公司的批复方案，“五大”体系建设将对公司的机构和业务界面进行一系列调整。其中，业务界面上的调整：“大规划”工作前期已经作了布置，此次基本不变。“大建设”主要是将 35 ~ 110kV 输变电工程的建设管理（除工程前期工作外）划至公司层面，供电公司由负责变为受公司委托承担 35 ~ 110kV 电网项目建设管理任务。今后逐步实现 35kV 及以上电网项目全部纳入专业化管理、标准化建设范畴。“大运行”主要是在公司近年来推行调控一体化的基础上，将输变电设备状态在线监测与分析职责划转到两级调度控制中心。“大检修”主要是将 35 ~ 110kV 输变电资产的运维、检修职责全部调整至专业公司，10kV 电缆线路运维和检修业务逐步实现向专业公司的划转；区县供电公司负责 10kV 及以下电网设备运维检修管理，并受托负责辖区内 35 ~ 110kV 变电站和架空输电线路运维工作。“大营销”主要是对计量、电

费业务在职能部门和专业公司之间进行界面调整，同时强化基层业务执行层的定位，简化流程、提高效率。机构上的调整：公司本部新设人事董事部、运营监控中心和企协分会，人力资源部、生产技术部、安全监察部等15个部门分别进行合并、更名以及职能调整，最终本部设置23个职能部门，编制518人。公司层面“五大”支撑机构新组建的有信通分公司（由通自公司和信息中心合并组成）、检修分公司（作为变电公司、电缆公司、输电公司和带电作业中心的管理机构）、供电服务中心（将现客户服务中心、重要客户服务中心并入，电费管理中心部分业务也划归其中）、综合服务中心（负责人才交流和社会保险具体业务、新闻中心和国网企协北京分会的采编与办报办刊业务）；职责调整的有经济技术研究院（增加规划设计评审、质量监督、定额管理、工程监理等职责）、电力科学研究院（公司计量中心整体并入，保留北京市电能表计量检定中心牌子）、物资供应分公司（物流服务中心更名为物资供应分公司，增加招标代理业务）。供电公司层面，职能部门上限为11个，比现在的上限减少2个；设置运维检修中心、客户服务中心两个支撑机构，其中运维检修中心与运维检修部合署办公，客户服务中心与营销部合署办公。

以上是建设“五大”体系将带来的主要变化，此次会议还将对完整方案进行说明，职代会通过后将尽快发文实施。各个体系之间要保持协调推进，同时涉及职责界面重大调整的，将会留有过渡期，推进过程中还将不断完善优化方案。各级领导干部要正确对待、主动工作，各部门和各单位要统一认识、协同配合，确保机构、人员和业务顺利调整到位。

（二）持续强化安全生产工作，确保安全可靠供电

牢固树立安全发展理念，以“安全年”活动为抓手，不断完善安全管理体制机制，认真细致开展电网运维工作，降低人身、设备和电网安全风险，确保十八大供电万无一失。

加大安全监督力度。适应“五大”体系调整，修订安全生产职责、奖惩规定和监督制度，保障安全生产责任落实到位；将规章制度执行情况作为安全监督的重要内容，保障安全规章制度有效、可执行、落实到位；扩大安全审计和安全生产考核覆盖面，推动各单位进一步健全安全责任体系。深入推进安全性评价、安全技能等级认证工作。大力开展“反违章、现场作业、事故调查处理、安全措施”四个方面的标准化建设。推进安全管理信息化工作，严密监控安全生产重点环节。规范业务外包管理，严格资质审核，严肃合同责任，严厉整治转包、违规分包，杜绝以包代管行为。加强消防和交通安全管理，杜绝重大事故发生。

加强生产运维管理。推进调度系统安全内控机制建设，开展调度安全保障能力评估。高度重视电网运行分析，查找薄弱环节，推动解决电网结构性问题。强化资产全寿命周期管理，严格落实设备投产验收规范，持续推进设备状态检修。统筹生产计划管理，深化检修计划刚性执行力度，严控设备重复计划停电。强化配网生产管理，落实配网“五统一”技术标准，加大配网设备改造力度，扎实推进配网自动化建设，扩大带电作业范围，着力提升城市供电保障能力和供电可靠性水平。深化应用生产管理信息系统，开展智能变电站、配电示范线路技术研究与应用，稳妥推进在线监测、无人机巡线等先进技术，不断提高生产管理精益化水平。

加强电网风险管控。全面落实国家电网公司十八项重大反事故措施，制定事故隐患标准，建立隐患排查治理和管控常态机制，抓好电缆网及沟道、不满足$N-1$的输变电设备和政治供电生命站线的管理与维护，确保不发生大面积停电事故。落实专业护线、防雷、防鸟害等措施，深化政企、警企合作机制建设，构建电力设施保护长效机制。应对恶劣天气，加强负荷分析，推进迎峰度夏重点项目建设，确保迎峰度夏期间电网稳定运行。完善应急指挥体系，密切与市相关部门联系，建立联动机制，推进通州西集应急实训基地建设，加强基干队伍实训，规范应急物资和装备管理，增强应急抢修及救援队伍实力，开展大面积停电应急演练，提升应急响应速度和处置能力。

确保十八大安全供电。要把十八大政治保电放在突出重要位置，建立完善的运行指挥组织体系，组建各专业、各区域的保障队伍，各单位主要负责人要靠前指挥，做到全员参与、覆盖全面、指挥有力、运转高效。保电涉及的工程项目要按期完成，保证质量。超前开展保电线路、变电站隐患排查治理，确保供电方式可靠和设备无缺陷。超前开展重要场所内部安全用电评估、设备检测和隐患整改，确保运行状态良好。会议期间，严密监控电网设备运行状态，加强电网设备巡视检查，对重点站、线实行24小时看护和不间断特巡，及时发现和消除安全隐患，杜绝电网外力事故，确保实现“零闪动”目标。

（三）稳妥推进主多分开工作，加强集体企业管理

充分认清公司稳定工作的焦点、难点，严格贯彻依法治企工作要求，完善风险防控机制，稳妥推进主多分开工作，加强集体企业管理，为“五大”体系建

设创造稳定的工作局面。

稳妥推进主多分开工作。公司对主多分开工作实行统一领导、统筹部署。各单位方案统一报批，根据实际情况适时逐一操作，操作不当出现问题要追究单位主要负责人责任。相关部门要充分发挥指导作用，周密组织，严肃监督，及时纠偏；要及时听取基层单位的反馈，认真分析研究和指导解决突发、突出问题。各单位要层层落实管理责任，细化工作措施，把握好操作时机。针对股权清退、资产处置、业务划转、人员安置等重点难点问题，要细致分析在经济法律、队伍稳定、廉政建设、社会舆论等方面存在的风险，逐项制定工作预案，加强对关键环节、重点领域的管控，增强主动性，及时、妥善处理各类矛盾和问题，消除形成风险的各类因素。要动态分析员工思想状况，对部分不理解公司政策，甚至产生抵触情绪的员工，加强教育，讲清利害关系，引导员工认识主多分开的必要性和紧迫性，积极支持和配合主多分开工作。各级领导干部要切实发挥表率带头作用，增强执行力，将有关政策、规定和公司的决策部署学好吃透，落实到位，确保主多分开工作稳步推进。

加强集体企业管理。健全完善法人治理结构，继续加强内控制度建设，全面实现对人、财、物的规范管理，逐步形成集体企业依法经营的长效机制。准确把握自身定位，外拓市场，内强管理，积极培育企业核心竞争力，增强市场竞争和可持续发展能力，不断壮大自身实力，按照公司统一部署积极参与主多分开改革。要深化体制机制创新，逐步消除员工身份差别，实现同工同酬，并建立更加灵活的人员引进和管理机制，构建市场化、差异化的薪酬体系，形成留住人才、用好人才的良好氛围。

（四）不断完善公司经营管理，推动企业高效运营

围绕“五大”体系建设，从基础工作入手，落实依法治企理念，严格规范管理，推进人财物集约化，优化经营工作，弘扬创新精神，推动管理与技术进步，持续提升公司效率、效益。

着力夯实管理基础。认真梳理完善专业规章制度，调整工作流程，深入开展制度、流程宣贯工作，确保各专业工作不断不乱。重点优化各体系之间的流程衔接，切实减少专业壁垒。制定规章制度规划，实现规章制度订立、修编常态化、体系化、实用化，同时全面推进标准化工作，为企业保持规范运营奠定基础。落实会议、公文管理规定，切实减少会议、文件数量。实施“五大”体系信息系统适应性调整，进一步完善一体化信息平台，更好地实现信息共享，充分发挥信息系统对管理决策的支撑作用；全面推进 SG－ERP 建设，提高信息系统对业务运转的支撑能力。全面建设信息调运体系，实现建设与运行分离。强化信息安全标准的执行，提高信息安全主动防护能力。进一步规范农电所管理，排查解决经营管理隐患，完善职责定位和机构设置，量化核定成本，实现责权利对等。进一步规范后勤管理，完善基础数据信息，健全管理制度体系，提高后勤专业化管理水平。

全面提高经营集约化水平。进一步拓展“三集”工作深度。严格规范各单位机构设置和定岗定编，将各类用工统一纳入公司计划管控。以“六统一、五集中”为主线，强化全业务链财务管控，推行区县供电公司“内部利润”管理，细化项目预算工作，全面实现资金一级账户管理，优化财务与业务融合。充分发挥新的运营监控平台作用，进一步强化经济活动分析，提高综合计划与全面预算管理水平。深入推进物流体系改革，保证采购设备质量、物资及时供应和资金安全运转，将技改、大修、运维、客户外电源工程等物资纳入公司集中招标范畴。继续深入开展同业对标工作，强化指标影响环节的管理，落实责任，努力提升短板指标，确保蝉联国家电网公司同业对标综合管理标杆单位。

有效管控公司运营风险。进一步加强全面风险管理工作，形成风险预判、防控的动态机制。继续深化外部监管和内部审计检查发现的问题整改工作，确保整改到位，在管理上制定防范措施，建立长效机制，防止新的风险。深入推进“法治电网”依法治企专项行动，制定依法治企工作评价体系；推广供电公司法律风险防范体系建设试点工作成果，切实降低供电公司运营法律风险。综合发挥审计监督、财务检查、效能监察的作用，加大对公司决策落实、制度执行的监督和责任追究力度，堵塞漏洞、消除风险。

深入推进管理创新与科技创新。围绕“五大”体系建设，以提高管理效率和提升发展质量为着眼点，深入推进管理创新。积极学习借鉴先进企业管理经验，进一步优化公司组织体系和业务运转模式，更好地实现“集约化、扁平化、专业化”。在制度有效执行、高效团队建设、人才引进培养、差异化服务模式、产业市场化发展等方面加强政策研究，通过管理创新解决制约企业发展的难点问题，进一步解放生产力。围绕智能电网建设，以政治供电、状态监测、智能配电网、电缆、电动汽车配套设施等领域为重点，深入推进科技创新。完善智能小区建设，推进智能用电设备网络化、实用化。完成中国电科院仿真楼、未来科技城国家电网公司智能楼宇和智能需求侧管理示范项目。

加快推进科技成果、群众性创新成果以及专利的应用。

（五）着力提升规划建设水平，打造坚强智能电网

落实首都电网“十二五”发展规划，推进主、配、农网协调发展，加强工程安全质量和工艺管理，加快建设具有首都特色的坚强可靠智能电网。

充分发挥规划引领作用。适应首都智能电网发展和城市建设需求，滚动优化北京电网“十二五”规划，推进各级各类电网协调发展，逐步实现城市核心区满足 $N-2$ 运行标准，远郊区县满足 $N-1$ 运行标准。研究确定北京地区以环网为主，在中心城区多点支撑的500kV 网架结构，各分区均衡分配各类发电资源并实现全容量互济。通过联络线建设优化配网结构，持续提升双方向或多方向电源比例。扩展农网改造实施范围，建立农网改造示范县和示范村，打造首都标准的农村电网。按照“强化引导、有序接入”的原则，参与电源基地规划前期工作，争取网厂共赢的系统接入方案；高度重视风电等清洁能源接入系统规划，做好平谷、延庆新能源及新农村采暖示范项目前期工作，建设鲁家山、南宫等重点垃圾电厂送出工程，引导新能源有序、健康发展。

加快推进重点工程项目。建立工程前期储备机制，超前开展基建前期工作，与地方政府及铁路、河道管理等部门进行常态沟通，合理安排项目建设节奏，形成依法开工、有序推进、均衡投产的良性循环。220kV 草桥电厂送出、城南切改等度夏工程以及居民“煤改电”工程要务期必成，500kV 海淀、220kV 菜市口等重点工程要加快推进。完成首都机场大型示范充换电站建设任务，全力推进方庄、西直门等长安街沿线电动公交车充换电站项目，建设延庆至大兴乘用车充换电服务通道，并配合北京市推广应用公务电动乘用车计划，加快乘用车充换电站的建设。与政府相关部门密切配合，加快老旧小区电力设施改造和轨道交通、保障性住房等电力配套设施建设，推进架空线入地工程。全年计划投入变电容量 361 万 kVA，送电线路 335km；计划新开工变电容量 420 万 kVA，送电线路 429km。

加强工程安全质量和工艺管理。深入落实《国家电网公司关于进一步提高工程建设安全质量和工艺水平的决定》。强化合理工期、合理造价、合格队伍的保障作用，优化调整流程节点，合理确定工程造价，加强所属建设队伍和关联队伍专业能力建设，严格分包队伍资质审查和管理。促使全部参建单位积极适应新管理要求，落实安全质量责任。建立健全质量监管和协调机制，认真解决设备、设计、施工等方面的质量问题。成立标准工艺专家组，大力推进标准工艺的执行落实。加强工程质量巡检，大力开展创优活动，推广应用基建新技术，打造精品工程。实现基建工程“零缺陷”投运，新建电网工程建筑物使用寿命达到 60 年以上，变电主要一次设备和线路主要设备使用寿命达到 40 年以上，主要二次设备使用寿命达到 20 年以上。220kV 输变电工程国网优质工程率 100%，110kV 输变电工程国网优质工程率不低于 90%。

（六）大力实施95598 光明服务工程，提升营销服务水平

深入贯彻“你用电、我用心”服务理念，认真践行新“三个十条”，以 95598 光明服务工程为统领，全力打造公司优质服务品牌。

加强主营业务管理。加强购电成本分析与控制，优化购电结构，安全、经济、规范地开展电力市场交易工作。加强计量管理，稳步有序推进用电信息采集工作，完善智能表运维体系建设，完成 80 万具智能表换装工作，将公司采集覆盖率提升至 35%。积极应对居民阶梯电价调整，制定周密的电价调整实施方案，做好业务处理、信息系统调整和优质服务等准备工作，组织各营业网点和 95598 热线电话做好电价调整的宣传解释工作。开展重点线路、台区综合降损改造，深入推进线损“四分”管理。

提升供电服务品质。加强党员服务队素质能力建设，固化服务模式和工作机制，提升服务质量，以进社区、进机关、进企业、进校园、进医院、进乡村为方向，适度拓展服务范围，打造特色服务品牌。全面实施居民用电服务质量提升专项行动，开展系列为民、便民、利民活动，出亮点、树标杆。深化“塑文化、强队伍、铸品质”供电服务工程，丰富重要客户服务内容，开展技术支持、安全诊断、绿色通道等差异化服务。深入开展供电设施状态检测与评价工作，确保重要客户安全用电状况可控、在控，在政治供电保障中推广应用定制电力技术，确保实现政治供电“零闪动”目标。加强服务标准化建设，对内加强培训，细化考核，开展定期评价，对外加强宣传，继续通过第三方评价机构以及行风监督员、协作媒体等单位加强体外监督反馈。

加大市场开拓力度。规范营业窗口分级和服务项目分类，争取出台供电服务相关收费标准。细分用电市场，加快客户需求的判别和响应，“以客户为中心、以市场为导向”制定经营服务目标。积极占领节能服务市场，推广应用蓄冷空调、热泵、电采暖等电能替代项目。深入研究新能源和分布式电源的发展趋势与接入政策，做好选址、建设和并网接入工作。配合市

政府新能源汽车发展规划，打造国内领先的电动汽车智能充换电服务网络，全年建成22座充换电站、500个充电桩。

（七）优化人力资源管理方式，全面提升队伍素质

围绕“五大”体系建设，构建配套的组织架构、流程体系和工作机制，适应“两个转变”对员工队伍素质的要求，加强人才引进和培养工作，全面提高员工队伍素质。

优化人才队伍结构。完善人力资源规划，制订人才引进和培养计划。创新人才引进方式，努力解决高层次人才短缺、一线技能人才不足等制约公司发展的突出问题。畅通员工职业发展通道，推进职员职级体系建设。加快专家队伍建设，公开选拔聘任各主营业务首席、一级、二级专家队伍，健全完善专家管理体系，为专家的成长创造有利条件。加强基层班组建设，强化创新工作室管理，着力培养一线生产领军人物，扎实推进高素质技能人才队伍培养步伐。规范劳务用工管理，严格持证上岗标准，着力解决混岗问题，降低同工不同酬的用工风险，打破电管员、农电工与其他派遣人员的身份界限，实现以能定岗、以岗定薪。

深化全员教育培训。积极构建“覆盖全员、标准统一、资源共享、协同高效”的培训体系。创新管理人员培训模式，以规章制度、工作流程、专业能力为重点，开发通用培训标准和课程，提升管理人员的创新能力、协同能力和执行能力。以智能电网、新能源等实用技术为重点，强化专业技术人才培训，提升技术创新能力、攻关能力和应用能力。以规程、规定、标准为重点，集中培训、实践锻炼和劳动竞赛相结合，提升一线人员安全技能和实际操作能力。加强新员工在一线班组的锻炼培养，明确锻炼年限和目标要求，将培养工作纳入考核，确保锻炼培养效果。加快实训基地建设，开展培训效能评价，强化培训师资力量。深入开展各专业的竞赛、调考和技能比武等活动，实现以赛促培、以考促培。

推进全员绩效管理。实施以量化考核为重点的全员绩效管理，对16个供电公司制定统一的绩效管理实施细则，规范专业公司和其他单位绩效管理工作，逐级分解公司发展目标，构建不同业务类型、不同专业、不同管理层级、不同岗位的差异化考核模式。优化考核指标体系，对管理人员实行“目标任务制”的量化指标体系，对生产人员实行“积分制”和“项目制”量化考核指标，增强考核实效性和可操作性。实现绩效目标管理体系、量化指标体系、分析评价体系和结果应用体系的规范化管理，为建设“五大”体系，实现公司发展目标奠定坚实基础。

（八）加强党建和企业文化建设，确保公司和谐健康发展

以迎接党的十八大召开为契机，进一步加强党的先进性建设，发挥企业文化引领作用，营造和谐稳定的发展环境，为企业改革发展大局提供坚强保障。

提高党建工作水平。深入开展为民服务创先争优活动，以学习型党组织和党建品牌建设为重点，不断加强党的先进性建设。加强“四好”领导班子建设，深入落实干部选拔任用“四项监督制度”，扩大选人用人视野，坚持多维度、多岗位培养、考察干部。建立健全基层党委（总支）组织，充实人员力量，提升基层组织驾驭复杂局面的能力。加强党支部创新过程指导，提高创新成果转化应用水平。坚持党建带团建，开展“青春光明行”十周年系列活动，扩大青年志愿服务活动的影响力，激励广大青年员工立足岗位，建功立业。

加强反腐倡廉建设。深入学习贯彻中纪委七次全会和国家电网公司反腐倡廉建设工作会议精神，以“有效预防职务犯罪和重大行风责任事件”为主线，积极融入公司生产经营管理，进一步完善惩防体系建设，深化协同监督和廉政风险防控工作，加强对“三重一大”决策制度、廉洁从业规定执行情况的检查考核。深入开展“重履责、强防控、塑文化”主题教育实践活动，牢固树立“干事、干净”理念，认真落实党风廉政建设“一岗双责”，营造风清气正的良好氛围。

加强品牌建设。以实施国家电网品牌战略为引领，整合宣传资源，完善品牌建设工作机制，创新品牌推广、维护、传播和塑造的工作方法。落实国家电网公司“品牌提升年”活动部署，持续推进“电靓京城”主题传播与塑造活动，加大主流媒体话语权，保持高密度、常态化的正面舆论引导，提高国家电网品牌知名度、认知度和美誉度。强化品牌维护力度，加强舆情风险预控与处置协调联动，提高突发事件新闻应急处置能力，确保公司形象安全。

营造和谐发展氛围。大力弘扬社会主义核心价值体系，积极实践北京精神。深入推进“五统一”企业文化建设，深化企业文化传播工程、落地工程、评价工程，不断增强企业的软实力和凝聚力。大力开展劳动模范等先进典型选树、宣传活动，培育和挖掘一批好干部、好党员、好员工，充分发挥激励带动作用。进一步发挥职工代表、总经理联络员桥梁纽带作用，加强信息沟通，促进企业民主管理、民主决策。深入推进职工素质提升工程。在生活上关心爱护员工，增

强后勤保障和服务能力，提高员工生活品质。关注离退休老同志的需求，做好离退休服务工作，发挥老同志的传帮带作用。严格落实信访责任，强化苗头性、倾向性问题的分析预判，定期开展职工思想调研和不稳定因素排查，加大政策解释和思想疏导力度，坚决杜绝集体和越级上访，确保公司稳定大局。

深化创先争优活动　确保公司安全稳定
以优异成绩迎接党的十八大胜利召开

——党委书记田博在北京市电力公司2012年思想政治工作会议上的报告（摘要）

（2012年2月9日）

一、2011年工作回顾

2011年，公司党委在国家电网公司党组和北京市国资委党委的正确领导下，充分发挥党的政治核心作用，以科学发展观为引领，认真贯彻党的十七大及十七届历次全会精神，以“大局、可靠、法治、两效”为指导，认真实施公司党委加强党的建设、企业文化和队伍建设两个三年（2010～2012）规划，落实创先争优活动要求，深入开展“学党史、强信念，明形势、做贡献”和“忠诚企业，服务首都”两项主题活动，全面加强“三个建设”，完善和深化思想政治工作体系同业对标工作，为公司全面完成“十二五”开局之年各项工作任务提供了坚强的思想、政治和组织保证。

（一）以迎接建党90周年为契机，创先争优活动蓬勃开展

2011年，公司党委紧紧围绕建党90周年，深入开展创先争优活动，全面推进学习型党组织建设和党建品牌建设两项重点工作，取得了良好成效。

1. 积极推进学习型党组织建设，党组织全员学习、党员终身学习的理念得到有效增强

坚持以提高广大党员思想政治素养和业务素质为基本目标，以建设学习型领导班子为重点，积极推动学习型党组织建设。一是各级领导班子和领导干部的战略思维和推动公司科学发展的能力不断增强。以思想政治建设为重点，加强了中心组学习管理，不断提高各级领导班子和领导干部队伍政治理论学习的效果。公司所属各党委，全年中心组学习均不少于24次，有些达到40次以上，各党委中心组成员在公司及以上刊物发表理论文章164篇。通过大讲堂、培训班等多种形式扎实开展多层次的干部培训；充分发挥公司本部的带动作用，开展本部全员培训与考核，认真做到带着问题培训，结业形成培训成果，用于推动实际工作；加大干部挂职锻炼、多岗位任职培养力度，完善干部管理制度，推进干部队伍规范化建设；各级领导干部带头学习、带头调查研究、带头破解发展难题，在创先争优活动中树立了良好的作风形象。二是广大党员的学习能力和知识素养得到有效提升。在全体共产党员中深入开展了“学党史、强信念，明形势、做贡献”主题教育活动，各级党组织以学党史为重点，丰富学习内容，创新学习形式，通过“三会一课”、讲座、参观、调研、网络、手机、微博等多种载体和途径，不断掀起学理论、学技术、学先进的热潮。公司初步形成了各级党组织抓学习，党员、干部全员学习，理论联系实际，共促公司改革发展的良好风气。

2. 大力加强党建品牌建设，企业形象及党的先进性得到有效提升

为更好地推进创先争优活动，积极融入北京世界城市建设，按照规划先行、充分调研、深度策划、有序实施的原则，公司党委整合各窗口服务单位23支特色服务队伍，组建了“国家电网首都电力共产党员服务队”。一年来，服务队以“创先争优 电靓京城 服务社区”为主题，重点为社区孤寡老人、军烈属、低保户、打工子弟学校等特殊群体提供公益性、延伸性服务。“七一”前夕，公司广大党员自发捐款32万余元，设立“国家电网首都共产党员爱心基金”，专项用于困难对象的电力设施帮扶，先后使用爱心基金12.3万元，266户帮扶对象直接受益。2011年，服务队在全市范围内累计开展便民服务活动639次，惠及133个挂牌社区的25万余户居民，服务队的工作受到了百姓与政府的广泛肯定和好评，发挥了党和群众连心桥的作用，中央媒体报道6篇，省市、行业媒体报道近30篇，被主流网络媒体转载百余篇，初步打造了具有公司特色、社会信赖、百姓认可的公司党建品牌。同时，积极推进各单位党员责任区、党员示范岗建设，党建品牌内涵得到不断丰富。

3. 加强基层党组织建设，党组织的创造力、凝聚力和战斗力进一步提高

认真落实在创先争优活动中加强基层组织建设的

要求。一是根据公司改革发展需要，及时建立健全基层党组织，全年新建及更名党组织13个。二是做好2011年公开承诺、领导点评、群众评议工作。公司各级党组织、全体党员把加强基础工作、推进智能电网建设等重点难点任务，作为公开承诺的重要内容，积极践诺，接受群众监督；公司两级领导班子成员结合本职工作及联系点分工，深入基层一线，积极开展督导点评共979次，有力推动了各项工作。公司党委创先争优活动群众评议满意率达到100%。三是认真落实“为民服务创先争优”活动要求，认真开展“三亮三比三评”活动，各窗口单位组织广大党员亮身份、亮职责、亮承诺，广大党员比技能、比作风、比业绩，有力促进了优质服务水平提升。四是全面实施党务公开工作，细化了公开形式、公开内容、公开程序和公开时限，保证工作落实到位。五是开展纪念建党90周年系列活动，组织“我身边的共产党员”演讲比赛21场，公司8675名党员及群众参加国家电网公司“学党章、读党史、强党性”网络知识竞赛。六是大力开展创先争优评比和党支部创新实践活动，46个先进基层党组织、288名优秀个人受到公司党委表彰，全年推出党支部创新实践优秀成果32项。

4. 加强党风廉政建设，公司上下防范廉洁风险的意识和能力进一步增强

加快构建“三化三有”特色惩防体系，建立健全“责任落实、系统宣教、内控监督、协同预防”四项工作机制。以“反思教训、完善监控”为主题，围绕廉洁风险点，深化教育实践活动；以保证“三重一大”制度落实为重点，严格执行纪委书记报告制度，强化监督责任；以党风廉政建设责任制为抓手，落实“一岗双责”；深入推进工程建设领域突出问题、“小金库”及“三指定”问题治理工作，强化廉洁风险意识，增强廉洁自律能力，确保公司和谐健康发展。反腐倡廉工作的良好成效保障了公司创先争优活动的深入开展。

（二）充分发挥优秀文化的引领作用，企业文化建设稳步推进

加强企业文化建设是提升企业核心竞争力的重要途径。公司党委严格落实国家电网公司各项要求，全力做好各项工作。

1. 实施“三大工程”，企业文化建设基础有效夯实

落实企业文化建设和队伍建设三年规划，下发了《关于建设和弘扬统一的企业文化的实施意见》、《北京市电力公司企业文化建设业绩考核办法》，深入推进传播工程、落地工程和评价工程。将企业文化建设和队伍建设纳入公司所属各单位及负责人年度综合业绩考核，加强了对企业文化建设的投入，通过企业故事、案例及论文评选、产品建设等多种形式，促进企业文化的传播与落地。搭建评比推广平台，注重企业文化建设成果的培育与总结，实施企业文化优秀案例的过程管理和指导，全年共评选推出企业文化优秀案例21项，4项企业文化优秀案例获得国家电网公司表彰。

2. 加强新闻宣传和品牌传播工作，公司品牌的知名度、认知度和美誉度不断提升

有效整合了公司新闻宣传资源，创新宣传工作模式，构建公司新闻宣传联动工作体系。完善对外联络机制，建立媒体档案，搭建与各类媒体互动的平台。加强舆情监测，强化突发事件新闻应急处置。拓宽品牌传播渠道，持续实施“电靓京城、温暖民心”主题品牌传播活动，促进国家电网公司品牌塑造年活动各项要求在北京成功落地，实现品牌标识标准化建设目标，新闻宣传和品牌建设工作全面加强，公司品牌形象不断提升，再次荣获“北京影响力”十大企业殊荣。

（三）以“忠诚企业，服务首都”为主线，员工队伍建设全面加强

落实国家电网公司党组部署，坚持用社会主义核心价值体系和企业核心价值观引领员工思想观念，深入推进“忠诚企业，服务首都”主题教育活动，不断提高员工队伍的政治素质、专业素质和文明素质。

1. 加强精神文明建设，为提高员工队伍素质提供精神动力

加强组织领导，成立公司精神文明和企业文化建设指导委员会，落实“一岗双责”，认真落实精神文明建设责任制考核，形成党政工团齐抓共管的局面；加强形势政策和任务教育，组织报告会、大讲堂、“忠诚企业、服务首都”网上大家谈等活动，促进员工学习互动交流；深入开展文明创建工作，以第三届全国文明单位评选为契机，广泛开展文明单位、文明工区（处室）、文明班组创建工作，积极参与地方文明共建活动；充分发挥先进典型的示范带动作用，坚持以“平凡孕育伟大，劳动奉献光荣”为主题，编印“双十百星”图书，开展“双十”事迹评选，挖掘树立践行企业核心价值观的先进典型，努力打造能代表公司形象有影响力的先进典型品牌；持续深化创新工作，在鼓励创新实践及深化应用的基础上，加强精神文明建设的过程管理，全年共评选推出精神文明建设优秀成果33项；坚持以人为本，加强对员工的人文关怀和心理疏导，认真开展员工队伍的思想状况分析，

总结推动公司改革发展，创新思想政治工作的有效经验，努力推出优秀政研成果。三是认真做好统战工作，发挥统战人员的积极性。四是做好离退休工作，把组织的关怀送到老同志身边。五是深化思想政治工作体系同业对标，提高思想政治工作整体水平，调动一切积极因素，促进企业和谐发展。

全面提升依法治企工作水平
服务和保障公司健康发展

——副总经理常世平在北京市电力公司2012年经济法律工作会议上的讲话（摘要）

（2012年5月22日）

一、经济法律工作为公司的健康发展提供了坚强的法律保障

公司首次召开经济法律专业工作会议，标志着公司法治化管理迈出了新的步伐，经济法律工作进入了新的阶段。回顾过去几年，公司经济法律工作认真贯彻落实国家电网公司有关部署和要求，紧紧围绕公司改革发展大局，攻坚克难，开拓创新，实现了经济法律工作的新突破，发挥了企业经济法律工作的功能和作用，为促进公司依法经营，防控法律风险，保障公司健康发展发挥了重要的作用。

经济法律工作机构实现了由无到有的突破。公司经济法律工作起步较晚，1999年设立专职岗位，公司系统当时只有一名专职法律人员。2003年公司建制调整，在总经理工作部设立法律事务处，作为部门内设处室负责公司经济法律工作的职能管理。2010年在公司本部机构改革中，新增设了政策研究及法律事务部，经济法律机构实现了从无到有的突破。公司系统经济法律专职从业人员也不断壮大，由建制调整前的3人增加到现在的18人。经济法律机构的建立和人员的不断充实，不仅达到了中央企业法制工作三年目标的相关要求，也为更好的开展经济法律工作提供了有力的组织和人才保障。

经济法律工作领域实现了由点到面的突破。长期以来，经济法律工作局限于审核合同、协调与处理法律纠纷和普法宣传等传统领域。近年来，随着社会法治化进程加快和公司的快速发展，经济法律业务领域快速扩展，主要业务由传统的业务增加到包括重要决策法律论证、规章制度管理、招投标法律保障、法律风险体系建设、立法配合等涉及面较为广泛的业务种类。经济法律工作量大幅攀升，据统计，2011年合同和规章制度法律审核量较2004年分别增长91%和280%，处理案件纠纷数量增长70%。同时经济法律工作与公司主营业务结合度不断加深，从整体上看，经济法律工作正在实现由“事后救济”向“事先防范”和“事中控制”转变，服务和保障公司健康发展的作用越来越明显。

经济法律工作基础实现了由薄到实的突破。受体制机制影响，长期以来经济法律工作基础较为薄弱，工作规范化、体系化不够，标准化和精益化程度不高。近年来，按照公司加强基础工作的总体要求，不断强化经济法律的基础工作，先后印发近十项规章制度，初步形成了经济法律工作的制度体系。优化完善主要业务的工作流程，基本实现了闭环管理，其中合同管理在国家电网公司系统率先实现了“六统一”，诉讼管理率先实现了“五统一”。积极采取措施消除薄弱环节，过去相对薄弱的规章制度管理步入了规范化轨道，起步较晚的法律风险管理已经走在国家电网公司系统前列。

在不断取得新突破的同时，经济法律工作始终以满足公司法律需求为工作的出发点和落脚点，为公司发展提供了较为全面的法律服务与保障。一是充分发挥了经济法律工作的决策参与功能。认真跟踪国家重要政策和法律法规的出台，及时分析公司改革发展中面临的法律风险，积极参与公司重要决策活动，为公司决策做好法律参谋。近年来参与了主多分开和规范集体企业管理、业扩报装模式调整、劳务派遣用工规范管理、用户资产接收管理、供电所规范管理等涉及公司重要体制机制变革和大量重大投资项目的法律论证和风险评估，通过法律意见揭示可能面临的风险，提出了预防和控制措施，促进了公司的依法决策和科学决策。二是充分发挥经济法律工作的协同管理功能。近年来，通过开展依法治企专项活动、法律风险防范体系建设和强化经济法律基础管理，加快了经济法律工作与财务、人资、营销、安全生产、物资管理等专业工作的融合，将法律风险防范嵌入了多个专业工作的流程，成为公司运营管理中的固定环节，实现了对公司专业工作的协同管理，确保了经营管理行为的合法、合规、合程序。经济法律工作在消除经营管理薄弱环节，强化公司基础管理中发挥了重要作用。三是

充分发挥经济法律工作的救济维权功能。在公司与其他社会主体发生利益冲突时，及时介入有关协商、调解、仲裁和诉讼程序，充分调动公司系统内外部法律资源，积极稳妥的处理法律纠纷。四年来，共处理各类诉讼案件234起，挽回经济损失1.68亿元，有力地维护了公司的合法权益。特别是成功处理了望京变电站电磁影响集体诉讼、部分内退职工集体劳动仲裁和劳务派遣人员劳动仲裁，有力地保障了电网建设顺利进行和队伍稳定。四是充分发挥经济法律工作的文化培育功能。近年来，通过举办法律讲座、模拟法庭、知识竞赛、专业培训等形式，坚持不懈开展法制宣传教育活动，基本上做到普法教育的全覆盖。通过法制宣传教育，激发了广大干部员工学法用法的热情，公司干部员工的法律意识和法律素质有了较为明显的改善，依法决策、依法经营、依法管理、依法维权的理念日益深入人心，具有北京公司特色的法治文化正在逐步形成。

2011年是“十二五”开局之年，面对复杂的内外部环境和艰巨的改革发展任务，公司经济法律工作以“大局、可靠、法治、两效”为指导，坚持以提升干部员工法律素质和公司法律风险防范水平为重点，不断夯实工作基础，健全工作机制，创新工作方法，全面完成了经济法律工作的各项任务，为实现“十二五”良好开局提供了坚强的法律保障。

1.“法治电网”依法治企专项活动深入开展

在2010年启动并顺利完成“法治电网”依法治企专项活动的基础上，2011年公司继续将专项活动推向深入，活动的主题由摸清法律风险底数深化为建立健全依法治企工作机制。通过自查自纠、整改落实和巩固提高，有效解决了一批影响公司健康发展的重要问题，初步建立依法治企的工作机制，专项活动达到了预期目的，取得了圆满成功。

2. 规章制度建设和管理取得新进展

重新修订了规章制度管理办法，制定了规章制度编制规范，形成了规章制度管理的制度体系。强化对规章制度的法律审核，全年审核印发公司规章制度153件，统一废止制度48件，规章制度法律审核率实现100%。开展了历史上规模最大的规章制度执行情况检查，公司相关部门按照各单位提出的150余条修订建议对现有制度进行了修订完善。组织对部分单位贯彻基建管理制度进行了检查，开展公司生产系统管理人员制度调考，探索出加强制度执行力建设的新途径、新方法。

3. 基层供电公司法律风险防范体系建设试点取得初步成效

供电公司是公司系统法律风险最为集中的单位，为此2011年公司选取石景山供电公司开展了法律风险防范体系建设的试点工作。按照“统一领导、分层推进、注重实效、广泛参与”的原则，对重要决策、人力资源、财务资产、物资管理等8个领域的法律风险进行全面梳理，全面完成了8个领域法律风险的识别、分析、评价和分级，最终确定法律风险点336条，法律风险行为992项，编制完成了法律风险清单和体系建设丛书，圆满完成了体系建设第一阶段的各项工作任务。

4. 供用电关系法律风险防范体系建设扎实推进

在圆满完成电费回收法律风险防范与救济体系建设后，进一步拓展体系建设领域，开展了涵盖营销领域各个专业工作在内的供用电关系法律风险防范体系建设。2011年完成抄表计量和用户资产接收模块的体系建设工作，印发专业规章制度4项，重新构建业务流程，规范了表单和相关协议，编制了成果汇编，对机电不符、智能表更换和用户资产接收中存在的风险实现了预控，受到了营销专业干部员工的广泛好评。

5. 合同管理“六统一”机制全面构建

修订出台了新的合同管理办法。对构建合同管理“六统一”机制提出了明确要求并督促落实，经过一年努力，公司在国家电网公司系统率先实现了合同管理的统一归口部门、统一管理职责、统一管理流程、统一合同分类、统一合同文本和统一信息化工作，合同集约化和规范化管理水平大幅提高。2011年公司系统共对外签署经济合同11 642份，未发生重大履约纠纷，合同风险得到了有效预控。

6.“六五”普法工作全面启动

编制印发“六五”普法规划，全面启动“六五”普法工作。组织开展了以“学法律、讲权利、讲义务、讲规范”为主题的网上法律知识答题和法治征文活动，共计16 925人次参加法律知识网上答题活动，成为公司历年来法制宣传教育工作参与人数最多的活动之一。创建了“法治电网”普法网站，开辟了法制宣传教育的网上阵地，点击率达25 000余人次。通过开展一系列法制宣传教育活动，公司干部员工的法律素质得到了明显提升。

7.“送法到基层”活动广泛开展

通过整合内外部法律资源，组建了法治宣讲团，先后赴25家基层单位开展法律宣讲工作，惠及职工达3000余人。本次专项行动投入之大、覆盖面之广、与实际需求联系之紧密，均属公司法制宣传教育工作首次。通过活动的开展，有效满足了各单位的法律服务需求，得到了基层干部员工的充分肯定和广泛赞誉。

8. 诉讼管理实现价值新提升

制定印发了诉讼业务管理办法，初步形成了全过程闭环管理格局。不断挖掘诉讼管理的新价值，深入分析诉讼案件暴露的管理漏洞，推动在相关专业领域开展风险防控工作。加强对公司已经发生案例的分析，定期组织召开案例分析会，抽调骨干力量对近年来发生的20个典型案例进行评析，编辑出版公司《法律纠纷典型案例汇编》。2011年公司系统共处理各类案件78件，避免和挽回经济损失1000余万元，有力地维护了公司的合法权益。

二、当前经济法律工作面临的主要形势与任务

2012年是实施“十二五”规划承上启下的关键一年，也是全面落实中央企业法制工作第三个三年目标的开局之年。国家电网公司高度重视依法治企工作，刘振亚总经理在今年国家电网公司“两会”工作报告中指出：“依法治企是公司科学发展的重要保障。只有依法决策、依法经营、依法管理、依法办事，才能保障公司健康发展。”近日，国家电网公司印发《国家电网公司落实中央企业法制工作第三个三年目标的实施方案》，对国家电网公司系统各单位落实中央企业法制工作第三个三年目标，全面加强经济法律工作提出了更高的要求。

当前，公司进入了深化“两个转变”、建设“一强三优”现代企业的攻坚时期，明确了建设“五大”体系，实施主多分开和保障十八大供电万无一失等重大任务。做好全年的经济法律工作，提高法律服务与保障水平，持续推动依法治企，任务艰巨，责任重大。我们必须要准确把握当前形势，深入分析存在的问题，进一步提高认识，扎实推进公司的法治化进程。

一是复杂多变的外部环境对经济法律工作提出新挑战。首先法治环境日趋完善。随着社会主义法律体系的基本形成，与公司发展密切相关的立法不断出台，特别是《物权法》《劳动合同法》《反垄断法》等法律法规相继出台后，公司的经营管理受到更加严格的法律约束，客观上要求公司运营行为必须依法依规开展。其次政府监管日臻严格。目前政府监管法规不断完善，监督体系不断健全，监管力度不断加大。对电网行业的监管范围也持续扩大，覆盖了公司规划、建设、经营、管理、调度、营销等各项主营业务，这要求我们必须加强自我约束，严格落实各项监管规定和要求。最后社会舆论监督日益公开透明。随着全民法治意识提升和网络技术的应用，社会舆论的形成和传播机制发生了根本变化，社会公众对垄断型行业的监督更加严格，公司经营中的一些不规范行为会被人为放大或炒作，容易形成影响公司品牌形象和健康发展的社会公共事件。

二是公司的改革发展对经济法律工作提出新要求。首先法律服务需求日益增多。随着公司的快速发展，公司经营管理法律需求的业务领域在不断拓展，涉及项目投资、工程建设、财务运营、人资管理、营销服务、安全生产、科技环保、行政后勤、产业管理等大部分业务领域，并且呈现出多样化、复杂化、全程化等特点，经济法律工作的深度和广度不断拓展，同时各专业领域和业务环节对经济法律工作的依赖度也在不断增加。其次法律风险防控任务空前繁重。相对于复杂的外部环境，公司法治基础比较薄弱，从近年来开展的“法治电网”专项活动、财务审计联合检查、“小金库”专项整治、“三指定”专项治理、工程建设领域突出问题检查等依法治企专项活动情况来看，公司运营风险大量存在，容易诱发法律风险的“出血点”、“发热点”较多，且问题相互交叉，情况错综复杂，解决起来难度很大，严重制约公司的安全健康发展。这客观上需要进一步加快法律风险防范体系建设，按照标本兼治的原则，全面规范经营行为，堵塞管理漏洞，保证各项工作依法合规，不留后患。最后公司的发展需要法律工作超前介入。公司实现又好又快发展，必须要不断强化内部管理。这就要求持续强化规章制度体系建设和执行监督，真正实现依制度“管人、管事、管财”，以抵御发展道路上的各类风险；公司实现又好又快发展，必须要不断进行管理创新，这就要求系统梳理管理创新和业务拓展中的各类法律需求，及时跟进，主动提供全方位的法律保障；公司实现又好又快发展，必须要不断营造良好的外部环境，这就要求更加主动的参与国家、地方政府相关法律法规和政策制定过程，积极建言献策，依法表达公司诉求，推动有利于公司发展的法律法规和政策出台，为公司发展创造和谐环境，从根本上保障公司的合法权益。

三是经济法律工作的层次和水平亟待新突破。近年来经济法律工作虽然取得显著成绩，为今后的发展打下了良好的基础，但依然存在一些突出问题亟待解决。首先部分干部员工对依法治企的重要性认识不足。由于受长期垄断地位和传统管理习惯影响，部分干部员工不能深刻感知外部环境变化，自我感觉良好，思想中缺少法律“红线”，基本法律素质不高，对法规政策的把握随意性大。部分单位仍然没有改变“凭经验做事、靠权力管人”的习惯，对公司制度执行不严格，甚至束之高阁，对违规行为听之任之，屡查屡犯，给公司健康发展带来了现实威胁和潜在风险。其次部分单位对经济法律工作的重视程度不够。部分单位对新形势下加强经济法律工作的重要性认识不足，公司

系统各单位经济法律工作开展情况很不平衡，有的单位经济法律工作尚未真正开展。再次经济法律工作的基础仍显薄弱。突出表现在，经济法律工作“上下一体”的管理体系尚未建立，经济法律参与公司重要决策缺乏机制保障，法律管理和企业经营管理的有效融合没有完全实现制度化和流程化，大部分单位的经济法律工作仍处在“打官司”、“审合同”等初级阶段，法律服务和保障能力还比较薄弱。最后经济法律队伍建设严重滞后。据统计，公司系统初始学历为法学专业的仅有32人，公司所属30多家基层单位设立专职法律岗位仅有12个，公司系统从事经济法律专职人员中有法学专业背景的仅有13人，特别是一些经济法律业务较多、风险防控任务较重的供电公司至今没有配置法律工作人员，经济法律工作无法有效开展。同时现有法律队伍中复合型人才短缺，法律队伍的专业化水平和工作能力亟待提高。

面对新形势、新任务、新挑战，公司各单位必须站在保障公司健康发展全局的高度，提高对经济法律工作重要性的认识，采取切实措施，努力开创公司经济法律工作的新局面。

（一）提高认识，切实增强法治观念和风险意识

实践证明，坚持依法治企是企业生存和发展的基础和保障。公司广大干部员工，特别是各级领导干部要从全局和战略的高度进一步提升对依法治企工作重要性的认识。一方面要正确认识依法治企的内涵。依法治企，就是依据国家法律法规、政策和企业内部规章制度治理企业，这里的“法”不仅包括国家法律法规和强制性政策规定，也包括国家电网公司和公司各项管理制度。践行依法治企，就是要以法律和制度作为标尺来衡量我们的行为，坚持做到依法办事，依规操作。另一方面要强化全方位法治意识。依法治企涉及公司的各个领域、各个环节和每名员工，同时依法治企又是一项长期任务，需要建立系统长效机制，公司各单位、各部门要进一步统一思想，牢固树立大局意识、责任意识、风险意识和法治意识，切实把公司关于加强依法治企的各项部署落到实处。

（二）加强领导，不断提高经济法律工作水平

根据国资委关于中央企业法制工作第三个三年目标的要求，国家电网公司提出了法制工作第三个三年目标，要求到2014年，全面建成公司法律风险防范体系，实现总法律顾问专职率和法律顾问持证率两个80%，全面实现规章制度、经济合同和重要决策法律审核把关率达到100%，杜绝因违规经营发生新的重大诉讼纠纷。

做好新形势下的经济法律工作，公司必须全面贯彻落实国资委、国家电网公司关于法制工作的各项要求。要深刻分析当前经济法律基础工作和体系建设中存在的问题，建立健全程序严密、运转高效的经济法律管理制度体系和工作机制，将经济法律管理纳入制度化和规范化轨道。要加强经济法律工作同各专业工作的横向联系，建立法律管理与专业管理相融合的工作机制，实现“你中有我，我中有你”。要提升经济法律管理的信息化水平，通过信息化手段将法律审核作为不可逾越的节点，嵌入业务流程，努力使经济法律信息系统和“法治电网”网站成为公司经济法律管理的工作平台、经济法律工作交流平台和全体员工的法律知识培训平台。要充分发挥经济法律工作的决策参与功能、协同管理功能、救济维权功能和文化培育功能，实现经济法律工作理念由权益维护向价值创造的转变，工作目标由建立机制向发挥作用的转变，工作体系由独立分散向整体协同的转变，工作模式由专业事务向管理融合的转变，使经济法律工作实现新发展、新突破。

（三）统筹规划，全面加强经济法律队伍建设

加强经济法律队伍建设，改变队伍建设滞后于工作需要的局面，是当前做好经济法律工作的重中之重。公司将印发《北京市电力公司关于加强经济法律队伍建设的意见》，对全面加强法律队伍建设和提高队伍执业素质提出了明确要求。人力资源部和经济法律部要按照自我培养和招聘引进相结合的原则，制定法律专业人才培养方案，通过法律顾问执业资格考试培训、典型案例培训、电力业务培训、法律人员轮岗锻炼等方式，大力培养既懂法律又懂生产、经营和管理的复合型法律人才。各单位要充分挖掘内部法律人才，做好法律专职人员的到岗到位工作，确保公司关于强化经济法律队伍建设的各项要求落实到位。公司法律工作人员也要加强学习，积极实践，不断提高自身业务素质和履职能力。

三、全力以赴做好2012年经济法律工作

2012年公司经济法律工作的总体思路是：围绕公司推进“两个转变”的中心任务，以“大局、可靠、法治、两效”为指导，全面落实中央企业法制工作第三个三年目标，着力推进法律风险防范体系建设，着力加强经济法律队伍建设，着力夯实经济法律工作基础，着力提升干部员工法律素质，着力构建依法治企长效机制，为保障公司健康发展，早日实现“一强三优”现代公司发展目标贡献力量。

为全面完成2012年各项任务，我们要重点做好以下六个方面的工作。

1. 全面推进两大法律风险防范体系建设，提升法律风险防范水平

一是推进基层供电公司法律风险防范体系试点建设和推广。按照试点建设方案，按时保质完成体系建设试点工作，及时总结试点建设经验，创建体系建设创新工作室，全面展示体系建设试点工作成果。各供电公司要按照公司统一安排部署，落实基层供电公司法律风险体系建设推广方案，做好本单位法律风险体系建设工作，实现对法律风险的可控在控。二是完成供用电关系法律风险防范体系建设。要按照体系建设总体方案，在完成电费回收、抄表计量和用户资产接收模块基础上，抓紧推进其他专业模块的体系建设工作，建立健全营销领域风险防控的制度体系。各供电公司要认真学习落实体系建设成果，实现法律风险管理与专业管理的深度融合，使营销管理步入法治化轨道。

2. 进一步加强经济法律队伍建设，健全经济法律管理体系

一是结合"五大"体系建设，出台加强法律队伍建设的具体措施，规范基层单位经济法律岗位设置和职能，全面落实经济法律人员的到岗到位，建立健全有利于法律人才锻炼成长和发挥作用的工作机制。二是要强化对法律顾问的素质建设。组织开展法律顾问队伍专项培训，推行基层单位法律顾问到本部锻炼的培养模式，多渠道提升法律顾问业务技能和综合素质，使法律顾问持证上岗率达到50%。三是要制定并落实经济法律业务管理办法，明确法律事务工作的内容、范围和要求。优化整合和统一调配公司内外部法律资源，逐步形成贯穿上下、方向一致、协同高效的经济法律管理体系，提升法律业务集约化管理水平。

3. 进一步深化规章制度管理，健全规章制度体系

一是要结合"五大"体系建设和运行需要，制定并落实《北京市电力公司规章制度体系建设实施方案》，强化对"五大"体系建设中的规章制度的审核和管理，形成全面覆盖、横向协同、纵向贯通的公司规章制度体系。二是要编制出台公司规章制度后评估管理办法，开展规章制度后评估工作，综合评价规章制度的适宜性、充分性、有效性和科学性，实现对规章制度的闭环管理。三是要继续开展规章制度调考和执行情况检查。分专业、分层次对一线管理人员掌握规章制度情况进行调考，提高经营管理人员学习掌握规章制度的主动性和自觉性。继续开展公司规章制度执行情况检查工作，切实提高规章制度的执行力。

4. 持续推进"法治电网"专项活动，建立依法治企考核机制

一是要系统总结2010年、2011年"法治电网"依法治企专项活动经验，按照"务求实效"的总要求，继续将专项活动推向深入。一方面要将"法治电网"专项活动与"安全年"活动和公司其他依法治企专项活动紧密结合，共同推进依法从严治企。另一方面也要突出重点，有所侧重，把"法治电网"专项活动的重心放到建立健全"依法决策、依法管理、依法经营、依法维权"的机制上来，通过活动的开展，切实解决公司在"四个依法"方面存在的薄弱环节和突出问题。二是要探索建立公司依法治企评价体系。对各单位依法治企工作进行可量化的客观评价，是构建依法治企长效机制的重要环节。要深入研究、广泛调研，结合公司实际建立一套"全面覆盖、科学客观"的依法治企评价体系，适时开展依法治企考核工作，使依法治企工作真正做到"可量化、有尺度、能考核"。

5. 全面夯实经济法律基础工作，提升精益化水平

一是要建立重要决策法律论证制度，规范决策论证程序，优化决策论证方式，提升决策法律论证水平，加大对重要决策的法律支撑力度。二是要拓展合同管理的深度和广度。建立合同履行的监督反馈机制，实现对合同的全过程闭环管理。开展合同专项检查活动，强化合同管理"六统一"机制，推进合同管理的标准化建设。三是要优化诉讼业务管理流程，规范诉讼经费和法律服务中介机构的管理，实现从传票接收到案卷归档的全过程闭环管控。完善诉讼案情通报和反馈机制，进一步挖掘诉讼工作价值，提升诉讼管理水平。

6. 深入开展法制宣传教育，构建"法治文化"

一是要组织开展"法律大讲堂"主题活动。通过电视电话会议的形式，举办与公司改革发展及员工权益保护密切相关的法律法规讲座，扩大普法工作的覆盖面，提升全员法律素质与法律意识。二是要组织举办"一学三讲"法律知识竞赛活动。通过以赛促学的形式，广泛普及法律知识，营造"学法律、讲权利、讲义务、讲规范"的法治氛围。三是要开展"走进中心组"法律服务专项行动。采用中心组专题学习形式，为各单位领导干部进行法制讲座，解决经营管理中的法律问题，提升领导干部依法决策、依法管理能力。四是要创新载体，深入开展"六五"普法工作。落实"六五"普法规划和年度普法要点，坚持分层次、分专业和分岗位普法，充分利用网络等新型载体开展普法活动，加速构建具有北京公司特色的"法治文化"。

全面提升品牌建设工作水平
服务和保障公司科学发展

——副总经理郑林在北京市电力公司2012年品牌建设和新闻宣传工作会议上的讲话（摘要）

（2012年4月20日）

一、品牌建设和新闻宣传工作在推进公司“两个转变”中发挥了重要作用

2011年是“十二五”开局之年，面对复杂的内外部环境和艰巨的改革发展任务，公司品牌建设和新闻宣传工作坚持以“大局、可靠、法治、两效”为指导，坚持以提升国家电网品牌的知名度、认知度和美誉度为重点，认真落实国家电网公司“品牌塑造年”活动的各项部署，夯实专业基础，健全工作机制，创新工作方法，全面完成了“电靓京城”主题传播与塑造活动的各项任务，着力推动品牌建设职能由“服务”向“保障”转变，确保了公司发展舆论环境的安全稳定，为公司深化“两个转变”，进一步提高发展质量发挥了积极作用。

1. 工作机制实现新突破

品牌建设工作体系日益完善，整合对外联络、新闻宣传、品牌传播与推广等职能，实现了由单一的新闻宣传向综合的品牌建设职能转型。通过实施协同联动机制，公司各专业部门在品牌建设方面的横向工作联系机制进一步增强，品牌建设工作与公司主营业务联系更加紧密，服务公司经营决策能力显著提升，品牌建设工作成为公司工作的重要组成部分。公司品牌建设队伍深入开展“基础、基层、基本功”工程，搭建品牌建设考核交流平台，建立了综合和专项考评制度，品牌建设管理水平迈上新台阶。

2. 品牌传播实现新突破

公司品牌传播从内容到方式实现全面创新，平面媒体、电视媒体、网络传播和广告宣传组成的立体传播方式得到有效应用。以“电靓京城”主题活动为核心，公司层面成功策划并组织了建党90周年、智能电网等25项专题传播；开展“走进国家电网”活动，精心打造“记者走电力”品牌事件，形成正面强势传播态势。朝阳公司、通州公司、平谷公司、电缆公司和通自公司等单位结合实际组织专题宣传，传播成效各有特色。

积极打造高端传播平台，邀请社会专家学者作为公司意见领袖引导社会舆论，与新华社等社会主流媒体开展战略合作，重点加强了与媒体高层决策者和关键编审人员的联系，媒体管理更加深入，为首都电力发展营造了宽松的舆论氛围。据统计，公司全年在《人民日报》、新华社、《北京日报》和《国家电网报》等媒体发稿3023篇，其中社会媒体1698篇，行业媒体1562篇；制作专题片10部，中央电视台累计报道公司新闻时长13分钟，北京电视台累计报道时长180分钟。公司品牌建设工作多次在《国家电网工作动态》、《国家电网品牌建设工作月报》中进行了经验交流。

3. 品牌维护管理实现新突破

舆情预控机制进一步健全完善，舆情信息通报渠道畅通有效，编辑了首份《公司2011年度舆情报告》，全年编发《舆情日报》207期、《舆情周报》48期、《舆情专报》47期，三类报告构成信息服务组合，为公司经营决策和各项业务工作推进及时提供了信息支撑。建立舆情风险联动处置机制，加强重点、热点舆情研判，妥善处置了“6·12”换表、“7·15”天使之家等突发事件，有效防范和控制了重大舆情风险，全年处置舆情事件110次，确保了公司舆情总体平稳。主动引导《北京日报》等主流媒体关注昌平电力设施遭破坏等舆情，处置结果得到郭金龙市长的批示。城区公司、海淀公司、大兴公司、路灯中心等单位密切配合公司开展舆情风险处置，对于公司主营业务开展起到了推进作用，切实维护了公司社会形象。开辟了中央人民广播电台等主流媒体的内参渠道，及时反映公司工作业绩和亟待解决的外部问题。举办品牌建设知识讲座和业务培训等多种活动，宣传品牌知识，全员品牌意识明显增强。

4. 品牌推广实现新突破

编制了公司品牌标识管理办法，印发了品牌标识推广应用手册，开发了品牌标识管理信息系统，完成了12家基层单位品牌标识整改工作，成为国家电网公司系统首批品牌标识建设达标单位。多渠道传播“你用电、我用心”大众传播口号，开展2011年社会责任

经典履责案例评选活动，延庆公司报送的《构筑绿色能源通道，助力低碳经济发展》等10个经典履责案例，门头沟公司报送的《电气化改造助力新农村建设》等10个优秀履责案例，全面展示了公司在电网规划建设、安全生产管理和优质高效服务等多个专业领域开展社会责任实践落地的优秀成果。组织社会责任课题研究，启动了社会责任管理案例进高校的工作。城区公司、丰台公司、大兴公司、客户服务中心和机关本部等单位认真落实品牌标识标准化工作，按时通过了标准化验收。在公司上下共同努力下，公司“诚信履责、可靠信赖”的央企形象得到社会公众广泛认同，被第五届“北京影响力”活动评为“影响百姓生活的十大企业”之首。

5. 内宣管理实现新突破

宣传资源整合取得显著集约成效。停办基层单位纸质宣传载体后，《北京电力报》实现每周出版两期，报纸和杂志电子版成功上线；编发92期基层专版，覆盖了28个基层单位，全面提升了基层单位宣传质量。公司重要会议实现网络图文直播，完成了20个单位内网网页改版工作。全面实现基层单位视频网络硬件升级改造，视频新闻质量明显提高，公司新闻载体的权威性、时效性显著提升。加强对公司重大举措、重大事件、重点工作的组织策划，发挥传递信息、引导认识、凝聚合力的宣传作用，公司新闻载体成为公司“五统一”企业文化建设的重要力量。

回顾过去一年的工作，我们有几点深切体会：第一，领导重视是提升品牌建设工作水平的根本保证。公司党委多次听取品牌建设工作汇报，公司领导多次作出批示，对公司宣传资源整合、组织机构设置、专业队伍建设等给予了大力支持，使公司品牌建设工作不断深化。第二，品牌建设与专业工作协调联动是确保公司形象安全的重要保障。品牌建设工作坚持融入公司业务之中，加强联动，形成合力，切实发挥了服务公司经营决策、防控舆情风险的作用，充分体现出自身工作价值。第三，坚持创新发展是提升品牌建设工作水平的重要前提。公司品牌建设和新闻宣传系统的干部员工，在实践中勇于突破，大胆创新，通过完善工作机制、丰富工作方法、开阔工作思路，不断拓展品牌建设工作的空间，为品牌建设工作进一步发展奠定了坚实基础。

2011年，公司品牌建设工作取得了突出成绩，服务、保障公司和电网发展的作用越来越显著，得到了公司党委和各方面的充分肯定和高度评价，公司获得国家电网“品牌塑造年”活动先进单位、国家电网公司品牌标识标准化建设先进单位等荣誉称号。

二、2012年面临的主要形势与任务

2012年是实施“十二五”规划承上启下的关键之年，是公司深化“两个转变”、建设“一强三优”现代公司的攻坚之年。公司明确了建设“五大”体系、实施主多分开和保障十八大供电万无一失三大任务。做好全年品牌建设工作，对我们来说任务艰巨，责任重大，我们要对面临的形势有清醒认识和准确把握。

一是日益复杂多变的社会舆论环境对品牌建设工作提出新挑战。从2011年社会和电力行业内部发生的典型舆情事件来看，社会公众比以往更加关注企业的社会责任，对于企业的道德期待越来越高。随着新媒体的迅速发展，公众舆论对企业经营的影响逐步增大，企业利益相关方的关系管理日显重要，品牌建设工作的对象、内容、方式方法不断发生变化，这就要求我们必须与时俱进，积极应对。二是公司“三大任务”对品牌建设提出新要求。公司“三大任务”既是焦点，也是难点，更是公司发展的突破点。当前，公司在深化“两个转变”中还受到一些现实问题的制约，历史遗留问题积弊久、矛盾深，改革创新中稳定的压力较大，亟待解决的问题较多，主要体现在，领导干部观念亟须转变、基础薄弱问题尚未解决、经营局面仍然较为被动、员工队伍整体素质亟待提升以及依法治企任务依然艰巨。在这样的背景下，平稳的舆论环境和良好的社会形象对公司发展至关重要，充分发挥首都的地域和舆论优势，营造“国家电网”品牌的“势场”，是当前和今后一个时期公司品牌建设的主要任务。三是公司品牌建设工作现状亟待新突破。公司品牌建设工作虽然在舆论环境建设、内部资源整合、媒体关系管理等方面取得了显著成绩，为今后的发展打下了良好基础，但是我们也要看到，公司品牌建设工作专业体系建立时间不长，相关业务机制有待健全完善，弱势话语权与首都众多重量级媒体的强势舆论反差较大，需要我们将挑战变机遇，突破创新，尽快建立适应“五大”体系的品牌建设工作机制，实现整体工作水平的新提升。

公司品牌建设的核心，就是要通过全面增进各级政府、广大媒体和社会公众对国家电网公司的利益认同、情感认同、价值认同，牢固树立可靠可信赖的责任表率央企形象，这是国家电网品牌建设是否成功的根本标准，也是全面提升公司软实力的核心。作为国家电网公司总部驻地的窗口单位，在新的形势下，营造有利于公司改革发展稳定舆论环境的任务更重、要求更高，巩固已经取得的成绩，提升工作水平的任务更重，要求更高，我们一定要理性认识社情民意表达，

准确把握舆论环境变化，把握行业和国家电网公司改革发展的趋势，因势利导，顺势而为，进一步增强工作的前瞻性和主动性，以不断提升的软实力，服务和保障首都电力事业健康稳定发展。

三、全力以赴做好2012年品牌建设工作

2012年公司品牌建设和新闻宣传工作的总体思路是：围绕公司推进"两个转变"的中心任务，以"大局、可靠、法治、两效"为指导，落实国家电网公司"品牌提升年"活动部署，坚持"一个中心"，发挥"两个作用"，做到"三个适应"，实现"四个目标"，开拓创新，全面提升国家电网品牌在首都的知名度、认知度和美誉度，为加快推进"三集五大"体系建设，确保十八大供电万无一失，早日实现"一强三优"现代公司发展目标贡献力量。

坚持一个中心：以落实国家电网"品牌提升年"活动各项任务，传播国家电网品牌价值理念为中心。

发挥两个作用：立足增进社会理解信任，发挥舆论先导作用；立足保障企业形象安全，发挥风险防控作用。

做到三个适应：适应公司"三集五大"体系的工作机制；适应社会公众接纳的品牌传播与塑造方式；适应公司发展需要的专业队伍。

实现四个目标：不发生国家电网公司考核的重大品牌危机事件；"电靓京城"主题活动在市属媒体传播覆盖率达到100%；公司全年自主输出传播议题报道比例达到75%以上；品牌标识推广与应用规范使用率达到100%。

为全面完成2012年各项任务，我们要重点做好以下六个方面的工作。

1. 深化宣传资源整合，提升品牌建设持续发展能力

一是按照"五大"体系模式，根据国家电网公司宣传资源整合试点要求，合理布局，优化结构，实现公司媒体资源优化配置。日前，公司调整了品牌建设和新闻宣传工作机构设置，调整后，公司外联部主要负责品牌建设和新闻宣传的职能管理，管理公司公共关系，开展品牌传播、维护、推广与塑造，负责行业报刊记者站驻站工作。新组建的报社负责公司内部新闻宣传载体的建设与管理，做好内部宣传，为品牌建设提供智力支持和资源保障。通过资源整合和职责调整，逐步形成贯穿上下、方向一致、协同高效的传播体系。当前，公司上下要按照新的管理模式，建立与之相适应的运转高效、联系紧密、处置快捷、协调联动的工作机制，优化工作流程，实现品牌建设工作重心由"服务、保障"向"支撑"的转变。二是进一步规范基层单位的岗位设置和业务流程。要夯实基层单位品牌建设和新闻宣传工作基础，根据员工人数、业务需求，设置品牌建设和新闻宣传专岗，落实职责到岗、到人、到事。同时，公司在部分基层单位设立记者站，作为报社机构和职责的延伸，承担公司部署的新闻宣传任务。三是深化协调联动，推进公司一体化宣传机制建设。切实树立公司品牌建设资源"全局一盘棋"的思想，按照公司统一部署，推进重大活动、重大任务的共同策划、共同推进、整体联动。要认真贯彻落实《国家电网公司新闻发布工作办法（试行）》，建立公司网站新闻通稿制度，实行重大事件（活动）联合报道，提高传播的整体运作效率。

2. 持续推进"电靓京城"主题活动，提升品牌传播能力

认真贯彻落实国家电网公司品牌建设工作部署，继续以"电靓京城"主题传播与塑造活动为载体，确保"品牌提升年"活动各项任务圆满完成。今年，"电靓京城"活动的主题是"电靓京城，生活更多彩"，要通过精心策划，丰富主题内涵，传递"电靓京城"活动的感性色彩，使社会公众对公司形象产生温暖、亲近、信赖的认知，深度传播国家电网品牌，形成国家电网品牌传播与塑造的首都特色，彰显公司责任表率央企的形象。一是围绕公司"五大"体系建设、党的十八大供电保障和智能电网建设等战略举措和重大事件，开展主题宣传，开掘主题的深度，拓展传播内容的广度，合理把握传播节奏，保持高密度、常态化的正面舆论引导态势，全年自主组织专题宣传不少于8次。二是健全完善传播策划工作机制。实行公司重大宣传选题策划制度，围绕公司中心工作策划品牌传播选题，做到年有传播要点、季有品牌事件、月有传播主题、周有宣传重点，确保策划选题落实到位。建立基层单位新闻线索报送制度，统一协调，突出宣传重点，提升传播效果。三是创新品牌传播方式。加强国家电网品牌的理性传播，强化与政府主管部门、社会主流媒体的沟通联系，赢得高端认同；加强与社会大众的感性传播，与社会主流媒体合作，塑造"国家电网人——我身边的好人"的感性品牌形象，争取大众认同和赞誉。要加大属地媒体报道力度，让公司的价值理念传播更广泛、更深入、更扎实。四是以理论指导传播，提高传播影响力。加强与新华社、人民网等社会主流媒体的合作，在专家学者的指导下，研究新媒体传播特点，尝试建立企业微博等新媒体，探索品牌传播新形式，提高传播成效

电网公司科技进步一等奖和二等奖。“调控一体化技术支持系统的研究与建设”等4个项目获国家电网公司科技进步三等奖；强化“两院一中心”的研发枢纽地位，激发专业公司和属地供电公司科技创新力量，超额完成国家电网公司下达的专利申请和授权任务。加强信息化运维和应用管理，建立运行评价指标体系，明确故障统计处理标准流程，监督信息服务质量，颁布信息系统调度运行管理细则，信息系统运行管理水平逐步提升；智能电网信息化项目按期完成，SG－ERP人力资源管理系统推广实施，电子商务平台上线，营销管理、生产管理信息系统深化建设；开展核心网络应急预案演练，开展办公区、智能电网等专项督查工作，公司被评为2011年度信息安全技术督查优秀单位；开展协同办公等16个信息系统的性能优化和ERP系统评估工作，公司顺利通过国家电网公司信息系统实用化评价。积极宣传电磁环境安全理念，营造有利于电网建设的外部环境，成功举办“工频电磁场与人居健康安全”国际研讨会，与国际权威机构和电磁环境与健康领域专家建立了合作交流渠道，被国家电网公司推荐参加申报环保部举办的中华环保奖，获得“环保宣教奖”先进集体奖。

（五）丰富措施手段，设施保护逐步专业化

2011年，公司强力推进电力设施保护工作，有效提升消防安全防控水平，电网外力故障得到有效遏制。电力设施保护基础逐步夯实，制定6项反外力规章制度，建立对运行单位外力故障考核机制；完成专业护线阶段性评估工作，外力防控工作向标准化、规范化、常态化发展。内控外联机制逐步强化，发挥用电管控手段，超前预控治理线下隐患；制定杆塔警示牌标准，规范反外力警示内容；开展输变电智能平台建设，实现外力及隐患信息化管理；联合政府有关部门开展电网环境隐患排查整治，全年完成隐患治理126处，整治线下树木隐患124 989处。反外力宣传方式逐步丰富，开展5期植树绿化系统安全员取证培训，500余人接受培训。电力设施保护工作纳入质监局吊车司机取证培训范畴。在电视、广播、楼宇、地铁等媒体开展电力设施保护宣传。反外力防控成效逐步显现，实施重点及外力高发线路差异化管控，反外力能力得到提升；扎实开展专业护线工作，圆满完成重大活动保电任务；自7月份全面实施专业护线工作以来，护线队伍累计发现电网环境异常信息4009起，制止线下大型机械做作业811起，吊车碰线和其他机械车辆施工外力破坏比去年同期下降45%。安全保卫管控能力进一步加强，制定公司保安服务管理办法，规范保安业务外包管理；制定技防设施运维规定管理，强化营业网点安全防范建设；反窃电工作纳入常态化，联合北京市刑侦总队，配合有关部门，组织开展专项打击窃电活动，全年累计出动警力327人次，查处窃电行为2326起，追缴电费4247万元。

二、深刻认识安全生产面临的形势和要求

公司二届二次职代会暨2012年工作会议提出将建设“五大”体系、实施主多分开和确保党的十八大政治供电万无一失确定为2012年的三项重大任务。三项重大任务无一不是焦点，无一不是难点，无一不与安全生产相关，更加凸显了做好今年安全生产工作的极端重要性。同时，随着社会经济的不断发展，电网内外部环境正在发生深刻变化，对安全生产提出了更高的标准和要求，我们必须积极思考，超前谋划，扎实工作，对安全生产管理过程中的不足保持清醒认识，不断夯实安全生产基础，确保公司和电网持续健康发展。

从公司今年改革发展的重点任务来看，一是推进“大检修”和“大运行”建设，对加强安全生产精益化管理的要求更高。在职代会上，公司确定了“开拓创新、缜密严谨、分布实施”的“五大”建设基本原则。目前，公司本部机构调整已经基本到位，下一步，将在相关基层单位陆续开展“五大”体系建设工作。对于“大运行”，公司调控一体化工作开展较早，一直走在国家电网公司前列，有较好的工作基础，本次只涉及部分业务和流程的优化重组。对于“大检修”，公司本身具有集约化、扁平化、专业化的特点，本次调整后，公司将统筹人力、技术、装备资源，进一步强化检修专业化和运维一体化，实现资源更加集约化、组织更加扁平化、业务更加专业化，显著提升生产效率、效益和供电可靠性。各供电公司将更加强化设备运维的主人地位，强化电网实物资产管理和设备状态检修管理职责，强化全口径业务管理和资产全寿命周期管理。涉及“大运行”和“大检修”建设的单位，要从公司大局出发，坚决贯彻落实公司有关要求，积极主动工作，切实履行好相关责任，迅速、坚决的按照国家电网公司批复方案调整到位。同时，要把建设“大运行”和“大检修”体系作为公司全面提升安全生产水平的重要契机，全面做好管理模式创新、规章制度完善、业务流程优化和人才培养选拔等工作。

二是十八大保电任务艰巨，对实现政治供电“零闪动”的要求更严。十八大保电是公司继奥运会、国庆六十周年保电之后承担的一项最重要的政治任务，关系到党和国家的政治形象，受到党中央、国务院以及北京市委市政府和国家电网公司的高度重视。作为

任务的主要承担者，北京公司使命光荣，责任重大。公司有多年政治保电优良传统，曾经取得过优异的成绩，得到国家和北京市政府的充分肯定，也积累了丰富的经验。但越是成绩辉煌，越要践行最高工作标准，越是经验丰富，越不能有丝毫懈怠和放松。特别是目前，公司无论在电网、设备、人员还是环境方面，都还存在一些不安全因素，政治供电要做到真正的常态化还有很长的路要走，实现“零闪动”有一定的风险。这种情况下，更需要我们切实增强政治敏感性，站在为党和国家负责、为国家电网公司和公司发展负责的高度，思想高度统一、精神高度集中、措施高度严密，战前精心筹备，全力消除一切隐患；战时严防死守，确保不出任何问题，用优异的成绩夺取十八大保电的全面胜利，再次创造公司政治保电的新业绩。

三是建设“五大”体系和实施主多分开工作，对强化安全生产基础管理要求更细。“五大”体系建设和主多分开工作，涉及对原有业务和工作流程进行优化以及对机构、人员的重组和调整，能否保持公司安全稳定和正常的经营发展，是衡量这两项工作成败的重要标准。两项工作在推进过程中，工作量大，情况复杂，对公司各级领导和管理人员的安全管理能力和员工的安全技能带来新的挑战。“五大”建设实施方案的分析、研究、实施、完善，特别是大量人员的调整、职能的变化等将牵扯到各级领导和管理人员大量的时间和精力，可能出现过多关注管理模式调整，而忽略配套安全管理措施和日常安全生产工作的情况，从而导致安全风险管控能力下降；主多分开涉及职工切身利益，容易造成职工情绪波动和工作状态起伏，特别是许多涉及股权清退和收购整合的多经企业还同时承担了公司大量生产运维业务，一旦发生问题，将给公司安全稳定带来巨大威胁。大家要充分认识做好今年安全生产工作对于公司改革发展的重要意义，加强领导、超前谋划、严密组织、扎实细致开展工作，实现安全管理无缝隙、安全监督无漏洞，确保“五大”体系建设和主多分开全过程的安全稳定和平稳推进。

从电网安全面临的内外部环境来看，一是监管力度不断加大，法制建设的要求日趋严格。党中央、国务院对安全生产的重视程度不断加强，对去年全国连续发生的多起重特大安全生产事故均做出严肃处理，依法追究当事人责任，安全生产“问责”力度空前。同时，国务院颁布了《电力安全事故应急处置和调查处理条例》（国务院599号令），对电力安全事故界定和调查处理作出重大调整。国家电网公司也修订了《安全工作奖惩规定》和《安全事故调查规程》，进一步强化大安全理念，这些新规定对安全事故认定标准更严，处罚和责任追究力度更大。公司作为首都电网安全的责任主体，位置更敏感，承担的经济责任、社会责任和政治责任更重大，必须始终把安全工作放在首位，依法履行安全生产的职责和义务，确保电网安全运行和可靠供电。

二是电网薄弱环节依旧存在，风险管控的难度不断加大。近年来，经过公司上下的共同努力，北京电网供电保障能力不断提高，220kV电网实现6分区供电格局，但各区域电网发展不平衡，主配网运行薄弱环节依旧存在，主网层面主要体现在门昌、通安兴分区的网架结构薄弱，大负荷和恶劣天气情况下存在大面积停电风险，配网层面主要体现在部分配网结构不合理，互倒互带能力不强，部分负荷集中区域设备及线路重载，设备质量参差不齐、检修质量不高、运维抢修力量相对薄弱等方面问题突出，需要通过加快相关建设项目，强化运行维护管理来化解和应对风险。近年来，随着高速铁路、城市开发等基础设施大规模建设，电网配套工程和输电线路陪停数量增多，电网结构完整性受到影响，局部电网安全稳定水平降低。而目前，公司对于防止外力破坏和自然灾害还缺乏十分有效的管控手段，吊车碰线、风刮异物等事件呈现高发态势，电力设备抗灾、防污能力不强，发生设备和电网事故风险增加，外力破坏和自然灾害日益成为影响电网安全的重要因素。

三是首都经济发展和新能源建设加快，对大电网运行控制能力要求不断提高。一方面，北京市为全力治理PM2.5，正在实施清洁空气行动计划，将在今年采暖季前建成西南热电中心草桥二期工程，同时加快推进东北、西北热电中心建设，陆续关停国华、京能、高井电厂的燃煤机组，北京地区电源分布格局将发生重大变化。北京市今年还计划在延庆、昌平、亦庄等地投产太阳能、风能等新能源产业项目，不断扩展电动汽车充电服务网络。电力系统安全生产过程控制越来越复杂，给电网运行、生产维护提出了新的要求，尤其是大容量燃气机组的陆续大规模并网，给电网安全稳定控制提出了新课题。另一方面，公司还缺乏大电网运行管理经验，电网支撑体系还不适应公司和电网发展的新变化。电网运行控制能力不足，电网运行动态监测分析等技术尚未得到广泛应用。

从公司安全生产的管理过程来看，尽管2011年公司安全生产总体形势保持稳定，但仍发生了一些不安全的事件，为我们安全生产管理工作敲响了警钟，安全生产还没有完全实现“可控、能控、在控”，安全风险始终存在。具体表现在：

一是各单位安全管理不平衡。部分单位领导干部思想松懈，重视安全程度不够，对应当承担的安全职责不清楚，对本单位安全生产危险源认识不够，对安全管理的规律和要点把握不准确，安全工作标准不高、管理不严、对重点环节掌控不足，抓安全工作停留在口头上，没有真正扑下身子，深入基层和一线抓安全。部分单位安全责任和相关制度落实不到位。对规章制度和公司要求，不是结合实际情况研究具体措施并狠抓落实，而是在管理流程中层层衰减，安全责任和压力层层减压，部分单位甚至将规章制度束之高阁，有令不行、有禁不止的现象时有发生。部分单位事故调查处理不够严肃认真。个别单位对事故缺乏严肃认真的态度和深刻反思的勇气，发生安全事故后，事故报告不及时，调查分析不深入，不能立足主观找原因，过分强调客观原因，整改措施没有落实闭环监督管理，没有达到举一反三、吸取教训的要求。

二是安全生产管理精益化水平不高。大安全理念尚未全面形成。安全工作不仅包括电力生产和基建安全，还包括营销服务、电厂、信息、交通、集体企业等领域。公司部分单位、部分领域安全管理体系还不健全，安全管理机制、人员配备不适应新形势下的安全管理要求。去年，国家电网公司和公司系统都发生了外包施工单位和劳务人员人身伤亡事故，给人员家庭带来不幸，给公司安全带来较大负面影响。部分作业人员安全意识和技能水平不到位。面对电网发展日新月异、安全运行控制技术水平日益提高、设备运行维护量不断增加的新趋势，专业人才不足，一线技能人员短缺、队伍结构不合理的矛盾越来越突出。部分员工安全素质偏低，自我防护能力差，甚至达不到岗位基本技能要求，习惯性违章仍然存在。安全技能和岗位适应性培训针对性不强，安全警示教育活动没有形成常态机制。安全生产技术标准执行不到位。约束员工的行为缺乏强有力的监督手段，部分员工缺少规范的行为准则和执行能力，无法将制定好的标准落实在实际生产环节之中，为安全生产埋下隐患。

三是业务外包安全管理的深层次问题没有根本解决。业务外包相关管理制度和监督管理流程还不完善，外包队伍管理缺乏有效手段，造成项目安全质量管理和运维管理水平不高。部分单位外包工程安全管理职责不明确，项目法人、监理单位、总包和分包单位的安全责任不清晰、不落实，以包代管、以罚代管现象普遍存在。部分单位对分包项目按总包模式进行管理，对分包企业现场人员管理不规范，安全监督和考核不严格，对施工人员教育培训不到位，个别施工企业资质与能力不相符，存在施工经验少、安全责任意识差、管理人员水平低、一线施工人员素质差等问题。现场施工管理不严格，施工组织程序不规范，现场安全交底不到位，现场作业安全失控、失管的现象时有发生。

总体来看，2012年安全生产工作压力更大，责任更重，挑战更多。面对今年复杂的内外部形势和艰巨的改革发展任务，我们要充分认识安全生产工作的重要性、艰巨性和长期性，进一步理清思路，把握核心，扎实工作，认真完成各项工作任务。

三、2012年安全生产工作主要思路和重点工作

公司2012年安全生产工作的总体思路是：贯彻国家电网公司安全生产工作会和公司二届二次职代会暨2012年工作会议部署，以“安全年”活动为主线，以抓规章制度落实为重点，扎实推进“大检修”和“大运行”体系建设，加强安全质量监督管理，深化隐患排查治理和风险管控，深化设备状态检修和资产全寿命周期管理，深入推进安全管理标准化和政治供电常态化建设，确保十八大供电保障万无一失，实现安全生产“零死亡”、政治供电“零闪动”，为公司改革发展提供坚强保障。

具体工作目标是：

不发生人身死亡事故；不发生一般及以上电网、设备、火灾事故；不发生五级信息系统事件；不发生本企业负主要及同等责任的特大交通事故；不发生突发事件、安全事件迟报、漏报、瞒报情况，实现安全生产“零死亡”、政治供电“零闪动”。

重点做好十个方面工作：

（一）抓工作推进，扎实开展“安全年”活动

今年，公司全面启动和部署了“安全年”活动，制定了《“安全年”活动方案》，明确了39条重点措施，细化了114项重点工作和推进计划，公司将以重点工作推进和督办作为落实“安全年”活动的重要抓手，确保“安全年”活动落到实处，真正使“大安全”理念深入人心，为公司改革发展创造良好局面。

充分认识“安全年”活动的重要性。当前，公司正处于重要的战略机遇期、管理转型期和改革攻坚期，安全生产内外部环境正在发生深刻变化，安全发展是科学发展的基石，安全稳定对公司发展至关重要，因此公司改革发展对安全生产赋予了新的使命。只有树立全过程、全方位的“大安全”理念，在“安全年”活动中落实全员责任，从源头入手抓住问题的关键与本质，坚持不懈地采取综合治理措施，才能保证公司各项改革发展任务顺利推进。

强化责任落实，确保“安全年”活动取得实效。在公司二届二次职代会暨2012年工作会上，公司与相

关部门和单位主要负责人签订了“安全年”活动责任书，落实“大安全”工作职责，加强活动的目标管控，确保“安全年”不走过场。各单位要结合本单位工作实际特点分解“安全年”工作任务，将重点工作分解到各单位管理层、工区、班组，并通过绩效考核加强重点工作责任落实，彻底消除影响公司和电网发展的各种隐患，保障“五大”体系建设顺利实施，确保十八大供电保障任务顺利完成。

加强宣传报道，营造“安全年”活动氛围。“安全年”活动是贯穿全年的重要活动，是完成全年重点任务的基础，公司上下要对活动的意义和要点加大宣传力度，及时宣传“安全年”典型做法，形成强大的活动声势，围绕安全生产、建设质量、队伍稳定、优质服务、依法治企、品牌建设等六方面工作，组织学习交流，推广典型经验，不断丰富完善公司“安全年”活动内涵措施，推进活动扎实有效深入开展，营造“安全年”活动氛围。

（二）抓方案落实，积极稳妥推进“五大”体系建设

“五大”体系建设是公司2012年的重点工作任务，是公司全面夯实基础、提升发展质量的重大机遇。“大检修”、“大运行”是“五大”体系的重要组成部分，公司上下要严格落实“五大”体系建设方案，强化科学统筹、强化措施保障、强化责任落实、强化严格执行，保证实施过程安全、平稳。

全力做好“大检修”建设工作，提升生产管理的精益化水平。公司“大检修”体系建设的指导思想是不断深化“检修专业化”和“运维一体化”，通过“大检修”建设，进一步强化设备运行单位的主体责任，实现资源集约化、组织扁平化、业务专业化，不断提升生产效率和效益。一是构建按电压等级运维检修电网设备的生产体系。运维检修部要强化电网实物资产管理和设备全寿命周期管理；检修分公司要调整专业公司业务范围，强化220kV及以上电网设备运维，逐步实现35kV及以上电网设备专业化检修；供电公司要逐步强化110kV及以下电网设备运维业务，实现10kV及以下电网设备的专业化检修；电科院要不断加强电网设备状态检测诊断、分析评价以及全过程技术支撑和监督工作。二是在“大检修”生产体系框架下，对现有生产管理制度进行全面梳理和完善，结合“大检修”体系建设优化有关生产业务流程，实现公司层面生产管理模式的规范和统一，确保各方面工作有法可依、有章可循。三是通过“大检修”体系建设，落实生产管理各项措施和各级安全生产责任制，深化电网设备隐患排查治理工作，细化差异化管控措施，强化设备全寿命周期管理和技术监督，确保不发生大面积停电事故、误操作事故和重特大设备损坏事故。

全力做好“大运行”建设工作，提升运行管理的规范化水平。公司“大运行”体系建设的指导思想是加强“标准化、一体化建设，精益化、集约化管理”，保障北京电网安全、经济、优质、高效运行。一是加强“大运行”体系制度标准建设，结合“大运行”机构设立和方案实施，对《调度管理系统（OMS）运行管理规定》等23项管理和技术标准进行修编，确保制度有效可执行。二是加强“大运行”人员培训，针对调控、继电保护、自动化等专业人员有针对性地开展培训和集中学习，加强技术交流和人员轮岗，提升专业人员技术技能水平，打造专业素质强、基础扎实的大运行队伍。三是加强“大运行”技术支持系统建设，推进输变电设备在线监测系统接入，推进调控一体化防误系统、智能电网调度支持系统等系统建设，加强业务安全风险管控，为打造具有生产24小时值班特征的电网运行指挥中心奠定基础。

全力做好“五大”体系安全保障。面对“五大”体系建设过程中安全风险和安全管理面临的新问题，要充分做好安全保障工作。一是加强组织领导。各级领导干部要靠前指挥，党政工团齐抓共管，认真分析工作进程中各环节存在的安全风险，制定管控措施，落实人员责任，切实做到安全工作与其他工作“同计划、同布置、同检查、同总结、同考核”。二是强化到岗到位。各单位领导和管理人员要深入基层、深入现场，掌握职工思想动态，加强生产现场全过程管控，防范因人员调整可能带来的风险。三是落实安全责任。严格落实《北京市电力公司安全职责管理规定》，确保安全责任与行政工作同时移交；以安全审计为手段，加强产业单位和新成立单位的安全生产监督体系建设，确保责任落实到位、监督管控到位、评价考核到位。四是严肃责任追究处罚。按照《北京市电力公司安全工作奖惩规定》，针对发生的不安全事件，加强责任的全过程追究，领导履责不到位时，要加重处罚。

（三）抓政治供电，全力做好十八大供电保障工作

十八大保电是对北京电网安全可靠水平的全面检验，严格落实《北京市电力公司政治供电常态化管理办法》，按照标准化措施和要求，制定保电方案，落实保障措施，提高应急响应能力，确保实现政治供电“零闪动”目标。

早部署，早动员。公司将于安全生产会后立即启动十八大保电工作，各单位要在对“两会”保电进行

深入总结的基础上，着手建立十八大保电运行指挥组织体系，组建各专业、各区域的保障队伍，做到全员参与、全面覆盖、指挥有力、运转高效。提前梳理十八大保电重要客户和所涉及重点站线范围，按照重要用户外电源、电网设备和用电安全等差异化保障措施和标准，针对每个重要用户逐一制定保电方案。加强和市委、市政府的沟通联系，深入了解重点活动的安排，深化重要客户信息常态沟通渠道，主动收集和了解客户重大事项保障需求，增强保电方案和防范措施的针对性。

高标准，细准备。持续开展保电线路、变电站隐患排查，对排查出的隐患优先落实资金，提前安排停电计划，及时消除，确保供电方式和电网设备安全可靠。持续开展重要场所内部安全供电评估，做好重要客户“健康档案”定期核对和实时更新工作，加强重要用户设备状态检测和隐患整改，加强重要用户内部人员培训，进一步深化安全评估成果应用，确保运行状态良好。

严要求，重落实。保障期间，要明确人员岗位，落实人员责任，严密监控电网设备运行状态，对重点站、线实行24小时看护和不间断特巡，及时发现和消除安全隐患。充分做好重要用户的应急保障工作，结合应急指挥、抢修和物资保障的常态机制，制定十八大保电应急保障专项预案。制定重要用户接入方案，合理分布发电车资源，提高应急响应的速度，全力确保十八大供电保障万无一失。

（四）抓隐患排查，提高风险管控和电网运行管理水平

坚持预防为主，加强安全风险管控，把隐患排查作为贯彻落实《电力安全事故应急处置和调查处理条例》的重要手段，查找风险源，通过风险管控体系实现对风险源的重点管理和持续改进，提升大电网运行管控能力，确保电网安全稳定运行。

深入开展隐患排查工作。一是落实隐患排查标准和隐患治理机制。严格落实《北京市电力公司安全事故隐患排查治理实施细则》，进一步健全隐患排查工作体系，在公司、工区、班组三个层面建立排查评估治理的长效工作机制，实现闭环管理。二是全面启动电网隐患排查工作。在隐患治理的前期、中期和后期开展动态评估，以隐患升降级作为隐患管理的过程管控手段，针对可能造成的事故等级制定差异化运行管理措施和保障方案。三是树立典型传播经验。以事故隐患排查治理“树典型、传经验”为契机，加快重点推进单位长效机制建设，总结提炼具有指导作用的工作方法，树立典型传播经验，提高事故隐患排查治理整体工作水平。四是深入推进安全性评价工作。全面做好输电网和城市电网安全性评价问题整改工作，对于发现的问题，按照等级列为隐患，实现闭环管理。

加强生产作业安全风险管理。一是严格执行风险管控相关制度。加强对《北京市电力公司生产作业安全风险管理规定》的宣贯，确保风险管控理念深入人心。把隐患排查作为风险管控中查找风险源的重要手段，根据不同风险等级，严肃管控流程，严格执行控制措施和现场作业组织措施。二是加大对高等级风险的管控力度。对于可能引发构成国务院599号令中电力安全事故的风险予以重点关注，制定专门管控措施，尽早消除电网结构性缺陷和设备隐患。同时加强承载力分析，合理安排停电方式和作业计划，严格执行领导干部和管理人员到岗到位规定，确保现场作业安全。三是扩大风险管控的维度和范围，将承发包、有限空间安全管理纳入管控范围，实现从作业现场风险管控向工程前期风险预控延伸。

提高电网运行管理水平。一是全面提升电网管控能力，深入开展电网方式分析和电网经济运行分析，实现电网风险分析及重要客户外电源分析常态化，滚动开展2～3年安全计算校核，推动规划建设落实。二是推进调度技术支撑手段建设。开展昌平等6个地调调度支持系统实用化验收，完成城区等4个公司备用调度系统建设，推进故障录播联网系统和AVC系统建设，增加PMU采集装置布点覆盖范围。三是加强继电保护设备及二次专业安全管理。强化整定计算安全管理，提高公司整定计算和校核人员的技术水平。加强二次系统安全防护管理，建设二次系统内网监控平台，在十八大之前完成二次安全等级防护的评估和整改工作。深化自动化运行管理，提高变电站监控系统运行管理水平。四是提高负荷预测水平。完善中长期负荷预测机制，探索提高负荷预测准确率的新方法，完善两级调度负荷预测工作考核机制，开展分区母线负荷预测和中低压母线负荷预测工作，提高市调及16个区调的负荷预测工作能力。

（五）抓制度落实，深化安全管理标准化建设

公司已经基本建立了安全职责和安全履责管理体系、反违章和事故隐患管理体系、事故调查和奖惩工作体系、安全准入和过程评价体系等标准化规章制度体系，今年将以制度落实为重点，持续推动安全管理标准化建设。

持续推动作业现场安全管理的标准化。一是对现场作业安全生产管理的票种、单据等作业手续进行梳理，根据一线执行中的问题和反馈意见，实现现场工作手续的标准化；二是梳理大型技改等不同作业现场

的安全管理工作流程，找出工作前、中、后三个阶段的关键环节，制定标准化的控制要点和控制措施，为大型技改等工程的过程管控提供依据，实现现场执行和监督检查标准的统一。

持续推动事故信息报送和调查处理规范化。一是编制《安全事故（事件）报送工作手册》，梳理国家电网公司和电力监管部门事故信息报送的规定和要求，明确各级安全事故（事件）报送的流程、时限和内容，进一步规范事故信息上报。二是依据国家电网公司《安全事故调查规程》，明确各级安全事故（事件）调查的责任主体和组织流程，实现事故调查处理的标准化。

持续推动安全技能等级评价系统化。一是总结7个单位试点工作开展的经验和存在的问题，制定工作方案，利用春季安规考试开展全员安全技能等级评价工作。二是严格落实《生产员工安全技能等级评价工作管理办法》的要求，根据安全技能考试成绩确定等级，实现安全等级与岗位准入和绩效考核的有效对接。三是对安全技能评价效果进行评估，不断完善安全技能等级评价管理办法，建立安全技能评价工作组织、评价和考核的系统化工作体系。

构建安全质量评估监督标准化体系。一是全面建立安全质量监督工作体系和工作机制，制定安全质量监督规章制度，明确安全质量监督体系和保障体系责任，全面启动安全质量监督工作。二是开展安全质量评估咨询，开展基层单位自查和专家抽查，加强对施工企业的承发包管理和现场安全管理。三是组织开展电网安全质量问题分析研究，结合春（秋）季检修、迎峰度夏（冬）等不同时段任务，组织开展质量管理专项督查。四是开展质量监督人员培训，宣贯质量监督工作理念，强化各级人员质量管理意识，提升公司整体质量管理工作水平。

（六）抓状态检修，强化设备全寿命周期管理

将状态检修融入资产全寿命周期管理的各个环节，将隐患排查和状态评价结果作为设备管理和大修技改项目管理的基本依据，实现单一设备缺陷管理到设备全过程评价和管控的转变。

加强过程管控。一是加强架空输电线路和变电站投运前生产准备验收管理，运维单位要深度参与工程设计、设备采购和建设施工全过程，严格执行验收标准，实现“零缺陷”投运。二是推进设备状态检修达标，规范状态评价机制，完善相关工作标准和工作流程，力争首批通过国家电网公司状态检修达标验收。三是强化设备状态管理，严格落实输变电设备状态监测、运行监视、隐患排查等运维策略和工作要求，强化缺陷和隐患的闭环管理，深化设备故障和异常分析。建立变电站消技防设施的检修和验收标准，完善缺陷和隐患台账，提高运维质量。

加强运行管理。一是加强输变电运维管理标准化和规范化，推广输变电平台、PDA巡检等应用，实现运维管理工作的标准化和统一化。二是推广新技术应用，开展绝缘化防护、防雷等方面技术研究，降低故障率；应用架空线路无人机巡线技术，提高运行效率。三是提高反污水平，针对积污严重地段，加强盐密、灰密测量，开展差异化管控，有针对性的提高绝缘子强度，坚决杜绝同塔并架、不满足 $N-1$ 等重点线路发生污闪事故。四要进一步加强反外力工作。强化线路保护区环境隐患等级划分的动态管理，深化专业护线工作，推广反外力技防手段，提升反外力技术支撑能力。加大社会公众媒体的电力设施保护宣传力度，多措并举开展电力设施保护工作。

加强计划管理。一是加强生产计划管理，强化生产计划制定和执行的全过程管控，不断减少设备重复停电和人为原因非计划停电次数，不断提高可靠性指标。二是加强项目计划管理，强化项目储备，将供电设施评价结果作为项目进入储备库的依据，推广应用电网检修运维作业成本管控软件，实现一、二次设备检修项目计划的上线运行和全过程管控。

加强业务外包管理。一是加强业务外包管控。落实《北京市电力公司生产业务外包管理实施细则》有关规定，做好业务外包管理与安全质量评估咨询的衔接，严格按照业务选择外包队伍，防范外包队伍选择环节的风险。二是强化外包业务质量监督管理。制定外包业务质量监督管理规定，严格落实相应的检修标准和验收标准，规范外包队伍的现场管理，关注外包队伍人员的技能水平和人员稳定性。三是开展外包队伍工作评价。依据承包方评价标准，按年度对承包方进行综合评价，评价结果作为选择承包方的一项重要依据。四是严格控制外包业务和外包队伍的数量。强化业务外包与人员定额和成本定额管理，对于调度控制、运行监视、检查诊断类等核心业务不得外包。

（七）抓配网管理，提高供电可靠水平

北京特殊的地理位置和北京电网的特点决定了配网是公司生产管理的重要内容，配网运行维护质量关系公司的形象和服务质量，要不断巩固公司配网管理在全国的领先地位，持续提升供电可靠水平。

一是强化配网运行管理，落实配网“五统一”技术标准，加强配网在设计、采购、建设、验收、运维的全过程管理。完善配网现场作业标准化措施，确保工序规范，有效控制作业风险。加大设备隐患排查和

治理力度，及时处理配网缺陷和隐患，确保配网设备运行良好，外观美观、标识统一，与周边环境协调。二是开展配网设备状态检修。完善配网设备状态检修管理标准、技术标准和工作标准。深化应用带电检测技术，提高设备状态管理水平和故障诊断能力。完成二级及以上重要客户外电源电缆OWTS试验普查，并实现常态化管理。三是加大配网设备改造力度。开展配网运行水平和供电能力评估，集中安排资金重点解决配网瓶颈和中低压设备隐患的问题，下决心解决架空配电线路故障率过高的绝缘化问题。以保障重要客户安全供电为核心，持续消除外电源安全隐患。四是全面推进配电自动化建设及实用化工作。总结城区公司配电自动化试点项目实用化经验，推进朝阳等6个供电公司的配电自动化建设，扩大配电自动化覆盖率，提高配电自动化实用化水平。五是大力推进配网带电作业。规范带电作业装备管理，完善考核机制，提升带电作业能力和作业效率；开展技术创新，加速新项目实用化，开展电缆不停电作业试点项目研究。六是进一步加强电缆管理。逐步解决制约电缆管理的体制机制问题，提升电缆专业管理的技术支撑能力，深化电缆接头管理，加强电缆的状态检测和评估工作，开展电缆隧道状态评估和隐患排查。七是推广配网抢修标准化。规范配网抢修管理，推进抢修装备、工器具、现场标识的标准化和规范化，在今年上半年完成城区、朝阳、通州公司试点的基础上，年底前完成全公司配网抢修标准化推广工作。

（八）抓科技信息，推进科技成果转化和信息化支撑

创新科技工作机制，做好科技项目的全寿命周期管理。一是加强科技项目规划，结合公司未来发展方向，加强配电自动化、智能电网、电动汽车等重点项目的储备和开发；二是加强项目实施的过程管控，深化科技攻关团队建设，探索科技工作激励和考核机制，激发工程技术人员的积极性和创造性，同时加强项目验收的计划管理和监督考核，确保多出优秀项目；三是加强优秀科技项目成果申报和后期推广应用，将成果转化率作为科技管理的重要指标，建立完善新技术推广工作机制，加强新技术在公司生产运行中的应用。四是加强重点实验室建设，推动状态监测、电动汽车实验室的建设，以公司带电检测实验室为依托，开展状态监测领域的自主创新项目研究。

提高信息通信管理水平。一是充分做好“五大”体系建设信息化支撑。根据“五大”体系建设组织机构调整、业务及流程变更、人员岗位变动等情况，提前对信息通信系统进行适应性调整，实现人员、流程的无缝对接。全面开展SG-ERP系统建设，建立高效共享的统一信息平台，实现各类管理信息的横向融合和纵向贯通。二是加强信息系统建设和运维管理，在系统运行方面，建设信息调运体系，优化考核指标，加大考核力度，提高信息系统运行管理水平。在系统安全方面，强化系统主动防御，加强信息系统安全风险监测，提高信息安全主动防护能力，实现系统安全评价常态化。在系统应用方面，加强系统性能评估，完善运行考核指标，优化改进系统功能，持续推进系统深化应用。三是强化重点工作的信息化支撑。以IOSS信息系统为基础，不断加强安全管理信息化建设。实现承发包安全管理的信息化，通过对承发包安全管理关键环节的流程化审核，实现工程前期施工队伍信息、组织手续审核与停发电管理的结合。实现有限空间作业安全管理信息化，进一步规范有限空间作业申请、审批流程。完善安全过程评价系统功能，实现倒闸操作录音检查和过程管控指标评价的信息化，以及安全技能等级认证人员信息和安全等级的信息化。四是提高通信保障能力。加强通信运行方式管理，开展通信网风险管理和隐患排查，加强通信运维管理和检修计划管理，提高通信调度管理水平，确保通信传输网和数据网的安全运行。积极适应配用电信息采集等业务对通信发展的需求，加强无线公网通信的运行管理，推动公司无线城域网的建设，完善公司应急通信管理，提高数据网络的安全可靠性。

（九）抓应急管理，提高应急实战能力

针对北京城市特点，加强应急专业化管理，完善相关制度，优化整合应急资源，切实提升应急处置能力。

一是修订完善应急管理规范。按照国家电网公司、国家电监会和北京市应急管理相关规定，完善公司规章制度，逐步在公司、各单位、工区和供电所等层面建立起应急联动机制。二是完善应急预案体系，加强预案的信息系统建设，完善应急预案制定、审核、发布规定，分别建立完善公司、各单位和班组层面的总体预案、专项预案和处置预案，并建立动态修订完善机制。加强公司预警状态的管理，密切与市应急办、气象、地质、消防、交通等部门的联系，实现预警信息沟通顺畅可靠。三是加强应急物资、装备管理，明确应急物资、装备种类和定额配备标准，规范应急物资、装备的调用、维护、补充等相关管理制度，提高单兵装备、交通工具、通信工具等的科技水平。四是按照国家电网公司相关标准，加强两级应急指挥中心建设，明确两级指挥中心功能定位和应急状况下的职责分工。五是加强应急队伍管理和应急演练，发挥应

急实训基地作用，开展应急救援基干队伍和其他应急人员的培训，重点针对十八大保电、迎峰度夏、防汛和恶劣天气等开展专项演练，不断提高各级应急人员的实战水平和处理重大突发事件的能力。

（十）抓安全文化，营造浓厚的安全氛围

进一步推进企业文化安全管理实践，努力培养和塑造员工安全意识、安全思维和安全行为。充分利用"一报、一刊、一网站"和文艺节目等宣传载体，传播安全理念和安全知识，宣传安全生产动态和先进经验，培育一线人员的安全意识；通过安全技能等级考试、安全知识竞赛等形式，强化规章制度在现场的落实，固化安全思维；拓展标准化流程短语应用形式，开展安全事故案例分析和典型案例警示教育，推行标准化作业流程，规范作业行为。将安全理念深入专业管理，强化安全理念在一线作业中落实，形成良好的工作意识、工作习惯和工作氛围，促进安全文化落地。

创新管理　提升质量
为加快建设具有首都特色的坚强可靠智能电网而努力奋斗

——副总经理安建强在北京市电力公司2012年基建工作会议暨
"大建设"体系宣贯培训会议上的讲话（摘要）
（2012年4月20日）

一、2011年公司基建工作回顾

2011年，公司基建战线以"大局、可靠、法治、两效"为指导，认真贯彻公司二届一次职代会暨2011年工作会、政工会精神，全面落实2011年基建工作会议各项部署，在完成建设任务、推进重点工程、夯实管理基础、提升队伍素质等方面取得了显著成效，实现了公司"十二五"电网建设和基建管理的良好开局。

（一）圆满完成年度建设任务

2011年，共完成电网建设投资60.56亿元，开工24项输变电工程，新建110kV及以上变电容量364万kVA，线路164.9km；全年共投产26项输变电工程，投产110kV及以上变电容量329.3万kVA，线路194.5km；完成22项35kV及以上电力设施迁改工程，改造送电线路88.23km；完成12座充换电站建设任务；开工5项，完成3项公司重点附属设施工程；启动了2012年一万户"煤改电"工程的建设协调工作。

2011年，基建各项重点工程均取得突破性进展。海淀500kV送电工程开工建设；国网科技馆（菜市口）工程完成所有开工手续，具备开工条件；桃园及附属设施工程复工；22项度夏工程、京沪高铁配套220kV团河等工程全部按期投产；完成轨道交通、保障性住房等市重点工程配套变电站及迁改工程的建设任务；完成国家电网公司第一座EPC（工程总承包）建设模式的智能变电站试点工程——110kV科学城智能变电站工程并按期投产；完成八里庄变电检修车间等附属设施工程建设；顺利推进草桥综合楼等附属设施工程；建成代表国内最高水平、最具有示范效应的高安屯电动汽车充换电站。

（二）全面加强基建项目管理

充分发挥项目管理的建设协调作用，紧紧围绕重点工程，全方位加强工程管理。一是全面梳理了基建工程建设流程，制定了输变电工程标准工期指导意见，明确各参建单位责任，加强项目开竣工管理。二是夯实项目管理各环节制度基础，颁布了前期建场工作管理规定，充分发挥供电公司属地优势，工程前期工作效率明显提升；构建参建单位评价体系，出台激励评价实施细则，加强了对设计、施工、监理等非物资类招标工作的管控力度。三是充分整合公司资源，有效改善内外部建设环境，建立起与规划、物资、生产、调度等部门的联动机制，保障了工程科学策划、有序推进；加强了与环保、消防、铁路、水务、公联、首发等政府部门及专业单位的沟通，取得了跨越铁路优先办理、消防方案提前审批等相关支持，大幅提升了电力重点工程的建设速度。四是实施业主、监理、施工三个项目部标准化建设，积极发挥三个项目部在工程管理中的作用，110kV输变电工程的27个在施项目全部通过达标验收。五是持续推广基建管理信息系统应用，在国家电网公司系统中率先实现了基建管理信息系统在16个在建工程现场的就地部署，该工作典型经验在国家电网公司2012年基建工作会议上进行了交流。

（三）扎实开展基建安全质量工作

克服基建管理界面不断扩大，安全质量管理点多面广等困难，有效提升全员安全质量意识，全年基建安全形势保持稳定，工程建设质量持续提升。一是深入开展"三抓一巩固"、"三强化三提升"两项主题活动，组织对安全质量策划方案进行交叉互评，加强检查监督，通过开展知识竞赛，现场会考、普考、培训及通病专项排查治理，两项主题活动效果明显。二是完善巡检机制，24 个建设单位均成立了二级巡检组，及时发现、整改工程建设中存在的安全质量问题及隐患，全年累计检查基建工地 845 次，发现并消除问题共计 1151 项，有效提升了基建安全风险预控水平。三是深入开展 110kV 及以上输变电工程“流动红旗”评比活动，开展安全管理先进经验总结交流，全年共有 32 个工地获得“无违章工地”流动红旗。四是积极创新安全管理手段，开展安全防护设施研制、推广及应用，研发并应用可调式孔洞盖板等安全防护设施，有效提升了现场施工安全防护水平。五是不断深化“标准工艺”应用，启动了标准工艺设计标准图册编制工作，编制完成 GIS 典型工法。通过团河 220kV 变电站工程标准工艺示范工地建设，为今后全面推广“标准工艺”奠定了基础。军都等 3 项 220kV 输变电工程获得“国家电网公司优质工程”称号。

（四）工程技术水平明显提升

大力推广应用先进技术，不断提升基建技术水平。一是全面开展智能化变电站建设，完成科学城 EPC 智能化变电站建设任务，建成公司第一座智能变电站；国网科技馆（菜市口）智能化方案通过国家电网公司审核；编制完成公司智能变电站设计实施细则。二是全面应用通用设计和通用设备。完成通用设计修编，其中 6 个变电站设计方案纳入国家电网公司通用设计；补充了地下变电站和线路金具等国家电网公司通用设计；朝阳 500kV 变电站获得国家优秀工程设计银奖，通惠等 2 项 220kV 工程设计获得国家电网公司优秀设计奖。三是强化新技术的研究应用。全年共开展了 6 类新技术应用工作，依托工程完成了预制式电力沟道、OPPC 测温光缆建设与研究工作；在国家电网公司系统率先引入土压平衡式盾构机，提升了电力隧道施工工艺水平。

（五）工程造价控制取得积极成效

一是开展结算监督检查，对 14 项工程开展了结算监督检查；完成多年遗留的 40 余项 220kV 工程的竣工结算工作。二是稳步开展执行概算试点工作，针对 2011 年开工建设的 17 项 110kV 输变电工程开展执行概算编制，为进一步降低工程造价进行了有益尝试。三是深化工程造价管理系统应用，实现了所有基建工程造价管理信息化，为启动技经实验室建设工作奠定了基础。四是依托高安屯充换电站工程，研究制定充电站相关定额，完善了电力定额体系。五是积极参加国家电网公司技经专业各类竞赛和评比，公司共有 7 篇论文获奖，并获得优秀组织奖；全过程造价管控体系研究获得北京市第 26 届企业管理创新成果一等奖；公司获得国家电网公司“2011 年度工程造价管理先进单位”称号。

（六）基建综合管理有序推进

一是以同业对标、综合评价为抓手，全面提高基建管理水平。通过明确同业对标指标责任，建立了专业管理、专项管理、责任管理三个管理层级的精益化指标体系。全面开展参建单位综合评价，为基建系统专业管理和绩效考核提供了量化依据。二是大力开展基建专业人才培训工作。采取集中培训、过程式培训、知识竞赛、现场观摩等多种交流方式，为各参建单位管理人才搭建起学习交流的平台，全年共组织各类培训 2633 人次。

二、创新管理，提升质量，加快建设具有首都特色的坚强可靠智能电网

在总结成绩的同时，我们也要清醒地认识到，当前公司基建工作面临的形势正在发生深刻变化，需要我们认真分析和积极应对。

一是全面实施“大建设”体系给基建管理带来全新挑战。“大建设”体系以统一电网建设管理流程、技术规范和建设标准，加强建设项目过程管理及参建队伍管理，依托支撑机构强化设计评审、参建队伍招标、结算监督等关键环节管控，以及优化整合建设资源，加强所属设计、施工、监理队伍专业管理为目标，对全面提升电网建设管理水平、提高基建各相关专业人员能力和素质提出了更高要求。今天上午，公司已经全面启动“大建设”新模式导入。虽然我们在之前已经对“大建设”体系实施做了大量准备工作，梳理、完善、优化、调整了相关业务流程、管理标准和工作规范，但是新体系的实施没有任何经验可循，需要坚持过程管控，注重对运行磨合的监控，及时总结经验和发现问题，积极应对“大建设”体系实施对基建管理带来的全方位挑战。

二是国家电网公司对工程建设安全质量和工艺水平的高标准要求对电网建设产生深刻影响。国家电网公司党组站在“质量强网”的战略高度上，经过深入调研，作出了《国家电网公司关于进一步提高工程建设安全质量和工艺水平的决定》，明确了 70 项要求，同时印发了一系列文件和管理办法，充分体现了国家电网公司党组对切实提高电网发展质量、着力促进电网又好又快科学发展的高度重视和坚定决心。该决定的提出，既为提高电网工程建设安全质量和工艺水平指明了方向，也同时对电网建设提出了更高的要求和更严的标准，将对2012年和今后电网建设产生重要而深刻的影响。

三是繁重的电网建设任务和紧张的有效施工时间给基建安全带来巨大压力。2012年公司电网建设投资规模大，电网建设任务十分繁重。其中，计划新开工输变电工程47项，新开工总规模为线路427km，变电容量400万kVA。计划投产输变电工程34项，线路335km，变电容量361万kVA。度夏工程、居民“煤改电”工程要求务期必成；500kV海淀送电、220kV国网科技馆、桃园输变电、昌平—八家、顺义—王四营等重点工程要全面推进；220kV未来城、110kV金盏、园博园等输变电工程要加快建设；草桥综合楼、路灯展示中心等附属设施建设、轨道交通线路迁改移工程、充电站建设要有序开展。电网建设任务在适应北京市加快重点输变电配套工程建设进度的外部要求，兼顾“依法开工、均衡投产”，以合理工期确保工程质量的内部约束的同时，还要受到电网迎峰度夏和十八大政治保电任务的影响，全年有效施工时间十分紧张，基建安全管理和完成全年任务面临巨大压力。

此外，国家电网公司系统严峻的基建安全形势也给我们敲响了警钟。在国家电网公司2012年基建工作会议上，郑宝森副总经理着重指出，当前基建安全基础还不牢固，安全管理还存在漏洞，风险防控还存在盲区；电网建设管理还有待进一步规范，管理体制机制有待完善，基建队伍能力还参差不齐。公司二届二次职代会暨2012年工作会也对基建工作提出了明确要求，朱长林总经理在工作报告中强调：要落实首都电网“十二五”发展规划，推进主、配、农网协调发展，加强工程安全质量和工艺管理，加快推进重点工程项目，加快建设具有首都特色的坚强可靠智能电网。

面对这些新形势、新任务、新要求，需要我们切实转变观念、统一认识，以改革创新的勇气、扎实勤奋的工作，推动公司基建工作迈上新的台阶。

（一）确保“大建设”体系有效实施

准确把握“三化”要求，确保“大建设”体系有效实施。推进建设管理集约化。由公司统一负责35kV及以上输变电工程建设管理（工程前期工作除外），各属地供电公司受公司委托承担35～110kV电网建设管理任务，经研院项目管理中心受托组建220kV工程业主项目部，加强工程建设关键环节管控，提升电网建设集约化效益。推进建设管理扁平化。公司层面形成“一部（基建部）、一院［经研院（监理公司）］、一公司（工程公司）”，优化基建部处室设置，强化建设职能管理，整合经研院和监理公司，形成对基建管理的有效支撑，创新实施属地公司受托组建业主项目部的基建项目管理模式。推进建设管理专业化。将工程管理范围拓展至常规电网建设工程、电力设施迁改工程、电动汽车充电站工程、附属设施建设工程、10kV配迁工程、10kV入地工程和“煤改电”工程等七大类工程，涉及所有电压等级，全面应用输变电工程专业管理流程和标准，实现电网建设专业化、标准化管理。基建系统的各级干部职工要切实统一思想、提高认识，通过实施并完善“大建设”体系，全面加强建设职能管理、工程项目管理和建设队伍管理，着力提升首都电网建设能力，实现公司基建管理的规范和提升。

（二）全面加强安全质量和工艺管理

深入贯彻落实《国家电网公司关于进一步提高工程建设安全质量和工艺水平的决定》，将提高安全质量和工艺水平始终贯穿于“大建设”体系实施过程中。各级领导干部和管理人员要带头加强学习，深入掌握国家电网公司和公司各项基建管理制度、技术标准、流程规范和安全要求，狠抓执行力建设，着力强化现有制度的贯彻落实。高度重视合理工期要求，在项目管理各方面采取有力措施，变被动为主动，加强设计、审查、施工等各个环节管控，优化调整流程节点，保证合理工期的要求真正落实。在设计、审查、施工、验收、后评估等各个环节全方位落实“标准工艺”及相应的管理要求；成立“标准工艺”课题组，结合首都电网建设实际，消化吸收国家电网公司“标准工艺”要求，大力推进“标准工艺”的执行落实，培养北京公司在“标准工艺”方面的专家人才。加强工程质量巡检，大力开展创优活动，积极推广应用基建新技术。加强工程全过程管理，提高项目管理水平与建设质量，以优秀的工作质量保证优异的工程质量，打造精品工程，实现基建工程“零缺陷”投运。

（三）全面推进重点工程建设进度

前期工作是制约公司重点工程进度的关键因素，这其中主要涉及与市政府相关委办局的协调以及与铁路、公联、首发等专业单位的配合。要建立工程前期储备机制，超前开展基建前期工作，积极整合公司上下两级资源，充分发挥属地公司地域优势，继续建立和加强与政府部门及专业单位的沟通机制，推进规划前期、工程前期、施工建设有效衔接，合理安排建设节奏，形成依法开工、有序推进、均衡投产的良性循环。220kV草桥电厂送出、城南切改等度夏工程以及居民“煤改电”工程要按期投产；500kV海淀、220kV菜市口等关系电网安全的重点工程要加快推进；轨道交通、保障性住房等电力配套设施建设以及架空线入地工程等北京市重点工程要全力推进。

（四）全面加强基建队伍能力建设

结合“大建设”体系实施，打造高水平的建设职能管理团队，着力提升建设管理决策、制度标准制订以及监督执行、项目建设协调等方面的能力。加强业主项目部建设，打造专业化项目管理团队，着力提升制度标准贯彻执行、项目管理策划及实施监督、项目建设关键节点管控等方面能力，切实担负起业主项目部在工程建设管理中的各项职责。加强所属建设队伍专业能力建设。进一步健全设计专业设置，充实设计力量，以“三通一标”为基础，提高设计质量与效率；充实和培养核心技术人员和施工管理人员，全面推广“标准工艺”，提升标准化施工水平；加强监理公司专业能力建设，充分发挥监理的现场管理、控制、协调作用。加强建设关联队伍及市场规范管理。严格各类工程项目建设队伍资格要求，加强合同履约管理和综合评价，择优选择合格的工程建设关联队伍；强化对关联队伍的培训，加强长期合作建设关联队伍的技能培训，使之熟悉公司建设管理要求、掌握电网建设相关技术规范。

三、扎实做好2012年公司基建工作

2012年公司基建工作总体思路是：牢固树立“电网大计、质量第一”意识，以“大局、可靠、法治、两效”为指导，以“安全年”活动为主线，以全面贯彻落实《国家电网公司关于进一步提高工程建设安全质量和工艺水平的决定》为总抓手，以运行完善“大建设”体系为首要任务，着力优化基建管理工作流程，着力推进基建标准化建设，着力提高工程建设管理水平，着力提升基建队伍素质，统一思想、转变观念，全面完成年度建设任务，努力实现安全、质量、廉政“零事故”和项目投产“零缺陷”的“双零”目标。

2012年基建重点工作目标：

——不发生基建安全、质量事故（事件）；

——不发生廉政问题；

——完成开工变电容量400万kVA，送电线路427km；

——完成投产变电容量361万kVA，送电线路335km；

——投产工程实现“零缺陷”投运；

——110kV及以上输变电工程全面应用“标准工艺”，各项目“标准工艺”应用率不小于90%；

——基建工程竣工结算按期完成率100%；

——工程达标投产率100%；

——220kV输变电工程国网优质工程率100%，110kV输变电工程国网优质工程率不小于90%。

2012年公司基建系统要重点做好以下工作：

（一）不断运行完善“大建设”体系

“大建设”体系新模式导入并试运行后，要确保体系运转顺畅，充分发挥先进管理体系的积极作用，还需要开展大量艰苦细致的工作。一要周密制订培训计划、合理安排培训内容，做好新制度、新标准、新流程、新规范的培训和宣贯，确保各级人员掌握“大建设”体系实施的具体要求，夯实新体系运行的人员基础。二要做好规章制度的持续优化和各类业务信息支撑系统的持续调整，形成各种问题的动态协调解决机制，确保体系运转在磨合和调整中不断完善。三要做好风险防控，确保基建队伍稳定。积极开展思想引导，避免因岗位、机构调整造成大的人员思想波动，努力通过体系变革进一步调动基建系统各级人员的工作积极性。四要做好经验总结和亮点提炼，善于将“大建设”体系实施过程中的有效方法、创新模式提炼升华，丰富具有北京公司特色的“五大”体系，为国家电网公司“大建设”体系提供典型经验。

另外，在“大建设”体系运行后，还要着重注意以下几个方面的问题。切实落实属地公司责任。属地公司虽然不再是35～110kV输变电工程建设管理单位，但仍然负责工程的组织和实施，要确保业主项目部人员配备到位，各项管理责任落实到位，相关工作要纳入基建综合评价和同业对标管理；同时要继续发挥属地优势，做好工程前期各项工作。发挥好相关支撑机构的作用。经研院、工程公司等单位是“大建设”体系运行的支撑机构，既要按照体系实施的要求完成各项调整优化工作，又要在新的管理和工作模式下，积极发挥支撑作用，确保“大建设”体系有效运转。各职能部门要全力配合。“大建设”体系是公司“五大”体系中率先导入并实施的体系之一，其运行经验和效果对后续体系具有重要的示范作用，相关职能部门要站在公司全局的高度，全力做好工作配合与业务衔接。基建部要统筹做好各项工作。当前正值公司工程建设的高峰期，基建施工面临较大的安全压力，基建部要统筹协调，充分发挥职能管理作用，既要确保度夏等重点工程按期投产，又要高效进行体系完善，促进各项工作有序开展。

（二）持续提升工程项目管理水平

加强工程计划管理。科学开展工程策划，确保工程有序推进。按照“依法开工、有序推进、均衡投产”的原则，在规划、设计、前期、施工等建设全过程以合理工期指导意见为基础，制订年度工程建设里程碑计划，明确各单位年度建设目标。强化进度计划

执行，加强计划执行情况的监督考核，实现度夏前完成45%，四季度完成100%的均衡投产目标。强化电网建设合理工期管理，规范建设流程。保障工程前期合理工作时间，原则上工程取得立项核准到开工时间不得少于6个月；保障现场施工合理工期，落实到每一个项目、每一道关键工序，严禁随意压缩工期。加强开竣工审批，将“标准工艺”应用纳入项目开工管理范畴，将“标准工艺”策划方案的审核结果作为批准项目开工的必要条件。

加强基建前期储备管理。建立工程前期储备库管理，超前开展基建工程前期工作，重点加快初步设计和各项前期手续办理工作，扎实做好项目实施准备，落实标准化开工条件。有序安排项目建设节奏，逐步形成储备一批、建设一批的良性循环机制。执行规划前期、工程前期、属地协调月报制度，强化部门间协同与衔接，形成对前期工作的有力督促。今后，原则上未纳入储备库的项目不列入年度里程碑建设计划，确保工程建设合理、工期有效落实，为进一步规范建设行为，提高工程安全质量奠定基础。

加强工程外部协调。建立市、区两级基建工程建设协调机制，发挥公司集团化优势，整合协调对外优势资源，形成输变电工程、线路迁改工程建设联动机制。进一步加强地方协调，力争取得政府支持工程建设的相关文件，并将重点工程纳入政府责任考核目标。发挥与铁路、公联、首发、河湖、地铁、消防等委办局和专业单位的常态沟通机制，重点协调，突破跨越、穿越市政基础设施等难点问题。

（三）着力提升安全管理和工艺质量水平

以贯彻《国家电网公司关于进一步提高工程建设安全质量和工艺水平的决定》为抓手，深入开展“安全年”活动，营造浓厚的安全质量文化氛围，提高工程建设安全质量和工艺水平。

建立健全安全质量监管和协调机制。实施安全管理量化评价，结合基建工程危险源辨识工作，确定安全风险量化标准，对工程开展风险等级评价并加强督导检查。建立健全工程建设质量例会制度，定期协调设备、设计、施工等方面的质量问题。加强各环节质量管理的协调配合，完善公司常态设计协调会机制，总结常见技术问题，协调生产和基建标准差异造成的问题。

持续提高安全管理水平。全面推进“安全年”活动，贯彻落实《基建系统“安全年”活动工作推进方案》，将各项活动内容、工作推进计划和重点措施分解到位、部署到位、执行到位、监督到位，确保取得预期成效。丰富公司层面的动态巡检内容，进一步加强两级安全质量常态巡检，提升基建安全风险预控管理和应急工作水平。深入开展流动红旗竞赛和“争创无违章工地”评比活动，组织观摩交流，推广典型经验，巩固活动成果。加强对安全费用足额投入、专款专用的督查，加快施工标准化安全设施的统一配送，保证现场安全措施有效落实，提高工程建设本质安全水平。

全面提高工程创优水平。落实创优管理责任，加强工程全面创优管理，建立创优常态工作机制，强化项目创优策划管理。将工程创优策划审批工作作为开展工程初步设计审核的必要条件，提高创优策划文件的实用性、针对性和指导性。加大设计、施工、监理单位工程创优实施细则编制、执行力度，通过合同手段确保工程质量保障措施落实到位。注重创优过程管理，重点加强工程项目质量关键环节、薄弱环节的管控，将工程创优具体要求全面落实到具体管理工作和施工作业过程中。加强过程监督指导，检查评价创优措施的落实与执行效果，纠正偏差、总结经验，全面提高过程创优、一次成优水平。提前着手开展去年投产项目创优迎检准备工作；已完成初步设计的开工项目，要在设计阶段落实创优要求；未开展初步设计的项目，要在初步设计阶段把控创优要求。

以“标准工艺”应用提升工程建设质量。在110kV及以上输变电工程全面应用“标准工艺”，把“标准工艺”应用作为日常质量管理的重要内容。加强“标准工艺”在项目策划、工程设计、施工实施、工程验收等阶段的全过程管理。完成并推广公司“标准工艺”设计标准图册，强化从设计源头上应用落实；编制“标准工艺”作业指导书，加强在施工过程中的全面应用与执行。成立“标准工艺”专家组，开展指导、检查、评价与优化工作，开展典型施工工法的研究与总结工作。加强对各建设单位“标准工艺”成果应用的考核，加强对参建单位落实执行的激励约束评价，着力提高“标准工艺”应用水平和应用效果，促进工程实体水平的提升。

提高分包商施工安全管控能力。进一步强化分包管理制度规定的执行落实，建立公司对分包商的二级审查制度，统一开展合格分包商审查备案工作。分包队伍达到一定数量的总包单位必须建立专门的分包单位管理部门，实现对分包队伍的有效管理。落实总包单位的分包管理责任，严格对分包队伍与人员的管理，重点做好对分包单位的资质资格审查、安全教育培训、作业现场管理与监督等工作。加强专项工程分包、劳务分包的督查力度，全面排查和治理分包施工安全风险及隐患，切实提高安全管控能力。

（四）提高基建技术水平

加强基建新技术推广应用。认真执行技术管理新技术研究和新技术应用“两个目录”，着力突破制约电网建设与发展的重大技术问题，积极推广适用于北京电网建设特点的新技术。注重推广应用效果，在应用中进行深化、完善、升级。充分结合北京公司电缆隧道工程多、地下变电站及附属设施工程多的特点，加大盾构施工技术以及电缆施放等施工工艺的深化应用，发挥地下站与附属设施在消防、人防方面的技术优势。

确保工程设计深度与质量。将“标准工艺”、“三通一标”、“全寿命周期”等各项要求纳入初步设计、施工图设计、现场服务等设计全过程。狠抓设计管理关键环节，严格设计合同管理、评审管理，明确施工图会检核心内容，完善设计变更管理实施细则。深化设计工作标准，做好工程现场勘察和前期条件落实，保证设计质量和深度。统一设计标准，对不满足设计标准的重大技术问题要强化研究和沟通汇报，确保可研编制、初步设计、施工图设计和竣工图设计的连续性。优化设计方案，完善配送式变电站设计，提高设计效率和施工效率。优化智能电网设计工作，全面开展智能变电站建设；开展工厂化加工、装配式施工的课题研究。

（五）积极推进技经管理工作

推进全过程造价管控体系建设。继续深化应用以“执行概算管理为前提、工程量清单招标为基础、现场过程造价控制为模式、激励机制评价为途径、工程造价管理系统为手段”的全过程造价管控体系，全面加强技经管理基础工作，确保各项技经管理手段和管理措施充分落实。概算管理方面，采取以清单式概算为核心的执行概算管理新方式，提高概算管理深度，加强执行概算对工程造价的管控精细度。工程量清单方面，开展10kV工程量清单规范，构建完整的工程量清单规范体系，并在架空线入地、10kV线路迁移工程中应用。现场过程造价控制方面，全部基建工程均执行现场过程造价控制，实现阶段结算，提高工程结算及时性、规范性。激励评价机制方面，在试点基础上全面推广应用，并在招标源头、合同条款和工程结算中予以落实。工程造价管理系统方面，总结完善造价系统一期功能，加快二期开发工作，通过信息化管理手段实现公司全过程造价管控的各项要求。

加强工程结算监督工作。基建部作为职能部门要充分发挥基建工程结算监督职能，加大结算管理工作。制定公司全年基建工程结算节点计划，各建设单位不得随意调整，造价系统需在计划时间节点自动关闭资金拨付功能；加强对重大设计变更结算的管理，未经规定程序审批的重大设计变更不能在工程中结算；坚持执行现场过程造价控制，保证结算的及时性、合理性；认真开展结算督察工作，对重点工程要执行结算复核制度。

夯实技经基础工作。开展电动汽车充换电站工程定额、10kV电力设施配迁、架空线入地典型造价、全地下变电站造价等基础研究工作。应用国家电网公司输变电工程基建标准成本，合理确定工程可研估算和初设概算。加强公司对非物资类招标的管控力度，满足国家电网公司对于执行两级招标体系及加强参建队伍管理的要求。提高对结算监督与结算完成率的考核力度，使结算检查制度化、常态化。开展咨询单位的框架招标工作，规范对咨询单位的管理。继续加强公司技经人员培训工作，切实做到培训与提高实际业务能力相结合。

（六）深化标准化管理，提升综合评价水平

针对北京市重点工程和影响电网安全的重大工程，成立由公司基建部直管的业主项目部，项目部成员在公司基建系统内择优抽调，实施专门的项目管理，提升重点工程项目管理水平和攻坚突破能力。筹划开展标准化项目部建设竞赛活动，普遍提高项目经理及专业人员履职能力，促进管理水平持续提升。加强基建管理信息系统应用，强化系统管控功能，进一步发挥基建管理信息系统现场部分在三个项目部中的应用效果，持续提高信息系统应用率。深入开展综合评价工作，优化公司综合评价标准，提高建设管理单位项目管理整体水平，提升北京公司在国家电网公司综合评价的排名。加强同业对标的管理，及时分析短板指标，定期把控指标态势，稳步提高基建同业对标水平。

（七）加大培训力度，提高基建队伍水平

做好国家电网公司基建专业各种文件、制度、办法的学习研究、贯彻落实和教育培训工作。各级领导干部要切实加强对教育培训工作的重视程度，自我加压、主动学习，不断提高自身在专业技术和企业管理方面的知识能力，积极发挥模范带头作用，引导管理人员和专业骨干全面发展、共同提高。继续开展过程式培养，通过“职能与基层”、“建管与参建”的双向交流，大力培养基建综合型人才。开展研究式培训，将工程建设中各专业面临的难题作为研究课题，组织专业技术人员开展针对性研究，破解难题，达到解决问题和提高专业水平的双重目标。继续按计划开展新技术、智能变电站、标准输变电工程建设流程等专题培训，确保工程策划科学合理，各项电网建设任务按照里程碑节点计划实施。

认真履行职责　共谋改革发展大计
推动公司民主管理向纵深拓展　保障企业健康发展

——工会主席李国华关于北京市电力公司第二届职工代表大会第一次会议暨2011年工作会议以来工作情况和第二届职工代表大会第二次会议暨2012年工作会议筹备工作情况的报告（摘要）

（2012年2月7日）

一、公司二届一次职工代表大会暨2011年工作会议以来工作情况

2011年是“十二五”开局之年。在公司党委的坚强领导下，公司上下全面落实二届一次职代会暨2011年工作会的各项工作部署，加快建设“一强三优”现代公司，各方面工作取得了显著成绩，圆满完成了“十二五”开局之年各项任务。

（一）职代会决议落实情况

公司二届一次职代会暨2011年工作会，是认真总结公司2010年及“十一五”工作，明确“十二五”发展指导思想和主要目标，安排部署2011年重点工作的重要会议。会议通过的总经理工作报告等5项决议，集中反映了广大职工的意志和愿望。

2011年，公司上下认真贯彻落实二届一次职代会暨2011年工作会精神，践行科学发展观，以实施“十二五”发展规划为主线，以“大局、可靠、法治、两效”为指导，紧紧围绕首都“世界城市”建设对电力的需求，全面加强基础工作，不断提高发展质量，深入推进“两个转变”，保障公司科学发展。公司广大职工开拓创新、锐意进取，努力超越、追求卓越，为全面完成2011年各项任务、实现“十二五”发展良好开局做出了重要贡献。实践证明，公司二届一次职代会的各项决议，符合科学发展要求，符合公司实际，得到公司上下积极响应并坚决落实。

（二）职代会提案办理情况

公司二届一次职代会共征集提案49件，立案7件。公司党委高度重视提案办理工作，专题研究，安排部署，明确责任，提出要求。各承办部门认真调研，制定措施，狠抓落实。这些提案的处理落实，在加强电网建设、强化经营管理、提升队伍素质等工作中发挥了积极作用。

公司提案工作委员会认真落实公司党委的要求，不断完善工作程序、改进工作方法，按照“统一受理，分类落实，分别答复，跟踪实施”的办理原则，统一印制提案处理回复意见函和处理答复单，逐一向提案人进行了答复，提案办理率100%。为提高提案办理实效，提案工作委员会采取跟踪督办和承办部门自查相结合的方式，对提案办理实施全过程监督，实行闭环管理。公司职代会提案办理工作优质高效，进一步调动和保护了职工代表参政议政的积极性。

（三）职代会闭会期间的民主管理情况

公司工会作为职代会的工作机构，在职代会闭会期间，大力推进民主管理工作，坚持把民主管理工作与建设和谐企业相结合，完善了《北京市电力公司职工代表大会实施办法》和《北京市电力公司职工代表参与日常民主管理办法》，建立了《北京市电力公司职工代表大会闭会期间议事制度》，规范程序，创新举措，取得显著成效。

围绕二届一次职代会决议和公司党委的决策部署，严格履行民主程序，圆满完成各基层单位职代会换届改选，增加基层先进模范人物和女职工代表比例，增强了一线职工参与公司重大决策的话语权；25个基层工会完成了换届选举工作；聘任了新一届35名总经理联络员，搭建好“民意直通车”，为公司发展建言献策；充分发挥职工代表民主监督作用，组织开展了年中职工代表巡视检查工作，推动了职代会各项决议的有效落实；召开了北京市电力公司工会第二次代表大会和女职工代表大会，审议通过第一届工会委员会工作报告、财务工作报告、经费审查工作报告、女工工作报告，选举产生了新一届工会委员会、经审委员会、女职工委员会；公司建立并完善了“党委统一领导，行政主体到位，纪委监督检查，工会主动配合，职工积极参与”的厂务公开责任体系，开展了厂务公开先进单位的申报和评选工作，进一步发挥先进单位的示范作用，拓展了厂务公开民主管理工作的深度和广度。

2011年，公司工会发挥组织优势，围绕中心，服务大局，以民主管理促进发展，大力推动和谐企业建设，推进职工素质提升工程，依托“职工创新工作室”建设平台，通过“名师带徒”、“名师网站”等多种方式培养技术技能人才。经过一年多的创建，目前

公司共有27个创新工作室，其中，北京市级创新工作室3个、公司级工作室10个；紧密结合公司各项改革工作，加强对职工的人文关怀和心理疏导，通过组织安全篇、党史篇、劳模篇、健康篇等“大讲堂”活动，加强对干部职工的思想教育；继续深入开展“创建先进班组，争当工人先锋号”活动，带动学习型先进班组建设。连续第4年获得全国“安康杯”优胜企业荣誉称号，2个集体分获“全国工人先锋号”、“北京市工人先锋号”称号，2名职工和2个班组分别获得“国网公司劳动模范”和“国网公司工人先锋号”荣誉称号。

二、公司二届二次职工代表大会暨2012年工作会议筹备工作情况

公司高度重视二届二次职代会暨2012年工作会议的筹备工作，成立了会议筹备工作领导小组及工作小组。各部门、各单位周密安排，精心组织，全面做好会议宣传发动、会前调研、职工代表增补、提案征集、先进集体和个人评选、会议文件起草等重点工作，全力做好会务各项准备工作，较好地完成了会议筹备任务。

（一）会前调研及筹备工作

为筹备开好本次会议，公司认真组织开展了调查研究。公司领导班子成员分别主持召开了工作座谈会，召开了总经理联络员会议，并深入基层调研，撰写专题报告。根据公司统一安排，各部门、各单位对照全年目标任务，全面总结工作，深入查找问题和不足，根据国家电网公司“三集五大”工作部署，提出了2012年主要工作思路，并对公司工作提出了意见和建议。在一系列调研工作的基础上，公司召开了务虚会，认真贯彻国家电网公司二届二次职代会暨2012年工作会议精神及安全稳定优质服务电视电话会议精神，深入分析公司发展面临的形势，系统研究2012年工作思路和工作重点，为本次会议筹备和做好2012年的工作奠定了基础。

（二）会议的主要任务

2012年是实施“十二五”规划承上启下的重要一年。公司确定会议的主要任务是：认真贯彻党的十七届六中全会精神及国家电网公司二届二次职代会暨2012年工作会议精神，落实科学发展观，总结2011年工作，部署2012年重点工作，坚持改革创新，全面深化“两个转变”，加快推进“三集五大”体系建设，努力实现“一强三优”现代公司发展目标，以优异的成绩迎接党的十八大胜利召开。

（三）职工代表增补及提案的征集

根据《北京市电力公司职工代表管理办法》的规定，结合二届一次职代会以来公司本部和所属单位变动，以及职工代表岗位变化情况，经各单位认真履行民主程序，公司职代会职工代表资格审查工作组严格审查，顺利完成了本次职代会职工代表的增补工作。

为确保本次职代会职工代表提案的有效落实，公司于2011年12月印发了《关于做好北京市电力公司第二届职工代表大会第二次会议提案征集工作的通知》，提出了提案征集的内容、原则、程序和要求。公司职工代表以高度负责的态度，深入开展调查研究，广泛征求职工意见，围绕公司改革发展面临的问题献计献策，截至会前，共收到代表提案50件。公司召开了提案工作委员会会议，对今年的提案工作进行全面总结，确定了9项立案（包括13件提案），另有37件提案列为“意见”，涉及改革发展、安全生产、电网建设、优质服务等多方面内容，具体情况将向本次会议进行报告。

三、公司二届二次职工代表大会民主管理重点工作

工作的总体思路是：以推动公司科学发展为主题，以“大局、可靠、法治、两效”为指导，以发展和谐劳动关系、提升职工队伍素质为主线，着力维护企业和职工合法权益，着力加强工会自身建设，凝心聚力，为加快建设“一强三优”现代公司再立新功。

（一）强化民主管理力度，保障企业健康发展

职工民主管理是落实全心全意依靠职工办企业方针的有效载体，又是组织和引导广大职工围绕中心、服务大局，参与企业管理的重要途径。一要抓好各级职代会的规范化建设，严格履行工作程序，对企业重大事项和涉及职工切身利益的事项实行表决制，确保职代会各项职权得到全面落实，保证职工群众参政议政的权利。二要提高职工代表的素质，提高职工代表履职意识，定期开展职工代表培训、职工代表评议、调查研究、巡视检查等活动。三要强化各级职代会专委会的作用，根据企业中心任务和职工群众关心的热点难点问题反映表达职工的意愿和诉求，为领导正确决策提供真实依据。四要加强对总经理联络员的管理，制定总经理联络员基层调研计划，充分发挥总经理联络员作用，拓宽民主管理渠道。五要高度重视职工代表提案工作，确保每次职代会都能征集到质量高、对全公司改革发展有重要实施价值的提案。六要巩固厂务公开已有成果，不断丰富厂务公开工作内容。在企业改革发展中充分发挥厂务公开的作用，使职工群众充分享有知情权，切实保障职工群众的权益得到

维护。推动公司民主管理向纵深拓展，保障企业健康发展。

（二）依托素质提升工程，打造金牌员工队伍

民主管理的更高境界是广大职工积极主动参与企业事务和生产经营活动，与企业共同成长发展，职工民主意识的形成和自身素质不断提升密切相连。同时，建设坚强智能电网，实施“一强三优”发展战略，都对职工职业技能提出了更高的要求。公司工会将通过实施职工素质提升工程，以更有力的举措，不断拓宽人才成长通道，营造向上、向善、向学的良好氛围。2012 年是公司实施“职工素质提升工程”三年规划的收官之年，也是开展职工素质提升工程，全面提高职工队伍思想道德、科学文化素质和技术技能水平的关键一年。具体的形式：一是依托职工素质教育体系，以维护职工的学习权和发展权为切入点，依托“大讲堂”、职工周末学校、培训中心和基层单位实训基地等教育平台，举办具有行业特色、职业特色和岗位特色的专业技术技能培训课程。二是依托技能人才培养体系，做好职工专业岗位梳理工作，通过聘请国家电网公司技术专家、公司专业领军人物、兼职教师授课，“名师带徒”等培训模式，培养锻造一支复合技能型的人才队伍。三是依托职工创新工作室，强化创新成果应用体系，广泛开展技术创新活动，推出一批在公司人人皆知、倍受爱戴和赞扬的技能专家和首席职工。同时要加大对劳动模范的选树、宣传力度，发挥引领作用，从而使劳动模范和技术、技能专家成为公司员工充分尊重和向往的群体。四是依托班组标准化建设工作，夯实基础，提升质量。2012 年力争实现公司班组标准化建设 100% 的工作目标。五是依托劳动竞赛平台，以“工人先锋号”为载体，组织开展专业技能大赛、应急抢险技能大赛系列活动，促进职工队伍综合素质全面提升。

强化监督防控　保障改革发展
推动公司反腐倡廉建设工作迈上新台阶

——纪委书记杜小波在北京市电力公司 2012 年反腐倡廉建设工作会议上的报告（摘要）

（2012 年 4 月 19 日）

一、2011 年反腐倡廉工作回顾

2011 年，在公司党委坚强领导下，公司反腐倡廉建设工作坚持以“大局、可靠、法治、两效”为指导，围绕中心，服务大局，用心工作，细化责任落实，深化风险防控，强化协同监督，完善制度标准，夯实基础管理，全面完成了年度反腐倡廉各项指标任务，有效推进了管控和惩防体系建设，为公司健康和谐发展提供了重要保障。

（一）“一岗双责”履行落实持续深化

坚持以落实责任制为抓手，认真贯彻落实《国家电网公司党风廉政建设责任制实施办法》等规定要求，“一岗双责”履行得到有效深化。一是健全分级负责的领导机制，做到保障有力。修订了公司党风廉政建设责任制考核办法，细化了管控和惩防体系建设责任分工和企业负责人业绩考核等工作要求，并层层签订了党风廉政建设责任书，做到一级抓一级，一级对一级负责。2011 年，公司两级共签订党风廉政建设责任书 3415 份。二是健全各司其职的工作机制，做到执行有力。出台了《落实党风廉政建设“一岗双责”相关规定》，重点强化各级领导班子、领导干部，特别是职能部门的监督管理职责，明确了工作任务和标准要求，做到党风廉政建设与生产经营管理等业务工作一起部署、一起落实、一起检查、一起考核，提高了反腐倡廉工作的融入度和执行力。

（二）廉政风险防控扎实有效

针对去年公司系统信访案件，以及各类专项治理工作中暴露出的问题，公司化压力为动力，全面实施了“反思教训、完善监控”主题教育实践活动，风险防控的系统性、有效性进一步增强。一是反思教训全面深入。公司系统层层发动，充分运用“三级阵地”等渠道、研讨征文等方式，宣讲红线制度，剖析典型案例，引导干部员工对照风险防控模板，深入开展“五个反思”，共梳理出重大决策等 5 大类 214 项风险，并研究了对应的防控措施。2011 年，公司编发《“红线制度”（四）》6000 余册；两级共开展专题警示、案例教育 163 场次，做到了人员全覆盖。二是防控治理切实有效。落实依法治企要求，以专项治理活动为重点开展风险防控工作，生产经营管理更加规范。工程建设领域突出问题专项治理圆满完成。对 287 项新开工的 500 万元及以上工程进行了“回头看”，排查发现的 92 个项目的 116 个问题已得到有效整改，工程管

理更加严格规范。“小金库”清理不留死角。坚决落实上级要求，全面深入复查，强化督导检查，做到全面清理，不走过场。2011 年，对复查发现的“小金库”问题进行了严肃查处。财务审计联合检查取得实效。公司对各单位的检查覆盖面达到 100%，有效消除了“三重一大”决策、业扩报装、住房建设、公务用车、公务活动管理等 16 个重点领域的一些“发热点”和“出血点”。

（三）协同监督合力得到加强

坚持以强化协同监督机制提升监督整体效能，切实发挥协同监督平台作用，有效保证了公司决策部署贯彻落实、企业运营依法合规。一是强化组织保障。公司两级均成立了党政“一把手”挂帅的监督工作委员会，将生产经营、新闻舆情、监督内控等职能部门纳入监督体系，并印发了相关工作规则和议事制度，明确了协同监督的常态工作模式和运作机制。2011 年，公司两级共召开协同监督工作联席会议 93 次。二是突出监督重点。围绕人财物集约和工程管理、物资管理、营销服务等 8 大类重要生产经营决策事项的顺利推进，以及信访举报、专项治理、联合检查等依法治企重点、难点问题的整改落实情况开展监督，确保了监督工作的针对性和有效性。三是注重协同执行。将协同监督任务的执行落实与业务部门自身职责紧密结合，细化为具体的实施措施，其中仅公司层面就确定了监督任务 42 项；将协同监督任务的执行落实与考核体系及督查督办有机结合，并通过专项稽查、突击检查、日常抽查等方式确保执行落实到位，有效提升了监督管理工作的质量和水平。

（四）制度治本作用更加突出

着眼于以制度建设提升管控水平，出台了一系列管控制度，制度的治本作用得到进一步强化。在教育制度方面，以领导干部和新上岗人员为重点，确定了“四个坚持”、“五个必须”等教育原则和制度要求，促进干部员工拒腐防变意识得到进一步增强。2011 年，公司各级领导干部带头讲党课廉课 120 场次，直接受教育面达 8800 余人次；对新入企员工、新入本部员工等岗位变动人员都进行了岗前廉政教育，覆盖面达 100%。在监督制度方面，以制约和监督权力为核心，进一步完善了“三重一大”集体决策、纪委书记定期报告、工程承包商和物资供应商统计分析等一系列监督制度。特别是在“三重一大”方面，从决策的范围标准、运作程序、监督考核等 7 个方面细化界定了 30 余项内容，并将大额资金运作等重点监督事项纳入纪委书记月度报告的基本内容，监督的深度和力度进一步增强。2011 年，公司共收到基层纪委书记报告 480 份，并形成公司层面整体分析报告 12 份。在考核制度方面，以领导干部问责为重点，结合规范治理工作，出台了审计查处问题整改责任追究、“三指定”问题连带责任追究等一系列规定，强化监督考核，提高了制度的执行刚性。2011 年，公司按照党风廉政责任制考核相关要求，对发生违规违纪的相关单位和责任人进行了严肃考核追究。

（五）基础管理工作有效夯实

一是效能监察和招投标监督工作得到进一步强化。在效能监察方面，将供电服务、工程管理和清仓利库等内容统一立项，并引导各单位围绕“三重一大”决策、合同管理等重点工作进行自选立项。公司两级共确立效能监察项目 46 个，提出监察建议 265 条，协助完善各类规章制度 200 余项，实现经济效益 2.65 亿元。在招投标监督方面，针对整合统一的新招标平台，制定了供应商现场调研工作监督报告、招投标工作监督报告、工程承包商和物资供应商登记分析报表等模板，促进了招投标管理更加规范有序。全年组织参与招投标等各类监督活动达 367 人次，监督工作更加有力。

二是行风纠建工作得到进一步深化。强化服务管理，落实新“三个十条”要求，以 95598 热线日报为抓手，坚持自查自纠，及时发现问题，促进完善了有关客户报装、电费计量、事故抢修等服务规范标准；结合“你用电、我用心”等服务活动开展，重点强化了对电费抄核收、停送电等服务工作情况的检查督促，促进了服务质量提升。强化监督工作，积极开展民主评议基层站所工作，并通过参与北京市政风行风热线“一把手走进直播间”、聘请第三方监督机构明察暗访等活动，赢得了社会媒介和用电客户的理解支持。2011 年，公司系统共召开行风监督员会议 22 次，走访客户 1144 户，开展明察暗访 870 余次，妥善受理客户意见 4758 件，客户回访率 100%，树立了良好的企业形象。

三是信访案件查办质量得到进一步提升。落实信访职责，完善纪检监察信访举报工作细则和案件查办规定，进一步明晰了工作责任，界定了信访举报及案件受理、核查、处理等各环节的标准要求。加大查办力度，在重点线索排查、重要信访督查、复杂信访联查上下功夫，认真执行“一案两报告”制度，圆满完成信访工作“四率”指标。2011 年公司纪委新受理信访 26 件（次），同比下降 50%，给予党政纪处分 2 人。强化联动机制，充分发挥协同监督委员会联席会议、纪委书记定期报告、特殊情况实时报告等机制作用，切实强化企地联控工作，全年公司两级共开展企地联控活动120余次，做到了解信息、协调事务、超前防控。

四是队伍保障能力得到进一步强化。强化组织保障，贯彻落实上级关于加强纪检监察组织建设意见，切实加强各单位纪检监察力量配备，部分单位实行监察、审计合署办公，监督内控整体力量得到有效加强。锤炼履责能力。有计划性地开展年度工作宣讲、重点工作点评，有针对性地开展业务技能和综合素质培训，纪检监察干部发现、分析和解决问题的能力得到进一步提高。2011年，公司两级共开展纪检监察业务培训103场次，培训1942人次。提高执行能力，引导纪检监察干部围绕公司依法治企的重点、难点问题，开展调研分析和管理改进工作；结合“创先争优”活动，开展检查督导工作，带头践行并促进“干事、干净”理念落地，更好地服务和保障公司发展大局。

2011年，公司反腐倡廉建设扎实有效，得到了上级充分肯定。公司荣获国家电网公司年度党风廉政建设责任制考评优秀单位称号，并有4个效能监察项目被分别授予优秀成果一等奖和三等奖；有10个基层单位及其18名党政主要负责人被评为公司年度党风廉政建设工作优秀单位和优秀领导干部，41名基层同志被评为公司年度优秀纪检监察干部。公司在连续三年蝉联北京市政风行风民意测评公共服务行业第一名的基础上，2011年又被列为首批免测评单位，企业价值形象得到充分彰显。

回顾近年来公司反腐倡廉建设工作道路，我们始终秉承“党委统一领导、党政齐抓共管、纪委组织协调、部门各负其责、依靠群众支持和参与”的领导体制和工作机制，在全面加强管控和惩防体系建设，有效保障公司改革发展稳定的进程中，努力开拓，用心工作，协同作战，既保障了发展，也积淀了经验。一是坚持推动“一岗双责”履行落实，是保证反腐倡廉建设工作不断深化、有序推进的重要前提。二是坚持融入生产经营管理，是反腐倡廉工作有效落地、取得成果的重要途径。三是坚持深化廉政风险防控工作，是破解难题、化解风险的重要手段。四是坚持强化协同监督机制建设，是形成监督合力、提升监督质量的重要保障。实践证明，只要我们把握好“四个坚持”不放松、不懈怠，不断在总结中发展、在发展中开拓、在开拓中创新，我们的反腐倡廉事业就会不断取得新进步、迈上新台阶，就能够为公司加快构建“五大”体系，纵深推进“两个转变”，早日实现“一强三优”战略目标提供更加坚强有力的保障。

二、2012年反腐倡廉工作目标要求和重点任务

公司2012年“两会”和思想政治工作会议站在保障公司安全发展、创新发展的高度，就贯彻落实上级决策部署，全面加强反腐倡廉建设工作，切实维护改革创新稳定发展局面提出了明确要求。但客观地讲，从去年公司系统信访举报案件情况，各类专项治理工作以及财务、审计联合检查等各类检查中发现的问题来看，公司生产经营管理中还存在着一些薄弱环节和潜在风险。特别是随着今年公司加快构建“五大”体系以及主多分开、职工退股等改革发展任务的全面推进，一些新情况和老问题可能交织出现。加之公司地处首都，备受各方关注，任何细小疏忽都可能造成不可估量的影响，公司反腐倡廉形势不容乐观。同时，面对新形势、新任务、新要求，我们更应当清醒地认识到工作中存在的差距和不足。一是责任风险意识有待进一步提高，需要切实强化大局意识、危机意识和纪律观念；二是融入生产经营管理有待进一步深化，需要拓展监督工作方法手段，提高廉政风险防控的针对性、协同性和实效性；三是队伍综合素质有待进一步增强，需要切实强化纪检监察干部的履责能力和执行能力。对于上述问题，我们要高度重视，认真研究改进，不断巩固管控和惩防体系建设成果，不断深化反腐倡廉建设工作，为公司改革创新和稳定发展提供更加坚强的保障。

2012年，公司确立的反腐倡廉工作总体目标要求是：深入贯彻落实国家电网公司2012年反腐倡廉建设工作会议精神和公司党委决策部署，以“大局、可靠、法治、两效”为指导，以落实“四个坚持”为导向，不断健全完善管控和惩防体系，推动重大决策部署有效执行落实，更好地服务和保障公司改革创新和稳定发展大局。

一是要在切实推进“一岗双责”落实上下功夫。突出党性纪律，以党风廉政建设责任制考核为抓手，严明党的纪律，强化作风建设，促进各级党员领导干部永葆先进性和纯洁性，自觉把思想和行动统一到上级和公司决策部署上来，主动强化对“五大”体系、“安全年”活动等部署落实情况的检查督导，确保“公转”，减少“自转”，杜绝“反转”。突出责任落实，强化守土有责观念，着力从“一岗双责”的责任主体明确化、履责内容具体化、评价考核可量化等方面深化工作，促进各级领导干部、业务部门切实履行“一岗双责”，真正做到在抓生产经营管理业务工作的同时，抓好党风廉政建设工作。

二是要在切实融入生产经营管理业务上下功夫。突出业务监管，充分运用效能监察、审计监督、检查督导等方法手段，促进业务部门准确把握相关政策规范要求，正确认识重点领域和关键环节中存在的“发

热点”、“出血点”，自觉将监督防控工作纳入业务日常管理的基本范畴。突出制度流程，着眼于从制度、机制层面破解发展难题，堵塞管理漏洞，推动业务部门不断将反腐倡廉建设的相关标准要求融入制度、嵌入流程，通过对制度的健全完善和规范执行，促进公司“五大”体系建设、“安全年”活动等改革创新任务和生产经营管理工作有序实施。

三是要在切实深化廉政风险防控工作上下功夫。突出长效机制，在巩固以往廉政风险防控成效的基础上，建立健全组织保障、风险防控、流程规范、环境氛围等全方位的廉政风险评价体系，促进干部员工结合业务工作实际，不断提高廉政风险防控质量水平，形成持续评价改进、有效化解风险的工作机制。突出文化引领，将廉政风险防控作为践行廉洁文化理念的重要抓手，坚持有计划、连贯性地开展主题教育实践活动，拓展内涵载体，筑牢思想防线；将廉政风险防控成果及其运用作为考量廉洁文化建设成效的重要载体，促进廉洁文化广泛传播和有效落地，提升廉洁文化影响力，营造“干事、干净”良好氛围。

四是要在切实强化协同监督机制建设上下功夫。突出监督职能，明确监督工作是业务部门履行管理职责的基本内容，督促业务部门将监督的职责界面、内容标准、时效要求等与日常管理工作有机结合起来，主动加强监督管控和检查督导，确保相关制度、决策的规范执行。突出协同效能，以规范化运作为切入点，深化协同监督工作机制建设，健全完善监督任务分解、意见整改、事项督办、进展反馈等闭环管理机制，并通过强化部门间的沟通协调和协同执行，提升协同监督平台的运作效能，促进公司改革创新发展重点、难点问题的有效解决。

2012年，公司反腐倡廉工作主要任务是：紧密围绕公司构建“五大”体系、深化“两个转变”等中心任务，以“有效预防职务犯罪和重大行风责任事件”为主线，深入实施“重履责、强防控、塑文化”主题教育实践活动、“强化协同监督机制建设”两个重点管控项目，扎实推进纪检监察五项基础工作，切实强化科学的管控和惩防体系建设，推动各项决策部署有效落实，圆满完成年度反腐倡廉各项指标任务，为公司改革创新稳定发展保驾护航。

（一）全面开展“重履责、强防控、塑文化”主题教育实践活动，有效防控廉政风险

坚持以深化廉政风险防控工作来化解风险、强化管理，结合公司改革发展和依法治企重点任务，以“五防三控”为目标，以“重履责、强防控、塑文化”主题教育实践活动为载体，弘扬廉洁文化理念，完善廉政风险防控机制，强化领导干部履责，不断提升源头预防腐败能力。

一要深化廉洁理念宣教，筑牢思想防线。大力弘扬“干事、干净”廉洁文化核心理念，坚持以正面引导强化廉洁文化的影响力，通过“三级阵地”、“四个课堂”等载体渠道，深入开展廉洁文化“四进”活动，培育文化成果，选树先进典型，营造良好氛围，使廉洁文化理念内化于心、外化于行，成为干部员工的基本价值取向和行为规范。坚持以警示教育强化廉洁文化的约束力，持续打造“红线制度”宣教品牌，以廉政风险防控手册、典型案例分析为重点，编发《反腐倡廉“红线制度”（五）》，通过全面、系统、深入地开展学习、研讨、防控活动，切实提升干部员工的廉洁从业意识和拒腐防变能力，做到敬畏“红线”、筑牢“防线”、不越“底线”。

二要开展风险防控评价，化解潜在风险。贯彻落实国家电网公司《关于开展廉政风险防控工作评价的意见》，建立健全廉政风险管理评价体系和动态管理机制。各单位、各部门要在梳理以往廉政风险防控成果的基础上，比照上级标准要求，结合本单位、本专业实际，针对“五大”体系建设、主多分开等改革重点事项，针对工程建设、物资管理、财务资产、营销服务等权力运行重点领域，从组织领导、措施实施、流程执行、目标完成、文化环境等多个方面，对管辖范围内的各类突出廉政风险进行梳理评价和整改落实。公司将结合党风廉政建设责任制考核工作，采取业务部门内部评价、基层单位自我评价、公司检查评价等方式，推动动态评价和持续改进机制的有效形成，不断提高廉政风险防控工作的系统性、针对性和有效性。

三要实施领导干部“七廉”活动，强化责任落实。反腐倡廉工作能否取得实效，关键在领导干部。公司党委决定在领导干部中开展以“学廉、讲廉、研廉、促廉、守廉、述廉、评廉”为重点的“七廉”活动，旨在通过进一步强化各级领导干部廉洁从业，切实履行“一岗双责”，并发挥带头表率和示范引领作用，确保公司改革发展和依法治企各项重要决策部署得到严格有效执行，确保干部员工队伍整体廉洁安全。公司各级领导干部，特别是各单位党政“一把手”、各部门主要负责人要按照活动要求，加强研究部署，切实把反腐倡廉的相关标准要求，明确为各项具体实施任务，并带头执行落实，保证“七廉”活动扎实有序开展。公司将把“七廉”活动纳入对单位党风廉政建设责任制及领导干部个人履行“一岗双责”情况的考核重点，并通过加强对执行落实情况的过程督导检查，确保取得实效。

（二）深化协同监督机制建设，持续增强监督整体合力

坚持以深化协同监督机制提升监督整体效能，贯彻落实国家电网公司《关于深化协同监督机制建设的工作意见》，强化监督管控、规范监督运行，促进公司重点工作的规范、有效落实。

一要强化监督管控。各级职能部门要牢固树立管理过程就是监督过程的理念，切实增强监督责任意识，进一步细化部门廉政风险防控职责标准，保证本业务领域内的重要管理事项、重点岗位人员得到有效监督。要将财务审计联合检查问题整改、主多分开、车辆清理整顿等依法治企重点任务进展情况，"五大"体系建设、"安全年"活动等改革发展重大决策执行落实情况纳入监督范畴，相应确立管理改进项目，制定监督实施计划，切实从制度、机制层面寻求突破，通过加大对决策执行、制度落实情况的过程监督，堵塞漏洞，消除风险，提高监督工作效能。

二要规范监督运行。公司两级要充分发挥协同监督委员会的平台作用，通过强化监督议题引导、实施"一书两报告"（协同监督整改意见书、监督情况报告、整改工作报告）等规范化管理，着力形成监督责任落实、任务细化分解、过程督办检查、成效反馈考核的闭环管理机制，促进协同监督委员会全面掌握监控状况，并能够集思广益，共同研究破解综合性管理问题和发展难题；要推动业务部门形成监督职能互补，主动利用协同监督平台，交换信息，协同工作，并严格落实整改要求，促进业务管理流程更加规范顺畅。公司将把业务部门履行协同监督职责与党风廉政建设责任制和机关绩效考核工作有机结合起来，通过强化考核结果的应用，促进各项工作执行落实到位。

（三）夯实五项工作基础，不断提升监督管理质量水平

坚持以夯实管理基础来提升监督管理效能，着力在制度建设、权力监督、行风纠建、信访案件、队伍建设等方面下功夫，通过不断夯实基础，推动监督管理工作再上新台阶。

1. 加强制度建设，发挥治本作用

公司各级要以规范权力运行为重点，不断深化反腐倡廉制度建设，提升制度执行力和实效性，筑牢"用制度管权、按制度办事、靠制度管人"的内控防线。在制度健全完善方面，以规范"三重一大"决策制度执行流程为重点，制定统一操作模板，细化酝酿决策环节要求，有效防止决策失误和管理失范；以拓展纪委书记定期报告制度内涵为重点，将专项治理等依法治企重点工作纳入报告监督范畴，通过定期发布监督要点提示，对相关工作进行再检查、再核实等方式，切实增强监督实效性；积极贯彻落实上级要求，围绕公司反腐倡廉重点工作，配套出台深化廉政风险防控、强化协同监督机制等一系列制度规范，进一步增强监控工作的广度和深度。在制度执行落实方面，进一步完善公司党风廉政建设责任制考核办法，采取自查、互查、督查等方式，切实强化对集体决策、纪委书记定期报告等基本监督制度执行情况的检查督导；通过提高反腐倡廉制度的执行刚性，促进各部门、各单位严格规范地执行本领域生产经营管理制度和标准；特别是规划、建设、运行、检修、营销等业务流程改革调整的重点部门，要对本专业新出台的制度标准，切实加大执行情况检查力度，保证规范运行。对在制度执行中故意绕道走、闯红灯的现象，公司将按照相关规定严肃考核追究。

2. 强化重点监控，保证阳光运行

坚持依法从严治企，强化对生产经营管理中权力运行重点领域、关键环节的日常监督，确保规范运行。一要深化专项治理工作。落实上级要求，全面开展车辆清理整顿工作，规范车辆管理，强化对超编制、超标准以及违规使用问题的检查整改；深化工程建设领域突出问题专项治理工作，落实《国家电网公司工程建设项目督察工作指导书》要求，建立健全对基本建设、小型基建、技术改造、营销服务等重点项目问题易发、多发环节和重点岗位的常态监督检查机制；继续抓好"小金库"专项治理、公务接待规范等方面的成果巩固、制度完善工作。二要推进效能监察工作。按照上级部署并结合公司实际，统一立项实施工程建设、清产理财、车辆管理效能监察，并以"三重一大"决策制度执行、营销管理和信息化项目实施为重点自主立项开展效能监察；加强效能监察实施情况评估，强化实质性监督，推进效能监察工作融入管理、切入流程，进一步向纠偏纠错和提升"两效"并重的方向转变。三要强化招标监督管理。落实国家电网公司要求，加强招标采购领域诚信体系建设，强化对评标专家履职和供应商信用的监督，严肃惩戒失信行为；结合国家《招标投标法实施条例》的宣贯落实，修订《招标采购活动监督实施细则》，细化监督重点，优化监督流程，并逐步加强对公司工程招投标服务平台建设运行情况的监督，确保平台依法合规运行。

3. 深化行风纠建，提升服务水平

认真贯彻国家电网公司《纠风和行风建设工作导则》、《行风建设工作考核评价办法》要求，加强投诉处理监管，完善行风建设评价，促进服务质量持续提升。一要加强投诉处理监管。建立健全行风投诉处理

监督机制，明确各单位领导和纪检监察部门的监管监督职责及相关要求，第一时间将95598日报中涉及行风的投诉举报内容纳入关注范畴，督促相关业务部门和单位及时妥善处理，避免矛盾激化，坚决防止“五大”体系建设过程中出现严重行风责任事件。二要加强服务监督检查。加强组织协调，加大明察暗访力度，围绕新“三个十条”宣贯落实、“三指定”治理、农网升级改造工程、规范供电所管理等工作开展监督检查，并积极配合供电监管等上级部门，对发现的问题迅速落实整改。三要拓展社会监督渠道。加强与地方政府监管监督部门、社会行风监督员、第三方调查机构以及新闻媒体的沟通合作；积极参与地方政府民主评议基层站所以及政风行风热线“走进直播间”等活动，强化舆情监测和服务应急体系建设工作，改进服务质量，赢得理解支持，提升品牌价值。公司将在责任制考核中进一步健全完善对行风建设工作的考评。

4. 严查信访案件，维护公司利益

公司各级要密切关注“五大”体系建设、主多分开等改革发展中的关键环节和可能引发矛盾的焦点问题，保持高度政治敏感性，从切实维护公司整体利益形象的高度出发，认真严肃开展信访案件查办工作。一要加强信访案件管理。要在严格执行重要信息报告、调查核实质量、定期分析报告、资料档案管理等基础管理工作要求的基础上，借助协同监督平台，拓展信访信息渠道，加强信访案件统计分析，建立信访案件预警机制，强化共性风险防控；要将查办信访案件工作与警示教育、制度完善、风险防控有机结合起来，切实发挥案例的警示作用，并高度重视纪检监察方面的舆情处置，提高协同应急处置能力。二要提升企地联控成效。进一步加强与地方检察院反贪部门、地方纪委信访案件部门以及行风纠风管理部门的联系协作，主动掌控信访案件信息，达到了解情况、掌控舆情、先期处置等目的，不断提升企地联控工作成效。三要严格执行责任追究。针对违反“三重一大”决策制度、发生重大行风责任、损害职工群众利益以及落实责任制不力造成严重后果等问题，要严肃予以查处；对违反改制重组、产权交易、组织人事、收入分配纪律以及车辆管理、公务接待规定的行为要坚决予以纠正，筑牢“有责必究、违纪必处”的纪律惩处防线。

5. 强化队伍建设，提升保障能力

加强纪检监察干部队伍建设是推进反腐倡廉工作的重要基础。当前，在“五大”体系全面建设、电网发展不断加快、依法治企要求日益严格的新形势下，打造一支政治坚强、纪律严明、业务精通、作风优良的纪检监察队伍，对于保障公司健康和谐发展十分重要。公司将结合改革创新发展要求，统筹推进纪检监察部门组织机构及人员配备，并积极创造交流、锻炼机会，切实提升和发挥纪检监察干部的保障作用。公司各级纪检监察干部一要强化责任意识。坚持讲政治、顾大局，切实强化组织纪律观念和守土有责意识，自觉加强党性修养、思想政治教育和职业道德教育，做到思想纯洁、工作主动、尽职尽责，严格执行落实各项决策部署，保证上级交办的工作不推脱，本级发生的问题不隐瞒，下级发生的问题不庇护。二要提升履职能力。根据公司改革发展和依法治企的新情况、新要求，全面开展相关政策法规、业务知识、工作技能的学习培训工作，把握政策标准，提高综合素质；要用心工作，注重研究反腐倡廉工作的特点规律和方式方法，找准工作的切入点和立足点；注重推进制度流程创新和管理手段创新，切实提高监督的工作质量和管理效能。三要强化作风建设。坚持求真务实，围绕反腐倡廉工作中遇到的重点、难点问题，深入基层一线，切实开展调研学习和研讨交流，做到摸实情、说实话、出实招。坚持敢抓敢管，勇于担当，主动出击，推动各级执行落实公司决策部署不迟延、不走样、不打折扣。工作中要讲原则、讲操守，坚决克服好人主义，自觉抵制各种不良风气的影响，主动接受组织内外的监督，更好地服务和保障公司发展大局。

重 要 文 件

上级单位重要文件索引（摘要）

发文单位	文 号	文 件 标 题
国家电力监管委员会华北监管局	华北电监安全〔2011〕23 号	关于印发《华北区域电力建设工程项目安全生产管理情况备案实施办法》的通知
国家电力监管委员会华北监管局	华北电监安全〔2011〕33 号	转发电监会办公厅《关于印发〈电力负荷管理系统安全防护补充技术规定〉的通知》
国家电力监管委员会华北监管局	华北电监安全〔2011〕58 号	关于印发《华北区域电力企业应急预案评审和备案实施办法（试行）》的通知
国家电力监管委员会华北监管局	华北电监安全函〔2011〕290 号	关于转发国家电监会《电力二次系统安全管理若干规定》的通知
国家电力监管委员会华北监管局	华北电监市价〔2011〕128 号	关于印发《华北区域发电机组进入及退出商业运营管理实施细则（试行）》的通知
国家电力监管委员会华北监管局	华北电监市价〔2011〕136 号	关于印发《华北区域风电场并网运行管理实施细则（试行）》的通知
国家电力监管委员会华北监管局	华北电监资质〔2011〕7 号	关于转发《电力业务许可证（发电类）监督管理办法（试行）》的通知
国家电力监管委员会华北监管局	华北电监资质〔2011〕46 号	关于转发《电力业务许可证（输电类、供电类）监督管理办法（试行）》的通知
中国电力企业联合会	中电联文化〔2011〕61 号	关于印发《全国电力行业优秀企业、优秀企业家评审管理办法（2011 年修订版）》的通知
中国电力企业联合会	中电联文化〔2011〕69 号	关于印发《全国电力行业文化与企业文化优秀成果评审管理办法（2011 年修订版）》的通知
中国电力企业联合会	中电联文化〔2011〕200 号	关于颁布《全国电力行业核心价值公约》的通知
北京市财政局	京财预〔2011〕2922 号	关于印发《北京市地方教育附加预算管理办法》的通知
北京市档案局	京档发〔2011〕7 号	关于印发《北京市档案科研项目评审工作管理办法》的通知
北京市档案局	京档发〔2011〕8 号	关于印发《北京市档案科研项目管理办法》的通知
北京市档案局	京档发〔2011〕9 号	关于印发《北京市档案科学技术优秀成果评审奖励办法》的通知
北京市档案局	京档发〔2011〕10 号	关于印发《北京市档案科研项目经费管理办法》的通知
北京市档案局	京档发〔2010〕17 号	关于印发《北京市破产国有企业档案处置办法》的通知
北京市发展和改革委员会	京发改〔2011〕187 号	北京市发展和改革委员会转发国家能源局关于《风电机组并网检测管理暂行办法》文件的通知
北京市发展和改革委员会	京发改〔2011〕239 号	关于土沟 110kV 输变电工程项目核准的批复
北京市发展和改革委员会	京发改〔2011〕250 号	关于霍营 220kV 输变电工程项目核准的批复
北京市发展和改革委员会	京发改〔2011〕276 号	关于地铁 15 号线顺向隧道（香江北路）工程项目核准的批复

续表

发文单位	文　号	文 件 标 题
北京市发展和改革委员会	京发改〔2011〕277 号	关于继续开展半壁店 110kV 输变电工程前期工作的批复
北京市发展和改革委员会	京发改〔2011〕278 号	关于地铁 15 号线顺向隧道（阜安路）工程项目核准的批复
北京市发展和改革委员会	京发改〔2011〕279 号	关于甘家口—动物园 110kV 联络电源工程项目核准的批复
北京市发展和改革委员会	京发改〔2011〕281 号	关于地铁 15 号线顺向电力隧道（宏昌路）工程项目核准的批复
北京市发展和改革委员会	京发改（2011）317 号	关于拨付总参三部侦测站迁建补偿资金的批复
北京市发展和改革委员会	京发改〔2011〕372 号	关于黄寺—奥运村 220kV 送电工程项目核准的批复
北京市发展和改革委员会	京发改〔2011〕373 号	关于草桥 220kV 变电站扩建工程项目核准的批复
北京市发展和改革委员会	京发改〔2011〕374 号	关于回龙观 220kV 站主变增容改造工程项目核准的批复
北京市发展和改革委员会	京发改〔2011〕576 号	关于统军庄 110kV 站主变增容工程项目核准的批复
北京市发展和改革委员会	京发改〔2011〕577 号	关于后八家 110kV 输变电工程项目核准的批复
北京市发展和改革委员会	京发改〔2011〕578 号	关于北坞村 110kV 变电站输变电工程项目核准的批复
北京市发展和改革委员会	京发改〔2011〕579 号	关于珠市口 110kV 输变电工程项目核准的批复
北京市发展和改革委员会	京发改〔2011〕582 号	关于高丽营 220kV 变电站改造工程项目核准的批复
北京市发展和改革委员会	京发改〔2011〕584 号	关于西梨园 110kV 牵引站外电源工程项目核准的批复
北京市发展和改革委员会	京发改〔2011〕703 号	关于大兴 220kV 变电站主变扩建工程项目核准的批复
北京市发展和改革委员会	京发改〔2011〕706 号	关于兴华 110kV 输变电工程项目核准的批复
北京市发展和改革委员会	京发改〔2011〕933 号	关于上地 110kV 站主变增容改造工程项目核准的批复
北京市发展和改革委员会	京发改〔2011〕946 号	关于西三旗 110kV 站主变增容改造工程项目核准的批复
北京市发展和改革委员会	京发改〔2011〕947 号	关于宝盛里 110kV 输变电工程项目核准的批复
北京市发展和改革委员会	京发改〔2011〕1051 号	关于六里屯升压 110kV 输变电工程项目核准的批复
北京市发展和改革委员会	京发改〔2011〕1052 号	关于肖庄 110kV 站增容改造工程项目核准的批复
北京市发展和改革委员会	京发改〔2011〕1095 号	关于青龙桥 110kV 站扩建工程项目核准的批复
北京市发展和改革委员会	京发改〔2011〕1200 号	关于梁庄 110kV 输变电工程项目核准的批复
北京市发展和改革委员会	京发改〔2011〕1237 号	关于北苑 110kV 架空线入地（通州商务园）项目核准的批复
北京市发展和改革委员会	京发改〔2011〕1238 号	关于北苑 110kV 架空线入地（通州建委）工程项目核准的批复
北京市发展和改革委员会	京发改〔2011〕1358 号	关于汤东、汤大 35kV 线路入地（人大会议中）的工程项目建议书（代可行性研究报告）的批复
北京市发展和改革委员会	京发改〔2011〕1359 号	关于庆羊 110kV 输变电工程项目核准的批复
北京市发展和改革委员会	京发改〔2011〕1369 号	关于万寿路甲十五号院东侧电缆移改工程项目建议书（代可行性研究报告）的批复
北京市发展和改革委员会	京发改〔2011〕1718 号	关于西二旗 110kV 输变电工程项目核准的批复
北京市发展和改革委员会	京发改〔2011〕1719 号	关于太福庄 110kV 输变电工程项目核准的批复
北京市发展和改革委员会	京发改〔2011〕1720 号	关于庞各庄 110kV 输变电工程项目核准的批复
北京市发展和改革委员会	京发改〔2011〕1983 号	关于继续开展檀营 110kV 变电站工程的批复
北京市发展和改革委员会	京发改〔2011〕1984 号	关于继续开展九龙 110kV 变电站工程的批复
北京市发展和改革委员会	京发改〔2011〕2039 号	关于五路居 110kV 输变电工程项目核准的批复
北京市发展和改革委员会	京发改〔2011〕2186 号	关于沟河 110kV 站增容工程项目核准的批复

续表

发文单位	文　　号	文　件　标　题
北京市发展和改革委员会	京发改〔2011〕2187 号	关于八达岭 220kV 变电站扩建工程项目核准的批复
北京市发展和改革委员会	京发改〔2011〕2241 号	关于蒲黄榆路电力隧道工程项目核准的批复
北京市发展和改革委员会	京发改〔2011〕2244 号	关于北京市电力公司配电变压器提前更换 CDM 项目核准的批复
北京市发展和改革委员会	京发改〔2011〕2360 号	关于 220kV 草桥热电厂送出工程项目核准的批复
北京市发展和改革委员会	京发改〔2011〕2361 号	关于古城 110kV 变电站扩建工程项目核准的批复
北京市丰台区发展和改革委员会	丰发改许可〔2011〕24 号	关于左安门公寓智能小区试点工程项目核准的批复
北京市丰台区发展和改革委员会	丰发改许可〔2011〕33 号	关于左安门公寓智能小区分布式电源及微电网试点工程项目核准的批复
北京市人力资源和社会保障局	京人社教发〔2011〕4 号	关于印发《北京市人力资源和社会保障干部培训工作管理办法》的通知
北京市住房和城乡建设委员会	京建发〔2011〕206 号	关于印发《北京市建设工程造价管理暂行规定》的通知
中共北京市人民政府国有资产监督管理委员会	京国资党发〔2011〕13 号	关于印发《北京市国有企业重大事项信访稳定风险评估实施办法（试行）》的通知
国家电网公司	安监二〔2011〕34 号	关于修订、补充《事故隐患排查治理工作评价考核细则（试行）》部分条文的通知
国家电网公司	安监应急〔2011〕58 号	关于印发《应急指挥中心高清视频接入总部技术条件》和《应急指挥中心背景标识统一要求》的通知
国家电网公司	办财〔2011〕58 号	转发财政部关于印发《财政支出绩效评价管理暂行办法》的通知
国家电网公司	办财〔2011〕107 号	转发国家电监会关于印发《输配电成本监管暂行办法》的通知
国家电网公司	办发展〔2011〕8 号	关于转发国家能源局印发《风电机组并网检测管理暂行办法》的通知
国家电网公司	办文档〔2011〕10 号	关于印发《公司各单位报送公文考评规则（试行）》的通知
国家电网公司	财基〔2011〕127 号	关于印发《国家电网公司总部跨区电网委托技改项目管理业务应用规范》的通知
国家电网公司	财金〔2011〕151 号	关于北京市电力公司开立银行账户的批复
国家电网公司	调调〔2011〕312 号	关于印发《国家电网调度系统故障处置预案管理规范（暂行）》和《电网故障处置联合演练工作规范（暂行）》的通知
国家电网公司	调技〔2011〕239 号	关于印发《国家电网公司调度工作评价考核细则》的通知
国家电网公司	调自〔2011〕230 号	关于印发《国家电网调度数据网骨干网子区及接入网并网技术规范（试行）》及相关工作要求的通知
国家电网公司	调自〔2011〕359 号	关于印发《地区智能电网调度技术支持系统试点项目实用化要求（试行）》和《地区智能电网调度技术支持系统试点项目实用化验收办法（试行）》的通知
国家电网公司	调综〔2011〕332 号	关于印发《国家电网调度运行信息统计分析管理办法（试行）》的通知
国家电网公司	国家电网安监〔2011〕2 号	关于印发《国家电网公司 2011 年安全工作意见》的通知
国家电网公司	国家电网安监〔2011〕75 号	关于印发《国家电网公司安全生产反违章工作管理办法》的通知

续表

文　　号	文　件　标　题
京电保〔2011〕21号	关于印发《北京市电力公司消防设施及器材运行维护工作管理规定（试行）》的通知
京电保〔2011〕22号	关于印发《北京市电力公司消防安防设施缺陷管理实施细则》的通知
京电保〔2011〕23号	关于印发《北京市电力公司售电网点安全防范管理规定》的通知
京电保〔2011〕25号	关于印发《北京市电力公司2012年元旦春节烟花爆竹安全管理工作方案》的通知
京电产业〔2011〕4号	关于印发《北京市电力公司集体企业车辆管理办法（试行）》的通知
京电产业〔2011〕5号	关于印发《北京市电力公司集体企业固定资产管理办法（试行）》的通知
京电产业〔2011〕7号	关于印发《北京市电力公司集体企业（公司层面）绩效考核办法（试行）》的通知
京电产业〔2011〕8号	关于印发《北京市电力公司集体企业（公司层面）薪酬管理办法（试行）》的通知
京电产业〔2011〕9号	关于印发《北京市电力公司集体企业股东会、董事会、监事会、经理层议事规则》的通知
京电产业〔2011〕10号	关于印发《北京市电力公司集体企业重大决策管理办法（试行）》的通知
京电产业〔2011〕11号	关于印发《北京市电力公司集体企业季度经营活动分析会规则》的通知
京电产业〔2011〕13号	关于印发《北京市电力公司集体企业股权投资管理办法（试行）》的通知
京电产业〔2011〕14号	关于印发《北京市电力公司集体企业会计核算管理办法（试行）》的通知
京电产业〔2011〕17号	关于印发《北京市电力公司集体企业会计档案管理办法（试行）》的通知
京电产业〔2011〕18号	关于印发《北京市电力公司集体企业财务会计报告管理办法（试行）》的通知
京电产业〔2011〕21号	关于印发《北京市电力公司集体企业培训管理办法（试行）》的通知
京电产业〔2011〕22号	关于印发《北京市电力公司集体企业劳动合同管理办法（试行）》的通知
京电产业〔2011〕24号	关于印发《北京市电力公司集体企业票据管理办法（试行）》的通知
京电产业〔2011〕25号	关于印发《北京市电力公司集体企业采购业务管理办法》的通知
京电产业〔2011〕26号	关于印发《北京市电力公司集体企业财务安全责任管理办法（试行）》的通知
京电产业〔2011〕27号	关于印发《北京市电力公司集体企业预算管理办法》的通知
京电产业〔2011〕28号	关于印发《北京市电力公司集体企业单项工程核算管理办法》的通知
京电产业〔2011〕29号	关于印发《北京市电力公司集体企业资产管理办法（试行）》的通知
京电产业〔2011〕30号	关于印发《北京市电力公司集体企业信息系统管理办法（试行）》的通知
京电产业〔2011〕32号	关于印发《北京市电力公司集体企业合同管理办法》的通知
京电产业〔2011〕34号	关于印发《北京市电力公司集体企业业务分包管理办法（试行）》的通知
京电产业〔2011〕36号	关于印发《北京市电力公司集体企业统计管理办法》的通知
京电产业〔2011〕38号	关于印发《北京市电力公司集体企业资金管理办法（试行）》的通知
京电产业〔2011〕39号	关于印发《北京市电力公司集体企业融资、借款管理办法（试行）》的通知
京电产业〔2011〕40号	关于印发《北京市电力公司集体企业管理监督工作管理办法》的通知
京电产业〔2011〕41号	关于印发《北京市电力公司产业单位领导班子管理办法》的通知
京电产业〔2011〕42号	关于印发《北京市电力公司集体企业审计管理办法》的通知
京电产业〔2011〕43号	关于印发《北京市电力公司集体企业重点岗位人员管理办法》的通知
京电产业〔2011〕44号	关于印发《北京市电力公司集体企业对外担保管理办法（试行）》的通知
京电产业〔2011〕46号	关于印发《北京市电力公司集体企业章程（试行）》的通知
京电产业〔2011〕47号	关于印发《北京市电力公司集体企业保密管理办法》的通知
京电产业〔2011〕48号	关于印发《北京市电力公司集体企业物资管理办法》的通知

续表

文　号	文件标题
京电党〔2011〕23号	关于印发《北京市电力公司精神文明建设综合绩效考核办法》的通知
京电党〔2011〕30号	关于印发《北京市电力公司党风廉政建设责任制暨惩治和预防腐败体系建设工作考核办法》的通知
京电党〔2011〕31号	关于印发《北京市电力公司2011年党风廉政建设责任制暨惩治和预防腐败体系建设工作考核实施细则》的通知
京电党〔2011〕36号	关于印发《北京市电力公司关于落实党风廉政建设“一岗双责”的相关规定》的通知
京电党〔2011〕40号	关于印发《北京市电力公司党委公文处理规定》等项制度的通知
京电党〔2011〕41号	关于印发《国家电网首都电力共产党员爱心基金管理办法》的通知
京电调〔2011〕5号	关于印发《北京市电力公司安全风险管控工作考核管理规定（试行）》的通知
京电调〔2011〕6号	关于印发《北京电网变电站10kV间隔及负荷管理规定》的通知
京电调〔2011〕8号	关于印发《北京市电力公司继电保护专业工程验收管理规定（修订）》的通知
京电调〔2011〕12号	关于下发《北京电网负荷预测工作管理考核规定》的通知
京电调〔2011〕17号	关于印发《北京市电力公司调度管理综合指标实施细则（修订）》的通知
京电调〔2011〕18号	关于印发《北京市电力公司继电保护整定计算管理规定（修订）》的通知
京电调〔2011〕19号	关于印发《北京电网0.4kV设备保护定值整定指导原则》的通知
京电调〔2011〕21号	关于印发《北京电网运行指挥系统运行管理规定（试行）》的通知
京电调〔2011〕31号	关于印发《北京电网发电厂燃料预警管理规定（修订）》的通知
京电调〔2011〕35号	关于修订印发《北京电网继电保护技术监督规定》的通知
京电调〔2011〕43号	关于颁布《北京电网调度管理规程》及《地区电网调度管理规程》的通知
京电发展〔2011〕88号	关于印发北京市电力公司《变电自动化设备现场验收规范》和《配电工业以太网交换机技术规范》2项标准的通知
京电发展〔2011〕101号	关于印发《北京市电力公司项目管线综合会签管理办法（试行）》的通知
京电发展〔2011〕174号	关于印发《北京市电力公司班组管理标准》的通知
京电发展〔2011〕213号	关于印发《北京电网通信技术原则》的通知
京电发展〔2011〕238号	关于印发北京市电力公司《户内单相非金属计量箱技术条件（适用单相智能电能表）》等4项技术标准的通知
京电发展〔2011〕271号	关于印发《北京市电力公司经济活动分析工作管理办法》的通知
京电发展〔2011〕293号	关于印发北京市电力公司《架空输电线路宣传警示牌制作安装标准》等技术标准的通知
京电发展〔2011〕296号	关于印发北京市电力公司《集中器技术条件》等技术标准的通知
京电发展〔2011〕332号	关于印发北京市电力公司《电动汽车充换电站交接验收规范》技术标准的通知
京电发展〔2011〕361号	关于印发《北京市电力公司10kV及以下电力设施迁改工程管理办法（试行）》的通知
京电发展〔2011〕366号	关于印发《北京市电力公司电力设备（施）缺陷定性技术标准》的通知
京电发展〔2011〕410号	关于印发《北京市电力公司智能变电站继电保护自动化技术规范》的通知
京电发展〔2011〕432号	关于印发《北京市电力公司信息设备命名规范》的通知
京电发展〔2011〕433号	关于印发北京市电力公司《售电网点安防系统及消防设施配置标准》的通知
京电发展〔2011〕451号	关于印发《北京市电力公司10kV架空线入地工作管理办法（试行）》的通知
京电工〔2011〕4号	关于印发《北京市电力公司劳动模范管理办法（试行）》的通知
京电工〔2011〕12号	关于印发《北京市电力公司总经理联络员管理实施细则》的通知

续表

文　号	文件标题
京电工〔2011〕20号	关于印发《北京市电力公司先进单位、先进集体、工人先锋号、先进生产者、建功立业标兵评比办法》的通知
京电机关〔2011〕1号	关于印发《北京市电力公司本部员工文明行为管理规定》的通知
京电机关〔2011〕2号	关于印发《北京市电力公司本部办公场所消防安全管理规定》的通知
京电机关〔2011〕3号	关于印发《北京市电力公司本部绩效考核管理办法》的通知
京电机关〔2011〕6号	关于印发《北京市电力公司本部文明行为考核实施细则（试行）》的通知
京电机关〔2011〕8号	关于印发《北京市电力公司本部绩效考核实施细则（试行）》的通知
京电机关〔2011〕15号	关于印发《北京市电力公司本部员工薪酬管理办法》的通知
京电机关〔2011〕17号	关于印发《北京市电力公司本部先进评选工作管理办法（试行）》的通知
京电基〔2011〕145号	关于印发《北京市电力公司基建安全管理办法》的通知
京电基〔2011〕151号	关于印发《220kV及以上输变电工程前期建场工作管理规定（试行）》的通知
京电基〔2011〕154号	关于印发《北京市电力公司基建工程监理激励评价实施细则（试行）》和《北京市电力公司基建工程施工激励评价实施细则（试行）》的通知
京电基〔2011〕166号	关于印发《北京市电力公司输变电工程项目管理流动红旗竞赛实施办法（试行）》的通知
京电基〔2011〕184号	关于印发《北京市电力公司输变电工程设计质量评价及考核实施细则》的通知
京电基〔2011〕185号	关于印发《北京市电力公司基建工程设计激励评价实施细则》的通知
京电纪〔2011〕9号	关于印发《北京市电力公司纪检监察信访举报工作实施细则（试行）》的通知
京电纪〔2011〕13号	关于印发《北京市电力公司关于推进廉洁文化建设的工作规定》的通知
京电纪〔2011〕15号	关于印发《北京市电力公司纪检监察案件查办工作规定》的通知
京电监〔2011〕2号	关于印发《北京市电力公司工程发包和物资采购相关工作统计分析报告暂行办法》的通知
京电监〔2011〕9号	关于印发《北京市电力公司干部员工“礼品礼金”上交登记及保管处置工作规定》的通知
京电交易〔2011〕18号	关于印发《北京电网公用发电机组购售电合同签订工作管理办法（试行）》的通知
京电交易〔2011〕34号	关于印发《北京市电力公司配电变压器提前更换CDM项目实施管理办法》的通知
京电科信〔2011〕15号	关于印发《北京市电力公司信息系统维护项目管理办法》的通知
京电科信〔2011〕23号	关于印发《北京市电力公司信息化项目可研编制与评审管理办法（试行）》的通知
京电科信〔2011〕26号	关于印发《北京市电力公司科技攻关团队建设与管理办法（试行）》的通知
京电科信〔2011〕32号	关于印发《北京市电力公司所属单位及其企业负责人科技信息业绩考核办法》的通知
京电科信〔2011〕44号	关于印发《北京市电力公司本部研究开发费管理办法》的通知
京电科信〔2011〕46号	关于印发《北京市电力公司科技项目管理办法》的通知
京电科信〔2011〕48号	关于印发《北京市电力公司信息系统事故调查和统计规定（试行）》的通知
京电科信〔2011〕54号	关于印发《北京市电力公司信息化项目概预算编制暂行办法》的通知
京电科信〔2011〕57号	关于印发《北京市电力公司专利管理办法》的通知
京电科信〔2011〕68号	关于印发《北京市电力公司信息系统调度运行管理办法（试行）》的通知
京电科信〔2011〕72号	关于印发《北京市电力公司信息安全管理办法》的通知
京电离退休〔2011〕3号	关于印发《北京市电力公司离退休工作资金管理办法》的通知
京电企协〔2011〕8号	关于印发《北京市电力公司本部社团组织会费管理办法》的通知
京电人〔2011〕13号	关于印发《北京市电力公司挂职锻炼管理办法（试行）》的通知

续表

文　　号	文件标题
京电人〔2011〕24号	关于印发《北京市电力公司全员绩效管理工作评价办法》的通知
京电人〔2011〕26号	关于印发《北京市电力公司后备干部管理办法》的通知
京电人〔2011〕31号	关于印发《北京市电力公司所属单位及其负责人业绩考核管理办法》的通知
京电人〔2011〕42号	关于印发《北京市电力公司“三指定”问题连带责任追究办法》的通知
京电人〔2011〕53号	关于印发《北京市电力公司2011年度表彰奖励计划》的通知
京电人〔2011〕58号	关于印发《基层单位中层干部选拔任用工作流程及标准》的通知
京电人〔2011〕73号	关于印发《北京市电力公司生产员工安全技能等级评价工作管理办法（试行）》的通知
京电人保〔2011〕1号	关于印发《北京市电力公司企业补充医疗保险管理办法》的通知
京电人保〔2011〕3号	关于印发《北京市电力公司劳务派遣人员技能评价管理办法（试行）》的通知
京电人保〔2011〕4号	关于印发《北京市电力公司劳务派遣主要生产岗位人员薪酬管理办法（试行）》的通知
京电人保〔2011〕5号	关于印发《北京市电力公司劳务用工管理办法（试行）》的通知
京电审〔2011〕1号	关于印发《北京市电力公司审计人员职业道德规定》的通知
京电审〔2011〕2号	关于印发《北京市电力公司审计工作办法》的通知
京电审〔2011〕3号	关于印发《北京市电力公司审计项目流程规则》的通知
京电审〔2011〕4号	关于印发《北京市电力公司审计工作计划管理办法》的通知
京电审〔2011〕5号	关于印发《北京市电力公司审计质量管理办法》的通知
京电审〔2011〕7号	关于印发《北京市电力公司审计案例管理办法》的通知
京电审〔2011〕8号	关于印发《北京市电力公司重大审计事项报告办法》的通知
京电审〔2011〕9号	关于印发《北京市电力公司审计项目档案管理办法》的通知
京电审〔2011〕10号	关于印发《北京市电力公司审计成果运用管理办法》的通知
京电审〔2011〕12号	关于印发《北京市电力公司审计查处问题整改责任追究规定》的通知
京电审〔2011〕13号	关于印发《北京市电力公司“小金库”防范治理办法》的通知
京电生〔2011〕7号	关于印发《北京市电力公司生产备品备件管理办法》的通知
京电生〔2011〕8号	关于印发《北京市电力公司输变电设备状态评价实施细则》的通知
京电生〔2011〕9号	关于印发《预防12kV～40.5kV交流高压开关柜事故措施》的通知
京电生〔2011〕13号	关于印发《北京市电力公司电力设备交接试验规程（2011年版）》的通知
京电生〔2011〕14号	关于印发《北京市电力公司输变电设备防污闪工作管理办法》的通知
京电生〔2011〕15号	关于印发《北京市电力公司架空输电线路运行规程》的通知
京电生〔2011〕24号	关于印发《北京市电力公司10kV电缆接头管理实施细则（试行）》的通知
京电生〔2011〕31号	关于印发《北京市电力公司干式并联电抗器等10类输变电设备状态评价导则》的通知
京电生〔2011〕32号	关于印发《北京市电力公司10kV配电线路带电作业工作管理规定》的通知
京电生〔2011〕33号	关于印发《北京市电力公司电力设备状态检修试验规程》的通知
京电生〔2011〕34号	关于印发《北京市电力公司供电设施状态评价管理办法》的通知
京电生〔2011〕36号	关于印发《输变电设备异常或故障处理规定》的通知
京电生〔2011〕37号	关于印发《北京市电力公司输变电工程生产验收管理办法》的通知
京电生〔2011〕39号	关于印发《北京市电力公司输变电设备检修工作管理办法》的通知
京电生〔2011〕40号	关于印发《北京市电力公司电力管道工程验收管理办法》的通知

续表

文　号	文 件 标 题
京电生〔2011〕41 号	关于印发《电网空间地理信息系统生产应用管理规范》的通知
京电生〔2011〕50 号	关于印发《北京市电力公司供电设施分界分工管理规定》的通知
京电生〔2011〕53 号	关于印发《北京市电力公司电力管道断面管理办法》的通知
京电生〔2011〕55 号	关于印发《北京市电力公司电力可靠性工作管理办法》的通知
京电生〔2011〕79 号	关于印发《变电站运行管理规程》的通知
京电生〔2011〕91 号	关于印发《北京市电力公司生产计划管理办法》的通知
京电团〔2011〕87 号	关于印发《北京市电力公司基层团委工作规定》等制度的通知
京电外联〔2011〕7 号	关于印发《北京市电力公司推广应用"国家电网"品牌标识实施细则（试行）》的通知
京电外联〔2011〕8 号	关于印发《北京市电力公司"国家电网"品牌标识管理办法》的通知
京电外联〔2011〕13 号	关于印发《北京市电力公司本部广告宣传费管理办法》的通知
京电外联〔2011〕17 号	关于印发《北京市电力公司突发事件新闻处置应急预案》和《北京市电力公司突发事件新闻应急现场处置方案》的通知
京电外联〔2011〕18 号	关于印发《北京市电力公司品牌建设工作考核评比办法》的通知
京电物资〔2011〕38 号	关于印发《北京市电力公司物资抽检实施细则》的通知
京电新闻〔2011〕1 号	关于印发《北京市电力公司网站首页管理办法》的通知
京电行管〔2011〕8 号	关于印发《北京市电力公司本部交通安全管理办法（试行）》的通知
京电行管〔2011〕9 号	关于进一步做好公司房屋安全综合检查工作的通知
京电行管〔2011〕10 号	关于印发《北京市电力公司本部交通安全考核实施细则（试行）》的通知
京电行管〔2011〕11 号	关于印发《北京市电力公司机动车准驾证管理办法》的通知
京电行管〔2011〕34 号	关于印发《北京市电力公司办公用房管理实施细则（试行）》的通知
京电行管〔2011〕35 号	关于印发《北京市电力公司房屋租赁管理办法（试行）》的通知
京电行管〔2011〕36 号	关于印发《北京市电力公司易地调动干部周转房管理办法（试行）》的通知
京电行管〔2011〕37 号	关于印发《北京市电力公司公务用车管理办法（试行）》和《北京市电力公司生产服务用车管理办法（试行）》的通知
京电营〔2011〕20 号	关于印发《北京市电力公司电费担保管理办法（试行）》的通知
京电营〔2011〕33 号	关于印发《北京市电力公司客户用电报装受理管理办法》的通知
京电营〔2011〕41 号	关于印发《北京市电力公司 10kV 及以下客户工程图纸审核标准》的通知
京电营〔2011〕42 号	关于印发《北京市电力公司 10kV 及以下客户工程竣工验收标准》的通知
京电营〔2011〕43 号	关于印发《北京市电力公司客户工程设计图纸审核管理办法》的通知
京电营〔2011〕44 号	关于印发《北京市电力公司客户供电方案管理办法》的通知
京电营〔2011〕47 号	关于印发《北京市电力公司客户工程中间检查及竣工验收管理办法（试行）》的通知
京电营〔2011〕49 号	关于印发《北京市电力公司可中断负荷补偿实施细则（试行）》的通知
京电营〔2011〕52 号	关于印发《北京市电力公司机电式预付费电能表"机电不符"故障处理办法（试行）》的通知
京电营〔2011〕53 号	关于印发《北京市电力公司客户供电方案编制标准（试行）》的通知
京电营〔2011〕55 号	关于印发《北京市电力公司电能计量现场检验管理办法》的通知
京电营〔2011〕57 号	关于印发《北京市电力公司电能计量库存管理办法》的通知
京电营〔2011〕59 号	关于印发《北京市电力公司线损管理办法（试行）》的通知

续表

文　　号	文 件 标 题
京电营〔2011〕60 号	关于印发《北京市电力公司变更用电管理办法》的通知
京电营〔2011〕61 号	关于印发《北京市电力公司电能计量类改造、运维项目管理办法》的通知
京电营〔2011〕65 号	关于印发《北京市电力公司关口电能计量装置管理办法（试行）》的通知
京电营〔2011〕66 号	关于印发《北京市电力公司重要客户服务管理办法》的通知
京电营〔2011〕68 号	关于印发《北京市电力公司营销数据远程无线公网通道运行管理办法（试行）》的通知
京电营〔2011〕80 号	关于印发《北京市电力公司用电信息采集运行维护管理办法（试行）》的通知
京电营〔2011〕83 号	关于印发《北京市电力公司售电业务管理办法（试行）》的通知
京电政法〔2011〕4 号	关于印发《北京市电力公司授权委托管理办法》的通知
京电政法〔2011〕11 号	关于印发《北京市电力公司合同管理办法》的通知
京电政法〔2011〕14 号	关于印发《北京市电力公司规章制度管理办法》的通知

（王　玲　张　静）

统计资料

TONG JI ZI LIAO

公司主要指标月度完成情况表（一）

项目 / 月别	全社会用电量（万 kWh）	售电量（万 kWh）	500kV 及以下线损率（%）	500kV 及以下供电量（万 kWh）	外购电量（万 kWh）
1 月	800 292	704 299	8. 20	767 248	22 818
2 月	614 861	635 916	－8. 81	584 420	17 694
3 月	673 498	607 456	6. 13	647 135	21 447
一季	2 088 651	1 947 671	2. 56	1 998 803	61 959
4 月	552 598	572 762	－6. 24	539 106	13 920
5 月	582 559	516 946	8. 67	566 042	10 034
6 月	684 683	578 845	12. 69	663 012	7406
二季	1 819 840	1 668 553	5. 63	1 768 160	31 360
7 月	792 408	637 041	16. 85	766 176	14 004
8 月	780 995	712 216	6. 62	762 710	15 022
9 月	597 616	649 227	－12. 45	577 335	7833
三季	2 171 019	1 998 484	5. 12	2 106 221	36 859
10 月	582 667	511 515	9. 35	564 251	9932
11 月	705 736	586 662	13. 72	679 966	16 393
12 月	849 149	698 712	14. 06	812 992	20 598
四季	2 137 552	1 796 889	12. 65	2 057 209	46 923
全年	8 217 062	7 411 597	6. 54	7 930 393	177 101

公司主要指标月度完成情况表（二）

项目 / 月别	负荷率（%）	最大负荷（万 kW）	电费回收率（累计完成，%）	平均售电单价（目录口径，累计，含税，元/MWh）	电力销售收入（目录口径，累计，含税，亿元）
1 月	83. 26	1358. 00	100. 00	686. 96	48. 38
2 月	83. 39	1176	100. 00	687. 26	43. 70
3 月	81. 56	1170	100. 00	686. 95	41. 73
一季		1358. 00	100. 00		133. 81
4 月	79. 81	1056	100. 00	699. 16	40. 05
5 月	82. 51	1126	100. 00	710. 96	36. 75
6 月	78. 74	1379	100. 00	717. 19	41. 51
二季		1379	100. 00		118. 31

续表

月别＼项目	负荷率（%）	最大负荷（万 kW）	电费回收率（累计完成，%）	平均售电单价（目录口径，累计，含税，元/MWh）	电力销售收入（目录口径，累计，含税，亿元）
7 月	81. 04	1437	100. 00	733. 84	46. 75
8 月	80. 70	1538	100. 00	731. 08	52. 07
9 月	80. 88	1174	100. 00	737. 45	47. 88
三季		1538	100. 00		146. 70
10 月	79. 25	1068	100. 00	731. 50	37. 42
11 月	82. 04	1297	100. 00	700. 08	41. 07
12 月	83. 63	1375	100. 00	708. 81	49. 53
四季		1375	100. 00		128. 02
全年	81. 58	1538	100. 00	710. 83	526. 84

公司主要指标月度完成情况表（三）

月别＼项目	资产总额（合并口径，亿元）	利润总额（累计完成，万元）	全公司月末固定职工人数（人）	综合电压合格率（%）	供电可靠率（%）
1 月	679. 19	8067	8919	99. 900	99. 989
2 月	675. 38	16 101	8893	99. 900	99. 993
3 月	674. 60	23 990	8863	99. 910	99. 989
一季	674. 60	23 990	8863		
4 月	671. 47	19 243	8835	99. 900	99. 969
5 月	676. 21	25 993	8813	99. 910	99. 967
6 月	975. 57	32 962	8783	99. 630	99. 961
二季	675. 57	32 962	8783		
7 月	672. 37	45 010	8758	99. 660	99. 968
8 月	678. 48	47 624	8875	99. 710	99. 982
9 月	676. 06	58 527	8851	99. 800	99. 992
三季	676. 06	58 527	8851		
10 月	677. 01	65 969	8832	99. 850	99. 989
11 月	688. 55	77 960	8813	99. 840	99. 987
12 月	683. 73	73 613	8787	99. 820	99. 989
四季	683. 73	73 613	8787		
全年	683. 73	73 613	8787	99. 820	99. 982

公 司 行 业

行　　业	用户个数	用户装接容量	1月	2月	3月	一季	4月	5月
全社会用电总计	7 019 444	87 300 589	704 299	635 916	607 456	1 947 671	572 762	516 946
A. 全行业用电合计	769 208	59 270 602	564 126	497 859	464 515	1 526 500	455 483	409 366
第一产业	100 438	1 863 779	15 475	13 627	13 084	42 186	14 598	14 938
第二产业	173 596	17 159 017	216 106	175 659	178 189	569 954	188 829	171 177
第三产业	495 174	40 247 806	332 545	308 573	273 242	914 360	252 056	223 251
B. 城乡居民生活用电合计	6 250 236	28 029 986	140 173	138 057	142 941	421 171	117 278	107 580
城镇居民	5 114 564	22 691 619	78 620	71 915	60 457	210 992	56 119	48 702
乡村居民	1 135 672	5 338 367	61 553	66 142	82 485	210 180	61 159	58 878
全行业用电分类	769 208	59 270 602	564 126	497 859	464 515	1 526 500	455 483	409 366
一、农、林、牧、渔业	100 438	1 863 779	15 475	13 627	13 084	42 186	14 598	14 938
1. 农业	34 112	526 600	4423	3944	3915	12 282	3936	3737
2. 林业	2461	46 401	319	270	287	876	267	244
3. 畜牧业	19 863	233 796	2109	1943	1719	5771	1692	1520
4. 渔业	2848	39 387	363	318	311	992	284	336
5. 农、林、牧、渔服务业	41 154	1 017 594	8261	7152	6852	22 265	8419	9101
其中：排灌	35 257	902 692	6949	5964	5840	18 753	7545	8385
二、工业	144 212	13 944 440	190 410	157 700	160 590	508 700	171 094	157 203
轻工业	71 522	3 304 018	45 454	36 060	37 990	119 504	41 570	38 723
重工业	72 690	10 640 422	144 956	121 640	122 600	389 196	129 524	118 480
（一）采矿业	2955	299 012	5754	5329	5381	16 464	5809	5171
1. 煤炭开采和洗选业	759	105 289	1961	2050	2031	6042	2014	1762
2. 石油和天然气开采业	31	31 331	752	614	719	2085	807	709
3. 黑色金属矿采选业	206	85 357	2317	2212	2088	6617	2285	2040
4. 有色金属矿采选业	79	2171	14	17	14	45	16	12
5. 非金属矿采选业	1822	69 410	685	429	478	1592	657	614
6. 其他采矿业	58	5456	25	6	50	81	30	35
（二）制造业	124 303	10 776 669	158 504	126 439	132 975	417 918	148 025	139 199
1. 食品、饮料和烟草制造业	28 514	849 729	12 938	10 928	10 861	34 727	12 251	11 743
其中：农副食品加工业	24 229	373 968	5186	4195	4178	13 559	4509	4314
2. 纺织业	1931	142 523	1768	1188	1468	4424	1662	1537
3. 服装鞋帽、皮革羽绒及其制品业	5979	227 431	3011	2053	2122	7186	2309	1991
4. 木材加工及制品和家具制品业	7939	334 003	5161	3105	3668	11 934	4187	3619
其中：轻工业	5184	214 659	3309	2000	2265	7574	2591	2214

用 电 情 况

单位：万 kWh

6月	二季	7月	8月	9月	三季	10月	11月	12月	四季	全年
684 683	1 819 840	792 408	780 995	597 616	2 171 019	582 667	705 736	849 149	2 137 552	8 217 062
576 708	1 487 007	684 582	641 639	481 009	1 807 830	496 878	585 324	725 172	1 807 374	6 769 690
16 307	45 843	13 982	13 997	13 616	41 595	11 713	12 892	16 138	40 743	170 367
291 235	696 691	347 166	274 179	142 894	764 239	243 753	316 509	377 294	937 556	3 109 179
269 166	744 473	323 434	353 463	325 099	1 001 996	241 412	255 923	331 740	829 075	3 490 144
107 975	332 833	107 826	139 356	116 007	363 189	85 789	120 412	123 977	330 178	1 447 372
49 714	154 535	89 971	117 595	96 135	303 701	71 490	101 719	103 152	276 361	945 589
58 261	178 298	17 855	21 761	19 872	59 488	14 299	18 693	20 825	53 817	501 783
576 707	1 487 008	684 583	641 640	481 608	1 807 831	496 877	585 321	725 169	1 807 367	6 769 681
16 308	45 844	13 982	13 997	13 615	41 594	11 712	12 891	16 138	40 741	170 365
4129	11 802	3885	4028	3907	11 820	3230	3535	4540	11 305	47 209
253	764	243	258	244	745	193	243	342	778	3163
1626	4838	1712	1999	1863	5574	1539	1811	2066	5416	21 599
523	1143	514	550	618	1682	513	390	352	1255	5072
9777	27 297	7628	7162	6983	21 773	6237	6912	8838	21 987	93 322
9008	24 938	6771	6210	6106	19 087	5559	6107	7668	19 334	82 112
277 265	651 014	331 654	256 173	125 954	713 781	229 861	298 872	351 500	880 233	2 894 467
43 445	123 738	47 034	49 832	47 341	144 207	37 608	41 303	46 624	125 535	512 984
233 820	527 276	284 620	206 341	78 613	569 574	192 253	257 569	304 876	754 698	2 381 483
5686	16 667	5311	5735	5532	16 578	5177	5845	6366	17 388	67 095
1751	5527	1837	1999	1821	5657	1664	2030	2448	6142	23 368
803	2319	699	754	733	2186	646	624	739	2009	8599
2459	6784	2145	2345	2352	6842	2347	2579	2519	7445	27 688
11	39	16	16	15	47	11	14	20	45	176
623	1894	577	584	574	1735	466	550	570	1586	6807
39	104	37	37	37	111	43	48	70	161	457
153 781	449 497	157 208	166 951	157 525	481 684	139 705	155 184	168 029	462 918	1 828 929
13 349	37 343	14 753	15 765	14 953	45 471	11 577	12 091	12 785	36 453	153 994
4588	13 411	4904	5396	5539	15 839	4676	4960	5274	14 910	57 719
1671	4870	1811	1919	1708	5438	1355	1555	1677	4587	19 319
2193	6493	2606	2886	2643	8135	2104	2338	2866	7308	29 122
3713	11 519	3858	4180	4120	12 158	3545	4055	5079	12 679	48 290
2266	7071	2385	2615	2540	7540	2208	2558	3258	8024	30 209

公 司 行 业

行　　业	用户个数	用户装接容量	1月	2月	3月	一季	4月	5月
5. 造纸及纸制品业	2046	133 303	2072	1629	1648	5349	1917	1791
6. 印刷业和记录媒介的复制	4091	327 523	4663	3516	3793	11 972	4009	3732
7. 文体用品制造业	740	37 887	469	386	400	1255	377	329
8. 石油加工、炼焦及核燃料加工业	574	1 214 635	25 830	25 515	22 548	73 893	25 299	24 706
9. 化学原料及化学制品制造业	3893	307 719	4953	4233	4452	13 638	4990	4738
其中：轻工业	1621	77 226	843	653	715	2211	743	694
氯碱								
电石								
黄磷								
其中：肥料制造	306	22 427	345	294	310	949	369	351
10. 医药制造业	1766	319 455	2904	2466	2691	8061	2867	2775
11. 化学纤维制造业	163	12 128	140	77	98	315	132	113
12. 橡胶和塑料制品业	4539	357 932	5711	3643	5012	14 366	5983	5388
其中：轻工业	1966	156 638	2520	1733	2356	6609	2654	2428
13. 非金属矿物制品业	14 767	1 227 859	19 135	13 980	16 303	49 418	21 445	20 045
其中：轻工业	392	24 127	401	241	315	957	385	294
水泥制造	531	283 024	6778	6116	6381	19 275	8992	8598
14. 黑色金属冶炼及压延加工业	280	737 023	12 831	6649	6190	25 670	6338	5569
其中：铁合金冶炼								
15. 有色金属冶炼及压延加工业	1156	119 055	1390	1007	1352	3749	1601	1502
其中：铝冶炼								
16. 金属制品业	14 816	897 669	10 894	7915	8936	27 745	9342	8380
其中：轻工业	604	29 432	366	254	320	940	368	344
17. 通用及专用设备制造业	14 290	1 422 433	18 807	15 348	16 468	50 623	16 880	15 237
其中：轻工业	333	37 116	349	285	302	936	285	265
18. 交通运输、电气、电子设备制造业	9254	2 223 399	29 047	26 616	27 536	83 199	28 674	27 514
其中：轻工业	1265	138 463	2090	1703	1920	5713	1947	1845
交通运输设备制造业	3479	703 465	12 147	10 896	10 793	33 836	10 759	10 206
19. 工艺品及其他制造业	7112	252 098	2538	1887	1953	6378	2098	1838
20. 废弃资源和废旧材料回收加工业	459	33 866	356	274	298	928	404	404
（三）电力、燃气及水的生产和供应业	16 955	2 879 758	115 952	－1182	83 377	198 147	－7641	74 693
1. 电力、热力的生产和供应业	7229	2 350 642	107 223	－9956	75 213	172 480	－16 241	66 466
其中：电厂生产全部耗用电量			33 816	28 877	27 062	89 755	17 285	16 780

用电情况（续一）

单位：万 kWh

6月	二季	7月	8月	9月	三季	10月	11月	12月	四季	全年
2003	5711	1885	2061	2044	5990	1653	1907	2021	5581	22 631
4394	12 135	5031	5311	4847	15 189	3452	3891	4744	12 087	51 383
352	1058	446	399	392	1237	318	388	523	1229	4779
25 247	75 252	23 439	23 822	19 333	66 594	22 717	24 234	21 435	68 386	284 125
5019	14 747	5054	5676	5349	16 079	4695	5103	5779	15 577	60 041
721	2158	757	799	770	2326	634	756	900	2290	8985
365	1085	314	337	347	998	344	322	351	1017	4049
3557	9199	3971	3949	3873	11 793	2828	3124	3475	9427	38 480
130	375	133	133	135	401	98	134	135	367	1458
5635	17 006	5692	5569	5610	16 871	4935	5569	5984	16 488	64 731
2565	7647	2505	2706	2621	7832	2276	2499	2696	7471	29 559
20 399	61 889	18 877	19 878	20 725	59 480	19 859	21 247	22 796	63 902	234 689
320	999	316	316	332	964	289	269	359	917	3837
8579	26 169	7149	7723	8631	23 503	8872	8799	9021	26 692	95 639
5557	17 464	5246	6423	6167	17 836	5434	5666	6746	17 846	78 816
1527	4630	1522	1538	1511	4571	1290	1477	1597	4364	17 314
8755	26 477	9164	9832	9182	28 178	7711	9026	10 603	27 340	109 740
365	1077	366	386	381	1133	325	407	431	1163	4313
16 761	48 878	18 388	19 546	17 932	55 866	14 380	17 919	20 688	52 987	208 354
315	865	360	386	351	1097	258	293	373	924	3822
31 147	87 335	32 658	35 192	34 204	102 054	29 436	32 768	35 891	98 095	370 683
2132	5924	2264	2322	2056	6642	1541	1721	1924	5186	23 465
11 133	32 098	10 885	11 069	11 409	33 363	9772	11 311	12 536	33 619	132 916
1952	5888	2253	2465	2376	7094	1935	2269	2751	6955	26 315
420	1228	421	407	421	1249	383	423	454	1260	4665
117 798	184 850	169 135	83 487	–37 103	215 519	84 979	137 843	177 105	399 927	998 443
108 895	159 120	160 321	74 287	–46 231	188 377	76 561	128 805	167 173	372 539	892 516
21 446	55 511	26 997	18 447	19 871	65 315	19 554	27 408	34 218	81 180	291 761

公司行业

行业	用户个数	用户装接容量	1月	2月	3月	一季	4月	5月
线路损失电量			55 418	-56 449	33 734	32 703	-42 186	45 080
抽水蓄能抽水耗用电量	1	872 000	5237	4914	3851	14 002	4155	1455
2. 燃气生产和供应业	891	44 296	503	512	448	1463	372	312
3. 水的生产和供应业	8835	484 820	8226	8262	7716	24 204	8228	7915
其中：轻工业	7815	324 279	5073	5061	4765	14 899	4976	4789
三、建筑业	29 384	3 214 577	25 695	17 958	17 598	61 251	17 735	13 974
四、交通运输、仓储和邮政业	12 022	3 378 402	30 217	30 077	27 437	87 731	25 647	23 888
1. 交通运输业	6877	2 937 345	25 723	25 934	23 910	75 567	22 353	21 022
其中：城市公共交通	2019	1 185 475	7774	7581	8009	23 364	7702	7168
管道运输业	64	12 777	179	191	163	533	152	126
电气化铁路	88	960 135	7915	8499	7600	24 014	7521	7316
2. 仓储业	3815	347 455	3668	3190	2802	9660	2571	2211
3. 邮政业	1330	93 602	826	953	725	2504	723	655
五、信息传输、计算机服务和软件业	31 625	1 443 303	13 662	13 925	13 118	40 705	13 709	13 924
1. 电信和其他信息传输服务业	30 582	1 171 438	11 549	11 706	10 997	34 252	11 416	11 684
2. 计算机服务和软件业	1043	271 865	2113	2219	2121	6453	2293	2240
六、商业、住宿和餐饮业	137 101	6 934 702	68 227	63 435	55 315	186 977	52 855	49 222
1. 批发和零售业	104 000	4 365 316	43 595	39 534	35 024	118 153	33 007	31 559
2. 住宿和餐饮业	33 101	2 569 386	24 632	23 901	20 291	68 824	19 848	17 663
七、金融、房地产、商务及居民服务业	191 594	16 985 861	117 031	109 248	92 435	318 714	81 577	72 756
1. 金融业	4064	665 900	6125	5864	5136	17 125	5079	4704
2. 房地产业	140 818	13 814 618	82 032	79 475	69 754	231 261	60 899	54 534
3. 租赁和商务服务业、居民服务和其他服务业	46 712	2 505 343	28 874	23 909	17 545	70 328	15 599	13 518
八、公共事业及管理组织	122 834	11 508 539	103 486	91 972	85 014	280 472	78 268	63 461
1. 科学研究、技术服务和地质勘察业	6564	1 882 994	15 145	13 896	13 039	42 080	12 155	10 741
其中：地质勘察业	139	9186	81	78	67	226	60	45
2. 水利、环境和公共设施管理业	48 104	1 272 675	8280	8024	7648	23 952	6581	5398
其中：水利管理业	3314	163 389	1514	1419	1343	4276	1411	1191
公共照明业	18 620	514 349	2774	2751	2855	8380	2239	1926
3. 教育、文化、体育和娱乐业	17 856	4 022 117	40 506	31 425	29 960	101 891	27 716	22 121
其中：教育	8337	2 641 023	29 704	20 922	21 077	71 703	19 519	15 232
4. 卫生、社会保障和社会福利业	7918	1 120 473	10 708	10 755	9449	30 912	9240	7251
5. 公共管理和社会组织、国际组织	42 392	3 210 280	28 847	27 872	24 918	81 637	22 576	17 950

职 工 概 况

项 目		人 数	项 目		人 数
按性别分	全公司总人数	8787	按政治面貌分	全公司总人数	8787
	其中：男职工	6794		其中：共产党员	4546
	女职工	1993		民进会员	1
				九三学社	3
按职称分	全公司总人数	8787		民建会员	4
	其中：高级职称	653		民革会员	6
	中级职称	1445		民盟会员	6
	初级职称	3036		共青团员	743
	无职称	3653		致公党	1
				群众	3477
按文化程度分	全公司总人数	8787	按年龄分	全公司总人数	8787
	其中：研究生	737		其中：55 岁及以上	1239
	大学本科	3235		50～54 岁	1239
	大学专科	2354		45～49 岁	1396
	中等职业教育	1572		40～44 岁	1564
	高中	373		35～39 岁	1180
	初中及以下	516		30～34 岁	1130
				29 岁及以下	1039

公司各单位人员情况

单 位	人数（人）	单 位	人数（人）
公司领导	9	昌平供电公司	348
副总师	8	门头沟供电公司	155
办公室	28	房山供电公司	283
发展策划部	20	大兴供电公司	302
人力资源部	16	平谷供电公司	217
财务资产部	22	怀柔供电公司	233
安全监督部	8	密云供电公司	235
生产技术部（政治供电办公室）	21	顺义供电公司	312
基建部	22	延庆供电公司	172
营销部	22	输电公司	290
科技信息部	7	变电公司	822
物资部（招投标管理中心）	9	通信自动化公司	232
审计部	8	北京电力科学研究院	113
监察部	7	电缆公司	128
思想政治工作部（公司团委）	12	电能计量中心	87

续表

单位	人数（人）	单位	人数（人）
离退休工作部	6	客户服务中心	121
北京电力调度通信中心	58	信息中心	27
北京电网电力交易中心	6	培训中心	277
政策研究及法律事务部	6	重要客户服务中心	6
对外联络部	4	物流服务中心	172
机关工作部（机关党委）	8	北京电力经济技术研究院	135
电力公安保卫部	6	北京电力工程公司	474
公司工会	11	华商电动车动力科技有限公司	23
产业管理部	4	带电作业中心	46
二级机构	83	国家电网公司企业管理协会北京分会	25
城区供电公司	587	实业开发总公司	38
朝阳供电公司	532	物业管理公司	85
海淀供电公司	488	路灯管理中心	190
丰台供电公司	477	业务发展中心（公司层面集体企业）	112
石景山供电公司	183	合计	8787
亦庄供电公司	109		
通州供电公司	340		

县供电企业基本情况

单位	供电人口（万人）		耕地面积（千公顷）	县供电企业职工人数（人）						供电所人数（人）			供电所个数（个）
				年平均人数	年末人数	管理层人员		专业技术人员	大专以上学历人员	年末人数	农电工		
	合计	其中：农业人员				总数	其中：领导班子人数				总数	其中：高中以上学历人员	
北京市电力公司	585.67	231.63	240.91	2605	2597	682	66	1552	2075	3042	2941	2493	125
通州供电公司	125.00	32.95	35.14	335	340	62	6	206	236	434	434	370	10
昌平供电公司	53.30	20.70	20.01	348	348	88	7	223	273	274	267	231	14
门头沟供电公司	29.00	5.96	1.79	156	155	61	7	75	131	125	125	124	7
房山供电公司	81.40	34.85	37.52	283	283	71	8	194	279	427	427	420	14
大兴供电公司	59.73	27.55	42.45	301	302	97	7	158	224	408	408	355	15
平谷供电公司	42.30	25.20	12.19	217	217	59	6	120	160	221	221	194	9
怀柔供电公司	37.10	15.37	11.13	236	233	60	6	150	184	243	224	207	14
密云供电公司	42.22	24.10	22.59	240	235	62	6	173	195	298	298	169	17
顺义供电公司	87.70	28.59	30.10	312	312	76	8	127	236	387	323	265	17
延庆供电公司	27.92	16.36	28.00	177	172	46	5	126	157	225	214	155	8

县供电企业售电量情况

单位	总售电量（万 kWh）	分类售电量（万 kWh）							
		农业生产	农业排灌	大工业	非、普工业	居民生活		非居照明	商业
						小计	农村		
北京市电力公司	2 860 105	95 673	55 802	1 150 400	488 147	555 524	441 634	227 907	286 653
通州供电公司	442 643	24 454	13 221	149 029	83 688	102 520	102 520	29 004	40 727
昌平供电公司	480 915	7871	6854	133 966	85 991	133 449	114 540	38 443	74 341
门头沟供电公司	83 563	1430	61	31 152	12 900	19 760	14 536	9517	8743
房山供电公司	511 910	22 298		331 532	55 202	58 759	52 422	22 903	21 216
大兴供电公司	392 052	13 394	10 435	114 126	96 315	78 089	38 548	39 928	39 766
平谷供电公司	113 077	6281	3573	49 913	14 636	21 722	18 610	7918	9033
怀柔供电公司	142 264	3984	1794	66 662	18 595	20 932	17 716	12 532	17 765
密云供电公司	130 321	5319	2286	52 408	18 861	25 945	222 098	10 524	14 978
顺义供电公司	493 545	8844	14 882	196 853	89 591	81 091	47 387	51 836	50 449
延庆供电公司	69 814	1798	2695	24 758	12 369	13 258	13 258	5301	9635

公司供电营业厅基础情况统计表

序号	单　位	营业窗口名称	地　　址	联系电话	负责人	营业时间	是否为 24 小时售电网点	备　　注
1	城区供电公司	客服中心营业厅	北京市西城区西直门南小街 174 号	63660085	王　蕊	9:00 ~ 18:00	是	
2		东城供电所	东城区朝内大街 298 号	65133025	蔡　威	9:00 ~ 18:00	否	
3		崇文供电所	珠市口东大街号 4 – 19	67071804	王素文	9:00 ~ 18:00	是	
4		西城供电所	民康胡同甲 30 号	66012677	许　坚	9:00 ~ 18:00	否	
5		宣武供电所	宣武区南横东街四平园一号楼一层	63514105	王庚立	9:00 ~ 18:00	是	
6		宣武供电所	丰台区南蜂窝路 5 号	63123118	郑淑云	9:00 ~ 18:00	否	
7		黄寺供电所	西城区黄寺大街 23 号阳光丽景小区北门	62021728	李丽萍	9:00 ~ 18:00	否	
8	朝阳供电公司	安华营业所	朝阳区安贞西里三区七号楼	64435032	李　楠	9:00 ~ 18:00	是	
9		小庄营业所	朝阳区延静西里八号	65005068	陈　璋	9:00 ~ 18:00	是	
10		华威营业所	朝阳区华威西里甲 18 号	87717289	高　伟	9:00 ~ 18:00	是	

续表

序号	单 位	营业窗口名称	地 址	联系电话	负责人	营业时间	是否为24小时售电网点	备 注
11	朝阳供电公司	望京营业所	朝阳区望京广顺南大街(眉州东坡酒楼旁)	64740901	关春艳	9:00~18:00	是	
12		奥运村营业所	朝阳区南十里居东风家园42号	63661307	钟丽霞	9:00~18:00	否	
13		十里居营业所	朝阳区北辰东路凯迪克酒店北侧	84569273	李 雪	9:00~18:00	否	
14		翠城营业所	朝阳区翠城馨园405甲楼,有国家电网标志	67299380	李 丽	9:00~18:00	否	
15		客户服务中心	朝阳区团结湖路15号	85963167	佟 利	9:00~18:00	否	
16	海淀供电公司	双榆树供电所	双榆树南里二区8号	63129796	李 军	9:00~18:00	是	
17		永泰供电所	北京市海淀区永泰东里9号楼北侧国家电网	62992415	朱 昊	9:00~18:00	是	
18		上地供电所	海淀区上地五街方正大厦西门对面国家电网	62963497	李德永	9:00~18:00	是	
19		玉海园供电所	海淀区玉泉路8号院玉海园小区一里14号楼旁	88266336	沈拥军	9:00~18:00	是	
20		成府供电所	北京市海淀区中关村东路21号旁国家电网	82863381	卫建华	9:00~18:00	是	
21		常青园供电所	海淀区常青园一区1号楼与2号楼之间	88473143	窦孟显	9:00~18:00	是	
22		航天桥供电所	阜成路28号旁国家电网	68475408	裴 军	9:00~18:00	是	
23		四季青供电所	海淀区闵庄路85号	62594883	张 飞	9:00~18:00	是	
24		西北旺供电所	北京市海淀区西北旺镇皇后店村西	62473639	梁 勇	9:00~18:00	是	
25		苏家坨西区供电所	北京市海淀区北安河路31号	62405634	董福来	9:00~18:00	是	
26		温泉供电所营业窗口	海淀区温泉镇杨家庄南山	62458830	李 静	9:00~18:00	否	
27		海淀供电所	北京市海淀区树村万树园小区30#楼	82794971	李世忠	9:00~18:00	是	
28		上庄供电所	海淀区上庄镇上庄路99号上庄供电所	62471344	程西昆	9:00~18:00	是	
29		苏家坨东区供电所	海淀区苏家坨镇西小营村东500米	62451145	李 东	9:00~18:00	否	
30		客户中心营业厅	海淀区双榆树南里二区八号	62150385	冯丽利	9:00~18:00	否	

续表

序号	单　位	营业窗口名称	地　址	联系电话	负责人	营业时间	是否为24小时售电网点	备　注
31	丰台供电公司	客服中心	丰北路117号	63813160	翟　英	9:00～18:00	否	
32		云岗供电所	北京市丰台区云岗镇南里2号院	83319742	朱家宝	9:00～18:00	否	
33		太子峪供电所	北京市丰台区长辛店镇太子峪紫峪家园甲1号	83387229	朱家宝	9:00～18:00	否	
34		花乡供电所	丰台区槐房村槐房小学335号西侧	15911010595	孙秀丽	9:00～18:00	否	
35		和义供电所	丰台区南苑北里三区6#楼西侧	63120009	葛天卫	9:00～18:00	否	
36		右安门供电所	右安门外开阳里6区5号楼右安门供电所	63544731	邢　森	9:00～18:00	否	
37		方庄供电所	芳古园二区甲10号楼	63120004	张丽华	9:00～18:00	是	
38		马家堡供电所	丰台区北甲地路2号院4号楼东侧	63120001	武连柱	9:00～18:00	是	
39		科技园供电所	丰台区富锦家园二区2号楼	83624425	潘晋梅	9:00～18:00	是	
40		六里桥供电所	万丰路莲怡园二区小区内国家电网	63120007	王加乐	9:00～18:00	是	
41	石景山供电公司	客户服务中心营业厅	石景山区鲁谷路59号	68653081	解　颖	9:00～18:00	是	
42		古城供电所营业厅	石景山区老古城前街140号	63664319	王春红	9:00～18:00	是	
43	亦庄供电公司	客户服务中心营业厅	北京市亦庄经济技术开发区北环东路甲11号	63665016	刘　佳	9:00～18:00	是	
44	通州供电公司	宋庄营业厅	通州区宋庄镇	89579882	刘振玲	9:00～18:00	否	
45		梨园营业厅	梨园曹园村西	81519058	王希旺	9:00～18:00	否	
46		永顺供电所营业厅	通州区永顺镇焦王庄村南	89593825	张静婷	8:00～17:00	否	
47		马驹桥供电所	通州区马驹桥镇政府东侧（马驹桥3号桥下北侧）	60592005	马淑芳	9:00～18:00	否	
48		次渠营业厅	通州区次渠大街台湖供电所	69501731	陈国清	9:00～18:00	否	
49		潞城供电所	北京市通州区潞城镇运河东大街郝家府村东500米	89580891	王立齐	8:00～17:00	否	
50		西集供电所	北京市通州区西集镇西集环岛往南500米	61579000	闵金征	8:00～17:00	否	

续表

序号	单　位	营业窗口名称	地　　址	联系电话	负责人	营业时间	是否为24小时售电网点	备　　注
51	通州供电公司	张家湾供电所	北京市通州区张家湾镇光华路西侧	69572302	王增祥	9:00～18:00	否	
52		通州漷县供电所	通州区漷县镇漷兴二街东首	80586718	祁新明	8:00～17:00	否	
53		永乐店供电所	通州区于家乡渠头大街51号	80521054	张淑英	8:00～17:00	否	
54		城区供电所营业厅	通州区四员厅街5号	80885858	白志海	9:00～18:00	是	
55		客户服务中心营业厅	通州区玉带河东街356号	63666139	吴志华	9:00～18:00	否	
56	昌平供电公司	昌平供电公司营业大厅	昌平区永安路33号	63667178	李向东	9:00～18:00	是	
57		天通苑供电所	北京市昌平区东小口镇天通苑中苑35号楼对面	63667807	吕京平	8:30～17:30	否	
58		昌平流村供电所	北京市昌平区流村镇人民政府西侧	89771015	齐文凯	9:00～18:00	否	
59		东小口供电所	昌平区东小口镇中滩村北	84816897	王小亮	9:00～18:00	否	
60		文化区供电所	昌平区回龙观风雅园三区9号楼东侧开闭站	81717124	张建华	9:00～18:00	否	
61		百善供电所	北京市昌平区百善镇百善村西北	61739297	张　勇	8:00～17:00	否	
62		马池口供电所	昌平区马池口镇上念头村北	60700030	王　涛	9:00～18:00	否	
63		小汤山供电所	小汤山镇市场街西侧	61785374	赵文增	9:00～18:00	否	
64		阳坊供电所	北京市昌平区阳坊镇阳坊村北	69760519	赵红霞	9:00～18:00	否	
65		回龙观镇供电所	北京市昌平区北店嘉园东	69791352	尹树民	9:00～18:00	否	
66		沙河供电所	北京市昌平区沙河镇松兰堡村西	80703137	丁德发	9:00～18:00	否	
67		南口供电所	北京市昌平区南口镇马坊村南	80191220	焦　薇	9:00～18:00	否	
68		昌平流村供电所	北京市昌平区流村镇人民政府西侧	89771015	齐文凯	9:00～18:00	否	
69		南邵供电所	北京市昌平区南邵镇政府西200米路北	60732144	李景旺	8:00～17:00	否	
70		北七家供电所	北七家镇颜丹村东	81752266转11	刘克勤	9:00～18:00	否	

续表

序号	单 位	营业窗口名称	地 址	联系电话	负责人	营业时间	是否为24小时售电网点	备 注
71	昌平供电公司	崔村供电所	北京市昌平区崔村镇西崔村北	60721395	尹树民	8:00～17:00	否	
72		十三陵供电所	北京市昌平区十三陵镇定陵路口西侧	60761874	李建明	9:00～18:00	否	
73		兴寿供电所	昌平区兴寿镇兴寿村北	61726146	张建军	9:00～18:00	否	
74	门头沟供电公司	客户服务中心	门头沟区滨河路66号	63668599	吕 俐	9:00～18:00	是	
75		龙泉供电所	门头沟区城子大街3号	69844656	王树德	9:00～18:00	是	
76		永定供电所	门头沟区永定镇石门营环岛东路1号	69804934	郝玉金	9:00～18:00	否	
77		潭柘寺供电所	门头沟区鲁家滩村东108国道旁	60861464	李海龙	9:00～18:00	否	
78		妙峰山供电所	门头沟区陇家庄村西坟上妙峰山供电所	61881412	崔文化	9:00～18:00	否	
79		清水供电所	门头沟区清水镇上清水村西清水供电所	60855075	杜宝田	9:00～18:00	否	
80		斋堂供电所	门头沟区斋堂镇东斋堂	69819754	索广水	9:00～18:00	否	
81		雁翅供电所	门头沟区雁翅镇芹峪口下马岭村1号	61830371	李书信	9:00～18:00	否	
82	房山供电公司	客服中心营业厅	良乡松林路	63669568	于东明	9:00～18:00	否	
83		阎村供电所	阎村镇紫园路108号	89313809	樊 冲	9:00～18:00	否	
84		琉璃河供电所	北京市房山区琉璃河镇东街27号	89381006	马振国	9:00～18:00	否	
85		南召供电所	北京市房山区琉璃镇东南召村南	80398604	马振国	10:00～16:00	否	
86		窑上供电所	琉璃河镇窑上村	80321046	马振国	9:00～18:00	否	
87		窦店供电所	房山区窦店镇窦店供电所（政府往北200米路西）	63932805	隗永生	9:00～18:00	否	
88		城关供电所	饶乐府村南	69314277	张媛媛	9:00～18:00	否	
89		房山供电所	青年南路12号	69311919	张媛媛	9:00～18:00	否	
90		顾册售电处	顾册村南	89335717	张媛媛	10:00～16:00	否	

续表

序号	单 位	营业窗口名称	地 址	联系电话	负责人	营业时间	是否为24小时售电网点	备 注
91	房山供电公司	佛子庄供电所	佛子庄乡西班各庄村	60360026	周建坤	9:00～18:00	否	
92		河北供电所	河北镇邮局东50米	60377632	周建坤	9:00～18:00	否	
93		大安山供电所	大安山乡政府路口	60373284	周建坤	9:00～18:00	否	
94		南窖供电所	南窖乡政府院内	60375621	周建坤	9:00～18:00	否	
95		青龙湖供电所	青龙湖镇豆各庄	13911934466	王 刚	9:00～18:00	否	
96		坨里营业站	青龙湖镇坨里村东	13911934466	王 刚	9:00～18:00	否	
97		张坊营业厅	张坊村东	61339774	隗合平	9:00～18:00	否	
98		十渡营业厅	十渡镇政府东	61339774	隗合平	9:00～18:00	否	
99		石楼供电所	石楼大街39	89300083	马树田	9:00～18:00	否	
100		长阳供电所	广阳大街中路天骄骏园小区对面	80356551	王丹丹	9:00～18:00	否	
101		长阳供电所葫芦垡网点	葫芦垡路口往西1000米	60351072	王丹丹	9:00～18:00	否	
102		良乡供电所	良乡西路月华小区东侧	60381056	周 园	9:00～18:00	否	
103		官道营业网点	良乡镇官道大街镇政府西侧	60381056	周 园	9:00～18:00	否	
104		长沟供电所	长沟镇西厢苑小区	61363384	郭庆凯	9:00～18:00	否	
105		石窝供电所	大石窝镇石窝村	61323101	郭庆凯	9:00～18:00	否	
106		周口店供电所	房山区周口店镇周口店大街1号	69303918	王靖平	9:00～18:00	否	
107		周口店供电所黄山店网点	房山区周口店镇黄山店村中	60364594	王靖平	10:00～16:00	否	
108		韩村河供电所	房山区韩村河镇五侯路口	61312088	韩艳芝	9:00～18:00	否	
109		霞云岭供电所	霞云岭乡凉水泉	60367011	陈广娥	9:00～18:00	否	
110		史家营营业网点	史家营乡北涧	60397751	陈广娥	10:00～16:00	否	
111		蒲洼营业网点	蒲洼村黄土岭	61371654	陈广娥	10:00～16:00	否	

续表

序号	单　位	营业窗口名称	地　　址	联系电话	负责人	营业时间	是否为24小时售电网点	备　　注
112	大兴供电公司	安定供电所	大兴区安定站兴安大街17号	13911593259	吴　纪	8:00～17:00	否	
113		北臧村营业厅	北京市大兴区北臧村供电所	60276146－806	孙雪飞	8:00～17:00	否	
114		采育供电所	大兴区采育镇消防队东200米	80276542	焦凤祥	8:00～17:00	否	
115		黄村营业厅	北京市大兴区黄村镇新风街48号	61268100	王学琴	8:00～17:00	否	
116		旧宫营业厅	旧宫镇旧宫北马路车站东侧胡同口内20米路北侧	87972218	董　媛	8:00～17:00	否	
117		客户服务中心营业厅	大兴区黄村镇兴政街一号	13810823616	刘丽艳	9:00～18:00	是	
118		新城北区营业厅	大兴区黄村镇康庄路53号院康泰园小区底商1号	13716166913	徐双利	9:00～18:00	否	
119		礼贤营业厅	北京市大兴区礼贤镇青礼路3号	89275865	李彦慧	8:00～17:00	否	
120		庞各庄供电所	庞各庄镇瓜乡桥向西1000米路南	89289989	李子拥	8:00～17:00	否	
121		青云店营业厅	青云店镇垡上村村东	80211760－0	姚国章	8:00～17:00	否	
122		魏善庄营业厅	大兴区魏善庄镇半壁店工业街路北	13911593056	刘　佳	8:00～17:00	否	
123		西红门供电所	北京市大兴区西红门镇宏康路17号东院	60298883－810	杨存义	8:00～17:00	否	
124		瀛海供电所	瀛海镇派出所对面	69272318	王喜颖	8:00～17:00	否	
125		榆垡营业厅	北京市大兴区榆垡镇	15010617308	季洪伟	8:00～17:00	否	
126		芦城供电所营业厅	大兴区黄村镇西芦城村西500米	61233636	孙　磊	8:00～17:00	否	
127		长子营供电所	长子营大街政府东100米	80265747	贾士爽	8:00～17:00	否	
128	平谷供电公司	客户服务中心营业厅	平谷区新平南路239号	67671050	田爱青	8:30～17:30	否	
129		城区供电所	瑞都国际小区东侧（家乐福东南角）	69557778	付　旺	8:30～17:30	是	
130		大华山供电所	大华山镇大华山村西	61947921	张　合	8:00～17:00	否	
131		峪口供电所	峪口镇政府西	61906049	孙长勇	8:00～17:00	否	

续表

序号	单位	营业窗口名称	地址	联系电话	负责人	营业时间	是否为24小时售电网点	备注
132	平谷供电公司	马昌营供电所	马昌营镇海子村东	61981024	杜兵	8:00~17:00	否	
133		马坊供电所	马坊镇二条街村南	60996380	王希海	8:00~17:00	否	
134		东高村供电所	东高村镇大旺务村西	69900933	田海军	8:00~17:00	否	
135		夏各庄供电所	夏各庄镇政府路口北260米路东	60913534	贾柏庆	8:00~17:00	否	
136		金海湖供电所	金海湖镇胡庄东环路8号	69992199	曹国良	8:00~17:00	否	
137		山东庄供电所	山东庄镇小北关东环路4号	60937604	于立明	8:00~17:00	否	
138		王辛庄供电所	平谷镇谷丰东路2号	61921427	佟永刚	8:00~17:00	否	
139	怀柔供电公司	客户服务中心营业厅	北京市怀柔区湖光小区36号	69652449	赵敏	9:00~18:00	是	
140		城区供电所	北京市怀柔区开放路111号	61630210	李显贵	8:00~17:00	否	
141		庙城供电所	北京市怀柔区庙城镇庙城政府南庙城供电所	60695329	崔海霞	8:00~17:00	否	
142		杨宋供电所	怀柔区杨宋镇凤翔开发区杨宋镇政府西1000米	61675343	彭秀丽	8:00~17:00	否	
143		北房供电所	北京市怀柔区北房镇幸福东街68号	61684543	赵瑾	8:00~17:00	否	
144		雁栖供电所	北京市怀柔区雁栖镇雁栖大街38号	61668871	孙海燕	8:00~17:00	否	
145		怀北供电所	北京市怀柔区怀北镇怀北庄村南	69662188	齐兵	8:00~17:00	否	
146		桥梓供电所	怀柔区桥梓镇前辛庄村南	60673067	王艳秋	8:00~17:00	否	
147		渤海供电所	北京市怀柔区渤海镇沙峪村536号	61631300	白艳君	8:00~17:00	否	
148		九渡河供电所	北京市怀柔区九渡河镇东宫村西1000米	61651223	刘雪莲	8:00~17:00	否	
149		琉璃庙供电所	北京市怀柔区琉璃庙镇琉璃庙村南	61616121	高计兵	8:00~17:00	否	
150		汤河口供电所	北京市怀柔区汤河口镇汤河口村45号	89671988	赫喆	8:00~17:00	否	
151		长哨营供电所	北京市怀柔区长哨营村大桥北500米	60621066	崔丽华	8:00~17:00	否	

续表

序号	单 位	营业窗口名称	地 址	联系电话	负责人	营业时间	是否为24小时售电网点	备 注
152	怀柔供电公司	喇叭沟门供电所	北京市怀柔区喇叭沟门满族乡政府西200米	60623177	钟 诚	8:00～17:00	否	
153		宝山寺供电所	北京市怀柔区宝山寺镇宝山寺69号	60625856	李亚军	8:00～17:00	否	
154	密云供电公司	客服中心营业厅	密云县新中街3号	69056571	周立新	8:30～17:30	否	
155		城区供电所营业厅	密云县长安小区西区1号楼5号门脸	69059223	胡立霞	8:30～17:30	否	
156		城关供电所营业厅	密云县久润东区门面房（檀西路35－5）	63673338	周 萍	8:30～17:30	否	
157		河南寨供电所营业厅	密云县河南寨镇套里村北	61086123	顾学玲	8:30～17:30	否	
158		溪翁庄供电所营业厅	密云县溪翁庄镇溪翁庄村（镇政府西侧100米）	69011315	张晓晗	8:30～17:30	否	
159		石城供电所营业厅	密云县石城镇石城村南	61025078	冯小强	8:30～17:30	否	
160		冯家峪供电所营业厅	密云县冯家峪镇冯家峪村	81060094	王家志	8:30～17:30	否	
161		十里堡供电所营业厅	密云县十里堡镇王各庄村对面	89021551	郭金梅	8:30～17:30	否	
162		穆家峪供电所营业厅	密云县穆家峪镇荆梢坟村南	61053989	李天明	8:30～17:30	否	
163		巨各庄供电所营业厅	密云县巨各庄镇政府东侧	63673569	赵 静	8:30～17:30	否	
164		东邵渠供电所营业厅	密云县东邵渠镇太保庄村北东侧	61061995	郭云苍	8:30～17:30	否	
165		大城子供电所营业厅	密云县大城子镇高庄子村	61071180	张德清	8:30～17:30	否	
166		西田各庄供电所营业厅	密云县西田各庄镇西田各庄村北	61015689	张 洁	8:30～17:30	否	
167		太师屯供电所营业厅	密云县太师屯镇葡萄园村	69032674	石红霞	8:30～17:30	否	
168		新城子供电所营业厅	密云县新城子镇小口村	81021003	高 辉	8:30～17:30	否	
169		北庄供电所营业厅	密云县北庄镇北庄村	81001026	景小明	8:30～17:30	否	
170		高岭供电所营业厅	密云县高岭镇高岭村西（镇政府西边）	81081384	陈 鑫	8:30～17:30	否	
171		古北口供电所营业厅	密云县不老屯镇不老屯村北（镇政府北150米）	57188680	陈国利	8:30～17:30	否	
172		不老屯供电所营业厅	密云县古北口镇河西村桥头西侧	81090891	冯连俊	8:30～17:30	否	

续表

序号	单 位	营业窗口名称	地 址	联系电话	负责人	营业时间	是否为24小时售电网点	备 注
173	顺义供电公司	客户服务中心营业大厅	顺义区站前北街四号	69440311	彭 宇	9:00～18:00	是	
174		李桥中心供电所	顺义区李桥镇沿河村西	63674946	黎 园	8:00～17:00	是	
175		仁和供电所	顺义区仁和镇米各庄村北	89401117	李化峰	8:00～17:00	是	
176		高丽营供电所	北京市顺义区高丽营中学对面	69491422	车路伟	8:00～17:00	是	
177		杨镇供电所	杨镇工业区内	61456116	金 萍	8:00～17:00	否	
178		北石槽供电所	北京市顺义区北石槽镇府前西街13号	60422509	胡海东	8:00～17:00	否	
179		北小营供电所	顺义区北小营镇西乌鸡村南	60483713	董艳京	8:00～17:00	否	
180		大孙各庄供电所	顺义区大孙各庄镇府前东街17号	61432022	魏振成	8:00～17:00	否	
181		后沙峪供电所	北京市顺义区后沙峪镇裕安路4号	80496397	徐 芳	8:00～17:00	否	
182		龙湾屯供电所	顺义区龙湾屯镇焦庄户村南2000米	63674947	何桂英	8:00～17:00	否	
183		南法信供电所	南法信镇府前街刘家河段1号	63674903	梁海霞	8:00～17:00	否	
184		天竺供电所	顺义区天竺镇小王辛庄南路6号	63674871	范冰洁	8:00～17:00	否	
185		赵全营供电所	赵全营镇政府西侧100米路北	63674979	杜齐元	8:00～17:00	否	
186		南彩供电所	南彩镇河北村南	89477264	付晓冬	8:00～17:00	否	
187		牛栏山供电所	顺义区牛栏山镇先进村北	69411072	焦 阳	8:00～17:00	否	
188		木林供电所	顺义区木林镇木林教师楼北	63674984	张忠保	8:00～17:00	否	
189		张镇供电所	顺义区张镇派出所南侧200米	63674862	张学茹	8:00～17:00	否	
190		马坡供电所	顺义区马坡镇马坡幼儿园东侧	63674861	周立颖	8:00～17:00	否	
191	延庆供电公司	客服营业厅	延庆县庆园街53号	69187024	张自娥	9:00～18:00	否	
192		城区供电所营业厅	延庆县新城街1号	69141339	张影影	9:00～18:00	是	

续表

序号	单位	营业窗口名称	地址	联系电话	负责人	营业时间	是否为24小时售电网点	备注
193	延庆供电公司	大榆树供电所	刘家堡村南	61182473	刘凤英	9:00～18:00	否	
194		旧县供电所	旧县镇商业街南	61151874	时艳吉	9:00～18:00	否	
195		沈家营营业所	八里店村东叉口	69103142	梁秀华	9:00～18:00	否	
196		香营营业所	香营乡政府西	60162177	张丽	9:00～18:00	否	
197		千家店供电所营业厅	千家店政府对面	60188112	马小记	9:00～18:00	否	
198		四海供电所	北京市延庆县四海镇四海村	60187110	尚慧娟	9:00～18:00	否	
199		张山营供电所	延庆县延庆镇医孟路温泉馨苑小区北张山营供电所	69147931	王永杰	9:00～18:00	否	
200		张山营营业所	北京市延庆县张山营镇镇政府东张山营营业所	69112532	程春梅	9:00～18:00	否